W0089426

Die Märchen der Weltliteratur

Begründet von Friedrich von der Leyen

Herausgegeben von Hans-Jörg Uther

Märchen aus der Toskana

Übersetzt und erläutert von
Rudolf Schenda

EUGEN DIEDERICHS VERLAG

Die Deutsche Bibliothek – CIP-Einheitsaufnahme
Märchen aus der Toskana / hrsg. und übers. von Rudolf
Schenda. – München : Diederichs, 1996
(Die Märchen der Weltliteratur)
ISBN 3-424-01326-9
NE: Schenda, Rudolf [Hrsg.]

Umschlaggestaltung: Ute Dissmann, München
Produktion: Tillmann Roeder, München
Satz: Jung Satzcentrum, Lahnau
Druck und Bindung: Wiener Verlag, Himberg
Printed in Austria

ISBN 3-424-01326-9

Inhalt

1. Der Erzähler des Herrn Azzolino

Hier wird von dem Märchenerzähler
des Herrn Azzolino erzählt.

Herr Azzolino hatte einen Märchenerzähler, und den ließ er fabulieren, wenn die Winternächte lang waren. Eines Abends kam es so, daß dem Fabelhansen ganz schläfrig zumute war, doch Azzolino drängte ihn, er solle doch erzählen. Und der Erzähler begann mit der Geschichte von einem Bauern, der hatte hundert byzantinische Goldstücke und ging damit auf einen Markt, um Schafe zu kaufen, und er kriegte zwei für jede Münze. Als er mit seinen Schafen heimwärts zog, war ein Fluß, den er zuvor überquert hatte, dick angeschwollen, denn es war ein großer Regen gefallen. Wie er so am Ufer stand, sah er einen armen Fischer mit einem Nachen, und der war so ungewöhnlich klein, daß er jedesmal nur ein Schaf und den Bauern fassen konnte. Da fing also der Bauer an, mit dem ersten Schaf überzusetzen, und er ruderte los. Der Fluß war breit... Da hielt der Märchenerzähler inne. Azzolino sagte darauf: »Mach weiter!« Und der Märchenerzähler antwortete: »Laßt nur die Schafe erst über den Fluß setzen, dann erzähle ich den Rest.« Er meinte, die Schafe wären doch wohl kaum in einem Jahr hinübergekommen, und so hatte er in der Zwischenzeit genügend Muße zum Schlafen.

2. Von der Stadtmaus und der Landmaus

Einmal ging die Stadtmaus zu ihrer Kurzweil und ihrem Vergnügen aufs Dorf hinaus und begegnete in einer Scheune zu Füßen eines Strohhaufens einer Maus, die in besagtem Dorf wohnte, und dabei gab es ein freudiges Begrüßen, und sie waren alle beide guter Dinge.

Und als sie manche kluge Reden ausgetauscht hatten, führte die Landmaus die Stadtmaus zum Essen und setzte ihr, was sie nur konnte, an Landfrüchten vor, zum Beispiel trockene Bohnen und ähnliche Speisen. Dabei zeigte sie sich durchaus von ihrer heiteren und anmutigen Seite, und so blieben sie dort in Frieden und Freundschaft und großer Sicherheit.

Der Autor meint damit, daß bei einem kleinen Tisch der gute und rechte Wille jeden Mangel und jeden Fehler ausgleicht und daß ein fröhliches und anmutiges Gesicht ein wohlfeiles Essen in edle Speisen verwandelt.

Als die Mahlzeit beendet war, bat die Stadtmaus die Landmaus höflich, sie möchte sie doch bis zur Stadt begleiten, und das tat sie denn auch recht gerne. Und als sie bei der Stadt angelangt waren, da dünkte es die Stadtmaus, sie habe doch von der Landmaus mancherlei Höflichkeiten erfahren, und sie bedachte auch, ihre Begleiterin habe durch die Anstrengungen des Besuches (denn die Hitze war gar groß und der Weg war lang) ein Bedürfnis, sich auszuruhen; so drängte sie die Landmaus, sie möchte doch zum Abendessen bleiben. Weil nun die Landmaus zusagte, wurde sie von der Stadtmaus in die Speisekammer des Herrn der Stadt geführt. Dort wurden allerlei Lebensmittel aufbewahrt, und so setzte sie ihr Schinken und frisches Mehl vor, Käse und viele andere Dinge, und bat sie mit frohem Gesicht, sie solle bei diesen Sachen nur kräftig zulangen, es sei ihr gerne vergönnt.

Und wie sie so fröhlich zusammen feierten, kam der Verwalter des Herrn zu der Speisekammer, weil er etwas brauchte, und machte sich daran, die Türe zu öffnen, die zugeschlossen war. Die Stadtmaus, die hier beinahe dauernd wohnte, hörte plötzlich, wie dieser Verwalter den Schlüssel in das Schloß steckte. Das hatte sie nun schon öfter erlebt, und, um keine Prügel zu beziehen, entschlüpfte sie durch ein schon mehrmals benutztes Loch und brachte sich in Sicherheit, ohne an die Landmaus zu denken. Als der Verwalter hereingekommen war und die Landmaus sah, die doch, mit dem Ort unvertraut, ganz erschreckt dasaß und nicht wußte, wohin sie fliehen sollte, nimmt er einen Besen, der in der Kammer stand, und will auf sie losschlagen. Die Landmaus, voller Angst, hielt sich schon für ganz gewißlich tot, aber sie konnte sich gerade noch so zusammennehmen, daß sie ein Loch fand und sich in Sicherheit brachte. Aber es schien ihr, sie sei noch nicht sicher genug, vor Angst und Anstrengung flogen ihre Flanken, sie bekam keine Luft mehr, und so fühlte sie sich zu einem Gelübde gedrängt: Wenn der Herrgott sie aus den Händen des Verwalters errette, dann wolle sie eine Wallfahrt zum Hause des heiligen Herrn Jakob machen. Als der Verwalter die Maus nicht mehr sah und als er erledigt hatte, weswegen er gekommen war, ging er fort.

Und als der Verwalter gegangen war, da kam die Stadtmaus wieder hervor. Sie sah, daß sie mit heiler Haut davongekommen war, rief ihre Gesellin und beruhigte sie ungefähr mit folgenden Worten: »Freue dich, meine allerliebste Freundin, und nimm von diesem Essen – es schmeckt wie Honig so süß.«

Da gab die vom Lande zur Antwort: »Hinter diesem Honiggeschmack ist doch nur bitteres Gift verborgen. Ich kann das nicht Honigschlecken nennen, was sich in Bitteres verwandelt und schreckliche Todesangst mit sich bringt, noch scheint mir ein Wollen gedeihlich, wenn sich dahinter die Angst verbirgt, und in dem Munde eines Verängstigten kann der Geschmack niemals ein süßer sein. Wenn ich dir die Wahrheit sagen soll, meine Freundin: Seit meiner Geburt habe ich mich noch nie so gefürchtet, und vor lauter Schreck sind mir jetzt die Haare grau geworden. Ich will lieber meine trockenen Bohnen haben als noch einmal von einem solch rasenden Gefühl der

11

Angst gepeinigt werden; der dauernde Gedanke daran vergällt mir jedes Essen, so gut und lecker es auch sein mag. Aber wenn du Freude an Aufregungen hast, dann genieße es und nutze diesen Reichtum. Für mich ist mein armes Leben Reichtum genug, und auf diese Art lebe ich in gutem und sicherem Frieden.«

Und damit machten sie ihrer Unterhaltung ein Ende, und die Landmaus kehrte in ihr Dorf zurück und hielt sich an die sicheren Dinge und verachtete die, welche wir fürchten sollen, und sie hatte Angst vor den großen und städtischen Angelegenheiten, und um der Sicherheit willen begehrte sie nur die kleinen und armen Dinge des Dorfes.

3. Von dem Löwen und den Mäusen

Zur Mittagszeit begab sich einst der Löwe in einen kühlen Wald, um dort auszuruhen, und dabei schlief er ein. Jetzt war da in seiner Nähe eine Schar von Mäusen, die gerade Lust hatten, miteinander zu spielen, und sie machten ein Spiel, das ›Kopf verstecken‹ heißt. Eine von den Mäusen wollte sich dabei möglichst tief ducken, um von den anderen nicht gefunden zu werden, und so versteckte sie sich im Ohr des Löwen. Weil nun der Löwe ein Kitzeln in seinem Ohr verspürte, wachte er auf; er griff mit seiner Tatze an das Ohr und erwischte die Maus. Und da er sich auf solche Weise beleidigt sah, dachte er ordentlich darüber nach, ob er sie umbringen oder laufenlassen solle.

Und als sich die Maus gefangen und in der Tatze des Löwen sah, bekam sie schreckliche Angst, und in großer Demut und Ehrerbietung bat sie den Löwen mit sanften Worten, er möge sie verschonen, sie laufenlassen und ihrer Niedrigkeit nicht gedenken. Der Löwe hielt die

Maus in seinen wilden Pranken, schaute sie an und tadelte sie wegen ihrer Anmaßung und Dreistigkeit. Da überfiel die Maus ein Zittern und Zähneklappern, wie wenn sie das Quartalsfieber bekommen hätte. Der Löwe überlegte, wenn er die Maus umbringen würde, dann trüge er nur Schande, die Maus aber große Ehre davon, und er sagte bei sich folgende Worte: »Wenn ein Mann von großer Macht einen Kleinen besiegt, so bedeutet das weniger Sieg als Besiegt-Werden, und etwas anderes als Beschämung hat er nicht davon.« So beschloß er, sie laufenzulassen, und das tat er auch.

Als die Maus seinen Händen entwischt war, hatte sie das Gefühl, mit drei Würfeln achtzehn geworfen zu haben, sie bedankte sich und sagte nicht lange zu ihrem Hintern »Kommst du mit?«, sondern zog mit ihm los und drehte sich erst wieder um, als sie eine Meile weit weg war. Da fand sie nun ihre Gesellen und erzählte ihnen mit großer Freude von der großen Gefahr, in welche sie geraten war.

Zu einer gewissen Zeit geschah es dann, daß der Löwe wieder einmal in besagtem Wald lustwandelte, wo die Jäger bestimmte Schlingen ausgelegt hatten, um Löwen oder Hirsche und ähnliche Tiere zu fangen. Und ehe er sich's versah, geriet sein Fuß in eine von den Schlingen, dergestalt, daß ihm weder Gewalt noch List, noch Redekunst etwas taugte, denn je mehr er zog, um so fester zog sich die Schlinge. Von größerem Nutzen war sein starkes Jammern und daß er mit schrecklicher Stimme brüllte, denn gar nicht weit von ihm befand sich die Maus, die von ihm die Wohltat empfangen hatte. Sie rannte dort hinüber, wo der Löwe in der Schlinge steckte und erkannte ihn sofort an seinem Lärmen. Und weil sie sich an die empfangene Wohltat erinnerte und weil ihr der Löwe ihre große Beleidigung verziehen hatte, bedachte sie sofort, wie sie es ihm vergelten könnte. So begrüßte sie ehrerbietig der

13

Löwen in seiner schmerzlichen und kläglichen Lage. Sie tröstete ihn so gut sie konnte und bot ihm an, ihn aus der Schlinge zu ziehen und wieder in Freiheit zu setzen, und gab sich ihm zu erkennen. Und obwohl der Löwe auf ihre Worte wenig Hoffnung setzte, ließ er sich doch den Rat gefallen, und so zernagte die Maus das Seil. Da war nun der Löwe frank und frei, und die Tüchtigkeit des kleinen Zahnes hatte aufs beste gewirkt.

Der Autor ermahnt uns, daß die Mächtigen die Fähigkeiten der Kleinen nicht verachten sollen: Sie können einerseits nicht schaden, andererseits gelegentlich von großem Nutzen sein.

4. Von der flatterhaften Frau

In der Grafschaft Perugia, nahe bei der Stadt, lebte eine Frau, Madonna Leggiera geheißen. Da sie an einem Samstag ihren Mann begraben hatte, weinte sie unaufhörlich; im Hause zerkratzte sie sich, weil sie einen so lieben Gatten verloren hatte; sie wollte sogar weder essen noch trinken, sondern verbrachte den Tag mit Seufzen und Weinen, und gar niemand konnte sie trösten. Als nun die Männer und die Frauen ihr Haus verlassen hatten, da ging sie, weil es schon Nacht war, mit einer Laterne zu dem Grabmal, um ihren lieben Gatten zu beweinen. Nun fügte es sich, daß just an diesem Tag ein gewisser feiner Herr, ein Räuber aus Perugia, aufgeknüpft worden war. Der Stadtvogt hatte deswegen einem seiner Kämmerer aus Spoleto namens Herr Cola unter Androhung der Todesstrafe befohlen, er solle während der Nacht den Gehenkten bewachen, damit ihn seine Verwandten nicht vom Galgen nähmen. Als nun besagter Herr Cola bis zum Ende der Nacht auf Wache zu stehen hatte, bekam er großen Durst, und da er nicht wußte, wohin er sich wenden sollte und das Licht bei dem Grabmal sah, das etwa eine Meile entfernt lag, dachte er bei sich, da müsse sich doch jemand finden, den er um einen Trunk bitten könne.

So lief er also auf das Licht zu, und als er näher kam, da ging gerade die Frau, die ihren Gatten im Grabmal ein großes Stück beweint hatte, mit ihrem Licht nach Hause, und dort begann das Jammern gleich aufs neue. Als Herr Cola der Dame nachging, setzte er an, sie bei der Liebe Gottes zu bitten, sie möchte ihm doch Wasser oder Wein zu trinken geben. Madonna Leggiera hörte aber gar nicht auf die Worte des Herrn Cola, sondern rief: »O mein liebster Gatte, du Herz in meinem Leibe, o meine Seele, meine Hoffnung, so lasse ich dich alleine!« Und sie erhob eine solche Totenklage, daß Herr Cola wirklich glaubte, sie müsse sterben. Da Herr Cola aber einen so übermächtigen Durst hatte, wollte er die Dame bei der Liebe ihres Gatten bitten – denn Gottesliebe half bei ihr offenbar nicht – und hob vor ihrem Hause also zu reden an: »O leidgeprüfte Frau, ich bitte dich, gib mir doch aus Liebe zu deinem Gatten zu trinken.« Als die Frau den Gatten nennen hörte, öffnete sie die Türe und sagte: »Da du mich bei der Liebe meines Gatten um einen Trunk bittest, sollst du nicht nur zu trinken, sondern auch zu essen haben.« Und schon hatte sie Wein geholt und Brot und andere Sachen bereitgestellt und bot sie Herrn Cola an. Herr Cola konnte das wirklich brauchen, und so trank und aß er nach Herzenslust. Und während Herr Cola aß, sagte er der Frau eine paar liebe Worte. Die Frau ließ das Essen stehen, lächelte freundlich und sagte: »Was wünscht dein Herz sonst noch?« Herr Cola sah, daß sie jung und hübsch war, so sagte er: »Wenn's darauf ankommt, steht er nicht schlecht.« Die Frau willigte ein. Und Herr Cola hielt sein Versprechen.

Die Frau wünschte, er solle bleiben. Herr Cola sagte: »Ich muß gehen und schauen, ob der Gehenkte noch am

Galgen ist, und wenn er dort ist, komme ich zu Euch zurück.« Die Dame läßt ihn gehen, und sobald er fort ist, fängt sie gleich wieder zu weinen an. Als Herr Cola zum Galgen zurückkehrt, sieht er, daß der Gehenkte abgenommen und fortgetragen worden ist. Herr Cola hielt sich für verloren, er sah schon seinen Tod voraus, doch kehrte er zu der Dame zurück, um von ihr Abschied zu nehmen und dann fortzugehen. Als er zu dem Haus gelangt war und die Dame weinen hörte, bat er sie: »Frau, mach mir auf.« Die Dame erkannte ihn und öffnete die Türe und fragte ihn, ob er jetzt bei ihr schlafen wolle. Herr Cola sagt: »Ich sitze in der Patsche, ich muß weg, der Gehenkte wurde mir weggenommen. Wenn ich bliebe, würde ich ebenfalls aufgeknüpft.« Madonna Leggiera sagt: »Wie war der Gehenkte denn angezogen?« Herr Cola sagt: »Schwarz.« Die Dame sagt: »Wir können etwas Gutes tun. Mein Gatte ist schwarz angezogen. Holen wir ihn aus der Gruft, dann können wir ihn aufhängen, und so kommst du davon.« Herr Cola hörte diesen Rettungsplan und sagt: »Ja dann beeilen wir uns!«, und er küßte sie; und die Frau sagte: »Machen wir schnell, dann können wir uns im Bett umarmen.«

Herr Cola sagte: »Haben wir vielleicht einen Strick?« Die Frau holte sofort einen, dann nahmen sie das Licht und gingen zusammen zum Grabmal. Sie machten es auf, die Frau ging hinein und legte ihrem Gatten den Strick um den Hals, und dann zogen ihn beide aus der Gruft heraus, machten den Deckel wieder zu und trugen den Mann zum Galgen. Die Frau kletterte die Leiter hinauf, band das Seil um den Galgen, hing ihren Gatten auf und sagte zu Herrn Cola: »Jetzt ist die Gefahr vorbei, in der du warst.« Herr Cola erinnerte sich, daß dem Gehenkten zwei Vorderzähne gefehlt hatten. Da sagte die Frau: »Laß mich nur machen.« Sie nimmt einen Stein, geht die Leiter hinauf, und als sie oben ist, schlägt sie dem Mann mit dem Stein

16

aufs Maul, zerbricht ihm zwei Vorderzähne, steigt wieder herunter und sagt: »Herr Cola, los, jetzt vergnügen wir uns, diese Nacht soll nicht verloren sein.« Herr Cola zog zufrieden mit der Dame ab und verbrachte die ganze Nacht in ihrer Gesellschaft.

Morgens ging Herr Cola nach Perugia zurück, und der Podestà fand einen anderen Notar zur Bewachung des Gehenkten. Und auf diese Weise verfaulte der Gatte der Madonna Leggiera am Galgen.

Herr Cola hatte eine Frau in Spoleto, die er sehr liebte. Nun dachte er darüber nach, was ihm mit Madonna Leggiera passiert war; die Zeit seines Amtes schien ihm lang gewesen zu sein. So wünschte er zurückzukehren, um zu Hause seinen Verpflichtungen nachzukommen.

5. Von Salomon und den beiden Dirnen und ihren Söhnlein

Zu der Zeit als David König in Jerusalem war und Salomon ein Knabe, da lebte dort eine Frau namens Belluccia und eine Junge, die hieß Divitia, und diese Belluccia hatte an der Mutterbrust ein Söhnchen, das sie von einem ihrer Freunde gekriegt hatte, und besagte Divitia hatte, zur gleichen Zeit wie die Belluccia, einen Sohn von einem Priester. Nun waren beide Frauen arm, sie mußten sparen, und da jede von ihnen die Lebensweise der anderen kannte (das heißt, Belluccia hatte einen Zuhälter und Divitia hatte einen Priester), kamen sie überein, sie wollten gemeinsam in ein Haus ziehen und zusammen leben und die Kosten miteinander teilen.

Die Frauen beschlossen, das ihren Zuhältern zu sagen, und der Priester und der andere waren es zufrieden, denn sie hofften, ihre Sache mit den Frauen ohne Schande besser treiben zu können. Und als sie das Haus genommen hatten, schliefen die Frauen zusammen in einem Bett, und jede hatte ihr Kind an der Brust. Und so lebten sie einige Monate.

Eines schönen Abends wollten nun der Priester und der andere bei Belluccia und Divitia ihren Spaß haben, sie besorgten sich etwas Gutes zum Essen und viel Wein, dann gingen sie schon bei Tage hin, und jeder vergnügte sich mehrere Male bei der seinen, und sie hatten es sehr lustig miteinander. Das Essen war lecker und fein gekocht, und weil der Wein gut und die Weiber willig waren, wurde es den Männern und den Frauen ganz heiß, und sie meinten, sie seien im irdischen Paradies. Es war Sommerszeit, und nach dem Abendessen und vor dem Abschied besorgten es die Männer den Frauen noch einmal, über das hinaus, was sie vor dem Essen gemacht hatten, und dann gingen sie und ließen Divitia und Belluccia mit ihren Söhnchen zurück.

Die Nacht brach herein, und die erhitzte Belluccia legte sich mit ihrem Kind auf die eine Seite des Bettes, Divitia mit dem ihren an den anderen Rand. Sie schliefen sofort ein, und während sie so dalagen, drehte sich Belluccia, ohne es zu merken, auf die Seite gegen das Kind. Das kleine Kind kriegte keine Luft mehr und starb, ohne daß es dieses Weibsstück von Belluccia bemerkt hätte.

Nach einer Weile wachte sie auf und fand das Söhnlein unter sich liegen, faßte es überall an und fand es tot. Ohne ein Wort packt sie ihr totes Kind und legt es an die Seite der Divitia, und das lebende Kind nimmt sie sich an ihre Seite. Divitia fühlte nichts, weil der Wein noch in ihr steckte, und blieb still.

Als der Tag anbricht, wacht Divitia auf und sieht das tote Kind an ihrer Seite. Sie schaut es an und erkennt Belluccias Kind und sagt: »He, Belluccia, was soll das heißen? Dein Kind ist tot, ich habe es bei mir gefunden, und du hast meines im Arm.« Belluccia tut so, als ob sie schliefe, und antwortet nicht. Divitia schüttelt sie und sagt: »Steh auf, dein Kind ist gestorben.« Belluccia tut so, als ob sie aufwache, und sagt: »Was willst du?« Divitia sagt: »Siehst du denn nicht, daß dein Kind tot ist?« Belluccia sagt: »Mein Kind halte ich im Arm, und wenn du Scheusal deines umgebracht hast, werde ich dir doch nicht mein lebendiges geben.« Divitia kennt ihr Söhnlein sehr wohl, so bleibt sie dabei, daß das lebende Kind das ihre ist und das tote das der Belluccia. Sie will es sich nehmen und schreit: »Zu Hilfe, herbei ihr Leute!« Die Nachbarn rennen herbei, und sie geraten untereinander in Streit, weil doch jede das lebende Kind für sich wollte.

König David hörte von dem Streitfall, ließ die Frauen mit dem lebendigen und mit dem toten Kind kommen, und Salomon war auch dabei. König David sagte zu ihnen, sie sollten ihre Gründe vorbringen, warum jede von ihnen das lebendige Kind beanspruche und beide das tote Kind verleugneten. Salomon hörte die Frauen an und sagte dann zu König David: »Verehrter Vater, wenn es Euch gefallen möchte, dann könnte ich den Streit um dieses Kind schlichten.« König David sagte: »Ich bin's zufrieden.«

Da nimmt Salomon das lebende Kind aus dem Arm der Belluccia und sagt zu ihr: »Wessen Sohn ist dieses Kind?« Belluccia sagt: »Es gehört mir.« Und Salomon wendet sich an Divitia und fragt: »Wem gehört dieses Kind?« Divitia sagt: »Mir.« Salomon sagt: »Dieses Kind gehört euch beiden, also soll man es mit dem Schwert zerteilen, und eine Hälfte soll Belluccia gehören, die andere Divitia.« Er nahm ein blankes Schwert und hielt dabei das Kind in der einen, das Schwert in der anderen Hand. Belluccia sagt: »Mir soll's recht sein.« Als Divitia das erhobene Schwert sieht, sagt sie: »O Salomon, lieber sollt Ihr mein Kind der Belluccia lebend geben, als daß ich es sterben sehen möchte.« Als Salomon das hörte, fällte er das Urteil, das Kind solle der Divitia und nicht der Belluccia gehören.

6. Die verleumdete Königin

Als sich unsere Verliebten am zehnten Tage in dem üblichen Gesprächszimmer eingefunden hatten, begann Bruder Auretto und sagte: »Liebe Saturnina, ich will dir eine Novelle erzählen, und ich denke, sie wird dir gefallen, denn sie handelt von einer Angelegenheit, die sollte dir, so scheint mir, Freude machen.« Und er erzählt:

Der König von Frankreich hatte eine einzige Tochter; sie hieß Dionysia und war das edelste und schönste Geschöpf, das im Königreich lebte. Ihr Vater wollte sie daher um des Geldes willen an einen gar mächtigen Herrn aus Deutschland verheiraten, der war schon 70 Jahre alt. Das Mädchen mochte nicht einwilligen, doch der Vater wollte sie ihm unbedingt geben und sagte mehrmals zu ihr: »Und du wirst ihn doch nehmen müssen, auch wenn's dir nicht paßt.« So überlegte das Mädchen nur noch, wie es fliehen könne, und eines Nachts verkleidete sie sich wie ein Pilger, rieb sich das Gesicht mit gewissen Kräutern ein, welche sie ganz verfärbten und unkenntlich machten, und dann nahm sie noch ein paar Edelsteine, welche ihr die Mutter hinterlassen hatte, bevor sie starb. Und so als Pilger verkleidet ging sie zum Hafen, schiffte sich ein und gelangte zur Insel von England. Als der König sie am Morgen nicht fand, glaubte er, sie sei hierhin oder dorthin gegangen, und als er sie auch dann nicht finden konnte, dachte er, sie sei tot oder habe sich selbst ertränkt.

Als nun Dionysia in England angelangt war, kam sie zu einem Frauenkloster, welches das reichste Kloster in diesem Lande war, und die Priorin war eine Verwandte des Königs von England. Als sie nun in dieses Kloster kam, sagte sie der Äbtissin, sie wolle gerne Nonne werden. Die Äbtissin fragte sie, wer sie sei und wessen Tochter und woher sie komme. Sie gab zur Antwort, sie sei Tochter eines Stadtbürgers im Reich des französischen Königs;

Vater und Mutter seien ihr gestorben, sie komme nun von ein paar Reisen zurück und wolle sich dem lieben Gott weihen.

Und weil nun die Priorin sah, wie liebenswürdig und engelsgleich sie aussah, dachte sie nach und sagte bei sich: »Sie wird mir nützlich sein, und ich will sie behalten«, und dann sagte sie zu ihr: »Meine Tochter, ich nehme dich sehr gerne auf, aber zunächst möchte ich, daß du ein wenig die Klosterregeln und unser Leben kennenlernst, und wenn es dir dann gefällt, so magst du dich bei uns einkleiden.«

Dionysia war's zufrieden und trat ins Kloster ein, und sie begann, mit so viel Demut der Äbtissin und den anderen Schwestern zu dienen, daß alle, die im Kloster lebten, sie gern hatten, und jede einzelne verwunderte sich über die feinen Sitten und die Schönheit der jungen Frau und sagte: »Sie muß doch gewiß eine adlige Dame sein.«

Kurze Zeit später traf es sich, daß der König von England, dem damals gerade der Vater gestorben war und der durch seine Ländereien wanderte, zu diesem Kloster gelangte und dort seine Verwandte besuchen wollte, nämlich die Priorin; die Frauen empfingen ihn mit der größten Ehrerbietung. Da erblickte nun der König die junge Frau und schloß sie gleich so sehr in sein Herz, daß man es nicht sagen kann, und er fragte die Priorin, wer diese Frau sei. Man erzählte ihm, wie sie dort angekommen sei und welchen Lebenswandel sie führe. Da beschloß er, er wolle sie zu seiner Frau machen, und er sagte das der Priorin. Die Priorin antwortete, das gehe doch nicht an, sie wisse doch gar nicht, wer die da sei, und zu ihm passe höchstens die Tochter eines Königs oder eines Kaisers.

Da sagte der König: »Sie ist doch sicherlich die Tochter eines großen Herrn.«

Sagte die Priorin: »Sitte und Anstand hat sie gewiß von dort, und ihresgleichen habe ich nie gesehen.«

Sagte der König: »Dann will ich sie bestimmt so, wie sie ist, und sei sie, wer sie wolle.«

Die Priorin ließ sie rufen und sagte zu ihr: »Mein Töchterlein, Gott hat dir eine große Gnade zugedacht.«

Sie sagte: »Wie das?«

Antwortete die Priorin: »Der König von England will dich nämlich zur Frau haben.«

Die andere wurde ganz blaß im Gesicht und sagte, sie wolle das um keinen Preis in der Welt, »ja, ich will meine Seele retten und Schwester werden, und deshalb bitte ich Euch, Ihr möchtet doch nicht mehr so zu mir sprechen, denn ich will auf keinen Fall in die Welt zurück«.

Die Priorin sagte das dem König. Sagte der König: »Das sind doch alles nur Vorwände! Ich will sie haben!«

Die Priorin redete so lange auf sie ein, bis sie einwilligte. Und in Gegenwart der Priorin heiratete er sie, und dann sagte er: »Jetzt will ich weiterziehen.« Und in Festlichkeit und Freude führte er sie heim, und da gab es dann ein riesiges Fest, und alle seine Edelherren kamen an den Hof, um sie zu sehen. Sie schien ein Engel des Paradieses zu sein, so schön und anmutig war sie, und jeder, der sie sah, verliebte sich in sie. Nur die Mutter des Königs wollte nicht an diesen Festlichkeiten teilnehmen und auch nicht bei der Hochzeit dabeisein, weil ihr Sohn eine geheiratet hatte, von der er nicht wußte, wer sie war. So blieb sie fern und zog in eine ihrer Burgen und wollte weder ihn noch sie sehen oder hören.

Diese Dionysia wußte sich nun bald so gut zu benehmen, daß ihr Mann sie mehr liebte als sich selbst, und so ging es auch allen Herren und Damen am Hofe.

Die Frau wurde bald darauf schwanger, und in dieser Zeit fügte es sich, daß der König auf eine Insel ziehen mußte, die sich gegen ihn erhoben hatte, und so brach er mit einem riesigen Heer von Soldaten auf und ließ seine Frau als Königin zurück und befahl seinem Vizekönig, er solle sie in seine Obhut nehmen, und er sagte zu ihm: »Wenn sie dann geboren hat, schicke mir eine Nachricht, wie es ihr geht.« Darauf nahm er Abschied von ihr und machte sich auf seine Reise.

So kam die Zeit, daß die Frau zwei wunderschöne Söhnlein zur Welt brachte. Das schrieb der Vizekönig sofort dem König. Der Bote, der diesen Brief überbringen sollte, gelangte in die Burg, wo die Mutter des Königs lebte. Als sie nun den Boten nach Neuigkeiten fragte, sagte er, er müsse zum König gehen, ihm seien nämlich zwei Söhnlein geboren worden. Die Mutter ärgerte das sehr, und in der Nacht brachte sie heimlich den Brief an sich und ließ einen anderen schreiben, in welchem es hieß, seine Frau habe zwei Äffchen geboren, das abscheulichste Zeug, das man je gesehen habe, und sie könnten nichts anderes als kreischen und bellen. Und dann steckte sie den Brief in die Tasche des Boten, ohne daß er etwas bemerkt hätte.

Am nächsten Morgen gab sie ihm dann Geld und ließ ihn gut bewirten, und dann sagte sie ihm: »Richte es so ein, daß du auf dem Rückweg hier vorbeikommst, und vergiß es nicht!«

Da sagte der Bote: »Madame, das geht in Ordnung«, und so nahm er Abschied und lief zu dem Feldlager, wo sich der König aufhielt, und überreichte ihm den Brief.

Als nun der König den Brief las und erfuhr, wie ihm seine Frau zwei Äffchen zur Welt gebracht hatte, da verwunderte er sich sehr, und dann schrieb er zurück, daß man sie, so wie sie geschaffen seien, bis zu seiner Rückkehr behalten solle, und man möge seine Frau gut behandeln bis zu seiner Ankunft. Der Bote nahm den Brief und verabschiedete sich vom König, und auf dem Weg kam er wieder zur Burg der Königsmutter. Die Mutter erkundigte sich nach dem Sohn, und dann in der Nacht nahm sie dessen Brief an sich und ließ einen anderen schreiben, in welchem es hieß: »Sobald du diesen Brief gelesen hast, richte es so ein, daß du die Frau und die Kinder packen und umbringen läßt, denn ich bin sicher, daß das nicht meine Kinder sind.« Und sie steckte den Brief zurück in die Tasche des Boten, und am Morgen ließ sie ihn gut bewirten. Dann zog der Bote weiter, ohne von der Angelegenheit etwas bemerkt zu haben, und so kehrte er zum Vizekönig zurück, der ihn geschickt hatte.

Als nun der Vizekönig diesen Brief las, fragte er den Boten: »Wer gab dir diesen Brief?«

Sagte der Bote: »Den gab mir der König, und ich muß sagen, als er den Brief las, der von Euch kam, da war er ganz verwirrt.«

Darüber begann der Vizekönig zu weinen; er ging dann zur Königin und zeigte ihr den Brief.

Die Frau erhob deswegen ein großes Klagen und Weinen und sagte: »Ach, ich arme unglückliche Frau, warum hatte ich noch nie in meinem Leben einen guten Tag!«, und dann nahm sie ihre Söhnlein in den Arm und sagte: »Meine Söhnlein, unter welch bösen Umständen seid ihr auf diese Welt gekommen! Und welche Schuld habt ihr an alledem? Was haben wir verbrochen, daß wir sterben sollen?«

Und sie klagte, wie nie eine Frau zuvor, zum Herzerbarmen und küßte dabei fortwährend ihre Knäblein, die wie zwei Sterne erschienen.

Der Vizekönig weinte kräftig mit ihr, und da er nicht wußte, wie er sich jetzt entscheiden sollte, sagte er: »Herrin, was soll ich jetzt nur tun? Ihr seht doch selbst, was mir mein Herr schreibt; trotzdem würde ich nicht die Frechheit besitzen, Hand an Euch zu legen. So bleibt nur eins: Nehmt Eure Söhnlein heimlich mit Euch, und ich werde Euch bis zum Hafen begleiten, dort schifft Euch ein, und geht mit Gott, wohin das Glück Euch auch treiben wird; ich wünsche Euch alles Gute!«

Sie war damit so zufrieden, wie sie es sein konnte. Und in der folgenden Nacht nahm sie heimlich die Knäblein, ging zum Hafen und sagte zu einem genuesischen Schiffer, der dort lag: »Nimm dir was du willst, und setze mich in Genua ab.«

Der Vizekönig gab ihm Geld, und er empfahl ihm die Frau, so gut er konnte.

So segelte sie ab und gelangte nach Genua, und dort verkaufte sie ein paar von ihren Juwelen, nahm sich zwei Ammen und zwei Zofen und reiste dann nach Rom und ließ dort ihre beiden Söhnlein sorgfältig erziehen, und der einen nannte sie Carlo und den anderen Lionetto; in Rom führte sie dann eine lange Zeit ein vorbildliches Leben.

Diese beiden Kinder wuchsen heran, und sie waren das hübscheste Paar von Jungen, die man in ganz Rom finden konnte. Die Mutter ließ sie das Lesen lernen und Latein, das brachte sie voran, und als sie halb erwachsen waren, gingen sie immer wieder an den Hof des Papstes; doch sie sagte dort nie, wer diese Jungen seien. Der Papst hörte von dem heiligmäßigen Leben ihrer Mutter, und da er sie so höflich und gutaussehend fand, wuchs seine Zuneigung zu ihnen, und er gab ihnen reiche Unterstützung, so daß sie sich ein Haus und Pferde halten und ein schönes Leben führen konnten.

Eines Tages nun wollte der Papst einen Kreuzzug übers Meer gegen die Sarazenen unternehmen, so rief er alle Könige und Fürsten der Christenheit um Hilfe, darunter auch die Könige von Frankreich und England: Sie möchten doch persönlich nach Rom kommen, denn er wolle Frieden unter ihnen stiften, und er brauche ihren Rat wegen dieses Kreuzzugs. Und so geschah es: Nach kurzer Zeit kamen diese beiden Könige auf Geheiß des Papstes nach Rom.

Doch zuvor war der König von England siegreich von seinem Feldzug gegen die verlorene Insel zurückgekom-

25

men, und er fragte seinen Vizekönig nach seiner Frau und nach den Geschöpfen, die sie geboren hatte.

Da sagte der Vizekönig: »Ich habe das ausgeführt, was Ihr mir geschrieben hattet, aber nicht ganz so, denn Ihr hattet mir geschrieben, ich solle sie umbringen lassen, aber das tat mir leid, und so schickte ich sie fort.«

Der König wurde ganz zornig und wollte wissen, wie diese Sache vor sich gegangen sei; so fand er heraus, daß die Mutter dies alles verursacht hatte. Er ließ sie sofort umbringen, und dann schickte er Leute in alle Welt, die nach seiner Frau suchen sollten, und als man ihm sagte, nie seien schönere Knäblein auf die Welt gekommen, da glaubte er wirklich, er müsse vor Schmerz sterben, und auf lange Zeit durfte kein Mensch mit ihm reden. Es fand sich niemand, der ihn hätte aufheitern können, so groß war die Liebe zu dieser Frau, welche er auf so unglückliche Weise verloren hatte.

Als nun dieser König und der König von Frankreich nach Rom kamen, da bereitete ihnen der Papst einen großartigen Empfang. Und als sie durch Rom ritten, da erkannte die Frau ihren Mann und auch ihren Bruder.

Deshalb ging sie zum Papst und sagte: »Heiligster Vater, Ihr wißt, daß ich Euch nie entdecken wollte, wer der Vater dieser beiden Knaben sei und auch nicht, wer ich bin; aber nun hat sich die Gelegenheit so ergeben, und ich möchte es Euch sagen, und Ihr könnt es dann damit halten, wie Ihr wollt. Wisset, daß ich die Tochter des verstorbenen Königs von Frankreich bin; der heutige König ist mein Bruder; und Ihr sollt wissen, daß ich die fröhlichste junge Frau im Königreich Frankreich war. Und da mein Vater mich nicht nach meinem Wunsch verheiraten wollte, ging ich von ihm fort und zog nach England in ein Kloster, und dort verliebte sich der König von England in mich. Ohne zu wissen, wer ich sei, nahm er mich zur Frau, und ich wurde von ihm mit diesen beiden Knaben

26

schwanger, und als ich sie geboren hatte, war er so herzlos und grausam anzuordnen, man solle sie umbringen. Deshalb kam ich hierher und habe sie aufziehen lassen, wie Ihr es wißt.«

Der Papst hörte diese Worte gerne; er schickte sofort nach diesen beiden Königen, und dann ließ er die beiden Jungen holen, und als sie nun alle in seinem Gemach waren, fragte er den König von Frankreich, ob er diese beiden Jungen kenne. Der antwortete nein. Und ebenso fragte er den von England, und auch er antwortete nein. Darauf sagte der Papst zu dem König von England: »Mein Sohn, dies sind deine Söhne!«, und zum König von Frankreich sagte er: »Dies sind deine Neffen.« Und er erzählte ihnen alles, wie es sich verhielt.

Der König von England umarmte sie gleich unter vielen Tränen der Zärtlichkeit, und ebenso machte es der König von Frankreich, und als er nach der Mutter fragte, sagte der Papst, er werde sie holen lassen, und das tat er auch. Als nun die Frau ihren Bruder sah, lief sie gleich zu ihm, um ihn zu umarmen; doch zu ihrem Mann wollte sie kein Wort sagen, »wegen der Grausamkeit, die du mir angetan hast«. Da weinte der König und sagte ihr, wie die Sache stehe, und daß die Schuld nicht auf ihn falle, und wie er die Untat gerächt habe. Die Frau nahm die Entschuldigung an, und darauf feierten sie ein riesiges Fest.

Der Papst sagte zu ihnen: »Dann ist es ja nicht nötig, daß ich unter euch Frieden stifte, das hat jetzt diese begnadete Tochter schon besorgt.«

Und so blieben sie mehrere Tage in Rom, und die beiden Könige hielten jeden Tag hof und feierten Feste. Weil aber der Papst zum Kreuzzug aufgerufen hatte, befreite er sie von ihrer Pflicht.

Die Frau sagte zu ihrem Mann: »Ich überlasse dir diese beiden als deine Söhne und empfehle sie deiner Obhut;

27

und geh mit Gott, denn ich will hier bleiben und meine Seele retten und nicht mehr in die Welt gehen.«

Ihr Gatte antwortete, er werde niemals Rom ohne sie verlassen. Und so entstand zwischen beiden ein großer Streit. Deshalb baten sie der Papst und der König von Frankreich so lange, bis sie nach England zurückkehrte mit dem Gatten, welcher nun der allerglücklichste Fürst war. Sie nahmen Abschied vom Papst, und er gab ihnen seinen Segen. Sie nahmen ihren Weg über Frankreich, und dort hielten sie großen hof und feierten ein ganz großes Fest. Und dann gingen sie nach England und lebten lange Zeit miteinander und hatten es gut und lebten in Frieden und waren glücklich.

7. Fürst und Abt

Herr Barnabò von Mailand befiehlt einem Abt,
er solle ihm vier unmögliche Dinge erklären;
an seiner Stelle erklärt ein Müller, mit den Kleidern
des Abtes angetan, diese Fragen und zwar so,
daß er zum Abt, der Abt aber zum Müller wird.

Barnabò Visconti, Herr von Mailand, wurde einst von einem Müller durch schlagfertige Antworten beschämt, und er schenkte ihm ein sehr großes Benefiz. Dieser Fürst war zu seiner Zeit mehr als andere Herren gefürchtet, doch obwohl er grausam streng war, steckte in seiner Grausamkeit auch ein großer Teil Gerechtigkeit. Unter den vielen Fällen, die ihm unterkamen, ist auch dieser bemerkenswert: Ein reicher Abt hatte sich einige Nachlässigkeit zuschulden kommen lassen, weil er zwei Doggen ungenügend ernährt hatte, so daß sie krätzig geworden waren. Die Tiere gehörten eben dem Fürst, und der sagte dem Abt, er solle viertausend Fiorini zahlen.

28

Darob bat ihn der Abt um Gnade, und als der Fürst ihn um Gnade flehen sah, sagte er zu ihm:«Wenn du mir vier Dinge erklären kannst, will ich dir alles vergeben, und die Dinge, die ich von dir zu erfahren wünsche, sind folgende: Wie weit ist es von hier bis zum Himmel? Wieviel Wasser ist im Meere? Was macht man in der Hölle? Und: Wieviel ist meine Person wert?«

Als der Abt das hörte, begann er zu seufzen, und es schien ihm, als sei er jetzt in einer noch schlechteren Lage als zuvor; aber um den Zorn zu dämpfen und um Zeit zu gewinnen, sagte er doch, der Fürst möge so freundlich sein, ihm eine Frist zu setzen, damit er auf so hohe Dinge antworten könne. Und der Fürst gewährte ihm den ganzen nächsten Tag, und da er begierig war, die Lösung dieses Problems anzuhören, ließ er ihn versichern, daß er zurückkommen werde.

In Gedanken versunken und in düsterer Stimmung begab sich der Abt zu seinem Kloster; er schnaubte wie ein scheuendes Pferd, und als er angekommen war, begegnete er seinem Müller, und als der ihn so betrübt sah, sagte er zu ihm: »Mein Herr, was habt Ihr denn, daß Ihr so schwer atmet?«

Der Abt antwortete: »Ich habe allen Grund dazu, denn der Fürst wird mich zuschanden machen, wenn ich ihm nicht vier Dinge erkläre, die weder Salomon noch Aristoteles beantworten können.«

Der Müller sagte: »Und welche Dinge sind das?«

Der Abt sagte sie ihm.

Da dachte der Müller nach und sagte zum Abt: »Ich werde Euch aus der Patsche helfen, wenn Ihr es wünscht.«

Sagt der Abt: »In Gottes Namen!«

Sagt der Müller: »Ich denke, Gott und die Heiligen wollen es so.«

Der Abt wußte nicht ein noch aus, und sagte: »Wenn du

29

das schaffst, kannst du von mir bekommen, was du willst; es wird nichts geben, wenn du mich darum bittest und es mir möglich sein wird, was ich dir nicht geben werde.«

Sagte der Müller: »Ich überlasse das gern Eurem Wunsch und Willen.«

«Und wie willst du es anstellen?« fragte der Abt.

Da antwortete der Müller: »Ich will mir Tunika und Cappa, Euer Gewand und den Umhang, überwerfen und mir den Bart scheren, und morgen in aller Frühe trete ich vor ihn und sage ihm, ich sei der Abt, und die vier Dinge werde ich dergestalt klären, daß ich meine, er sollte damit zufrieden sein.«

Dem Abt kam es wie tausend Jahre vor, bis er den Müller an seine Stelle setzen konnte, aber schließlich war es soweit.

Als der Müller zum Abt verwandelt war, machte er sich frühmorgens auf den Weg, und als er zum Tor gelangt war, wo der Fürst residierte, klopfte er an und ließ sagen, jener Abt wolle dem Fürsten auf gewisse Fragen antworten, die er ihm gestellt hatte. Der Fürst war begierig zu hören, was der Abt zu sagen hätte und war erstaunt, daß er schon so bald zurückgekehrt sei. So ließ er ihn zu sich rufen, und als er vor ihn trat, war es noch ein bißchen düster; er machte seine Verbeugung und hielt meistens die Hand vor sein Gesicht, um nicht erkannt zu werden, und dann fragte ihn der Fürst, ob er die Antwort mitgebracht habe auf die vier Dinge, die er gefragt hatte.

Er antwortete: »Ja mein Herr. Ihr fragtet mich, wie weit es von hier zum Himmel sei. Wenn man alles betrachtet, so sind es von hier nach oben sechsunddreißig Millionen und achthundertvierundfünfzigtausend und hundertzweiundsiebzig und eine halbe Meile und zweiundzwanzig Schritte.«

Da sagt der Fürst: »Das hast du sehr genau gesehen, aber wie willst du das beweisen?«

Er antwortete: »Laßt es nachmessen, und wenn es nicht so ist, dann könnt Ihr mich aufhängen lassen. Zum zweiten habt Ihr gefragt, wieviel Wasser im Meere sei. Das war für mich sehr schwierig zu messen, denn das Wasser steht nie stille, und immer kommt neues hinzu, aber ich habe doch sehen können, daß im Meer fünfundzwanzigtausend und neunhundertzweiundachtzig Millionen Tonnen und sieben Faß und zwölf Krüge und zwei Gläser Wasser sind.«

Da sagte der Fürst: »Woher weißt du das?«

Er antwortete: »Ich hab's gemessen, so gut ich konnte; wenn Ihr's nicht glaubt, laßt Fässer holen und meßt es selbst, und wenn Ihr es nicht so findet, dann laßt mich zerreißen. Zum dritten habt Ihr mich gefragt, was man in der Hölle macht. In der Hölle wird abgehackt und angehakt, geviertelt und aufgehängt, nicht mehr und nicht weniger als Ihr es tut.«

„Welche Beweise hast du dafür?«

Er antwortete: »Ich habe einmal mit einem geredet, der dort gewesen war, und von dem hatte Dante aus Florenz alles, was er über die Sachen in der Hölle schrieb, aber der ist jetzt tot; wenn Ihr es nicht glaubt, schickt jemand, der nachsehen soll. Zum vierten habt Ihr mich gefragt, was Eure Person wert sei, und ich sage, sie ist neunundzwanzig Silberstücke wert.«

Als Herr Barnabò dieses hörte, ging er ganz wütend auf ihn los und sagte: »Dich soll doch der Schlag rühren! Bin ich so gering, daß ich weniger als ein Kochtopf wert sein soll?«

Da antwortete der nicht ohne große Angst: »Mein Herr, hört zuerst den Beweis. Ihr wißt, daß unser Herr Jesus Christus für dreißig Silberlinge verkauft wurde; aber ich rechne doch, daß Ihr einen Silberling weniger wert seid.«

Als der Fürst das hörte, da wurde ihm klar, daß der da

nicht der Abt sein konnte: Er sah ihn sich genau an und, zu der Überzeugung gelangt, er sei sehr viel gebildeter als es der Abt war, sagte er: »Du bist nicht der Abt!«

Die Angst, die jetzt den Müller überfiel, kann sich jeder vorstellen; er warf sich mit gefalteten Händen auf die Knie und flehte um Gnade; er sagte dem Fürsten, er sei nur der Müller des Abts, und wie und warum er verkleidet vor seiner Majestät erschienen sei, und in welcher Weise er das Mönchsgewand angelegt hatte, mehr, um sich ihm gefällig zu erweisen als aus Bosheit.

Als Herr Barnabò ihn angehört hatte, sagte er: »Nun gut, wenn er dich denn zum Abt gemacht hat und du mehr wert bist als er, so will ich dich denn, Gott sei mein Zeuge, in sein Amt setzen, und ich will, daß von nun an du der Abt sein sollst und er der Müller, und du sollst alle Einkünfte des Klosters bekommen und er die aus der Mühle.«

Und so hielt er es zeit seines Lebens: Der Abt war der Müller, und der Müller war der Abt.

Unsicher und gefährlich ist es, sich so vor die Herren zu wagen, wie es dieser Müller getan hat, und den Mut aufzubringen, den er hatte. Aber mit den Herren kommt es so wie mit dem Meer, auf welchem der Mann in großer Gefahr schwebt; aber in den großen Gefahren findet er auch großen Gewinn. Man kann von großem Glück sagen, wenn das Meer sich stille verhält, und so ist es auch bei den Herren; bei dem einen wie beim anderen darf man sicher damit rechnen, daß es bald ein Unwetter gibt.

Einige haben auch schon gesagt, daß diese oder eine ähnliche Geschichte mit einem Papst passiert sei, der einem seiner Äbte, der sich schuldig gemacht hatte, sagte, er solle ihm die vier oben erwähnten Dinge erklären und dazu noch eines, nämlich, welche die seltsamste Begebenheit gewesen, die ihm jemals zugestoßen sei. Der Abt habe sich für die Antwort Zeit gelassen und sei in sein

Kloster zurückgekehrt. Dort habe er die Mönche und die Laienbrüder bis hin zum Koch und zum Gärtner zusammengerufen und ihnen erzählt, was er dem besagten Papst beantworten sollte. Die aber wußten gar keinen Rat und standen da, als hätten sie den Verstand verloren. Als nur der Gärtner sah, daß jeder stumm blieb, sagte er: »Herr Abt, da ja nun die anderen nichts zu sagen wissen, so will ich derjenige sein, der etwas sagt und etwas tut: Ich denke doch, ich kann Euch aus dieser Verlegenheit helfen. Aber gebt mir Eure Kleider, dann gehe ich als Abt, und diese Mönche sollen mich begleiten.«

Und beim Papst angelangt, sagte er, der Himmel sei dreißigmal so hoch wie eine Stimme gehört werden könne. Vom Wasser des Meeres sagte er: »Laßt erst die Mündungen der Flüsse, die ihr Wasser hineingießen, zustopfen; dann kann man nachmessen.« Was dessen Person wert sei, beantwortete er so: »Achtundzwanzig Silberstücke«, denn als Stellvertreter Gottes sei er zwei Geldstücke weniger wert als Christus. Von der seltsamsten Begebenheit, die er je erlebt, sagte er: Vom Gärtner sei er zum Abt gemacht worden, und als solcher wurde er darauf bestätigt. Wie dem auch sei, die Sache ist entweder beiden oder nur einem zugestoßen, doch der Abt wurde entweder Müller oder Gärtner.

8. Der Bursche und der Wolf

Piero Brandani aus Florenz hat Rechtshändel und gibt seinem Sohn einige Papiere, und der verliert sie und macht sich davon, und dabei fängt er unerhörterweise einen Wolf, und als er für diesen in Pistoia fünfzig Lire bekommt, kehrt er heim und kauft die Papiere zurück.

In der Stadt Florenz lebte einst ein Bürger namens Piero Brandani, der verbrachte seine Zeit damit, Rechtshändel zu führen. Er hatte einen Sohn im Alter von achtzehn Jahren, und als er eines schönen Morgens zum Palast des Podestà gehen mußte, um sich in einer Verhandlung zu verteidigen, da hatte er seinem Sohn einige Papiere gegeben und ihn geheißen, er solle damit auf ihn neben der Benediktinerabtei von Florenz warten. Der ging gehorsam, wie der Vater ihm gesagt, zu dem genannten Ort und wartete dort mit den Papieren. Und das war im Monat Mai.

Während der Junge wartete, geschah es, daß es ganz stark zu regnen anfing. Da kam gerade eine Bäuerin oder Händlerin mit einem Korb Kirschen auf dem Kopf vorbei, und dieser Korb fiel herunter, dergestalt daß sich die Kirschen über die ganze Gasse verteilten; der Rinnstein in der Straßenmitte schwillt bei Regen immer so an, daß er einem Flüßchen gleicht. Der tüchtige Junge machte sich mit anderen, wie sie nun einmal so sind, haste, was kannste an das Einsammeln der besagten Kirschen, und sie rannten ihnen sogar im Rinnstein nach. Als nun die Kirschen eingesammelt waren, kehrte der Bursche an seinen Platz zurück, aber da hatte er die Papiere keineswegs mehr unter dem Arm; sie waren vielmehr in besagtes Wasser gefallen und von diesem rasch dem Arno zugeführt worden, und das hatte er gar nicht bemerkt. So rennt er nun auf und nieder, fragt hier, fragt dort, doch nützen alle guten Worte nichts, denn die Papiere schifften schon gen Pisa. Der Bursche war darob sehr bekümmert, und aus Angst vor dem Vater beschloß er davonzurennen. Am ersten Tag gelangte er nach Prato, wie es die Vagabunden und Flüchtlinge aus Florenz zu tun pflegen, und kam in ein Gasthaus, wo nach Sonnenuntergang auch ein paar Kaufleute eintrafen, nicht um dortselbst über Nacht zu bleiben, sondern vielmehr, um ihren Weg zur Brücke von Agliana fortzusetzen. Die Kaufleute bemerkten, daß dieser Bursche ganz verzweifelt war; sie fragten, was er habe und woher er komme. Er stand Rede und Antwort, und sie fragten, ob er bei ihnen bleiben und mit ihnen ziehen wolle.

Dem Burschen erschien das als ein Glückszufall, sie machten sich auf den Weg und gelangten um zwei Uhr nachts nach Agliana-Brücke und klopften an ein Gasthaus. Der Wirt, der schon schlafen gegangen war, schaute aus dem Fenster: »Wer ist da?« – »Mach auf, wir wollen übernachten.« Der Wirt brummte böse und sagte: »He, wißt ihr nicht, daß es in diesem Ort von Räubern wimmelt? Das wundert mich mächtig, daß sie euch nicht erwischt haben.« Der Wirt sprach die Wahrheit, denn eine starke Räuberbande machte die Gegend unsicher. Aber sie baten so lange, bis der Wirt ihnen öffnete; sie traten ein, versorgten die Pferde und sagten, sie wollten ein Nachtessen. Da sagte der Wirt: »Ich habe keinen Bissen Brot da.« Die Kaufleute antworteten: »Was sollen wir da machen?« Sagte der Wirt: »Ich sehe da nur eine Möglichkeit: Euer Bursche da soll sich ein paar Lumpen überziehen, damit er wie ein Nichtsnutz aussieht, und da die Anhöhe hinauflaufen, wo er eine Kirche findet. Da kann er den Ser Cione rufen, der ist dort Pfarrer, und mit einem schönen Gruß von mir soll er ihm sagen, er möchte mir zwölf Brote leihen. Das sage ich, weil diese Verbrecher ein schlecht angezogenes Bürschchen sicher laufenlassen, wenn sie es erwischen.«

Er zeigte dem Burschen den Weg; der ging nur ungern, weil es Nacht war, und man konnte nur schlecht sehen. Voller Angst, läßt sich denken, zog er los, verirrte sich immer mehr und fand diese Kirche überhaupt nicht. So geriet er in ein Wäldchen und sah auf einer Seite ein bißchen Licht, das auf eine Mauer fiel. Er beschloß, in dieser Richtung zu gehen, weil er das für die Kirche hielt; er kam auf einen großen Scheunenhof und dachte, das sei der Dorfplatz, aber er gehörte zu einem Bauernhof. Da ging er hin und klopfte an die Türe. Der Bauer hört das und schreit: »Wer ist da?« Da sagt der Junge: »Ser Cione, macht auf, der Wirt von Agliana-Brücke schickt mich zu Euch, Ihr sollt ihm zwölf Brote leihen.« Sagt der Bauer: »Was für Brote? Du dreckiger kleiner Dieb, du arbeitest den Räubern in die Hände! Wart, wenn ich rauskomme, bringe ich dich nach Pistoia in Haft und lass' dich aufhängen!«

Wie der Junge das hörte, stand er ratlos da, er wußte nicht ein noch aus, er schaute um sich und suchte nach einem Weg, der ihn zu einem sichereren Port führen könnte; da hörte er dort am Waldrand einen Wolf heulen. Er sieht sich um und erblickt in einer Ecke der Tenne ein Faß, dessen Deckel ausgeschlagen war; es stand aufrecht. Da rennt er hin, steigt hinein und wartet voller Angst auf das, was Fortuna für ihn bereithalten würde.

Wie er da so wartet, kommt dieser Wolf, der vielleicht wegen seines Alters die Räude hatte, neben das Faß und fängt an, sich daran zu kratzen, und wie er sich so reibt, hebt er den Schwanz, und besagter Schwanz gerät in das Spundloch. Der Junge kriegt große Angst, wie er so den Schwanz an sich fühlt. Aber als er sah, was das war, packte er in seiner großen Furcht den Schwanz und ließ ihn, so gut er konnte, nicht mehr los, jedenfalls so lange, bis er sehen konnte, was ihm passieren würde. Als der Wolf sich

36

am Schwanz gepackt fühlte, fing er an zu ziehen. Der Bursche hält fest und zieht von seiner Seite, und wie so jeder zieht, stürzt das Faß um und fängt an zu rollen. Der Bursche hält fest, und der Wolf zieht, und je mehr er zog, um so mehr Schläge gab ihm das Faß auf den Rücken. Dieses Gezerre dauerte wohl zwei Stunden, und das Faß versetzte dem Wolf so viele Stöße, daß er endlich starb. Es war durchaus nicht so, daß der Bursche nicht halb zerfleischt worden wäre, aber das Glück half ihm doch dergestalt, daß er sich schadlos halten und den Wolf schädigen konnte, indem er den Schwanz so tüchtig festgehalten hatte. Nun hatte er zwar den Wolf erledigt, aber er wagte es doch die ganze Nacht nicht, aus dem Faß zu steigen und den Schwanz loszulassen.

Der Morgen brach an, der Bauer, bei welchem der Junge an der Türe geklopft hatte, stand auf, und als er ausging, um seine Äcker zu besichtigen, erblickte er am Fuße einer Schlucht dieses Faß. Er dachte und sprach bei sich: »Dieses teuflische Nachtvolk stellt nichts als Unheil an; mein Faß, das stand doch auf dem Hofe, und da fällt ihnen nichts Besseres ein als es da runter zu rollen.« Als er näher kam, sah er den Wolf neben dem Faß liegen, wie wenn er noch lebendig wäre. Er legt los: »Hilfe, ein Wolf, ein Wolf!«, und bei diesem Lärmen rannten die Männer des Dorfes herbei, sahen den toten Wolf und den Burschen in dem Faß.

Der eine bekreuzigte sich hier und der andere dort, und sie fragten den Jungen: »Wer bist du? Was soll das heißen?« Der Bursche, mehr tot als lebendig, kriegte kaum Luft und sagte: »Ich flehe euch an, hört mir um Gottes willen zu; bitte tut mir nichts Böses.« Die Bauern ließen ihn reden, weil sie den Grund für dieses Ereignis hören wollten; und der erzählte nun alles – vom Verlust der Papiere bis hierhin, was ihm zugestoßen war.

Die Bauern packte großes Mitleid mit ihm, und sie sagten: »Söhnchen, dir ist viel passiert, aber die Sache steht für dich nicht so schlecht, wie du denkst. In Pistoia gibt es eine Regelung, daß, wer immer einen Wolf umbringt und ihn dem Gemeinderat vorlegt, von diesem fünfzig Lire erhält.«

Dem Jungen kehrten die Lebensgeister ein wenig zurück, als sie ihm anboten, ihm Gesellschaft und Hilfe beim Tragen des genannten Wolfes zu leisten; er nahm das gerne an. Und er und einige von ihnen, die den Wolf trugen, gelangten zum Gasthaus Agliana-Brücke, von wo er losgezogen war. Der Wirt staunte nicht wenig über diese Sache, wie sich denken läßt, und sagte, die Kaufleute seien weitergezogen und, da er nicht zurückgekehrt sei, hätten sie und er angenommen, er sei von den Wölfen gefressen oder von den Banditen gefangengenommen worden. Schließlich brachte der Bursche den Wolf zum Gemeinderat von Pistoia und erhielt dort, als sie die Sache vernommen hatten, fünfzig Lire.

Von diesen gab er fünf Lire zur Verköstigung seiner Kumpane aus, und, nachdem er sich von ihnen verabschiedet hatte, kehrte er mit den fünfundvierzig Lire zum Vater zurück. Er bat um Barmherzigkeit, erzählte, was ihm zugestoßen war und gab ihm die fünfundvierzig Lire. Der Vater war arm, er nahm sie also gerne an und verzieh ihm. Und mit besagtem Geld ließ er die Papiere kopieren, und mit dem, was übrig blieb, kehrte er wacker zu seinen Rechtshändeln zurück.

Will sagen: Man soll niemals verzweifeln, denn oftmals nimmt Fortuna fort, ebenso wie sie schenkt, und so wie sie schenkt, nimmt sie wieder weg. Wer hätte gedacht, daß sich die fortgeschwemmten Papiere wieder herschaffen ließen durch einen Wolf, der seinen Schwanz in ein Spundloch steckte und auf unerhörte Weise gefangen wurde? Das ist doch gewiß ein Kasus und ein Exempel dafür, daß man niemals aufgeben und sich von dem, was einem zustößt, weder entmutigen noch trübsinnig machen lassen soll.

9. Der bestohlene Blinde

*Ein Blinder aus Orvieto, dem man hundert
Fiorini gestohlen, hat doch Augen im Hirn, und er
bringt es mit seinem Verstand zuwege, daß der
Dieb ihm das gestohlene Geld dorthin zurück-
bringt, von wo er es genommen hatte.*

Geradezu weitblickend war ein Blinder von Orvieto mit seinen Argusaugen; er bekam hundert Fiorini, die man ihm gestohlen hatte, zurück, ohne daß er zu einem Richter hätte gehen oder Advokaten hätte bemühen oder Gesetzestexte und Notariatsakten hätte beiziehen müssen. Das war einer, der früher hatte sehen können, und er hieß Cola und war Barbier gewesen. Als er etwa dreißig Jahre alt war, verlor er das Augenlicht. Er besaß kein Vermögen, konnte auch nicht mehr vom Einkommen leben und auch nicht von dieser oder jener Hilfeleistung; da mußte er wohl um Almosen betteln. So war es ihm zur Gewohnheit geworden, sich jeden Morgen wenigstens bis um neun Uhr bei der Hauptkirche von Orvieto aufzuhalten, und dort bekam er aus Gottesliebe von einer Mehrheit der Bevölkerung etwas zugesteckt, dergestalt, daß er in nicht langer Zeit hundert Fiorini beisammen hatte, und die trug er heimlich bei sich in einem Geldtäschchen.

Es kam nun so, daß sich sein Vermögen rascher vermehrte als bei der Arbeit mit Schere und Messer, und so wollte er eines Morgens, als er glaubte, allein in der Kirche zurückgeblieben zu sein, hinter das Portal gehen und seine Börse mit den hundert Fiorini unter einen Ziegel des

Steinbodens legen; er hatte schon vorher gefühlt, daß der locker geworden war. Und was er sich ausgedacht, wollte er auch ausführen, sobald er meinte, in der Kirche sei niemand mehr, der ihn beobachten könnte. Aber zufällig war in der Kirche ein gewisser Juccio, von Beruf Käsehändler, zurückgeblieben, der betete gerne zum heiligen Johannes Goldmund, und der sah nun bei seiner goldenen Andacht, daß Cola da herumkratzte, wußte aber nicht, aus welchem Grund er das tat. So wartete er denn, bis Cola fort war und ging dann sofort zu der Stelle hinter dem Portal, und als er schaute, bemerkte er einen Ziegel, der von seiner Stelle bewegt worden war. Er benutzte sein Messer wie einen Hebel, nahm den Stein hoch, erblickte das Täschchen, nahm es gleich in die Finger und setzte den Stein so, wie er vorher gelegen war. Mit dem besagten Geld aber ging er nach Hause, in der Absicht, niemandem davon zu sagen.

Drei Tage waren kaum vergangen, da wollte der Blinde nachschauen, ob sein Besitz noch dort lag, wo er ihn begraben hatte. Er erwischte einen günstigen Augenblick und ging zu dem Ziegel, unter welchem er seinen Schatz verborgen wußte, er hob ihn hoch und suchte nach der Börse, und als er sie nicht fand, da fühlte er sich ziemlich schlecht, aber er legte doch den Stein an seine Stelle zurück und ging dann trübsinnig nach Hause. Dort überlegte er, wie er auf einen Schlag das verloren, was er sich nach und nach in langer Zeit erworben hatte, doch dann kam ihm blitzartig ein Gedanke, wie das bei den meisten Blinden so ist, und als der Morgen anbrach, rief er sein neunjähriges Söhnlein und sagte: »Komm, und bring mich zur Kirche.«

Und der Junge gehorchte dem Vater, aber bevor der aus dem Haus ging, nahm er ihn in seine Schlafkammer und sagte: »Komm mal her, mein Sohn, du gehst jetzt mit mir in die Kirche. Aber lauf nicht von mir fort; du setzt dich zu mir an den Kircheneingang, und da schaust du alle genau an, Männer und Frauen, die da vorbeikommen, und du merkst dir, ob nicht jemand, der vorbeigeht, mich mehr anschaut als die anderen, oder ob einer lacht oder irgendeine Bewegung in meine Richtung macht, und merke dir, wer es ist – meinst du, das schaffst du?«

Sagt der Junge: »Ja.«

Als er das Kind also unterrichtet hatte, ging der Blinde mit ihm zur Kirche, und sie setzten sich an ihren Platz. Das Kind achtete auf die Anweisungen des Vaters und behielt den ganzen Morgen jedermann im Auge, und nach kurzer Zeit bemerkte er, daß dieser Juccio beim Vorübergehen den Vater scharf angeguckt und dabei gegrinst hatte. Als nun die Zeit gekommen war, zum Essen nach Hause zurückzukehren, da befragte der Blinde seinen Sohn, noch bevor sie die Treppe hinaufstiegen, und sagte: »Sag mal, Junge, hast du nichts von der Art bemerkt, wie ich es dir gesagt hatte?«

Das Kind antwortete: »Vater, ich habe nur einen gesehen, der Euch anschaute und lachte.«

Und der Vater sagte: »Wer war das?«

Und der sagte: »Ich weiß nicht, wie er heißt, aber ich weiß wohl, daß er Käsehändler ist; er wohnt nahe bei den Minderbrüdern.«

Sagt der Vater: »Könntest du mich zu seinem Geschäft führen und mir sagen, was du siehst?«

Das Kind sagte ja. Der Blinde verlor keine Zeit und sagte zum Kind: »Bring mich dorthin und sage mir, was du siehst, und wenn ich mit ihm rede, halte dich beiseite und warte auf mich.«

Das Kind führte also den Vater geradenwegs zu dem Laden des Käsehändlers, erklärte dem Vater alles und ließ ihn nahe bei dem Kaufmann stehen. Als der Blinde den Mann mit seinen Kunden schwätzen hörte, wußte er gleich, das war Juccio, den er schon gekannt hatte, als er noch sein Augenlicht besaß. Daraufhin sagte er ihm, er müsse mit ihm an einem ruhigen Ort unter vier Augen sprechen. Juccio ahnte schon etwas, führte ihn in einen Kellerraum und sagte: »Cola, was gibt es Neues?«

Cola sagt: »Mein Bruder, ich komme zu dir in großem Vertrauen und mit großer Zuneigung. Wie du weißt, ist es schon eine gute Weile her, daß ich das Augenlicht verlor, und da ich damals in armen Verhältnissen und mit einer großen Familie dastand, war ich gezwungen, von Almosen zu leben; doch durch Gottes Güte und durch deine Mildtätigkeit und die der anderen Leute von Orvieto konnte ich 200 Fiorini beiseite legen. Hundert davon habe ich an einem nur mir bekannten Ort aufbewahrt, und die andern hundert gab ich ein paar Verwandten zur Verwahrung, die kann ich wohl in acht Tagen bekommen. Wenn du also eine Möglichkeit siehst, die zweihundert Fiorini zu nehmen und mir aus Liebe zu unserem Herrgott von dem Gewinn, der dir daraus entstehen könnte, einen dir genehmen Teil abzugeben, um mich und meine Kinder zu unterstützen, nun dann wäre ich wirklich froh, denn in dieser Stadt gibt es niemanden, dem ich vertrauen könnte. Ich will auch nicht, daß man so ein Papier dazu schreibt und auch nicht, daß man darüber redet; das darf niemand erfahren. So bitte ich dich denn ganz lieb, daß du, wie immer deine Entscheidung ausfällt, niemals über unser Gespräch redest, denn du kannst dir denken, wenn irgendwer erfährt, daß ich dieses Geld habe, dann wäre es gleich aus mit all den Almosen, die ich bekomme.«

Juccio hörte sich das an und rechnete sich aus, er könnte doch auch die anderen hundert Fiorini an Land ziehen; so gab er Cola gute Worte: Er werde das ganz für sich behalten, und er solle den nächsten Morgen wiederkommen, dann würde er ihm Bescheid geben. Der Blinde nahm Abschied, und sobald Juccio tief Luft geholt hatte, ging er, sobald er konnte, mit der Börse, die er noch nicht

42

angerührt hatte, zu der Kirche. Und bei dem Ziegel, wo er die Börse weggenommen hatte, legte er sie wieder hin. Er hatte sich nämlich gut überlegt, daß die hundert Fiorini, die nach Colas Worten beiseite gelegt waren, wohl dieselben hundert Fiorini sein müßten, die er unter dem Ziegelstein versteckt hatte. So ging er also und legte das Geld zurück, um die Sache mit den anderen hundert Fiorini nicht zu verpassen.

Auf der anderen Seite überlegte sich Cola, daß Juccio doch gesagt hatte: »Morgen gebe ich dir Bescheid«, und so könne man, dachte er, doch annehmen, Juccio wolle auch die anderen hundert Fiorini kriegen, und so werde er denn wohl, bevor er ihm Antwort gebe, das Geld zurücklegen. Cola ging also noch denselben Tag zur Kirche, und als er glaubte unbeobachtet zu sein, lupfte er den Ziegel, fühlte darunter und fand richtig die genannte Börse, und die steckte er sofort zu sich und legte den Stein zurück, ohne noch besonders darauf zu achten, kehrte nach Hause zurück und hatte eine angenehme Nachtruhe. Am nächsten Morgen ging er dann zu Juccio, um zu hören, was der sagen würde.

Als der ihn nun kommen sah, ging er ihm entgegen und sagte: »Guter Cola, wohin des Weges?«

Cola sagte: »Ich wollte gerade zu dir.«

Sie gingen in einen abgelegenen Raum, und Juccio sagte: »Du hast mir großes Vertrauen geschenkt, und so bin ich gerne bereit, deiner Bitte nachzugeben. Besorge die zweihundert Fiorini. Heute in acht Tagen mache ich einen Großeinkauf von Pökelfleisch und Pferdekäse, und ich denke dabei so gut wegzukommen, daß du einen hübschen Teil davon abkriegst.«

Cola sagt: »Gottes Segen dazu! Ich will heute noch die hundert Fiorini holen und vielleicht auch die anderen; die bringe ich dir dann. Du magst mir dann den Teil abgeben, den du entbehren kannst.«

Juccio sagt: »Geh mit Gott und komm bald wieder; ich bin entschlossen, den Einkauf zu machen, weil der Kommandant Gomez für die Kirche eine Menge Militär heranzieht; sie wollen hier wohl ihr Hauptquartier aufschlagen, und die Soldaten sind ganz verrückt nach diesen beiden Sachen. Also los, mach dich auf den Weg; ich denke, wir werden beide großen Nutzen daraus ziehen.«

Cola legte los, aber nicht in dem Sinne, wie Juccio das meinte – der Blinde sollte jetzt den Erleuchteten blenden! Am folgenden Tage nämlich ging Cola mit ganz betrübtem Gesicht zu Juccio. Als der ihn sah, lachte er übers ganze Gesicht, trat auf ihn zu und sagte: »Einen wunderschönen Tag sollst du haben, Cola!« Cola sagte: »Was heißt da wunderschön, wenn er nur ganz normal wäre!«

»Was meinst du damit?«

Sagt Cola: »Für mich ist er schlecht, weil da, wo ich hundert Fiorini hingelegt hatte, finde ich sie nicht mehr, weil sie mir gestohlen wurden, und bei meinen Verwandten, wo ich die anderen hundert zu mehreren Teilen in Verwahrung gegeben hatte, sagt mir der eine, er hätte sie nicht und der andere noch Schlimmeres; kurzum, ich kann nur die Fäuste ballen, so weh tut das!«

Sagt Juccio: »Da sitze ich mal wieder schön in der Patsche; jetzt dachte ich doch, ich könnte was verdienen, und dabei verliere ich hundert Fiorini und mehr, und was schlimmer ist: da habe ich den Kauf fast abgeschlossen, und der Kerl, der mir die Ware verkauft hat, will doch, daß der Handel vorwärts geht, und jetzt weiß ich nicht, wer das bezahlen soll!«

Sagt Cola: »Für mich ist das genauso belastend wie für dich, aber mir tut das doch viel mehr weh, denn bei mir ist es jetzt so, daß ich nur schlecht leben kann, und ich muß von vorne anfangen, um Kapital zu beschaffen. Aber wenn Gott mir die Gnade schenken will, daß ich je wieder etwas bekommen soll, so will ich es nie wieder in ein

44

Loch oder zu anderen Personen stecken oder zur Verwahrung geben, und sei es mein eigener Vater.«

Als Juccio ihm zuhörte, dachte er bei sich, er könne vielleicht doch die hundert Fiorini, die er offenbar verloren hatte, zurückgewinnen, und so sagte er: »Diese hundert Fiorini, die deine Verwandten haben, wenn du die kriegen könntest und mir gäbest, dann würde ich mir die Mühe machen, die anderen hundert zu leihen, damit dieser Einkauf vorankommt; und wenn das gelänge, könnte es sehr wohl sein, daß du in kurzer Zeit zweihundert in der Tasche finden würdest.«

Sagt der Blinde: »Mein lieber Juccio, wenn ich das mit den hundert Fiorini bei meinen Verwandten laut sagen dürfte, dann würde ich vor Gericht gehen, und da sollte mir wohl Recht geschehen. Aber ich will das nicht an die große Glocke hängen, denn, wie gesagt, ich würde doch meine Almosen verlieren. Deswegen halte ich sie für verloren, außer wenn der liebe Gott ihnen eine andere Eingebung schicken würde. So erhoffe dir also nichts von mir, das Glück hat es nun mal so entschieden. Wie ich denn nun auch dastehe, ich für meinen Teil habe deine gute Absicht gesehen, nämlich mich reich zu machen; so rechne ich es dir so an, als hätte ich von dir zweihundert Fiorini in die Tasche gesteckt bekommen, denn an dir hat es doch nicht gefehlt. Eines will ich allerdings noch tun: Ich werde einen Freund bitten, einen Zauber herzurichten, vielleicht kann er mir dann doch sagen, wer es gewesen ist, und wenn ich Glück haben sollte, würde ich wieder zu dir kommen. So helf dir denn Gott, ich will inzwischen nicht einschlafen.«

Sagt Juccio: »Na sieh mal zu, nun geh und versuche nach Kräften alles, ob du das Deine nicht finden und wiederbekommen kannst, und wenn es gut ausgehen sollte, so weißt du ja, wo ich wohne, wenn du etwas brauchst. Tröste dich so gut du kannst, und geh mit Gott!«

Und so endete der Einkauf von Pferdekäse und Pökel-fleisch – er kam nämlich nie zustande; und der Blinde war wieder zu seinem Geld gekommen, und insgeheim freute er sich lange Zeit und sagte bei sich: »Bei der heiligen Lucia mit ihrem Licht, der Juccio war noch blinder als ich!« Und er sagte wohl die Wahrheit, denn er hatte den Sehenden an die Angel gekriegt, indem er hundert Fio-rini als Köder benutzte, um die anderen hundert wieder-zubekommen.

Nun muß man sich über so etwas gar nicht wundern. Die Blinden haben nämlich einen viel feineren Verstand als die anderen, denn unser Augenlicht fällt mal auf diese und mal auf eine andere Sache und lenkt dadurch den Ver-stand ab. Dafür gibt es eine Menge Beweise, ich will aber nur einen kleinen hier erzählen. Nehmen wir mal an, da reden zweie miteinander, und während der eine mitten in einem Argument steckt, kommt eine Frau oder eine an-dere Sache vorbei, und der guckt hin, hört auf zu reden und fährt nicht fort, und als er schließlich fortfahren will, sagte er zu seinem Kumpel: »Was hatte ich doch gerade gesagt?«

Und das doch nur, weil die Augen den Verstand auf et-was anderes lenkten, wodurch die Zunge, die vom Ver-stand bewegt wird, ihren Gang nicht weiterverfolgen konnte. Und deswegen hat sich doch der Philosoph De-mokritos die Augen ausgerissen: Er wollte die Dinge fei-ner verstehen. Juccio auf der anderen Seite ärgerte sich; es schien ihm, als hätte er hundert Fiorini verloren, und er sagte bei sich: »Geschieht's mir denn nicht recht? Ich hatte hundert Fiorini gefunden und wollte noch mal hun-dert dazu, und mein Lehrer hatte mir doch immer gesagt: ›Ein Spatz in der Hand ist besser als eine Taube auf dem Dach‹, und daran habe ich mich nicht gehalten, so habe ich jetzt den Spatz verloren und die Taube nicht gefangen, und ein Blinder hat mich an der Nase herumgeführt. Der

46

hat wirklich hundert Augen gehabt so wie seine hundert Fiorini, daß er mir das hat antun können. Das hab' ich nun davon, daß mir die hundert Fiorini nicht genügten und daß ich aus Habgier noch einmal hundert haben wollte. Jetzt also, Juccio, da wolltest du das Pökelfleisch kaufen, statt dessen habe ich das Fleisch des Blinden mit hundert Fiorini bezahlt; das war das Gesalzenste, was ich je gekauft habe!«

Und lange Zeit konnte er sich nicht beruhigen, und immer wenn ihn jemand fragte: »Was hast du nur?«, antwortete er, er habe hundert Fiorini im Pökelfleisch verloren. Recht so!, denn wenn einer alles will, verliert er alles, und der Betrüger kriegt oft vom Betrogenen eins ausgewischt.

10. Mit dem Klang des Geldes bezahlt

*Siebter Scherz des Pfarrers,
den er in der Kirche Annunziata von Florenz
mit einem Mönch getrieben.*

Ein englischer Edelmann, der mit dem Pfarrer Arlotto sehr gut befreundet war, kommt in die herrliche Stadt Florenz zu Besuch. Er geht zum Pfarrer und, nach gegenseitigen Begrüßungen und Liebenswürdigkeiten, sagt er: »Bringt mich zur Annunziata.«

Und als sie in die Kirche getreten waren, da kommt, noch bevor sie Weihwasser hätten nehmen oder niederknien können, ein nichtsnutziger, fettiger und aufdringlicher Bruder auf sie zu und sagt: »Wollen die Herren Kerzen oder Wachsstöcke kaufen oder ein Gelübde erfüllen?«

Antwortete der Engländer: »Herr Bruder, laßt mich zuerst die Madonna begrüßen.«

Er zündete dort eine Kerze an, sagte seine Gebete und Verehrungen, und als er die Messe gehört und sich erhoben hatte, steht da schon der Bruder und fragt abermals: »Wollt Ihr Euer Gelübde erfüllen?«

Der Engländer, der das Italienische ganz und gar nicht verstand, ließ sich vom Pfarrer dolmetschen und sagte: »Ich habe dieser Madonna ein Bild im Werte von vier englischen Goldmünzen versprochen.«

Dem Bruder wässerten schon die Augen, und er sagte: »Kauft es doch hier bei uns.«

Er freute sich darauf, daß er die genannte Summe einstecken könnte.

Der Engländer staunte zusammen mit dem Pfarrer darüber, wie diese Brüder solchen Handel und derartige Geschäfte an einem so heiligen und andächtigen Ort treiben konnten.

Der Bruder nahm einen langen Rohrstock in die Hand, gab ihn dem Engländer und sagte: »Schaut einmal, welches Wachsbild Ihr wollt und welches Euch am besten gefällt, dann berührt Ihr es mit dem Zeigestab, und das genügt. Sobald Ihr es angerührt habt, ist das Gelübde erfüllt. Wir haben die Erlaubnis, es so zu machen, und für Euch gilt es ebensoviel, wie wenn Ihr Euch vom Wachsbildner ein neues hättet machen lassen.«

Der Engländer schaute sich die Bilder an, dann sagte er: »Ich will das da.«

Und er berührte ein wunderschönes Bild, das war so ähnlich wie das vom Herzog von Burgund, und das hatte keine vierzig Golddukaten gekostet.

Dem Engländer erschien eine solche Geschäftemacherei sehr tadelnswert und als eine eigenartige und niederträchtige Angelegenheit. Und weil es auch den Pfarrer gewaltig ärgerte, daß dieser Bruder so bösartig vorgehe, gedachte er, er wolle ihm solches Geschäft mit gleicher Münze heimzahlen. So sagte er dem Engländer, was er tun

48

solle; der holte die Geldkatze heraus und sagte zu dem Bruder: »Hier sind die vier Goldmünzen drin, fühlt sie mal!«

Der Bruder fühlte sie, und da sagte der Engländer: «Na, das reicht als Bezahlung!«

Dann gingen sie weg, und auf den Rat des Pfarrers gab der Engländer die vier Goldmünzen aus Gottesliebe einem armen Manne, der sein Töchterchen verheiraten wollte. Damit tat er ein besseres Werk, als wenn er sie den Brüdern gegeben hätte.

11. Vorher oder nachher?

Vierunddreißigster Scherz zu Hause beim Francesco Dini in einer Parabel über den Malvasier.

Pfarrer Arlotto und Bartolomeo Sassetti sind zum Mittagessen bei dem ehrenwerten Mann Francesco Dini eingeladen, und wie sie bei Tische sitzen, sagt dieser Francesco: »Pfarrer, ich habe Malvasier, wollt ihr ihn vor dem Essen oder hinterher?«

Darauf wußte Arlotto nur mit einem Gleichnis zu antworten, und er sagte: «Die selige Jungfrau Maria war Jungfrau vor der Geburt, während der Geburt und nach der Geburt.«

Francesco hatte begriffen, und als ein verständiger und großherziger Mann ließ er während der ganzen Mahlzeit Malvasier einschenken.

49

12. Wer hängt der Katze die Glocke um?

Von einem großen Rat, den die Mäuse gegen die Katzen hielten.

Eines Tages fand sich der Pfarrer Arlotto auf dem alten Markt und diskutierte mit ein paar Freunden; da geschah es, daß einer sagte: »Den Herrn Sowieso sollte man umbringen.«

Sagte ein anderer: »Das ließe sich leicht machen.«

Da sagte der Pfarrer: »Ja, wenn sich einer findet, der die Glocke hinhängt.«

Und in diesem Zusammenhang erzählte er eine Geschichte, und die ging so:

Die Mäuse beschlossen, ein Konzil in Rom abzuhalten und riefen alle Obermäuse der Welt zusammen. Da kamen sie von Arabien und sogar von Indien, und der Herzog sprach zu ihnen: »Wir haben euch rufen lassen, um mehrere Meinungen darüber zu vernehmen, wie wir uns zu verhalten und zu schützen haben gegen die Katzen, damit sie uns nicht so hinmetzeln.«

Da gab es viele Meinungen, und schließlich sagte einer: »Tja, mir scheint, man müßte der Katze eine Glocke umhängen, und wenn die einmal an Ort und Stelle ist, dann kann sie sich kaum mucksen, ohne daß wir die Glocke hören.«

Alle stimmten mit dieser Rede zu: Sie sei bisher die beste Meinung gewesen, und so solle man verfahren.

Der Herzog gab ihnen Antwort und sagte, der Rat sei ganz ausgezeichnet gewesen, aber jetzt müsse man wohl einen finden, welcher der Katze die Glocke umhänge. Aber da fand sich keine Maus so waghalsig, daß sie die erste hätte sein wollen.

13. Die drei Buckligen

Novelle von den Buckligen; dabei wird gezeigt,
daß sich einer nicht über Betrug beklagen darf,
wenn er selbst gerne betrügt.

Die Königin von Salinsbruck, die Witwe war, hatte ein Töchterlein namens Galierina. Als diese fünf Jahre alt war, fing sie in ihrem Garten eine Eidechse, brachte sie ihrer Mutter und hatte einen Riesenspaß. Als sie der Mutter gar die Eidechse hinterherwarf, da kriegte die einen Schrecken – wie es denn oft genug Frauen zu tun pflegen – und regte sich dermaßen auf, daß sie der Tochter bei der Krone, die sie auf dem Kopfe trug, schwor, sie werde ihr keinen Mann besorgen, bis die Eidechse nicht ebenso groß wäre wie sie es zu eben der Stunde war, als sie ihr diese hinterherwarf. Die Kinderfrau, welche dieses hübsche kleine Mädchen in Obhut hatte, war aber nicht so ängstlich, vielleicht wurde sie auch aus Liebe zu der Kleinen wagemutig. Jedenfalls nahm sie die Eidechse und zog sie dergestalt mit frischen Eiern, zerstoßenem Hühnchenfleisch und Brotsüppchen auf, daß sie in kurzer Zeit aufging wie ein eitler Geck, ja sie sah wie ein halbes Krokodil aus. Die Amme reute diese für das Mädchen verlorene Zeit, und so stupfte sie die Königin an, ihren Schwur zu erfüllen.

Als diese sich einer so großen Eidechse gegenübergestellt sah, war sie überrascht und erstaunt über den Fleiß der Frau Spira, denn so hieß die Kinderfrau. Als nun das Mädchen in das passende Alter gekommen, war die Mutter vor allem besorgt, ihr einen Mann zu beschaffen. Sie beriet sich heimlich mit Amme und Tochter, wollte die Schicksalsfrau auf die Probe stellen und ließ die Eidechse schlachten und ihr die Lunge ausnehmen. Sie sprach: »Ich will, mein Töchterlein, ein Fest und ein Turnier veranstalten, auf dem die Ritter nicht nur meines Landes, sondern aus verschiedenen Gegenden der ganzen Welt sich tummeln werden. Und nach dem Turnier gebe ich demjenigen, der erraten kann, was das für eine Lunge sei, mein Töchterlein und das halbe Reich als Mitgift dazu.« Kluge Vorausplanung einer Frau!

So rief man denn diesen Erlaß in allen Städten aus, bei allen Völkern und Nationen: Man solle zu dem genannten Hof kommen, denn man wolle ein königliches Turnier abhalten, und die Tochter der Königin Pilessa werde einen Mann bekommen. Da eilten zur vorgeschriebenen Zeit Herzöge, Grafen und Marquise aus allen Nationen herbei, und als sie angekommen, wurde, nach vielem Rennen und Stechen, mitten auf dem Platz diese Lunge aufgestellt, und mit schmetternder Fanfare und lautem Ausruf gab man zu verstehen, daß der Herr, der erraten würde, wem die Lunge gehöre, also von welchem Lebewesen sie stamme, die Tochter bekommen sollte und das halbe Königreich als Mitgift. Da standen nun die Herren im Zweikampf mit der allerseltsamsten Tierart, die sie je erblickt. Zu guter Letzt stellte sich heraus, daß es niemanden gab, der das Rätsel hätte lösen können.

Die Frau Amme wünschte, daß der Herzog von Milesi, der ein Auge auf das schöne Mädchen geworfen hatte, Gefallen an ihr finden möchte, und sie überlegte sich, wie sie dem Herrn zu verstehen geben könnte, daß es sich da um eine Eidechsenlunge handelte. Der Gedanke wickelte sie immer mehr ein, und sie setzte sich in den Kopf, ein Mittel zu finden, ihm die Sache zur Kenntnis zu bringen. Als sie einen häßlichen Buckligen erblickte, erschien ihr der als eine ganz unverdächtige Person; sie ruft ihn herbei und sagt: »Ich will dich reich machen, wenn du mir versprichst, das bei dir zu behalten, was ich dir unter dem Siegel der Verschwiegenheit offenbaren möchte.« Sie gibt ihm also eine Börse mit Dukaten und, nachdem er ihr großes Stillschweigen versprochen hatte, trägt sie ihm auf, zum Herzog von Milesi zu gehen und ihm zu sagen, das Mädchen lasse ihn wissen, jenes sei eine Eidechsenlunge. Nach vielen Schwüren, Zusagen und Worten zog der Bucklige los und versprach, alles gut zu machen.

Als er von der Frau fortgegangen war, begann er ein wenig nachzudenken, ob er diese Sache dem Herzog mitteilen oder ob er sie selbst enthüllen solle. Und als der bösartige Bucklige überlegte, es sei doch besser, das Königreich zu haben als nur die Gunst des Königs, beschloß er, das Glück bei den Hörnern zu packen. Eher dreist als vertrauenswürdig meldet er sich bei der Königin und sagt: »Ich weiß, daß Euer Blut noch nie die Treue brach, noch hat Eure Krone je ein Versprechen nicht eingehalten. Wenn ich nun errate und zu sagen weiß, was das für eine Lunge ist, wird mir dann Eure Majestät das Töchterchen und das halbe Reich geben?« – »Aber gewiß doch«, antwortete die Königin. Der läßt nun seine ganze Frechheit aus dem Sack und sagt, das sei eine Eidechsenlunge. Bei diesem Wort fangen alle dabeistehenden Herren an zu lachen. »Nur die Ruhe«, sagt er, »ich habe einmal eine Eidechse zu meinem Vergnügen auf dem Lande aufgezogen, und sie wurde so groß wie mein Buckel, und als ich sie eines Abends ohne Haube ins Bett steckte, erkältete sie sich so stark, daß sie den Schnupfen bekam. Ich hatte keine Zeit mehr, sie vom Arzt behandeln zu lassen, der Katarrh erstickte sie in kurzer Zeit.« Und die Herren bogen sich vor Lachen über diese unglaubliche Lügengeschichte. Doch er fuhr fort: »Dies ist eine Eidechsenlunge, denn als ich die Tote aufschnitt, da war ihre Lunge so ähnlich wie diese, die ihr vor Euch habt.« Die Königin sagt: »Da das Glück dir seine Gunst schenkt und ich gezwungen bin, ein Versprechen zu halten, das ich gab, bekommst du hier meine Tochter und das halbe Königreich dazu.«

So befahl sie also, man solle ihn kleiden, ehren und

hochleben lassen. Ihr könnt euch denken, welch tiefen Schmerz alle diese hochgeschätzten Herren empfinden mußten, als sie bei einem grausigen Monster so hohe Wissenschaft von Lungen entdeckten. Und ich kann mir vorstellen, daß sie ihn aus Verachtung am liebsten aufgefressen hätten. Als nun der ganze Hof laut beim Feiern war, kam das zu den Ohren der Amme; sie hoffte jetzt, den Herzog zu sehen, lief schnell herbei und fand an seiner Stelle diesen Unglücksmenschen. Als sie ihn mit den Augen eines Käuzchens angeschaut hatte, sah sie ein, daß an diesem Fall nichts mehr zu bessern sei und daß es ihr allzusehr zum Schaden gereichen würde, wenn sie ihren Irrtum offenbaren wollte. So sagte sie bei sich: »Beim Kreuzesholz Gottes, dir werd' ich's heimzahlen, du buckliger Verräter!« Als dieses Gebot erlassen und die Bosheit ausgeschwitzt war, beschloß sie, dem Mädchen, das den Kerl mit einem merkwürdig haßerfüllten Blick ansah, alles zu enthüllen und sie in die Lage zu versetzen, ihn nicht nur nicht zu lieben oder als Ehemann anzunehmen, sondern ihn, wenn sie konnte, mit allen möglichen Mitteln umzubringen.

Nun, als man beim Festmahl saß, erschienen ein paar Bucklige, seine Gesellen, die führten beim Essen staunenswerte Dinge auf, und am besten spielten sie Katzbuckeln, so daß sich alle Welt verwunderte. Der Taugenichts von buckligem Bräutigam freute sich höchlich, daß man seine Gesellen, diese Schurken, so lobte. Kurzum, das Essen kam zu seinem Ende, aber als die Buckligen sich vor den Elendsmenschen stellten, um von ihm eingekleidet zu werden, da wurden sie zurückgewiesen und nur mit einem Mahl in der Küche prämiert, was der Braut ganz und gar nicht gefiel. So sagte sie leise zu einem ihrer Diener, er solle die buckligen Gaukelspieler noch einmal zurückkehren heißen, sie wolle ihnen dann ihre Freundlichkeiten und Vergnügungen entgelten. Der bucklige

Bräutigam wurde zudem für ein paar Monate (zur Zufriedenheit der jungen Frau) aus dem Bett verbannt, dergestalt, daß er allein schlafen mußte.

Tags darauf kehrten die Buckligen zurück, und als sie bei der Braut eintraten, erwiesen sie ihr ich weiß nicht welche Liebenswürdigkeiten. Und jetzt, als sie gerade die Truhen geöffnet hat, um ihnen irgendwelche Kleidungsstücke zu schenken, kehrt der bucklige Bräutigam zum Palast zurück und kommt schon die Treppe herauf. Aus Angst vor ihm mußte sie nun diese Buckligen in die Truhe einsperren. Kaum waren sie darin, als er oben das Zimmer betrat. Aus Furcht hielten sie sich stille, denn sie wußten, daß er ein Esel war, und, hätte er sie gefunden, hätte er sie aufknüpfen lassen. Die Zeit zum Überlegen war lang und das Leben der erschreckten Buckligen kurz: In dieser Truhe gaben sie den Löffel ab und schwebten hinüber.

Als der Kerl wieder gegangen war, dachten das einfältige Mädchen und die wenig besonnene Frau, sie wollten die Buckligen jetzt wieder herauslassen; sie öffneten die Schließe, und als sie die Kerle tot fanden, verspürten sie nicht nur Schmerzen und Schrecken, sie fühlten sich geradezu verloren. Sie sperrten die Truhe wieder zu, vertrauten alles einem zuverlässigen Hofmanne an und erzählten ihm den ganzen Vorgang. Er sprach ihnen Mut zu, nahm die ganze Verantwortung auf sich, nahm auch ein paar Dukaten an und ließ sich drei Ledersäcke machen, die sich ganz und gar ähnlich sahen, so daß sie keiner hätte unterscheiden können. Dann holt er ein paar Eisenstangen, lädt sie einem Lastträger auf und kehrt zum Palast zurück. Er bindet einen der Buckligen zwischen Eisenbänder ein (wie einen gebrochenen Arm zwischen Schienen), stopft ihn in den Sack und pflanzt ihn mitten im Zimmer auf. Er läßt einen anderen Lastträger kommen und sagt zu ihm: »Siehst du diesen Sack? Ich möchte, daß du ihn zum Flusse trägst und hineinwirfst, aber hüte dich, ihn aufzumachen, das würde dir übel bekommen. Da hast du zehn Dukaten, du kommst dann zurück, weil ich dir fünfundzwanzig geben will.«

Der Lastträger setzt sich den Sack auf den Kopf, geht weg und spricht bei sich: »Solche Lasten sollte man öfter kriegen«, und er wirft ihn in den Fluß. Er kehrt schleunigst zu dem Haus zurück, wo der Mann des Vertrauens schon den zweiten Buckligen in dem zweiten Sack aufgestellt hatte, den man vom ersten nicht unterscheiden konnte. Der Lastträger findet an derselben Stelle dieses selbe Ding und staunt. Die Frau sagt zu ihm: »Du brauchst dich nicht zu wundern, das ist ein ganz schlaues und übles Vieh, es führt die Leute gerne an der Nase herum; wenn du nicht achtgibst, kommt es zurück, sobald du es nur in den Fluß geworfen hast. Das zweite Mal wirst du wohl besser aufpassen, und dann hinunter mit ihm, dann kommst du und kriegst deine Dukaten.« Der da fügt sich in die Sache und glaubt's. Er nimmt sein Paket wieder, läuft zum Fluß und schmeißt was er kann, wartet ein bißchen, ob es wieder auftaucht, kommt ganz lustig daher und sagt: »Dieses Mal ist es bestimmt nicht zurückgekehrt!«

Es war schon Nacht, der Fluß schien weit weg zu sein, vor allem für einen, der beladen ist. Er nimmt ein Licht und sieht den Sack abermals auf derselben Stelle. Ohne ein Wort packt er ihn auf die Schultern und zieht los, und als er weit von den Leuten weg ist, öffnet er den Sack im Schutze der Nacht, schaut gut hinein und entdeckt einen Buckligen. »Du verfluchtes Vieh«, sagt er. »Ein Kerl wie du will mich erledigen, du? Nie und nimmermehr!« Er zieht ein Hackmesser und trennt ihm den Kopf vom Rumpf. Dann schmeißt er ihn in den Fluß, zusammen mit dem Sack und den Stricken, auch die Eisenbänder ließ er daran, damit er besser auf Grund ginge, und kehrt wieder zum Palast zurück.

Der bucklige Bräutigam fand keine Ruhe, er war so allein gelassen in seiner Liebe; Saft und Kraft stiegen ihm in seinen Dickkopf, und so wollte er gerade in den Palast gehen, als ihn der wunderliche Lastträger erblickte, sich auf ihn stürzte und schrie: »Du buckliger Verräter kommst schon wieder zurück?« Er packt ihn beim Bart und bindet ihn mit der Kühnheit eines Lastträgers und der Kraft eines Tollwütigen und sagt dabei immer wieder: »Ah, du buckliger Verräter, dreimal hast du mich rennen lassen, und du hast noch nicht genug?« Als er ihn im Sack hatte, trug er ihn zum Ersäufen, und es nutzte dem gar nichts, daß er schrie: »Ich bin König, du kriegst viel Geld von mir.« Er schmiß ihn also in den Fluß, rannte schnurstracks zum Palast und wartete, ob der vielleicht noch einmal zurückkäme.

Als er lange genug gewartet hat, steigt er die Treppe hinauf, geht in das Zimmer und sieht den Sack nicht mehr. Sagt die Braut: »Ich glaube, der kommt nicht wieder zurück. Hier, du armer Mensch, nimm die Dukaten und gehe mit Gott.« Antwortet des Lastträgers: »Der Verräter ist einfach nicht dahinten geblieben, er kam jedesmal zurück, aber dann habe ich ihn bei der Türe erwischt, gefesselt habe ich ihn und gegen seinen Willen in den Sack gesteckt und in den Fluß geworfen. Es hat ihm nichts genutzt, daß er mir ein paar hundert Scudi geben wollte oder daß er sagte, er sei König, der Verräter! Dieses Geld habe ich aber verdient, weil ich viermal zum Fluß gerannt bin.« Die Braut und die anderen Frauen verstanden. Sie gaben ihm noch einmal ebenso viele Scudi und sagten ihm, er solle Stillschweigen bewahren. So wurde der Lastträger reich und das Mädchen von dem Scheusal befreit, und sie nahm sich den schönen Herzog von Milesi zum Mann.

Wer sich einen Spaß daraus macht, andere zu betrügen, muß sich nicht beklagen, wenn er hereingelegt wird.

14. Das Kind der Geschwister

Ihr müßt wissen, da war einmal ein Mann und seine Frau, und die hatten zwei Kinder, einen Jungen und ein Mädchen. Sie waren so reich, daß sie nicht wußten wohin mit ihrem Geld. Der Vater kommt zum Sterben und ruft seine Frau: »Meine Frau, wenn du dann zum Sterben kommst, dann machst du das Testament.« Also stirbt der Vater. Die Mutter wird krank und ruft den Sohn und die Tochter: »Mein Sohn, ich bin krank, heute oder morgen wird mich Gott zu sich rufen; das ganze Geld und die ganzen Schätze müßt ihr im Haus behalten.« Der Sohn sagt: »Macht Euch keine Sorgen, seid nur zufrieden, wir machen das, wie Ihr es sagt.« Die Mutter stirbt, und der Bruder und die Schwester bleiben zurück. Nach und nach werden sie erwachsen. Der Bruder hatte Lust, sich eine Frau zu nehmen, und die Schwester hatte Lust, einen Mann zu nehmen. Aber das Testament, das die Mutter zurückgelassen hatte, sagte, daß sie nichts anrühren durften, kein Gold, kein Silber und auch kein Geld. Da sagt der Bruder zu der Schwester: Dann vergnügen wir uns eben mit uns selbst. Die Schwester wird schwanger und bringt einen Sohn zur Welt mit einem wunderschönen Schopf und ganz roten Haaren. Sie stecken ihn in ein Kästchen und schmeißen ihn in einen Fluß. Der Strom trägt ihn hinaus zu einer Insel. Da war ein Herr, der schwamm gerne im Wasser. Als er dieses Kästchen sieht, nimmt er es, macht es auf und schaut, was darin ist. Er sieht ein wunderschönes Findelkind, nimmt es mit nach Hause und sagt zu der Hausfrau: »Meine Frau, ich habe dieses Kind im Meer gefunden, gib ihm ein bißchen Milch und ein wenig Rosenwasser, und dann nehmen wir es als unser Kind an.«

So ziehen sie das Kind bis zum Alter von acht Jahren auf und schicken es zur Schule, daß es lesen und schreiben lernen soll. Sie hatten noch einen anderen Sohn, und der sagte immer zu dem: »Du bist mein Bruder nicht, mein Vater hat dich aus dem Meer gefischt.« Das Kind fängt an zu weinen und sagt: »Guter Herr, mein Bruder beschimpft und mißhandelt mich; er sagt, Sie seien gar nicht mein Vater. Herr, geben Sie mir den heiligen Segen; ich will ausziehen und meinen Vater und meine Mutter suchen.« Das arme Kind von acht Jahren macht sich also auf den Weg durch die Welt und muß von Almosen leben. Als der Ärmste einmal in eine Stadt kommt, geht er in einen Laden und bittet um eine milde Gabe. Da waren der Bruder und die Schwester, und die wurden von Mitleid gerührt. »Wir haben doch kein Kind, wir haben niemanden, rufen wir das arme Kind ins Haus und geben wir ihm zu essen und zu trinken.« So halten sie ihn acht gute Jahre lang im Hause. Das Kind war also sechzehn Jahre alt.

Eines schönen Tages sagt der Bruder zu der Schwester: »Sag mal, hören wir doch auf mit dem sündigen Leben; jetzt sind wir schon seit so vielen Jahren beieinander, wir haben den Jungen seit acht Jahren im Haus, heirate ihn doch!« Sagt sie: »Ja, mein Bruder, du meinst es gut.« Als sie also abends zusammen essen, sagt er: »Salvatore, würdest du meine Schwester heiraten? Dir wird nichts fehlen, wir haben viel Geld hier, wir haben Gold und Silberzeug, du wirst ein feiner Herr sein.« – »Ihr zufrieden, ich zufrieden.«

Am nächsten Sonntag feiern sie die Hochzeit. Große Freude. Als der Abend kommt, speisen sie und dann gehen sie ins Bett zum Schlafen. Die Braut wacht auf. »O weh, ein großes Unglück!« Der Bruder erhebt sich von seinem Bett, läuft herbei und fragt: »Was ist denn los?« – »Ach, Bruder, ich habe bemerkt, daß der da mein Sohn ist, ich habe ihn an seinem Haarschopf erkannt. Das ist eine große Sünde.« Der Junge wacht auf. »Was habt ihr?« – »Sohn, ich umarme und küsse dich als einen Sohn, als

59

Mann würdest du eine große Sünde mit mir begehen.« Der Sohn antwortet: »Wie, Ihr seid meine Mutter, und der ist mein Vater? Ich habe als euer Sohn eine große Sünde gegen euch begangen, aber verzweifelt nicht. Ich werde alle meine Sünden gegen euch büßen. Liebe Mutter, lieber Vater, gebt mir euren heiligen Segen, ich will in die Welt hinausziehen.«

Er ging in eine Einöde und begann, wilde Kräuter zu essen und Brunnenwasser zu trinken, und davon lebte er. Er zerschlug sich die Brust mit einem Stein in der Hand und betete fortwährend zu Gott. So lebte er gute zwei Jahre lang. Ihm wuchsen der Bart und die Haare so lang, daß er wie ein Räuber aussah.

Jetzt stirbt der Heilige Vater in Rom. Man braucht einen Einsiedler, der Papst werden soll. Alle Kardinäle von Rom ziehen los und suchen in den Einöden. Und jetzt finden sie den in einer Höhle, wie er zu Gott betet. Da schreien die Leute: »Wer bist du?« – »Ich bin ein Christ durch Gottes Gnade.« – »Wie kommst du daher?« – »Ich bin hier wegen meiner großen Sünden.«

Sie stellen ihn unter den Baldachin, sie tragen ihn in die Kirche zu Rom und machen ihn sofort zum Heiligen Vater. Er ließ ausrufen, wer immer eine große Sünde begangen habe, der solle zu ihm kommen und werde Vergebung erlangen. Die Schwester sagt zum Bruder: »Wir haben eine große Sünde begangen, und jetzt sind wir alt. Gehen wir zum Papst nach Rom, schauen wir mal, ob er uns die große Sünde verzeiht, die wir miteinander begangen haben.« – »Du hast recht, meine Schwester, gehen wir.« Sie machen sich auf den Weg nach Rom. Während sie so durch die Straßen laufen, erblickten sie den Heiligen Vater bei einer Prozession. Der Bruder und die Schwester knien auf die Erde nieder und fangen an zu rufen: »Heiliger Vater, Vergebung!« Der Papst dreht sich um und erkennt sie beide und sagt zu ihnen: »Geht in die Kirche, wenn ich den Umgang beendet habe, will ich euch die Beichte abnehmen.«

Er machte also seinen Umgang und ging in die Kirche, er gab seinen heiligen Segen und geht dann in den Beichtstuhl. Er ruft den Mann und sagt zu ihm: »Sagt mir Eure Sünden.« – »Ich habe ein Kind von meiner Schwester gehabt, dieses Kind habe ich leichtsinnig ins Meer geworfen.« Der Heilige Vater sagt: »Lieber Vater, ich bin Euer Sohn. Ich vergebe Euch alle Eure Sünden, die Ihr seit damals bis heute begangen habt«; und er gibt ihm seinen heiligen Segen. Dann wendet er sich an die Mutter: »Sagt mir Eure Sünden.« – »Heiliger Vater, ich habe einen Sohn von meinem Bruder geboren und ins Meer geworfen. Ich habe einen armen Jungen gesehen, der um Almosen bettelte, den habe ich acht Jahre lang aufgezogen und dann geheiratet. Als ich ihn geheiratet hatte, habe ich bemerkt, daß er mein Sohn war. Vergebung!« – »Liebe Mutter, ja, ich vergebe Euch.« – »Sohn, jetzt bin ich zufrieden, und ich sterbe zufrieden, weil du Papst geworden bist.« Und als sie diese Worte sagen, umarmen sie sich alle drei. Sie erheben die Augen zum Himmel und sagen: »O Gott, du hast uns vergeben; jetzt gehen wir in die ewige Glückseligkeit des heiligen Paradieses ein.« So sterben sie alle drei in ihrer Umarmung. Man legt sie in ein Grab, das gibt es noch heute in der Peterskirche zu Rom.

15. Die vier Königskinder

Ein König hinterließ bei seinem Tode seinem Sohne den Befehl, die drei Schwestern mit dem ersten besten, der um sie anhielte, zu verheiraten. Ein Kaminfeger geht am Palaste vorüber und wird vom neuen König gerufen, damit er den Kamin fege. Statt aber dies zu tun, erklärt der Gerufene, nur gekommen zu sein, um die

Schwester des Königs zu freien. Obwohl widerstrebend, sieht sich der König doch gezwungen nachzugeben. Ähnlich geht es mit der zweiten und dritten Schwester, von denen jene an einen Kesselflicker, diese an einen Regenschirmtrödler verheiratet wird. Alle drei werden unmittelbar nach der Hochzeit von dem Gatten, unter dem Vorwande einer Spazierfahrt, fortgeführt, ohne daß der Bruder je Nachricht von ihnen erhält.

Eines Tages spielt der König mit goldenen Kugeln auf der Terrasse des Palastes. Der Zufall will, daß eine der Kugeln einer vorübergehenden Alten in den Korb fällt und die darin befindlichen Eier zerschlägt. Es hilft nichts, daß der König den Schaden wieder gutzumachen verspricht. Die Alte wünscht ihm alles Böse an.

Kurz nachher begibt sich der König auf die Reise, um sich eine Braut zu holen. Nicht lange, so kommt er an einen prächtigen Palast, in dem die ältere Schwester wohnt. An einen Zauberer war sie verheiratet; er wird freundlich empfangen, erhält auch, als er erzählt, er sei ausgezogen, um sich die schöne Margarethe zur Frau zu holen, auf der Schwester Bitten von deren Manne, dem König aller Tiere, den aber der Gast in der Tracht des Zauberers nicht sehen darf, eine Nuß zum Andenken, die er im Falle der Not zerbeißen soll. Unter gleichen Verhältnissen findet er die beiden andern Schwestern, an die Brüder des Gatten der ältesten verheiratet, wieder. Von dem Manne der zweitältesten Schwester erhält er eine Haselnuß mit derselben Anweisung, im Fall der Not sie zu zerbeißen. Der Mann der jüngsten Schwester gibt ihm eine Mandel, während sie selbst ihm einen Beutel schenkt, in dem sich ein Feuerzeug und ein Lichtchen befindet. Zugleich sagt ihm dieser Zauberer, die Alte mit dem Eierkorbe sei die Mutter der schönen Margarethe gewesen, und gibt ihm endlich noch einen Brief an seinen Vater mit. Dieser letztere zeigt dann dem Könige den Weg nach dem

Palaste der schönen Margarethe, sagt ihm auch, wie er sich zu verhalten hat. Den ersten Tag dürfe er nicht sprechen, den zweiten sei ihm dies erlaubt, den dritten kann er den Arm bieten und den vierten dürfe er küssen.

Im Palaste empfing den König die Alte, welche ihm gleich die schöne Margarethe zuführt, mit der er den ersten Tag nicht spricht. Am Abend bringt ihn die Alte in seine Kammer und gebietet ihm, ein in dreihundert Säcken enthaltenes Gemisch von Bohnen, Buchweizen und Weizen zu sortieren. Dies gelingt auch dadurch, daß, nachdem die Nuß zerbissen und der Befehl, die verschiedenen Fruchtsorten auszusuchen, gegeben, Ameisen sich einstellen, um das Geschäft zu verrichten. Am Abend des folgenden, wieder nach Vorschrift des Zauberers vom Könige zugebrachten Tages, wird die Aufgabe gestellt, dreihundert Pfund Schiffszwieback in der Nacht zu verzehren. Auch dies gelingt mit Hilfe von Mäusen, welche, nachdem der König die Haselnuß zerbissen, herbeikommen. Am Abend des dritten Tages, an dem die gegebenen Vorschriften auch beobachtet werden, ist die Aufgabe, in der Nacht dreißig Schweine zu verspeisen. Das Zerbeißen der Mandel hilft auch hier. Es kommen Adler, welche das Werk verrichten. Am Abend des vierten Tages endlich bringt die Alte Ferdinand und Margarethe in eine Kammer. In der Nacht soll von ihnen ein Kind erzeugt und geboren werden, das am folgenden Morgen die Alte mit einem ›Guten Tag Großmutter‹ zu begrüßen hat. Als nun, die Dunkelheit der Nacht zu erleuchten, Ferdinand Feuer schlägt und das Lichtchen anzündet, erscheint zugleich ein Kind, welches dann am folgenden Morgen den geforderten Gruß ausspricht, worauf die Alte stirbt, aber auch das Kind verschwindet, sobald das Licht ausgelöscht wird.

63

16. Der Kaufmannssohn aus Genua

Ein Genueser Kaufmann hatte drei Schiffe zur See, die alle drei glücklich zurückkehren. Von den Kapitänen berichtet der eine, wie er an einer Insel mit einem feuerspeienden Berge vorbeigekommen; der zweite, er habe auf einer Insel einen herrlichen Palast erblickt; der dritte, daß er eine Insel mit einem großen Platze gesehen habe, auf dem die ausgesuchtesten Blumen gewesen. Diese Erzählungen erregen in dem Sohne des Kaufmanns den Wunsch, jene Inseln zu besuchen. Der Vater gestattet die Reise und befiehlt den Kapitänen, seinem Sohne zu gehorchen. Die beiden ersten Inseln werden ohne Unfall besucht, während aber der Kaufmannssohn auf der dritten einen Strauß sich zu pflücken beschäftigt ist, sieht der Kapitän des dritten Schiffes, welcher den Sohn seines Herrn begleitet hatte, ein starkes Gewitter herannahen und schifft sich alsbald ein, jenen auf der Insel zurücklassend. Der Kaufmannssohn, der bloß noch drei Geldstücke hat, wird dafür von einem Fischer ans Festland gebracht, wo er bei einem andern Fischer Aufnahme findet, denn Genua ist, wie er hört, noch 3000 Meilen weit. In des Fischers Haus sind mehrere Stuben, deren Schlüssel derselbe dem Fremden übergibt, indem er ihm sagt, in welche Stube er zu gehen hat, wenn er essen oder schlafen oder sich ankleiden will. Nur den Eintritt in eine Stube verbietet er ihm. Trotz des Verbotes aber geht der Kaufmannssohn in diese, nachdem ihn der Fischer allein im Hause gelassen, und findet in einer Kommode verborgen einen Diamanten, welcher die Kraft hat, jeden Wunsch dessen, der ihn trägt, zu erfüllen. So wird es ihm leicht, sich nach Genua zu versetzen. Dort aber hatte der König dem die Tochter zu geben versprochen, der einen ebenso schönen Palast erbaue als der königliche. Mit Hilfe des Steines gelingt dies dem Kaufmannssohn, der nun die

Königstochter heiratet. Unterdessen ist aber auch der Fischer nach Genua gekommen, wo er als Lumpensammler auftritt. So erhält er von der Prinzessin die alten Kleider ihres Mannes, während dieser mit dem Könige auf der Jagd ist. Da nun aber in jenen alten Kleidern der Diamant sich befand, wird der Fischer wieder Besitzer desselben. Als solcher wünscht er das Verschwinden des Palastes. Infolgedessen sieht daher eines Morgens der König, wie seine Tochter und deren Mann vor seinem Palaste auf der Erde schlafen. Sogleich läßt er seinen Schwiegersohn ins Gefängnis werfen. Sein Vater aber besucht ihn in demselben und bringt ihm auf seinen Wunsch die Katze des Hauses. Der Gefangene trägt dieser auf, ihm den Diamant zu holen, was die Katze auch geschickt ausführt. Mit Hilfe des Diamanten wird der Palast wieder hergestellt, weshalb der König dem Kaufmannssohne die Tochter wieder zurückgibt. Der letztere erklärt, wie im Diamanten seine Kraft bestehe und wie dieser ihm vom Fischer geraubt worden. Während dieser Auseinandersetzung geht der Fischer gerade am Palaste vorüber. Alsbald wird er festgenommen, in den Kerker geworfen, so wie ihm auch alle Reichtümer, die er in seinem Hause angehäuft hatte, genommen werden. So konnte der Kaufmannssohn ruhig leben.

17. Das sprechende Vöglein

Es war einmal ein König. Man weiß nicht, aus welchem Grund er das Verbot erließ, man dürfe nachts nicht ausgehen. Unter Todesstrafe. Niemand, ohne Ausnahme, sonst: Kopf ab! Um elf Uhr hatten alle Leute ihre Sachen zu Hause so eingerichtet, daß sie nachts nicht mehr ausgehen mußten. Da war nun ein Koch in seiner Küche; es war gerade Sommer; der schwitzte, wie er so beim Feuer stand, und als er mit der Arbeit fertig war, sagte er: »Ach was, ob ich nun sterbe, weil mich Seine Majestät umbringt, oder ob ich sterbe, weil ich hier ersticke: Ich will jetzt einfach raus!« Und da geht er nach draußen und setzt sich ans Ufer des Arno, so wie man sich bei uns auf die Brücken setzt, und atmet frische Luft. Und wie er sich da so abkühlt, hört er Stimmen, die sagen: »Ach, wenn mich Seine Majestät seinem Hofstallmeister zur Frau gäbe, wieviel besser stünde dann alles da!« Es waren drei Mädchen. Die andere, die sagte: »Und ich, wenn er mich seinem Haushofmeister gäbe, wieviel besser ginge ihm dann alles!« Und die Jüngste: »Ach, wenn Seine Majestät mich heiraten wollte, dann würde ich ihm drei Kinder bringen: zwei Jungen und ein Mädchen. Die Jungen von Milch und Blut mit goldenen Haaren, und das Mädchen von Milch und Blut und mit goldenen Haaren und mit einem Stern auf der Stirn.«

Dieser Mann, der Koch, wie der das gehört hat, schaut er hin und merkt sich die Hausnummer und kehrt zum Palast zurück und geht zu Bett. Am nächsten Morgen steht er auf, und sobald er hört, daß sich Seine Majestät erhoben hat, bittet er, vorgelassen zu werden. Man läßt ihn vor. »Majestät«, sagt er, »ich liege zu Euren Füßen. Ich habe gestern Euer Gebot übertreten. Weil ich keine Luft mehr kriegte, bin ich rausgegangen. Und wie ich so am Ufer stehe und mich erfrische, höre ich Stimmen. Ich gehe näher hin und schaue. Es sind drei Mädchen (die waren da am Fluß zum Waschen), und die sagen: ›Ach, wenn mich Seine Majestät seinem Hofstallmeister geben würde, dann würde man sehen, wie die Sachen laufen würden!‹, sagt die eine von ihnen. Die andere sagt: ›Ach der, wenn der mir seinen Haushofmeister gäbe, ja, dann würden die Dinge gut laufen, sie würden nicht so gehen, wie sie jetzt gehen.‹ Und noch eine sagt: ›Wenn Seine Majestät mich heiraten würde, würde ich ihm drei Kinder bringen: zwei

Jungen und ein Mädchen. Die Jungen von Milch und Blut mit goldenen Haaren, und das Mädchen von Milch und Blut und mit goldenen Haaren und mit einem Stern auf der Stirn.‹ Jetzt«, sagte der Koch, »hier bin ich, um für mein Vergehen zu zahlen, ich erwarte den Tod.« – »Nein«, antwortet Majestät, »ich verzeihe dir. Aber mache dich sofort auf die Spur von diesen Mädchen und sage ihnen, sie sollen auf alle Fälle mit ihrem Vater zu mir kommen.«

Und schon läuft der Mann zu dem Haus, das er sich am Abend gemerkt hatte, und klopft an. Eines von den Mädchen kommt ans Fenster und sagt: »Wer ist da?« – »Machen Sie auf!«, sagt der Koch, »ich muß Ihr etwas sagen.« – »Oh, Papa«, sagt das Mädchen, »da ist einer, der will mir was sagen.« – »Zieht die Kordel, he, mal sehn, was kommt.« Das Mädchen zieht an der Kordel, der Koch kommt hoch. Der Vater sagt: »Was will Er?«, sagt er zu diesem Mann. – »Befehl Seiner Majestät, Eure Töchter sollen diesen Augenblick mit mir kommen.« – »Ich komme mit!« – »Gut, kommt mit.« Während sie sich anzogen: »Aber Mädchen, seid ihr denn gestern hinausgegangen?« Schau, da war doch dieser Befehl mit Todesstrafe, da hatte er diese Befürchtung. »Nein, Papa, wir sind gar nicht raus.« Die waren doch nur das Treppchen hinter seinem Haus zum Fluß hinuntergestiegen, also waren sie nicht ausgegangen.

Der Koch bringt sie zum Palast und führt sie vor Seine Majestät. Majestät sagt zu ihnen: »Sagt mir, gestern abend um soundsoviel Uhr, wo wart ihr da?« – Sagen sie: »Am Fluß zum Waschen.« – »Und was habt ihr da gestern abend am Fluß gesprochen?« Die Älteste: »Ich habe gesagt: *Ach, wenn mich Seine Majestät seinem Hofstallmeister zur Frau geben würde, dann könnte er sehen, wie die Sachen laufen würden!*« – Die zweite: »Ich habe gesagt: *Ach, wenn er mich seinem Haushofmeister geben würde, dann würden die Sachen nicht laufen wie sie laufen*« –

Die Jüngste: »*Ich habe gesagt: Ach, wenn Seine Majestät mich heiraten würde, möchte ich ihm drei Kinder bringen: zwei Jungen und ein Mädchen. Die Jungen von Milch und Blut mit goldenen Haaren, und das Mädchen von Milch und Blut und mit goldenen Haaren und mit einem Stern auf der Stirn.*« – »Gut!«, antwortet Majestät, »es soll geschehen, wie ihr es gewünscht habt. Ihr da heiratet den Oberhofmeister, Ihr da den Oberstallmeister, und Ihr werdet meine Braut. Aber unter dieser Bedingung: Wenn die Dinge nicht in Erfüllung gehen, von denen ihr gesprochen habt: Todesstrafe!«

Sie feiern die Hochzeiten, sie strengen sich an, paß auf! Bei der Frau des Hofstallmeisters, also in ein paar Monaten, da sahen die Pferdeställe schon ganz anders aus als früher: sauber, schön, aufgeräumt, die besten Pferde. Bei der Frau des Haushofmeisters, da liefen die Geschäfte aufs schönste und wurden immer besser. Der König war sehr zufrieden: Seine Braut wurde bald schwanger. Jetzt gehen wir dahin, wo die Braut schon an die sieben Monate schwanger ist, da erklärt ein Vetter dem König den Krieg. Aber um noch mal einen Schritt zurückzugehen: Dieser König hatte zwei Schwestern. Er muß also in den Krieg ziehen und die Braut zurücklassen, was war da zu machen? Er sagt der Braut ade: »Denk dran, was du versprochen hast«, sagt er zu ihr.

Diese Schwestern, die hatten einen Groll gegen diese Frau, die waren ganz wütend auf sie, die Schwestern des Königs! Es kommt die Stunde, wo sie einen Jungen von Milch und Blut mit goldenen Haaren zur Welt bringt. Was machen dir diese Schwestern? Sie nehmen diesen Jungen und legen dir schnell, schnell an seine Stelle ein Äffchen. Und sie geben einem Diener den Befehl, er soll ihn in ein Körbchen legen und in den Arno schmeißen. Da waren ein paar Schiffer: die fahren diesem Körbchen nach, diese Schiffer; sie nehmen es und sehen dieses wunderschöne

68

Geschöpf. »Herrjemine, was ist mit dem passiert?«, sagen diese Schiffer, und einer sagt: »Den nehme ich nach Hause und laß diesen Jungen aufziehen.« Was macht er wohl? Er nimmt ihn und bringt ihn nach Haus und geht auf die Suche nach einer Amme, die soll auf ihn aufpassen und ihm Milch geben.

Und jetzt kommen wir zu Majestät, der wartete auf Nachricht von diesen Schwestern, wie es der Braut ging und wie es mit der Geburt gelaufen war. Sie lassen ihm sagen, seine Gattin habe ihm ein Äffchen gebracht statt eines Kindes von Milch und Blut und mit goldenen Haaren; was sie damit tun sollten? »Ob Äffchen oder was anderes, kümmert euch um sie«, antwortet der König den Schwestern. Also, wie er nun den Krieg beendet hat, kehrt er nach Florenz zurück. Aber er war nicht mehr derselbe gegenüber der Frau. Doch, er liebte sie schon noch, aber nicht mehr wie früher, er hoffte doch auf das Versprechen, das sie ihm gegeben hatte. In dieser Zeit wird sie wieder schwanger.

Um zu dem Kind zurückzugehen, das bei der Amme ist, da sieht der Mann von der Amme diese Haare: »Aber guck doch mal«, sagt er zu seiner Frau, »scheint dir das nicht Gold zu sein?« Sagt die Frau: »Doch ja, das ist Gold.« Sie schneiden eine Haarlocke ab und wollen sie verkaufen. Der Goldschmied wiegt sie und gibt ihnen eine Summe, aber ziemlich viel, wißt ihr, denn das war pures Gold und schön, so daß dieser Mann und die Amme reich wurden mit diesem Geld. Jeden Tag schnitten sie ihm die Haare und verkauften sie.

Jetzt kommen wir zu Seiner Majestät, und während seine Frau im siebten Monat war, erklärt ihm sein Vetter schon wieder den Krieg. Also zieht er weg, geht in den Krieg, sagt seiner Frau ade: »Denk an die Versprechen!« Es kommt die Stunde der Geburt, und sie bringt einen Jungen, wie sie es gesagt hatte, mit goldenen Haaren und mit einer Haut wie Milch und Blut. Die schurkischen Schwestern lassen das Kind wegnehmen und legen einen Hund an seine Stelle. Zu demselben Mann sagen sie: »Schmeiß ihn wie den anderen in den Arno.« Und dieselben Ruderer sehen wieder ein Körbchen, fahren los und nehmen es und sehen noch ein Kind: »Ach, der arme Kerl! Aber was für Schurkereien sind das bloß?« sagen die Ruderer. Der eine Schiffer nimmt wieder das Kind und macht es wie mit dem anderen; er bringt es nach Hause, und dann geht er zu der Amme, nimmt den ersten zurück und gibt jetzt den der Amme und geht mit dem älteren nach Hause.

Lassen wir die und kommen wir zu den Nachrichten, die der König erhalten sollte, ob seine Frau niedergekommen war. Und die Schwestern ließen ihm sagen: »Eure Braut hat einen Hund geboren, schreibt uns, was man mit ihr machen soll.« – Ob Hund oder was anderes, man solle sich um sie kümmern, läßt der König ausrichten: »Ob Hund oder Hündin, kümmert euch um sie.«

Der Schiffer geht ab und zu, um nach dem Kind zu sehen. Und er findet, daß der Mann von der Amme reich geworden ist, und wie! Jede Menge Möbel, und alle aufs beste gekleidet. »Wie kommt es«, sagt er, »daß ihr so reich geworden seid?« – »Och«, sagen die, »wir sind, öh, reich geworden...« – lauter Lügen! Aber der Schiffer schaut den Jungen an und sieht die Haare ganz aus Gold, und da geht ihm ein Licht auf. »Ah, ihr Schurken!« sagt er, »warum könnt ihr mir das nicht sagen? Ihr gebt mir jetzt die Hälfte von dem Geld, das ihr euch geholt habt.« Diese Ammenleute, wirklich!, die geben ihm die Hälfte von dem Geld und sagen zu ihm: »Um Himmels willen, vergebt uns!« – »Na gut«, sagt er, »ich vergebe euch. Wenn wir halbe-halbe machen, ist es in Ordnung.« Der kehrt jetzt also zu seiner Frau zurück und zeigt ihr das Geld und erzählt ihr den Fall. »Jetzt schneiden wir dem unseren die Haare, und dann werden wir auch reich!«

Jetzt kommt der König aus dem Krieg zurück und geht zum Palast seiner Braut, noch ernster als vorher. Aber wißt ihr, er hatte sie doch sehr lieb und hoffte auf das letzte Kind. Und sie wird noch einmal schwanger. Während ihrer Schwangerschaft, da erklärt der Vetter dem König wirklich noch einmal den Krieg, wirklich ein Schicksalsschlag! Aber der König muß in den Krieg gehen und sagt zu ihr: »Ade, denkt an das Versprechen. Jetzt bleibt nur noch ein Kindchen übrig.« Sie kommt nieder und bringt das Mädchen von Milch und Blut zur Welt, mit goldenen Haaren und dem Stern auf der Stirn. Die Schwestern lassen es von demselben Mann in ein Körbchen legen und in den Arno schmeißen, und sie legen ihr eine Tigerin ins Bett, eine ganz junge. Sie schreiben dem König, daß die Königin eine Tigerin gebracht hat, und was sie mit seiner Braut machen sollten. Er sagt zu ihnen: »Macht was ihr wollt, vorausgesetzt, daß sie, wenn ich nach Florenz komme, nicht mehr im Palast ist.«

Kehren wir jetzt zu diesen Ruderern zurück. Sie erblicken noch einmal so ein Körbchen, nehmen es und sehen dieses Mädchen, ja so was!, da waren sie überrascht. Sie nehmen es und bringen es ins Haus des genannten Schiffers. Und der sucht dann eine Amme, nimmt den Knaben zu sich und läßt das Mädchen dort. Und bei dem Geld für die Haare machten sie immer halbe-halbe. Kommen wir zu den Schwestern, denen der König volle Freiheit gegeben hat, mit dieser Frau zu machen, was sie wollen. Sie packen sie, heben sie aus dem Bett und tragen sie in den Keller hinunter, mauern sie von hier bis unten ein, also vom Hals bis unten, ganz eingemauert, nur der Kopf schaut noch heraus. Und jeden Tag bringen sie ihr ein bißchen Brot und ein Glas Wasser, und jede gab ihr eine Ohrfeige: das war ihr Essen.

Um einen Schritt zurückzugehen: Der König hatte ihnen geschrieben, sie sollten die Zimmer dieser Frau, wo sie gelebt hatte, zumauern; er wollte sie nicht mehr sehen. Der König kommt zurück, endlich ist der Krieg zu Ende, die Frau erwähnt er gar nicht, er sucht auch nicht nach ihr, aber was! Er geht in seine Gemächer, wie gewohnt, ohne ein Wort. Er hätte sagen können: »Schau, wie ich von dieser Frau reingelegt worden bin!«, aber das behielt er bei sich.

Kommen wir jetzt zu dem Schiffer. Als das Mädchen groß geworden ist, nimmt er es zu sich, gibt dem Mann der Amme einen Beutel mit Geld und nimmt sie mit sich nach Hause. Die Jungen und das Mädchen wuchsen; ihr hättet sehen sollen, was die für schöne Geschöpfe waren! Und der Schiffer hatte sich mit diesen Haaren ganz viele Reichtümer erworben. Er sagt zur Frau: »Jetzt sollten wir an diese Kinder denken, man muß ihnen einen Palast bauen, den Ärmsten, für die Zeit wo sie erwachsen sein werden.« Aber dieser Schiffer wohnte nicht weit vom König entfernt, dem Vater dieser Kinder. Er baut also diesen schönen großen Palast, und der wurde noch schöner als der des Königs, wirklich, mit einem Garten, wo es alle Wunderdinge gab, das alles ließ nichts zu wünschen übrig. Diese Kinder wurden immer größer, sie entwickelten sich zu jungen Leuten, das Mädchen zu einer jungen Frau. Zu einer bestimmten Zeit, da wird dieser Schiffer krank und stirbt. Und zu allem Unglück wird die Frau von einem Fieber überfallen, und sie stirbt ebenfalls. So bleiben diese drei jungen Leute, und reich waren die, stellt euch vor! Ich kann euch gar nicht sagen, wie reich der Schiffer mit diesen Haaren geworden war.

Und nun hielten die jungen Leute Ausschau nach irgendeiner Beschäftigung. Das Mädchen blieb drinnen und kümmerte sich um die Haushaltsführung. Wenn sie ihre Hausarbeit beendigt hatte, ging sie in den Garten und verbrachte da so eine halbe Stunde. Dann kehrten die Brüder zum Essen zurück, denn sie hatten sich alle gern:

Die beiden Brüder liebten das Mädchen, und das Mädchen liebte sie, sie liebten sich wie wahre Geschwister. Eines Tages, als sie im Garten war, da sagte sie bei sich: »Was fehlt in diesem Garten? Mehr kann gar nicht darin sein. Ach, dieser Garten ist doch eine feine Sache!« Da erscheint am Gittertor eine Alte: »Sieh da, du sagst, in diesem Garten fehle nichts«, sagt die Alte zu ihr. »Es fehlen darin drei Dinge«, sagt sie. »Und welche sind das?« – »Vöglein, das spricht, Bäumchen, das singt, Quelle, die blitzt.« Und als das Mädchen gerade sagen wollte: »Und wo kann man die finden?«, da verschwindet die Alte, da war sie weg. Und die fängt an zu weinen und ist verzweifelt: »Ach, ich hatte geglaubt, da fehle nichts, aber es fehlen drei Dinge: Vöglein, das spricht, Bäumchen, das singt, Quelle, die blitzt.« Und sie weinte heiße Tränen.

Die Brüder kommen nach Hause und finden sie in dieser verzweifelten Stimmung: »Was ist, was hast du nur?« – »Ach, laßt mich in Frieden. Ich war gerade im Garten und sagte zu mir, daß da nichts fehle, daß man da gar nichts mehr wünschen könne. Da ist mir eine Alte erschienen und hat gesagt: ›Sieh da, du sagst, hier fehle nichts; es fehlen drei Dinge: Vöglein, das spricht, Bäumchen, das singt, Quelle, die blitzt‹.« – »Aber was denn«, sagt der ältere Bruder, »deswegen bist du verzweifelt? Hier bin ich, und ich will dich glücklich machen. Ich gehe auf die Suche nach diesen drei Dingen.« Der Bruder hatte einen Ring am Finger, den zieht er ab und steckt ihn der Schwester an den Finger und sagt zu ihr: »Wenn der Stein sich trübt, dann ist es ein Zeichen, daß ich tot bin.« Die Schwester will nicht, daß er geht: »Ach«, schreit sie, »ich will das nicht . . . «

Aber er zieht los, achtet nicht auf sie, und weg ist er. Als er ein Stück Weges gegangen ist, was heißt da Stück!, also: ein großes Stück, findet er eine Alte, und die sagt zu ihm: »Wohin gehst du, schöner junger Mann?« – »Nun, ich suche den Vogel, der spricht, das Bäumchen, das singt, die Quelle, die blitzt.« – »Du Ärmster«, sagt sie, »du weißt nicht, wie weit du da laufen mußt!« – »Tja«, sagt er, »laufen kann ich soviel Ihr wollt, aber ich muß dieses Zeug finden.« – »Wenn du an das Ende der Straße kommst, wirst du einen wunderschönen Marktplatz mit einem Tor finden. Geh hindurch, und du findest einen langen Hof, lang, aber wirklich lang! Links und rechts siehst du nichts wie Statuen: das sind Männer und Frauen, die ganz genauso gegangen sind, wie du gelaufen bist, um diese Sachen zu suchen. Du, du kannst sie kriegen. Wenn du nämlich schreien hörst, wenn es an dir herumreißt und wenn du dich dabei nicht umdrehst, dann gehört das Zeug dir, aber wenn du dich umdrehst, dann wirst du zur Statue.«

Unser junger Mann bedankt sich bei der Frau und macht sich wieder auf den Weg. Er läuft, so lange er kann, und kommt auf diesen wunderschönen Marktplatz, wie sie es ihm gesagt hatte, und er betritt den Hof. Kaum ist er in den Hof gelangt, da fängt es an zu heulen: »Packt ihn, schnappt ihn euch! Laß ihn los! Gib's ihm drauf!« Da zerrt es ihn hier, da zieht's ihn dort, also das war einfach unmöglich! Er kann sich eine Weile sträuben, aber dann dreht er sich doch um, und er wird zu einer Statue.

Kommen wir zur Schwester. Die schaut auf den Ring, und sie sieht, wie der Stein blaß wird. Sie schreit: »Ach, mein Bruder, mein Bruder ist tot!« Da sagt der andere Bruder: »Wenn unser Bruder tot ist, so lebe doch noch ich, und ich will dich glücklich machen.« Und das Mädchen schreit, sie wolle um keinen Preis, daß er weggeht. Und wie sie schreit! Aber er achtet nicht auf sie, rennt weg und fertig! Und das Mädchen bleibt zurück und weint und sagt: »Ich bin an allem schuld! Wegen meiner Habsucht bin ich schuld am Los meiner Brüder!«

Der Bruder geht und geht. Als er ein Stück Weges gegangen ist, findet er dieselbe Alte wie der andere, dasselbe alte Weiblein kommt auf ihn zu. Und die sagt: »Wohin gehst du, schöner junger Mann?« – »Ich suche den Vogel, der spricht, das Bäumchen, das singt, die Quelle, die blitzt.« – »Ach, du armer Kerl, da mußt du ganz schön laufen.« – »Nun ja«, sagt er, »das weiß ich wohl. Ich kann weit laufen, wenn es nötig ist. Jedenfalls muß ich dieses Zeug finden.« – »Aber hör zu. Du findest einen wunderschönen Marktplatz...«, und die Alte sagt ihm dasselbe wie dem älteren Bruder. »Und dann findest du einen wunderschönen Hof. Kaum bist du hineingegangen, hörst du es heulen. Dreh dich nicht um, sonst wirst du zu einer Statue.«

Der Junge bedankt sich, geht weiter und findet den Marktplatz mit dem Hof und geht hinein. Und da hört er: »Ha, pack ihn dir, schnapp ihn dir!« Sie zerren ihn, sie schlagen ihn, mei!, das war unmöglich, schau! Müde ist er, und er dreht sich um: »Laßt mich doch in Ruhe!« Und schon wird er zu einer Statue.

Kommen wir zur Schwester. Sie schaut den Ring an und sieht, daß der Stein schon wieder trübe geworden ist. Sie schreit und sagt: »O Gott, jetzt ist auch der zweite meiner Brüder gestorben! Und ich bin schuld daran!« Nun, was macht sie? Sie verschließt den Palast und zieht los: »Wenn sie gestorben sind, dann will auch ich sterben.« Wie sie ein Stück Weges gegangen ist, trifft sie dasselbe alte Weiblein. »Na, wo gehst du hin, schönes Mädchen?« – »Ach«, sagt sie zu ihr, »ich suche den Vogel, der spricht, das Bäumchen, das singt, die Quelle, die blitzt.« – »Du Ärmste«, sagt die Alte, »du mußt sterben!« – »Ja, meine Brüder sind doch auch gestorben! Wenn sie tot sind, dann will auch ich sterben!« – »Ich weiß, daß die deine Brüder waren«, sagt die zu ihr. »Jetzt nimm hier diese beiden Schmalztöpfe mit dem Pinsel da. Dann nimmst du dieses Fläschchen für das Wasser von der Quelle. Wenn es dir gelingt, durchzukommen, füllst du es mit Wasser, nimmst einen Zweig von dem Bäumchen, schnappst dir das Vöglein und rennst weg. Aus diesen beiden Töpfen, die ich dir gebe, schmierst du alle die Statuen ein, wenn du zurückkehrst; darunter sind auch deine Brüder. Schmier sie alle ein, dann werden alle wieder lebendig; alle, wie sie da sind, werden wieder zu Menschen.« Und dann sagt sie ihr: »Dieses Fläschchen schüttest du in dein Wasserbecken; du wirst sehen, wie es glitzert! Den Zweig pflanzt du irgendwo in deinen Garten, und du wirst hören, wie er singt! Und den Vogel setzt du irgendwo in das Wäldchen, dann wirst du hören, wie er plaudert!«

Jetzt, das Mädchen, die junge Frau, dankt dem alten Weiblein und geht und geht und geht und findet den Ort, wie sie es ihr gesagt hatte. Sie geht hinein, und da hört sie es schon: »Schnapp sie dir, pack sie dir, pack sie!«, das schreit und ruft, und der zieht sie hier und der dort. Aber sie bleibt fest und kommt zum Garten, ohne sich umzudrehen. Sie geht hinein, füllt das Fläschchen mit Wasser, wie das Weiblein ihr gesagt hatte, nimmt den Zweig von dem Bäumchen und fängt sich das Vöglein und rennt weg. Das Vöglein steckt sie sich in den Busen, und dann nimmt sie die Töpfe, die sie bekommen hatte, und schmiert alle Statuen ein, und die erwachen zum Leben. Da rufen sie alle, Männer und Frauen: »Hier kommt unsere Befreierin! Hier ist unsere Befreierin!« Alle rufen laut, sobald sie aufwachen. Und da waren auch ihre Brüder. Stellt euch vor: Küsse, Umarmungen, wie sie ihre Schwester sehen. Dann gingen alle zu ihren Wohnungen. Das Mädchen und die Brüder kehren zu ihrem Palast zurück. Kaum war sie nach Hause gekommen, da geht sie in den Garten und schüttet sofort das Wasser in das Becken. Und das Wasser fängt an zu glänzen; der Brunnen glänzt, er glänzt so sehr, daß man darüber nur staunen konnte. Und so pflanzt sie den Zweig ein; da wird er zu einem Bäumchen, das gleich

76

zu singen anfängt. Und sie nimmt sich das Vöglein aus dem Busen, und es beginnt zu plaudern.

Seine Majestät tritt ans Fenster und hört diese Lieder aus dem Baum und das Geplauder des Vogels, er sieht diesen glänzenden Brunnen und ist ganz entzückt. Und er sieht die drei: zwei Jungen und ein Mädchen, so wie die Kinder, von denen seine Frau gesprochen hatte. Er fühlt in sich eine starke Zuneigung gegen diese Kinder, eine ernste Sache: Das mußten seine Kinder sein! So redet er denn mit diesen Kindern: »Oh, was für einen schönen Garten ihr habt«, sagte er, »ein schönes großes Anwesen habt ihr da!« – »Majestät«, sagen die Kinder, »wenn Sie uns die Ehre erweisen wollen, dann können Sie gerne bei uns eine halbe Stunde oder eine Stunde im Garten spazierengehen.« – »Die Einladung nehme ich gerne an, ich komme!« Und er geht in den Garten dieser Kinder und redet über dieses und jenes, und dann sagt er zu ihnen: »Würdet ihr kommen und mit mir eine Suppe essen?« – »Ach, Herr, wir machen Ihnen zu viele Umstände.« – »Nein«, sagt er, »ihr würdet mir ein Geschenk machen.« – »Ja dann nehmen wir Ihre Freundlichkeit an und werden morgen zu Ihnen kommen.«

Der König geht fort, kommt nach Hause und sagt seinen Schwestern: »Morgen kommen Leute zum Mittagessen.« – »Und wen habt Ihr da?« – »Es sind die jungen Leute von dem Garten da.« – »Ach die!« Die beiden wußten wohl, daß sie die Kinder des Königs waren. »Wir verzichten lieber, wir wollen bei dem Essen nicht dabei sein«, sagen die Schwestern. »Warum wollt ihr nicht bleiben? Die jungen Leute sind so liebenswürdig. Also, was soll's, da reden wir nicht lange.« Und die Schwestern, na gut, willigen ein.

Das Mädchen nimmt das sprechende Vöglein und steckt es in den Busen, als sie zum Mittagessen geht. »Majestät«, sagt sie, »ich habe mir die Freiheit genommen und habe noch das Vöglein mitgebracht.« – »Ja gut, das wird uns doch am Tisch unterhalten!« Wie sie dann so schön am Speisen sind, sagen sie zu ihm: »Vöglein, du sagst gar nichts?« – »Ach Herr«, sagt es, »ich könnte da eine Sache erzählen, wenn Sie es mir erlauben. Da war einmal ein König. Damals, man weiß nicht aus welchem Grund, erließ er das Verbot, daß man abends nach 23 Uhr nicht mehr ausgehen durfte. Der Mann von der Küche hörte diesen Befehl, aber er war so müde und verschwitzt, daß er bei sich sagte: ›Entweder sterbe ich vor Hitze, oder Seine Majestät läßt mich sterben, das kommt aufs gleiche raus, also gehe ich nach draußen.‹ Und er setzt sich an das Ufer des Arno und an die frische Luft. Während er so die frische Luft einatmet, hört er Stimmen, die sprechen. Er geht näher hin. Es waren drei Mädchen. Eine von ihnen sagt: *Ach, wenn mich der König seinem Hofstallmeister zur Frau gäbe, dann sollte er sehen, wie alles besser läuft.* Die zweite: *Wenn er mich seinem Haushofmeister gäbe, ja dann würden die Sachen laufen!* Die dritte sagt: *Ach, wenn Majestät mich heiraten wollte, dann würde er was erleben! Ich würde ihm drei Kinder bringen: zwei Jungen und ein Mädchen. Die Jungen von Milch und Blut mit goldenen Haaren:* das sind die da drüben, *und das Mädchen von Milch und Blut und mit goldenen Haaren und mit einem Stern auf der Stirn:* die sehen Sie vor sich. Der Mann aus der Küche erzählte alles dem König, der schenkte ihm das Leben, und die drei Mädchen wurden so verheiratet, wie sie es gesagt hatten. Die Schurkinnen von Schwestern« – und das Vöglein zeigte auf sie mit dem Schnabel und machte so eine Bewegung mit dem Kopf –, »die sagten, als seine Frau diese Kinder geboren hatte, sie hätte eine Äffin, einen Hund und eine Tigerin geboren. Und seine Frau, die steckt unten im Keller, bis zum Hals eingemauert, und alle Tage kriegt sie ein Stück Brot, ein Glas Wasser und eine Ohrfeige von den Äffinnen da.«

78

Wie Seine Majestät das hört, rennt er mit allen seinen Herren, die er um sich hatte, in den Keller, und er findet da die unglückliche Frau, eingemauert, wie es das Vöglein gesagt hatte, mehr tot als lebendig. Er läßt die Mauern einreißen, läßt sie auf eine Matratze legen und nach oben in die Gemächer tragen, damit sie sich erholt. Der König weinte ihretwegen, umarmte seine Kinder und sagte: »So gemein sind meine Schwägerinnen gewesen, aber ich werde mich zu rächen wissen!« Er befiehlt, daß jetzt und sofort die Galgen errichtet werden. Und während seine Frau langsam wieder zu sich kam, um die Zeit des Abendessens, da wurden diese Verbrecherinnen aufgeknüpft. Man kann sich das Glück dieses Fürsten nicht vorstellen, wie er sah, daß seine Frau gesund wurde und ihm verzieh. Er bat sie immer wieder um Vergebung und küßte die Kinder ohne Unterlaß. Und sie blieben beieinander, so lange sie lebten. Und sie brachte ihm noch andere Kinder zur Welt. Sie wurden alle miteinander reich, von den Reichtümern der Geschwister, die hatten doch genügend Schätze.

Und breit ist der Weg, der Beutel schmal und leer,
Erzähle du dein's, ich weiß kein Märchen mehr.
Das singende Vöglein hört so auf.

18. König Schwein

Es war einmal eine Königin, die war schwanger, und sie stand auf ihrer Terrasse, um frische Luft zu schöpfen. Da kommt eine arme Frau vorbei und bittet sie um ein Almosen. Sie sagt: »Fort mit dir, alte Sau!« Aber sind denn das Manieren? Antwortet die arme Alte: »Und Sie, sollen Sie doch ein Schwein kriegen!« Sie war ja eben schwanger. Nun kommt sie nieder und bringt ein Schwein zur Welt! Stellt euch vor, was das für eine Gerede im Palast gab; man

79

fand keine Erklärung dafür. Die Königin konnte nur noch heulen, wenn sie an ihre Worte dachte. »Ach«, sagte sie, »Gott hat mich geschlagen!« Das Schwein wächst heran, und sie setzen es in den Garten. Was hätte man damit im Haus angefangen? Aber unter dieser Haut von einem Schwein steckte ein junger Kerl, ein Mann, und der hatte Gefühle wie wir auch.

Nun lebten da in der Nähe ein Mann und eine Frau, und die hatten drei Mädchen. Das Schwein sieht diese schönen Mädchen und verliebt sich in sie: Wenigstens eines davon hätte er gerne gehabt! Und es hat keine Ruhe mehr; es brüllt, er grunzt, er will nicht fressen. Man merkte, daß es dort hinüber zeigte; man konnte sehen, daß es eines von den Mädchen wollte. So ging man zu ihren Eltern und ließ ihnen sagen, daß eines von ihren Mädchen dieses Schwein nehmen sollte, dann wollte man sie reich belohnen. Die Jüngste sagt: »Ich will nicht.« Die zweite dasselbe. Die Älteste sagt: »Ich nehme ihn, weil ich Papa und Mamma glücklich machen möchte; ich schaue nicht hin, ich richte mich ein.« Was wollt ihr? Da wurde nicht lange Hochzeit gehalten; da ging's abends einfach ins Bett mit diesem Schwein – ohne große Feierlichkeiten: Das war doch ein Tier! Nun, wie sie also im Schlafzimmer sind, da umarmt sie das Schwein, und das wird zu einem wunderschönen jungen Mann. Sie schreit, sie wolle doch das Schwein, und den da wolle sie nicht: »He, nein, nein, ich hab' doch das Schwein geheiratet; Euch kenn' ich doch gar nicht!« – »Tja«, sagt er, »du mußt wissen, das Schwein bin nämlich ich; nur durch den Hochmut meiner Mutter befinde ich mich in diesem Zustand. Versprich mir, der Frau Mutter nichts zu verraten, sonst kommt es dich teuer zu stehen.«

Sie verspricht es ihm. Aber nach acht oder zehn Tagen möchte sie mit der Königin sprechen. Sie sagt: »Ich möchte Euch eine Sache anvertrauen, aber das soll geheim

bleiben; ich muß bitten, daß uns niemand zuhört.« –
»Kommt doch«, sagt die Königin, »in meine Gemächer.«
Sie befiehlt der Dienerschaft, niemand dürfe hereinkom-
men: »Ganz gleich, wer kommt: Die Königin ist nicht
da!« Und der Schwiegertochter sagt sie: »Nun sagt schon,
redet!« Sie verschließt alle Fensterläden, so sehr hat sie
Angst, daß man sie hören könnte. »Sie müssen wissen, am
Abend, da ist Ihr Sohn – Sie sollten den hübschen jungen
Mann sehen, der er ist!« – »Wie, was?« sagt die Mutter.
»Aber um Himmels willen; ich bitte Sie, sagen Sie es nur
nicht weiter. Sonst, hat er mir gesagt, muß ich es büßen.«
– »Ach«, sagt die Mutter, »das ist mein Hochmut gewe-
sen! Das ist meine Strafe!«

Und dann geht jede von ihnen in ihre Wohnung, aber
damit ist nun alles aus! Denn, weil er doch verzaubert ist,
hat er alles mitgehört. Abends geht er also ins Schlafzimmer zu seiner Braut und sagt zu ihr: »Verräterin! Sind
das deine Versprechungen?« – »Ach, aber ich...«, sagt
sie. »Schweig, du freches Ding!« Er nimmt eine Magnet-
nadel und bringt sie um. Sie stirbt, und man kann nicht erkennen, daß sie erstochen worden ist. Jetzt kommt der
nächste Morgen. Die junge Königin kommt nicht, sie
steht nicht auf, sie ruft nicht. Die Diener brechen die Türe
auf, gehen hinein und sehen sie tot am Boden. Schreie
durch den Palast: »Das Schwein muß sie erstickt haben!«
Sie denken nämlich, er hat sie erstickt; der war doch ein
Tier, was wollt ihr! Die Königinmutter trifft es noch mehr
als zuvor, und sie sagt: »Ich bin die Ursache für dieses
große Unglück, denn wenn ich damals nicht dieses Wort
gesagt hätte, dann hätte ich nicht einen Schweinesohn geboren, und dann wäre das alles nicht gekommen.«

Das Schwein fängt an zu grunzen, es kratzt an der
Mauer, schlimmer als zuvor; es gibt Zeichen, daß es noch
eine von denen wollte: Man konnte das sehr wohl merken. Die zweite sagt: »Na meinetwegen, dann nehme ich

es eben.« Was wollt ihr? Den Eltern gaben sie eine Menge Geld. »Wenigstens habt ihr es dann gut.« Und so wird das Schwein am Abend, als es in das Schlafzimmer kommt, zu einem wunderschönen jungen Mann, so wie bei der anderen. Und er sagt, er müsse ihr absolutes Schweigen auferlegen, sie dürfe der Frau Mutter nichts sagen. Wenn die eine zehn Tage bei ihm geblieben ist, so hat es dieses Mädchen vielleicht zwanzig Tage ausgehalten. Aber dann bittet sie eines Tages die Königin um eine Unterredung, so wie die andere, und als sie in ihrem Zimmer ist und alles gut verschlossen, da verrät sie ihr, daß ihr Sohn zu einem schönen jungen Mann wird, so wie bei der anderen Frau. »Ja, das weiß ich zu meinem Unglück nur allzugut, daß er ein schöner Junge wird!« – »Aber ich bitte Sie, sagen Sie bloß nichts!« – »Aber was, seid nur unbesorgt, ich werde doch nicht reden!« Jede geht in ihre Wohnung. Als es Abend geworden ist, kommt das Schwein ins Schlafzimmer und macht dasselbe: »Ha, du Schurkin«, sagt er. »Sind das die Versprechungen, wie?« Er nimmt dieselbe Nadel – oder was war das gleich? – und bringt sie um.

Morgens, da war es so elf oder zwölf Uhr, da fragt sich die Dienerschaft: »Aber was macht bloß die Königin?« Sie öffnen das Schlafzimmer und finden auch sie tot am Boden. Sie gehen zur Königinmutter und sagen: »Kommen Sie, schauen Sie nur, Majestät, auch die ist tot!« Und wieder hat sie Gewissensbisse, das könnt ihr glauben! Und das Schwein fängt schon wieder an zu grunzen und macht sich an der Mauer zu schaffen, um die nächste zu kriegen, die dritte Schwester. Aber ihre Leute wollten sie nicht hergeben, läßt sich denken! Aber dann mußten sie doch einwilligen, und sie wird Braut des Schweins, und sie bringen auch, getrennt, die Eltern in den Palast.

Am Abend wird das Schwein wieder, wie an den anderen Abenden, ein schöner junger Mann: »Du mußt wissen, daß ich ein Mann bin, siehst du. Aber zur Strafe der

82

Frau Mutter bin ich bei Tage ein Schwein. Das habe ich dem Hochmut der Frau Mutter zu danken. Ich bitte dich, sage der Frau Mutter nichts davon.« – »Und ich verspreche dir, daß ich nichts sagen will.« Na, das kann sogar einen Monat gedauert haben, aber dann möchte sie mit der Königin sprechen, und sie erzählt ihr, ganz genau wie die anderen, daß ihr Sohn zu einem schönen jungen Mann wird. »Aber ich bitte Sie, das dürfen Sie nicht einmal der Luft sagen!« – »Ach, seid nur ganz beruhigt, ich werde es nicht sagen.«

Jetzt am Abend wird das Schwein wieder zu einem wunderschönen jungen Mann: »Du Schurkin, sind das deine Versprechungen, was? Aber dich bringe ich nicht um. Doch bevor du mich wieder siehst, mußt du sieben eiserne Stöcke, sieben eiserne Kleider, sieben eiserne Schuhe abnutzen und sieben Fläschchen mit Tränen füllen.« Und es geht weg, er verschwindet, da bleibt nichts mehr. Am nächsten Tag, kaum ist der Morgen angebrochen, steht die Braut auf und geht zu der Königinmutter und erzählt ihr den Fall. Die Gewissensbisse der Frau könnt ihr euch denken! »Ach, das ist alles meine Schuld, seht Ihr!« Die Königinmutter befiehlt, dieses ganze Zeug herzuschaffen, und als es bereit ist, zieht sich die Braut dieses Zeug an und macht sich auf die Reise. Sie sagt der Schwiegermutter ade und küßt sie: »Adieu, adieu!«, und sie zieht los. Sie geht und geht, mit einem Handwagen, denn das andere Zeug hatte sie auf dem Handwagen, wie hätte sie es sonst schleppen sollen?

Da begegnet ihr ein altes Weiblein. »Wo gehst du hin, armes Kind?« – »Ach«, sagt sie, und dann erzählt sie ihr alles. »Weißt du denn nicht, daß dein Bräutigam geheiratet hat? Dein Bräutigam hat sich dort, wo er hingezogen ist, eine Frau genommen. Hier nimm diese Haselnuß. Wenn du auf dem königlichen Platz angekommen bist, also wenn du weit gelaufen bist, ich weiß auch nicht wo, sicher sehr weit: dann knackst du sie. Dann kommt viel Schmuck zum Vorschein, wirklich sehr schöner Schmuck. Die Königin«, sagt sie, »wird Lust darauf bekommen, und sie wird dich fragen, wieviel du für diese schönen Sachen willst. Du mußt dann sagen: *Eine Nacht im Bett mit deinem Mann.*« Dann gibt sie ihr die Haselnuß und geht fort – sie verschwindet, diese Alte. »Danke schön! Adieu, adieu!«

Sie geht und geht, und auf dem Weg findet sie dasselbe alte Weiblein, genau dasselbe: »Armes Kind, wo gehst du hin?« Sie erzählt ihr alles, und dieses alte Weiblein sagt zu ihr: »Schau!, nimm hier diese Mandel, du machst mit ihr dasselbe: knacke sie. Da kommt dann viel Schmuck heraus, aber wirklich schöner Schmuck. Die Königin wird Lust darauf bekommen und wird dich fragen, wieviel du für diese schönen Sachen haben möchtest. Du verlangst aber kein Geld; du verlangst eine Nacht im Bett mit ihrem Mann.« Als sie nun fast an dem Platz angekommen ist, da begegnet sie einem alten Männlein, und das sagt ebenso: »Hier nimm«, sagt es, »diese Walnuß. Schau, du hast nur wenig, und der Platz ist dort drüben. Dann knackst du diese Walnuß, und du wirst sehen, wieviel Schmuck da herauskommt. Die Königin wird Lust darauf bekommen und wird dich fragen, wieviel du für diese schönen Sachen haben möchtest. Du mußt sagen: *Eine Nacht im Bett mit Ihrem Mann.*«

Die sieben Paar eiserne Schuhe hatte sie abgelaufen, die sieben Eisenstöcke abgenutzt, sie hatte die sieben eisernen Kleider abgetragen und alle Fläschchen mit Tränen gefüllt. Sie betritt den Platz und sieht einen Palast. Sie setzt sich mitten auf den Platz und knackt die Haselnuß. Und da kommt der schönste Schmuck heraus, aber so was Schönes kann man nicht erklären, wirklich! »Majestät«, sagen die Diener zu der Königin, »Majestät, kommen Sie mal ans Fenster, schauen Sie mal die vielen Schmucksachen, die da auf dem Platz sind.« – »Fragt sie mal, wieviel sie dafür will, ich möchte die Sachen kaufen.« Diese Schmucksachen waren sehr wertvoll, lauter Edelsteine, man war vom Anschauen ganz geblendet. Man fragt sie, wieviel sie dafür will: »Eine Nacht im Bett mit ihrem Mann.« Die Diener fangen an zu lachen: »Eine komische Frau, die will mit dem Mann der Königin ins Bett, haha.« Die Königin: »Na gut – soll sie haben. Nehmt diese schönen Sachen und sagt ihr, heute Nacht um zwölf soll sie hierherkommen.«

Sie befiehlt dem Kellermeister, er solle in den ganzen Wein ein Schlafpulver schütten, in alle Flaschen, alles mit Schlafpulver für den König. Der König hatte von nichts eine Ahnung, und so trank er, sogar ein bißchen mehr als üblich. Wie es nun Mitternacht ist, da fällt er in tiefen Schlaf; sie bringen ihn zu Bett, und er schläft wie ein Klotz. Jetzt kommt die Frau um zwölf in den Palast, und sie bringen sie in das Schlafzimmer. Sie geht zu ihm ins Bett und sagt: »Ich bin die schöne Ginevra; um dich wiederzufinden, habe ich sieben Eisenstöcke abgenutzt, sieben eiserne Schuhe abgelaufen, sieben eiserne Kleider abgetragen, und ich habe sieben Fläschchen mit Tränen gefüllt.« Aber der schlief, da hätte sie auch an dieses Tischchen hinreden können. Es wurde Tag; die Frau wurde hinausgeschickt, und damit war es aus.

Am nächsten Morgen knackt sie die Mandel. Stellt euch vor: lauter Püppchen, die sich bewegten und herumsprangen, aus lauter Edelsteinen. »Majestät, da ist dieselbe Frau wie gestern, aber das sollten Sie mal sehen! Was für schöne Schmucksachen, aber wirklich schön sind die!« Die Königin sagt: »Fragt sie, was sie dafür will.« Sie fragen sie, was sie will. »Die Nacht im Bett mit ihrem Mann.« Sagt die Königin: »Ja, ja, ja! Bringt nur alles her, und heute abend laßt sie zur gewohnten Stunde kommen.« Und dann gibt sie dem Kellermeister wieder den

Befehl, er solle dasselbe wie am Abend zuvor machen: Schlafpulver in den ganzen Wein, in alle Flaschen, alles. Der König geht zum Abendessen und trinkt noch mehr als am Abend zuvor, aber wie! Als es Nacht ist, schau, da kommt die Frau und geht ins Bett und sagt wieder: »Ich bin die schöne Ginevra; um dich zu finden, habe ich sieben Eisenstöcke abgenutzt, sieben Paar Schuhe abgelaufen, sieben Eisenkleider abgetragen, und sieben Fläschchen habe ich mit Tränen gefüllt.« Also sagen wir mal, hier wäre das Zimmer, und hier, sagen wir mal, da stehen die Wachen. Sie hören so ein Wimmern, sie lauschen so, und da hören sie die ganze Klage wie das Ave-Maria. Und am nächsten Tag, kaum ist der Morgen angebrochen, schicken die Diener diese Frau fort.

Aber diese Wachen erzählen dem König, sobald er aufgestanden ist, alles: »Nachts kommt da eine Frau zu Ihnen und sagt: *Ich bin die schöne Ginevra; um dich zu finden, habe ich sieben Eisenstöcke abgenutzt, sieben Paar Schuhe abgelaufen, sieben Eisenkleider abgetragen, und sieben Fläschchen habe ich mit Tränen gefüllt.*« Ha, jetzt erinnert sich der König an seine Braut; er hatte nämlich alles vergessen. Sobald er vom Palast seiner Mutter weggegangen war, hatte er alles vergessen. »Wissen Sie das denn nicht? Man gibt Ihnen den Wein mit Schlafpulver«, sagt diese Wache. »Sie sollten ihn nicht trinken. Ich werde da jetzt aufpassen.«

Am nächsten Morgen knackt diese arme Frau die Walnuß. Stellt euch vor! Was für wunderschöne Schmucksachen! Noch schöner als tags zuvor. Die Walnuß war größer als die Haselnuß und die Mandel, also kam auch mehr heraus. Die Königin sagt: »Fragt sie, was sie dafür will.« Sie fragen, was sie dafür will, und sie antwortet: »Eine Nacht im Bett mit dem Mann.« – »Holt mir diese Reichtümer«, sagt die Königin, »und sagt ihr, sie kann heute abend zur selben Stunde kommen.« Diese Wache, die dem König alles verraten hatte, sagt zu dem Kellermeister: »Ich schlag dir den Kopf ab, wenn du dem König noch einmal Schlafpulver in den Wein tust. Tu so, wie wenn du es hineinschütten würdest, aber tu es nicht hinein. Dann bekommst du eine Belohnung. Statt dessen schüttest du es in den Wein der Königin, das Schlafpulver.«

Am Abend beim Essen trinkt und ißt der König wie gewöhnlich. Die Königin schläft mit ihrem Schlafpulver ein, man bringt sie ins Bett und fertig. Jetzt geht seine Majestät ins Schlafzimmer, zieht sich aus und geht ins Bett. Als es zwölfe ist, kommt die junge Frau herein. Er tut so als ob er schliefe, und da sagt sie zu ihm: »Ich bin die schöne Ginevra; um dich zu finden, habe ich sieben Eisenstöcke abgenutzt, sieben Paar Schuhe abgelaufen, sieben Eisenkleider abgetragen, und sieben Fläschchen habe ich mit Tränen gefüllt.« Er läßt sie das drei- oder viermal sagen, dann tut er so, als ob er aufwache, und er umarmt sie so, die Ärmste!, und er erkennt seine Braut und sagt: »Wir müssen hier weg, und zwar sofort, pack dein Bündel und fort!« Sie nehmen alle die schönen Sachen, die aus der Haselnuß, der Mandel und der Walnuß herausgekommen waren, alle diese Reichtümer, packen alles zusammen, kurzum, sie räumen den Palast aus! Er nimmt die Wache, die ihm alles verraten hatte, mit sich, nimmt den Kellermeister, und dann ziehen sie alle los und in den Palast der Mutter.

Ach, und die lag fast immer im Bett und weinte aus Sorge um diesen Sohn, wißt ihr! Und jetzt auf einmal Schreie, Glücksrufe: »Hoch!, sie leben hoch!« Und die ganze Dienerschaft schreit: »Da ist unsere Braut, da kommt unser Herr!«, und dann erzählen sie. Als die Königin diese Schreie hört, läuft sie herbei und sieht die Schwiegertochter. Die sagt: »Der da ist Ihr Sohn, den ich geheiratet habe und der ein Schwein war, und jetzt ist er ein

87

schöner junger Mann.« Die Mutter fliegt dem Sohn in die Arme, und sie bittet ihn um Verzeihung, weil sie die Ursache war für alles, was er erleiden mußte. Er vergibt ihr, und so leben sie alle in Glück und Frieden.

Kommen wir zu der anderen Königin, der anderen Frau; die wacht jetzt auf. Sie ruft und ruft, und niemand antwortet, da war kein Mensch mehr. Sie läuft durch die Zimmer: alles leer, alles weggetragen, die ganzen Sachen, alles verschwunden. Sie geht zu dem Schrank und will nach den vielen schönen Sachen sehen, die sie da hineingelegt hatte, alle die Juwelen: Sie findet nichts mehr. Da stößt sie einen lauten Schrei aus und fällt tot um. Und so ist es aus.

Der Weg ist lang und breit, der Beutel schmal und leer,
Erzähle du jetzt dein's, ich weiß kein Märchen mehr.

19. Der Hecht

Es war einmal eine Witwe, die hatte eine Tochter. Also diese Frau verheiratet sich eines Tages mit einem Witwer, und der hatte ebenfalls eine Tochter, und die seine war schön, aber wirklich so schön, daß man es nicht erzählen kann. Eines Tages stand Seine Majestät am Fenster. Er sieht dieses schöne Mädchen. Sagt er: »Schön, dieses Mädchen!, die gefällt mir wohl.« Von diesen beiden Mädchen war die eine mit Weben beschäftigt, und eine machte Röhrchen, so Röllchen für die Seide. So, jetzt geht Seine Majestät in das Haus; er klopft und steigt nach oben. Er tritt ein und sagt: »Tja, ich dachte, ich wollte mir mal das Tuch anschauen.« Und jeden Tag, immer zur selben Stunde, ging Majestät in das Haus, und wenn die Schöne am Weben war, sagte er zu ihr: »Schönen Tag und gutes Jahr«, sagte er zu der Weberin, und: »Guten Tag«, sagte er zu der, die die Röllchen machte. Die Mutter, die war eine mißgünstige Frau – na die wollte doch das Glück für ihre eigene Tochter, versteht ihr? –, die setzt also ihre Tochter an den Webstuhl, und die Schöne setzt sie an die Röllchen. Jetzt kommt der König: »Guten Tag«, sagt er zu der Weberin, und: »Guten Tag und gutes Jahr« zu der, die die Röllchen machte. Jetzt überlegt sich diese Frau: »Na wart nur, die Schöne werde ich mal zu den Feen schicken, sie soll das Sieb holen, und die werden sie auffressen.« Und da sagt sie auch schon: »Morgen früh«, sagt sie zu ihr. »wenn Ihr Eure Arbeit gemacht habt, dann geht Ihr zu den Mütterchen und holt das Sieb, das heißt, sie möchten doch so gut sein und Euch das Sieb leihen.« – »Ja, gewiß, wie Sie es wünschen.«

Morgens steht sie auf, sie macht alles, was zu tun war, und dann zieht sie los und macht sich auf den Weg. Wie sie ein Stück gelaufen ist, da trifft sie ein altes Weiblein. »Na, wo gehst du hin, armes Kind?« – »Tja«, sagt sie, »ich gehe so und so zu den Feen und lass' mir das Sieb geben.« – »Ach, du Ärmste«, sagt die, »da hast du einige Gefahren zu bestehen, weißt du? Wenn du noch zwei Meilen gegangen bist, dann kommst du auf einen Platz. Bei der Türe, wo vier Fenster sind, da ist das richtige Haus. Du mußt wissen, daß die Treppen aus Glas sind, also geh vorsichtig, daß sie dir nicht zerbrechen; du steigst ganz ganz langsam hinauf. Auf jedem Stockwerk triffst du lauter Frauen, die dich anschreien: »Komm daher, armes Kind, komm her zu uns, es juckt uns so sehr!« Und dann fragen sie dich, was du dort findest. Du wirst, mit Verlaub, Wanzen finden und, mit Verlaub, Läuse, alle diese dreckigen Insekten; aber du mußt antworten: *Perlen und Diamanten.* Wenn du dann beim Stockwerk der Feen angekommen bist, sagst du zu ihnen: *Ich wollte das Sieb holen.* Aber bevor sie dir das gibt, wird sie zu dir sagen: *Komm mit mir, Mädchen, komm nur mit.* Dann führt sie dich in ein Zimmer, das ist ganz voll mit schönen und häßlich Hüten, schönen und häßlichen Kleidern. Und dort fragt sie dich dann: *Welche möchtest du haben?* Du suchst dir das häßlichste Kleid und den häßlichsten Hut aus. Dann wird sie zu dir sagen: *Hör mal, wenn du jetzt zur Türe hinausgehst, dann hörst du den Esel schreien: ›Irrahahn!, irrahahn!‹ Dreh dich nicht in die Richtung, aus der das Schreien kommt. Aber wenn du es ›Kikiriku‹ schreien hörst, dann dreh dich um.«* – »Danke, schönen Dank!« – »Adieu!« – »Adieu!« Das Weiblein geht weg.

Und das Mädchen kommt auf diesen Platz und findet den Eingang; sie steigt hinauf und findet diese Frauchen. »Armes Kind, komm daher! Komm zu uns, es juckt uns so!« Wie sie zu ihnen kommt: »Was findest du bei uns?« – »Perlen und Diamanten«, antwortet sie. »Und Perlen und Diamanten sollst du haben. Adieu, armes Kind, und schönen Dank!« Und das Mädchen geht weiter und nach oben, und da klopft sie an. Ruft die Fee: »Wer ist da?« – »Mich schickt die Mutter, ich soll das Sieb holen.« – »Wir kommen schon, da sind wir schon! Armes Kind, komm nur, komm hier rüber.« Sie führen sie in das Zimmer, wo alle diese Kleider waren: auf der einen Seite die schönen und gestickten, auf der anderen die häßlichen und zerlumpten; und die Hüte ebenso, hier schöne und da häßliche. Sie sagen zu ihr: »Welche willst du?« Sie antwortet: »Diese hier« – aber das war wirklich das häßlichste und lumpigste Kleid und der häßlichste alte Hut. Da sagen sie zu ihr: »Aber nein, du mußt doch das hier haben!« Und sie ziehen ihr das schönste Kleid an und geben ihr den schönsten Hut, weil sie denken, daß sie nicht hochmütig ist. »Ach ja, paß auf, Kleines, hier hast du noch das Sieb. Und wenn du zur Türe hinausgehst, dann hörst du es schreien: *Irrhahn! irrhahn!* Dreh dich nicht um, hörst du? Aber wenn du es Kikeriku! rufen hörst, dann kannst du dich umdrehen.« Und da sagt das Mädchen: »Danke, schönen Dank! Adieu!« – »Adieu!«

So geht das Mädchen weg. Wie sie an der Türe steht, hört sie den Esel schreien: »Irrhahn! irrhahn!« Ha, nein, sie dreht sich nicht um. Als sie aber das »Kikeriku« hört, da dreht sie sich um, und ein Stern fliegt ihr mitten auf die Stirne. Stellt euch vor, sie war doch schon so schön, und jetzt war sie auch noch so angezogen und hatte den Stern auf der Stirne, man kann es nicht sagen, was sie da für eine Schönheit war! Und sie klopft bei ihrer Stiefmutter an. Die Stiefmutter kommt an die Türe und sieht, ahh!, dieses schöne Mädchen und nimmt ihr das Sieb aus der Hand: »Was hat dir denn die Fee gesagt, und was hast du denn da?«, und sie kratzt an dem Stern herum. Aber je mehr sie daran kratzte, um so größer und schöner wurde dieser Stern, das will ich wohl glauben was? Hach, und diese Frau war ganz verzweifelt vor Wut, weil »Der König«, sagt sie sich, »nimmt sie sich jetzt erst recht!«. Was macht sie dir? Am nächsten Morgen, als das erledigt war, was zu erledigen war, schickt sie von den beiden Mädchen ihr eigenes: sie soll das Sieb zurückbringen. »Auf diese Weise«, so denkt sie, »wird auch die meine schön werden.« – »Hör mal«, sagt sie, »morgen, wenn du alles gemacht hast, was zu tun ist, dann gehst du und bringst hier das Sieb zurück.« – »Ja, Mamma«, antwortet sie, »dieses Mal gehe ich da hin.«

Und wie sie nun morgens das erledigt hat, was zu tun war, da zieht sie sich an und geht mit dem Sieb los. Als sie ein Stück Weg gegangen ist, ein Stückchen, da trifft sie ein altes Weiblein. »Na, wo gehst du denn hin?« – »Ich bring' der Fee ihr Sieb zurück.« – »Aber da hast du noch ein schönes Stückchen zu laufen.« – »Genau«, sagt sie, »so weit zu laufen hab' ich gar keine Lust.« – »Du kommst dann«, sagt das alte Weiblein, »zu einem Platz, und da steht ein schönes Häuschen mit vier Fenstern: Das ist genau das Haus der Fee. Aber gehe langsam, hörst du?, die Treppen sind aus Glas« – kurzum, sie sagt ihr das gleiche wie der anderen: »Wenn du nach oben gegangen bist, triffst du Frauen, die dich zu sich rufen und dann fragen: *Was findest du hier?* Dann mußt du sagen: *Perlen und Diamanten.*« – »Ja, ja.« Also die Alte sagt ihr alles, was sie auch der anderen gesagt hatte, und dann: »Adieu!« – »Adieu!«

Das Mädchen geht weg, kommt zu diesem Haus und steigt hinauf. Und da wird gleich holterdipolter losgetrampelt, und alle Stufen sind hin und kaputt. Oben an der Treppe sieht sie eine Tür: »Komm her, arme Kleine, mach uns einen Besuch.« – »Ja, ich werde grade euretwegen gekommen sein, macht euch doch selbst einen Besuch, ich komme jedenfalls nicht.« Aber dann geht sie doch zu denen hinein. Sie sagen: »Was findest du?« Und sie, mit Verlaub: »Wanzen und Läuse«, sagt sie. »Und Wanzen und Läuse sollst du haben«, antworten sie. Dann geht sie nach oben, zu der Fee, und da klopft sie an. »Wer ist da?« – »Mich schickt die Mutter, ich soll das Sieb zurückbringen.« – »Das ist recht, komm nur herein, komm her mein Kind.« Und sie führt sie in das Zimmer mit den Kleidern und mit den Hüten. »Welche von denen möchtest du?« sagt die Fee, »schau sie dir gut an.« Und die sucht sich das schönste Kleid und den schönsten Hut raus. »Nein«, sagt die Fee, »komm mal her, du sollst statt dessen dies hier haben.« Und sie ziehen ihr ein ganz zerlumptes Kleid an und setzen ihr eine scheußliche Mütze auf. »Hör zu: wenn du hinausgehst, wirst du den Hahn krähen hören; dreh dich nicht um. Aber wenn du *Ihahn, ihahn* schreien hörst, dann dreh dich um. Adieu.« – »Adieu!« Und sie geht weg. Als sie an der Türe ist, hört sie es krähen: »Kikeriku!«, und sie dreht sich nicht um, was denn! Als sie hört »Ihahn, ihahn!«, da dreht sie sich um, und da haut es ihr den Eselschwanz mitten auf die

Stirne. Und da war sie häßlich, wirklich, man konnte sie nicht mehr anschauen, häßlicher konnte keine mehr sein.

So zieht sie denn los und kommt zum Haus ihrer Mutter und klopft an. Die Mutter kommt ans Fenster und sieht dieses Schauspiel von einer Tochter mit einem Stück Eselschwanz, stellt euch doch mal vor!, mitten auf der Stirne. Je mehr sie daran herumriß oder je mehr sie davor abschneiden wollte, um so länger wurde es. Ha, da kriegte sie eine Mordswut, und sie hielt jetzt die Schöne wie eine niedrige Dienstmagd, schickte sie auf den Markt und zum Wäschewaschen, hetzte sie hierhin und dorthin, schimpfte sie und wollte sie auf diese Weise umbringen.

Eines Tages nun geht die Schöne auf den Markt und kauft ein paar Hechte. Und wie sie die totschlägt, sagt einer von diesen Hechten zu ihr: »Schlag mich nicht tot! Wirf mich in das Wasserbecken!« sagt er. Nun, das Mädchen nimmt den Hecht, geht in das Gärtchen und wirft ihn, so wie er es gesagt hatte, in das Wasserbecken. Seine Majestät will nun jeden Tag dieses wunderschöne Mädchen sehen; Seine Majestät kommt täglich wieder auf Besuch und will das gewebte Tuch anschauen und was es da sonst noch zu sehen gibt. »Jetzt hört mal zu«, sagt er eines Tages zu der Stiefmutter, »ob Ihr es nun wollt oder nicht wollt, ich will Eure Tochter zur Braut.« Da mußte die Frau doch wohl zustimmen, oder? Wie soll man denn zu einem König nein sagen, wenn er etwas will? »Ja, und dann noch dies«, sagt der König, »sobald ich ihr den Ring gegeben habe, muß ich schon losziehen und eine Reise machen, die viele Monate dauert.« Da sagt sie zu ihm: »Ja so eine Reise muß man gut vorbereiten«, sagt die Mutter, »denn sie ist so empfindlich, da muß man eine Kutsche ganz aus Eisen bestellen, weil unterwegs, da soll ihr doch die Luft auf dieser Reise nicht schaden, gelt?« Also wird sofort eine solche Kutsche bestellt, und, stellt euch vor, kaum ist sie bestellt, da ist sie auch schon fertig, das ging ruck-zuck. Als die Kutsche so schön hergerichtet war, da kommt auch schon gleich danach der Tag der Hochzeit: Das war eine Pracht! Gerade hat sie den Ring angesteckt bekommen, da geht es auch schon aufs Schloß zu den Erfrischungen, wißt ihr, nach der Hochzeit großes Fest! Und da erinnert sie sich an den Hecht; sie weiß doch, daß sie abreisen muß und denkt noch an den kleinen Hecht. Sie geht in das Gärtchen und ruft ihn: »Hecht, lieber Hecht!«, und da kommt er schon heran. »Ich verreise, weißt du?« – »Ich weiß, ich weiß. Nimm mich hier raus und wirf mich in den See!« Da packt sie ihn, geht zum Tor hinaus und wirft ihn da hinein, wo er es ihr gesagt hatte. »Adieu!« – »Adieu! Wir werden uns noch sehen«, sagt der Hecht zu ihr. »Und paß auf, man wird dich hintergehen!«

So kehrt sie denn zu ihrem Bräutigam zurück. Die Alte geht und nimmt ihre eigene Tochter, die Häßliche, und versteckt sie in einem Bottich, und zu der Schönen sagt sie: »Wißt Ihr, wenn wir mal ein Stück Straße gefahren sind, dann dürft Ihr ruhig sagen: *Ich muß mal Pipi machen;* dann tut Ihr mir einen Gefallen.« So fahren sie vom Palast weg. Da sagt die Königin: »Ich muß mal was machen.« Der König gibt Befehl und läßt die Kutsche anhalten. Die Stiefmutter, die steigt auch aus und führt die Schöne da zu dem Bottich. Dort nimmt sie ihr die Augen weg, hebt den Bottich hoch und steckt sie hinein. Die Augen hatte sie ihr in die Hand gegeben und gesagt: »Da nimm, steck sie dir in die Tasche.« Dann nimmt sie die Häßliche, die unter dem Bottich steckte, und hebt sie in die Kutsche. Kaum ist sie in der Kutsche drin, da fangen alle Katzen an, hinter der Kutsche herzuschreien:

> Miau, miau, was ist denn das?
> die Schöne, die steckt unterm Faß,
> die Häßliche hockt im Wagen,
> der Teufel packt sie am Kragen.

94

Da fängt der König an: »Geht doch mal mit diesen Katzen und schaut nach, was unter dem Bottich steckt.« Aber sie, die wollte das nicht, die Mutter, die wollte das gar nicht. Sie gehen zum Bottich, um nachzusehen, heben ihn hoch und finden da diese schöne Frau, aber sie hatte ihre Augen nicht mehr. Und da sagt sie zu den Dienern: »Begleitet mich zum Fluß, bitte seid so gut, kommt mit mir zum Fluß, ich will mir diese Augen waschen.« Wie sie nun in den Fluß steigen will, da kommt der Hecht heran und sagt zu ihr: »Bade dich nur in diesem Wasser, und dann lege das Auge an seine Stelle und dann auch auf der anderen Seite, und du wirst sehen: Deine Augen werden sein wie zuvor. Also badet sie sich, wie er es ihr gesagt hatte, und ihre Augen wachsen wieder an und sind wie zuvor. Sagt der Hecht: »Wenn du jetzt zurückkehrst, dann laß diese beiden Äffinnen von Mutter und Schwester packen, und auf meinen Befehl laß sie in das Faß stecken, und niemand soll ihnen Hilfe leisten. Dann komm hierher zurück und hole mich und wirf mich in das Wasserbecken in deinem Garten.«

Also, jetzt geht sie von dort weg und zurück zu der Kutsche. Die Mutter hatte also die Häßliche in die Kutsche gesteckt. Der König sieht nun, daß seine Diener nicht alleine zurückkommen, sondern auch seine Braut, und man sieht also eine Braut in der Kutsche und eine auf der Straße, und zweie konnte er ja wohl nicht haben! Da sagt die richtige Braut zu ihm: »Bevor ich in die Kutsche steige, bitte ich Sie, Majestät, um eine Gnade: Bevor ich einsteige, sollen diese beiden bösen Frauen gepackt und unter den Bottich gesteckt werden, wo ich war. Andernfalls kenne ich Sie nicht mehr.« Ja, da werden jetzt diese beiden Frauen gleich herausgeholt und in den Bottich gesteckt, und der wird mit einem Vorhangschloß zugesperrt, damit ihnen niemand mehr helfen kann. Dann geht sie noch einmal zurück und nimmt den kleinen Hecht zu sich, steigt in die Kutsche, und los geht's. Sie behält ihn zuerst bei sich, doch wie sie zu Hause sind, wirft sie ihn in das Wasserbecken. Sagt Seine Majestät: »Diese Schurkin, kein Wunder wollte sie die Kutsche ganz aus Eisen haben. Sie wollte mir ihre Tochter unterjubeln! Hätte man eine Kutsche mit Glasscheiben gemacht, dann hätte man die ja gesehen! Die Verräterin, jetzt verstehe ich erst, wie hinterhältig sie war.«

Jetzt kamen sie beim Schlosse Seiner Majestät an. Na, ihr könnt euch vorstellen: »Hoch lebe das Brautpaar, das Brautpaar lebe hoch!«, so rief es hier und rief es dort, und überall wurde gefeiert. Sie nahm ihren kleinen Hecht und warf ihn in ihr Wasserbecken und jeden Tag ging sie hin, um sich mit ihm zu unterhalten. »Siehst du nun, wie gut es war, daß du mich nicht totgeschlagen hast?« sagt der kleine Hecht zu ihr; »wenn ich nicht gewesen wäre, wärest du schon wer weiß wie lange tot.« Tja, da hatte er wohl recht, denn es scheint, daß diese Kätzchen von dem kleinen Hecht geschickt worden waren. Der Hecht, der starb dann nach einigen Jahren. Sie ließ für ihn eine Glasglocke ganz aus Kristall und mit Edelsteinen eingefaßt machen und stellte die in ihrem guten Salon auf. Und damit ist die Geschichte aus.

Der Weg ist lang und breit, der Beutel schmal und leer. Erzähle du jetzt dein's, ich weiß kein Märchen mehr.

20. Prezzemolina – Petersilchen (1)

Da waren einmal Mann und Frau. Und das Fenster von Mann und Frau ging auf den Garten der Feen hinaus. Diese Frau war schwanger. Eines schönen Tages geht sie zum Fenster und sieht eine Wiese mit der allerschönsten Petersilie. Sie paßt auf, bis die Feen weggegangen sind, nimmt die Strickleiter, steigt hinunter und macht sich dran, nach Herzenslust Petersilie zu essen. Sie ißt und ißt, dann steigt sie wieder die Leiter hinauf, schließt das Fenster, und weg ist sie! Jeden Tag machte sie diese Geschichte.

Eines Tages spazierten die Feen in den Garten: »Na sag mal«, sagt die schönste, »kommt's dir nicht so vor, wie wenn da Petersilie fehlte?« Sagen die anderen: »Und da fehlt vielleicht nicht wenig! Weißt du, was wir machen? Wir tun so, als ob wir alle fortgingen, und eine hält sich versteckt, denn da ist doch jemand, der zum Essen kommt.« Die Feen tun so, als ob sie alle weggingen, und die Frau klettert zum Essen hinunter. Als sie wieder nach oben steigen will, kommt ihr die Fee hinterher: »Ah, du Luder«, sagt sie, »jetzt hab' ich dich erwischt, was?« – »Habt Mitleid«, sagt die Frau, »ich bin schwanger, und da hatte ich dieses Gelüste...« – »Na gut«, sagt die Fee, »es sei dir verziehen. Aber hör zu, wenn du einen Jungen kriegst, dann sollst du ihm den Namen Prezzemolino geben; wenn du ein Mädchen hast, soll es Prezzemolina, Petersilchen, heißen, und wenn das Kind groß ist, dann wollen wir es haben: Es gehört uns, verstanden?, es gehört nicht mehr dir!«

Stellt euch diese Frau vor! Sie fängt bitterlich zu weinen an und sagt: »Ach mein verflixter Rachen, der hat mich jetzt ganz schön was gekostet!« Der Mann tadelte sie ständig: »Ein Nimmersatt bist du! Jetzt hast du's!« Die Frau kriegt also eine Tochter und nennt sie Petersilchen, und als sie ein bißchen größer ist, schickt sie sie in die Schule. Immer wenn sie bei den Feen vorüberkam, sagten die zu ihr: »Mädchen, sag deiner Mamma, sie soll an das Ding denken.« – »Mamma«, sagt Petersilchen, »die Feen haben mir gesagt, Ihr sollt Euch an das Ding erinnern.« Eines Tages war die Frau ganz erledigt, da kommt das Mädchen und sagt zu ihr: »Die Feen lassen Euch ausrichten, Ihr sollt Euch an das Ding erinnern.« Sie antwortet: »Ja, sag ihnen doch, sie sollen es sich nehmen.« Das Mädchen geht wieder zur Schule. Sagen die Feen: »Was hat dir die Mamma gestern abend gesagt?« – »Sie hat gesagt, Ihr könnt es nehmen, Ihr sollt das Ding nur nehmen.« – »Na dann komm, du bist das Ding, das wir nehmen sollen!« Die heulte ohne aufzuhören, dieses Mädchen, das könnt ihr mir glauben!

Lassen wir dieses Kind und gehen wir zu der Mutter zurück. Die Stunden vergehen, und sie sieht das Kind nicht zurückkommen. Sie erinnert sich, daß sie gesagt hatte, sie sollten sich das Ding nehmen: »Oh, ich hab' mich verraten! Jetzt können wir nicht mehr zurück.« Also, die Feen sagen zu dem Mädchen: »Weißt du, Petersilchen, siehst du da diese pechschwarze Kammer?« – da bewahrten sie die Kohle auf, die Asche. »Wenn wir zurückkommen, dann muß sie ganz weiß sein wie Milch und ausgemalt mit allen Vögeln der Luft, sonst werden wir dich fressen.« Wie hätte das Mädchen das denn anstellen sollen? Die gehen weg, und das Mädchen fängt zu weinen an, heule was du kannst, und sie schluchzt und schluchzt und war nicht zu beruhigen. Und jetzt klopft jemand; sie geht und schaut und denkt, das seien die Feen; sie macht auf und sieht Memè, und das war ein Vetter der Feen. »Was hast du, Petersilchen, daß du so weinst?« – »Na, da würdet Ihr auch ganz schön weinen«, sagt sie. »Seht Ihr die Kammer da? Wenn die zurückkommen, wenn die Mütterchen zurückkommen, dann muß sie statt so schwarz ganz weiß geworden sein und mit allen Vögeln der Luft bemalt, sonst fressen sie mich.« – »Wenn du mir einen Kuß gibst«, sagte Memè, »dann richte ich dir sofort diese Kammer her.« Sie sagt:

Lieber von den Feen verzehrt
als von einem Mann begehrt.

98

Sagte Memè: »Das hast du wirklich gut gesagt! Also mach ich dir die Freude.« Er schlägt mit dem Zauberstäbchen, und die Kammer wird ganz weiß, voller Vögel, so wie es die Mütterchen gesagt hatten.

Dann geht Memè weg, und die Feen kommen zurück. Sagen sie: »Petersilchen, hast du das erledigt?« – »Ja, das hab' ich, kommt und schaut.« Die gucken sich verdutzt an: »He, Petersilchen, das ist doch Memè gewesen.« –

Ich weiß gar nichts von dem Wicht,
auch meine liebe Mutter nicht.

Dann am Morgen: »Was machen wir jetzt?« sagen sie, wir bekommen sie nicht zu fressen.« – »Petersilchen!« – »Stehe zu Diensten.« Und da sagen sie zu ihr: »Morgen früh gehst du zur Fee Morgana und sagst ihr, sie soll dir die Schachtel vom Schön-Spielchen geben.« – »Jawohl die Damen«, sagt sie. Am Morgen also macht es sich auf den Weg, das Mädchen. Und sie zieht los. Sie geht und geht und findet eine Frau. »Na, schönes Mädchen, wo gehst du hin?«, sagt sie. »Ich gehe zur Fee Morgana und hole die Schachtel vom Schön-Spielchen.« – »Tja, die wird dich wohl fressen, hörst du, arme Kleine?« – »Um so besser für mich«, sagt sie, »dann ist endlich Schluß.« – »Da nimm«, sagt die Frau, »diese beiden Schmalztöpfchen. Du wirst zwei Türen finden, die gegeneinander schlagen. Schmier sie beide ein, und du wirst sehen, daß sie dich durchgehen lassen.«

Jetzt kommt das Mädchen an diese Türen und schmiert sie beide von oben bis unten ein, und da lassen sie es durchgehen, siehst du wohl. Wie sie ein Stück gelaufen ist, da findet sie ein anderes Weiblein. Und die sagt wieder zu ihr: »Wohin gehst du, Mädchen?« Sagt sie: »Ich gehe zur Fee Morgana und hole die Schachtel vom Schön-Spielchen.« – »Ach du Arme, die wird dich wohl fressen, hörst du?« – »Um so besser für mich, dann ist endlich Schluß.«

99

– »Hier, nimm diese beiden Brote, du wirst zwei Hunde finden, die sich miteinander beißen. Wirf jedem ein Brot hin, dann lassen sie dich weiterziehen«, sagt sie. Und wirklich, Petersilchen findet diese beiden Hunde, sie wirft jedem ein Brot hin, und dann darf sie weitergehen.

Als sie wieder ein Stück Wegs gegangen ist, findet sie wieder ein Weiblein. Die sagt zu ihr: »Wohin gehst du?« – »Zur Fee Morgana, wegen der Schachtel vom Schön-Spielchen.« – »Armes Ding, die wird dich fressen, hörst du?« – »Um so besser für mich, dann ist endlich Schluß.« – »Du wirst einen Schuster finden, der reißt sich die Haare aus dem Bart zum Nähen und auch die Haare vom Kopf. Da nimm: das ist Zwirnsfaden und hier eine Ahle, alles was er braucht. Gib ihm das, und er läßt dich durch.« Jetzt, da findet das Mädchen diesen Schuster. Als sie ihm das ganze Zeug gibt, da dankt er ihr und läßt sie durch.

Nach einem weiteren Stück Straße findet sie das gleiche Weiblein, und die sagt auch: »Paß auf, die frißt dich, hörst du?« – »Um so besser für mich, dann ist endlich Schluß.« – »Du wirst eine Bäckerin finden, die kehrt den Ofen mit den Händen: die verbrennt sich ganz. Da nimm, das sind Lumpen, und hier Besen, alles was sie braucht. Du wirst sehen, sie läßt dich durch. Und kurz darauf findest du einen Platz, und da steht ein ganz schöner Palast, und das ist der von der Fee Morgana. Du klopfst an, und die Schachtel vom Schön-Spielchen, die liegt da, wenn du zwei Treppen hinaufgestiegen bist. Wenn du geklopft hast, dann wird sie zu dir sagen: ›Wart nur, Mädchen, wart ein bißchen.‹ Aber du gehst einfach hinauf, nimmst dir die Schachtel und fort mit dir.«

Das Mädchen findet wirklich diese Bäckerin. Als sie ihr das ganze Zeug gibt, bedankt sie sich und läßt sie weiterziehen. Sie klopft, sie steigt nach oben, sie nimmt die Schachtel und rennt weg. Als die Fee das Tor zuschlagen hört, schaut sie zum Fenster hinaus und sieht das

Mädchen wegrennen. »He, Bäckerin, die den Ofen mit den Händen auskehrt, haltet sie mir fest, haltet sie mir!« – »Da wär' ich ja schön dumm! So viele Jahre habe ich geschuftet, und sie gibt mir Lumpen und Besen! Lauf nur weiter, meine Kleine, lauf, lauf!« – »He, Schusterchen, der du mit Barthaaren nähst und dir die Haare vom Kopfe reißt, haltet sie mir fest, haltet sie mir!« – »Ja ausgerechnet ich, da wär' ich ja schön dumm! So viele Jahre habe ich geschuftet, und sie bringt mir alles, was ich brauche! Lauf, Kleine, lauf!« – »He Hunde, die ihr so viel beißt, haltet sie mir, haltet sie mir!« – »Ja da wären wir ja schön blöd! Sie hat jedem von uns ein Brot gegeben. Lauf, Kleine, lauf!« – »He Türen, die so viel schlagt, haltet sie mir, haltet sie mir!« – »Ja, da wären wir ja schön dumm! Sie hat uns von oben bis unten geschmiert! Lauf, Kleine, lauf!« Und sie lassen sie weiterrennen.

Wie sie nun frei ist, da sagt sie: »Was wird wohl in dieser Schachtel sein?« Sie kommt auf einen Platz, setzt sich nieder und macht die Schachtel auf. Da kommen Leute heraus, Leute, Leute und nochmals Leute; die kommen aus dieser Schachtel raus, und die einen singen, und die anderen machen Musik, alle miteinander. Stellt euch vor, wie verzweifelt das Mädchen war! Sie wollte alle in die Schachtel zurückbringen, und wenn sie einen gepackt hatte, dann sprangen zehn wieder weg. Da fängt sie an zu weinen, könnt ihr euch denken!

Jetzt kommt Memè. »Du Schlingel, siehst du, was du da angerichtet hast?« – »Ach, ich wollte doch nur gucken...« – »Tja«, sagt Memè, »jetzt ist da nichts mehr zu retten. Wenn du mir einen Kuß gibst, dann kann ich dir helfen.«

  »Lieber von den Feen verzehrt
  als von einem Mann begehrt!«

– »Weißt du, das hast du wirklich gut gesagt! Also mach ich dir die Freude.« Er schlägt mit dem Zauberstäbchen, und die Schachtel wird wie zuvor: verschlossen wie sie war. Petersilchen geht nach Hause und klopft. »O Gott«, sagen die, »da ist das Petersilchen. Hat dich denn die Fee Morgana nicht aufgefressen?« Sagt sie: »Einen wunderschönen guten Morgen!« sagt das Mädchen. »Und hier ist die Schachtel.« Sagen die Mütterchen: »Was hat sie dir denn gesagt, die Fee Morgana?« – »Sie hat mir die Schachtel gegeben und mir gesagt: *Na, dann lasse ich schön grüßen.*« – »Aha«, sagen die Feen, »jetzt haben wir verstanden, wir sollen sie selber fressen. Wenn heute abend Memè kommt, werden wir ihm sagen, daß sie gefressen werden muß.«

Jetzt am Abend kommt Memè: »Hör mal zu«, sagen sie zu ihm, »die hat sie nicht gefressen, das Petersilchen, jetzt müssen wir sie selber fressen.« – »Ist ja schön«, sagt der, »ist ja schön!« – »Morgen, wenn sie ihre Sachen erledigt hat, dann lassen wir sie Feuer machen unter den großen Kesseln, den großen für die Wäsche. Und wenn die gut brodeln, dann schmeißen wir sie alle vier zum Kochen hinein.« Und er sagt:

Schön, schön, ja, jawoll,
das machen wir, das ist ja toll.

Jetzt am Morgen, da gehen sie fort und sagen nichts, sie gehen weg wie gewöhnlich. Als sie fort sind, also weggegangen sind, da kommt Memè zum Petersilchen: »Hör mal«, sagt er, »heute um ein Uhr, da sagen sie dir, du sollst Feuer unter den Kesseln machen, den großen für die Wäsche. ›Und wenn die gut brodeln‹, werden sie zu dir sagen, ›dann ruf uns.‹ Und dann schmeißen sie dich zum Kochen hinein. Und also müssen wir aufpassen, ob wir nicht sie hineinschmeißen können.«

Jetzt geht Memè weg, und kurz darauf kommen die Feen zurück. »Hör mal zu, Petersilchen«, sagen sie, »wenn wir heute zu Mittag gegessen haben und du alle

Sachen erledigt hast, dann richte die Kessel her, die für die Wäsche, wir wollen Wäsche waschen; und wenn sie gut brodeln, dann rufst du uns!« Wie sie nun alle ihre Sachen erledigt hat, da macht sie alle diese Kessel zurecht. Sie sagen zur ihr: »Mach ein starkes Feuer.« Sie macht Feuer, sogar stärker als sie ihr gesagt hatten, stellt euch vor! Memè klopft an: »Haha«, sagt er, »jetzt werden wir sie gleich fressen!«, und er reibt sich die Hände. »Hihi«, sagen sie, »das werden wir gleich haben!« Als jetzt das Wasser zu kochen anfängt, sagt Petersilchen zu ihnen: »Mütterchen, kommt doch gucken, das Wasser kocht schon.« Die Feen kommen zu den Kesseln hin und schauen, ob das Wasser kocht. Sagt er: »Jetzt los!«, sagt er zu Petersilchen, der Memè. Er packt sich zwei und steckt sie hinein, sie nimmt sich die dritte und schmeißt sie rein, und brodel, brodel, brodel, und bis nicht alles gar war, hörten sie nicht auf: sie kochten die ganze Zeit! »Also, jetzt sind wir die Herrschaften, mein Kind, komm mit mir.«

Er führt sie in den Keller hinunter, da gab es unendlich viele Lichter, und da war auch das der Fee Morgana, dick und groß, das war das dickste von allen. Die größte der Feen! Ihre Seele, das war ein Licht. Wenn sie ausgelöscht waren, dann waren sie alle tot, so war das. »Lösch du dort aus, und ich lösche auf dieser Seite.« So löschten sie alle Lichter und hatten jetzt über alles die Herrschaft. Sie zogen zu dem Ort der Fee Morgana. Aus dem Schuster machten sie einen feinen Herrn, aus der Bäckerin ebenso, die Hunde nahmen sie in ihren Palast, und die Türen ließen sie da, wo sie waren und ließen sie immer schmieren. »Und jetzt«, sagte Memè, »jetzt wirst du meine Braut, so soll es sein.«

Und sie lebten in Freuden, Frieden und Glück,
und ließen für mich gar nichts zurück.

21. Der geizige König

Es war einmal ein geiziger König. Und weil er geizig war, hatte er nur eine Tochter, und die hielt er oben unter dem Dach, damit niemand sie sehen sollte. Er war geizig und wollte keine Mitgift zahlen. Jetzt kommt da ein Räuber nach Florenz, und just gegenüber dem Gasthaus, wo er wohnte, lebte dieser König. Er begann zu fragen: »Wer wohnt da?« – »Da wohnt ein König, und dieses und jenes, und so geizig, daß er die Tochter unterm Dach wohnen läßt.« Was macht dir dieser Räuber? Nachts, wie es so an die Zwölfe ist, geht er übers Dach zu dem Fensterchen, wo das Zimmer der Prinzessin war, und macht es auf. Das Mädchen fängt gleich an zu schreien: »Ein Einbrecher! Haltet den Dieb!« Die Dienerschaft rennt herbei und sieht das Fenster verschlossen, denn er, der Dieb, hatte es schon wieder zugemacht. »Majestät hat wohl geträumt«, sagen die Diener, »da ist doch niemand. Sie haben ganz sicher geträumt.« Morgens erzählt sie ihrem Vater diese Geschichte. »Ach was, das haben Sie nur geträumt«, sagt der König.

Am zweiten Abend zur gleichen Stunde macht der Dieb wieder das Fenster auf, kommt ins Haus und will zu dem Mädchen gehen. Und sie schreit: »Ein Dieb, haltet den Dieb!« Und schon kommen die Diener gerannt und sehen, daß das Fenster geschlossen ist. »Aber Fräulein, Sie bilden sich das bloß ein. Sehen Sie nicht, daß das Fenster geschlossen ist?« Sagt sie: »Nein, ich habe doch einen Mann gesehen.« Aber man glaubte der armen Kleinen nicht.

Am nächsten Morgen erzählen sie das dem König, und der sagt: »Ihre Hofdame soll bei ihr bleiben« – ihre Kammerzofe, würde ich mal sagen. Und jetzt, in der Nacht zur gleichen Stunde kommt der Schurke wieder herein. Die Zofe sagt zu ihr: »Schreien Sie nicht, still, Fräulein, psst!«

Aber als er fast im Hause drin ist, da fangen sie an zu schreien: »Ein Dieb! Haltet den Dieb!« Der hört jetzt zwei Stimmen statt einer, läuft weg und läßt das Fenster offen, na ja, er hatte keine Zeit, es wieder zuzumachen. Da kommen auch schon die Diener und sehen das geöffnete Fenster; da sagen sie: »Hat doch recht, die arme Kleine, da ist ein Dieb. Sie hat recht, es ist wahr.« Am Morgen sagen sie das dem König. Der meint: »Mauert sofort das Fenster zu!« Also wird das Fenster sofort zugemauert. Der Schurke kommt noch am Abend zur gleichen Stunde, tastet herum und fühlt überall nur Mauer. Er schlägt auf seinen Feuerstein, macht Licht und sieht alles zugemauert. »So ein Frauenzimmer! Das werd' ich dir heimzahlen!« sagt er.

Er läßt einige Zeit verstreichen, und dann verkleidet er sich als Grandseigneur und bittet, zur Audienz vorgelassen zu werden. Seine Majestät gewährt ihm sofort eine Audienz. Da wollte Majestät nun dieses und jenes von ihm wissen, auch, ob er Junggeselle sei. »Sie sind doch noch Junggeselle«, sagt er, »oder sind Sie verheiratet?« Der Mörder redete so schön und so gut, daß der König das unbedingt herauskriegen mußte, denn er wollte ihm sein Töchterlein geben. Der sagt: »Ich bin unverheiratet. Wenn ich ein anständiges Mädchen fände, das nicht allzu viele Launen hat, dann würde ich etwas dafür bezahlen. Und wissen Sie«, sagt er, »ich bin einer, der nicht auf die Mitgift aus ist, die brauche ich nämlich nicht. Ich suche nur ein braves Mädchen.«

Wie der Geizkragen hört, daß der keine Mitgift will, sagt er: »Und ich habe eine Tochter, da würde ich wohl etwas dazulegen, wenn ich sie mit einem jungen Mann wie Ihnen gut verheiraten könnte. Wollen Sie das Mädchen mal sehen?« fragt er. »Ja«, sagt der Räuber, »die würde ich gerne anschauen.« Majestät läßt das Töchterchen rufen, und sie kommt runter. »Was wünschen Sie, Herr Vater?«

105

– »Seht Ihr den jungen Mann da?« – »Ja gewiß«, sagt sie und macht einen Knicks. »Der Mann«, sagt Majestät, »bittet um Ihre Hand.«

Ach herrje, die Arme hatte gar keine Lust. Sie sagt weder ja noch nein, was denn auch! Sie fragt nur, ob er noch etwas anderes wünsche, und dann geht sie weinend in ihre Gemächer.

Majestät sagt zu dem Räuber: »Gefällt sie Ihnen?« – »O ja«, sagt der, »die gefällt mir sehr. Ich bin ganz glücklich. Wenn Sie einverstanden sind, geht alles in Ordnung.« – »Nun denn«, sagt der geizige König, »morgen erwarte ich Sie bei mir zum Mittagessen.« Der geht nun weg, und Majestät läßt das Töchterchen rufen: »Habt Ihr den jungen Mann gesehen? Ich habe Euch ja schon früher gesagt, daß der Euer Bräutigam werden muß.« – »Herr Vater«, sagt das Mädchen, »Sie haben nur eine einzige Tochter. Und Sie wollen die verheiraten, ohne zu wissen, wer der Mann ist oder nicht ist. Vielleicht ist der ja sogar ein...« – fast hätte sie »ein Verbrecher« gesagt. »Seid still!« sagt der König, »sonst gibt's eine Ohrfeige«, sagt er zu seinem Töchterchen. Da geht das arme Mädchen weg und weint, wie sie so über ihr Schicksal nachdenkt.

Jetzt kommt am nächsten Vormittag der junge Mann zum Mittagessen, dieser Schurke. »Ich«, sagte er, »muß diese Heirat so schnell wie möglich erledigen. Man braucht mich, verstehen Sie?, schon seit geraumer Zeit, ich muß mich beeilen, daß ich an meinen Posten zurückkehre. Wenn Sie wollen, und auch wenn sie es will, bin ich in einer Woche bereit.« So wird die Ehe geschlossen; um es kurz zu machen: Sie heiraten. Der Räuber hält sich noch zwei, drei Tage auf, mehr nicht. Der Vater gibt ihr als Geschenk eine Schachtel mit großen Juwelen, eine große Schatulle gibt er der Tochter, als Hochzeitsgeschenk sozusagen. Ein König, der nur eine einzige Tochter hat, gibt der nur eine Schatulle mit Juwelen! Und er begleitet sie noch eine Strecke, geht noch ein Stück mit den Braut-leuten. Und dann läßt er sie allein weiterziehen: »Adieu!« – »Adieu!«, wie man halt so sagt: »Ja dann bis bald.«

Sobald er weg ist, macht sich der Räuber in den Wald, fährt also mit ihr in den Wald. Wie er im tiefen Wald ist, scheint er sich sicher zu fühlen und sagt: »Elendes Frau-enzimmer, erinnerst du dich an die Abende, wo ich da ans Fensterchen kam, und du hast gleich geschrien: ›Ein Dieb, haltet den Dieb!‹?« – »Ja, das weiß ich noch«, sagt sie. »Steig aus der Kutsche!« sagt er. »Die Stunde meiner Rache ist gekommen. Zieh dich aus!« Das arme Mädchen hätte sich ja wohl noch die Jacke ausgezogen, aber er wollte, daß sie sich ganz auszog, splitternackt. »Ganz nackt, ganz nackt!« sagt er. Als sie nun ganz ausgezogen ist, da nimmt er zwei Töpfe Schmalz und schmiert sie von Kopf bis Fuß ein. Dann bindet er sie an einen Baum und legt ihr die Schatulle mit den Juwelen zu Füßen; die Arme hat sie nach hinten gebunden und die Füße übereinander-geschlagen, so übers Kreuz, könnte man sagen. Und dann sagt er zu ihr: »Wenn ich zurückkomme, und finde hier die Schatulle nicht mehr, dann schmeiß’ ich dich ins Meer.« Was denkt ihr, was sie da noch hätte tun können; sie war ganz gefesselt.

Dieser Baum stand gerade am Meer, und da waren ganz viele Schiffe. Die Prinzessin fängt an, mit dem Kopf so zu machen, sie gibt Zeichen, damit man ihr hilft. »Schaut mal!« sagt einer auf dem Schiff. »Ist da nicht jemand, der ruft?« – »Ja ja, da sind Leute, klar!« Die Schiffer rudern ans Ufer und sehen diese schöne Frau, übers Kreuz an diesen Baum gebunden. »Ach, die Ärmste!« sagen sie, »was haben sie denn mit der gemacht?« – »Bindet mich los«, sagt sie, »und werft mich ins Meer, und diese Schatulle könnt ihr haben.« – »Gute Frau, aber sicher nicht!« sagen sie. Sie binden sie los, und da sie Baumwoll-händler waren, nehmen sie alle Ballen weg und setzen sie ins Boot und decken alle Ballen darüber, und dann legen sie ab.

Kommen wir zu diesem Schurken, der kehrt jetzt zurück, und er findet den Baum, aber sonst nichts mehr. Da sieht er das Schiff, und gleich ist der Mörder hinter diesem Schiff her. Und ohne ein Wort packt er die Ballen und schmeißt sie ins Wasser, fängt an, sie wegzuschmeißen. »Mein Herr, aber was suchen Sie denn? Sie stürzen uns in den Ruin, wenn Sie die ganze Baumwolle wegwerfen. Wenn Sie einen Verdacht haben, dann nehmen sie Ihren Degen und stechen hinein, oder? Mehr können wir Ihnen nicht sagen.« – »Recht habt ihr!« sagt er. Er nimmt den Degen und sticht los. Und weil die Baumwolle alles abputzt, kam der Degen immer sauber heraus; er stach hinein und verwundete die Prinzessin, aber der Degen war sauber. »Ha«, sagt er, »ich habe nämlich da hinten bei dem Baum, seht ihr?, Zeug liegenlassen und nicht wieder gefunden.« Antworten die Schiffer: »Sehen Sie das Schiff dahinten, ganz dahinten? Wir haben bemerkt, daß es dort angehalten hat.« – »Danke!« und fort war der Räuber und eilte schon hinter dem anderen Schiff her.

Und die Kaufleute setzen ihren Weg zur Stadt fort. Wie sie den Kerl nun los sind, räumen sie alle ihre Ballen weg und finden die Frau ohnmächtig und an einer Hand verwundet. Sie geben ihr etwas, damit sie wieder zu sich kommt. Sie sagt immer wieder: »Werft mich ins Meer! Werft mich doch ins Meer!« Aber sie hören nicht auf sie. Sie lassen sie im Schiff und diskutieren miteinander. »Ich«, sagt der eine, »ich, weißt du, habe eine junge Frau, da kann ich sie nicht mit nach Hause nehmen. Schau, du weißt schon, die Frauen...!« Der andere, der alt war, sagt: »Na, dann nehme ich sie mit und bringe sie zu meiner Frau.« Gesagt, getan. Die Juwelen teilen sie sich je zur Hälfte. Dann geht der Alte mit dem Mädchen nach

Hause, und die Frau zieht den Riegel hoch und macht auf. Er geht hinauf und erzählt ihr, was vorgefallen ist. »Ach, das arme Ding!« sagt die Frau, »die nehmen wir wie unsere eigene Tochter auf. Die behalten wir da und behandeln sie gut, ach, die tut mir so leid!« Da sagt das Mädchen: »Ich bitte um einen Gefallen: Ich möchte keinen Mann sehen, überhaupt keinen Mann, außer wenn es mein Vater ist.« Das sagte sie auch dem alten Mann, der sie mitgenommen hatte. »Was das anbetrifft, so könnt Ihr sicher sein, daß zu uns wirklich keine Männer herkommen.« – »Ach«, sagt sie dann, »von diesen Juwelen müßt Ihr ein paar verkaufen, weil ich Handarbeiten machen will. Ich möchte, daß Ihr einige verkauft und mir ganz viel Seide zum Sticken besorgt.«

Die alte Frau geht also und verkauft die Juwelen und kauft die Seide und bringt sie ihr. Und die Prinzessin macht einen wunderschönen Teppich, aber wirklich so schön, daß es nichts Schöneres mehr geben konnte. Als sie fertig war, also in der Nähe von dieser alten Frau, da wohnte ein König, nicht weit weg, nicht wahr. »Ihr müßt«, sagt das Mädchen, »zu Seiner Majestät gehen und mal sehen, ob er nicht diesen Teppich kaufen will.« Die Alte nimmt den Teppich und bringt ihn Seiner Majestät. Und da sagt Seine Majestät zu ihr: »Aber wer macht denn diese schönen Arbeiten?« Antwortet sie: »Eine von meinen Töchtern.« – »Ah, eine von Euren Töchtern? Das ist doch unmöglich. Tja, meinetwegen, hier nehmt das.« Er kauft den Teppich und gibt ihr Geld. Und die Alte kommt nach Hause und bringt das Geld mit. Und die Prinzessin sagt: »Wißt Ihr was? Morgen müßt Ihr mir mit diesem Geld noch mehr Seide kaufen.« Die Kaufmannsfrau besorgt ihr die Seide, und die junge Frau macht einen wunderschönen Wandbehang. Als er fertig ist, bringt ihn die Alte wieder dem König. Seine Majestät fragt: »Aber gute Frau, nun sagt mir doch die Wahrheit; wer macht diese

109

Arbeiten?« Sagt sie: »Poh! Meine Tochter!« Der König war mit der Antwort unzufrieden, aber im Augenblick mußte er der Frau ja wohl glauben, wenn sie sagte, daß es ihre Tochter sei. Er gibt ihr das Geld, und sie bringt es dem Mädchen. »Wißt Ihr was?« sagt sie, »morgen müßt Ihr mir mit dem ganzen Geld noch einmal soviel Seide kaufen.« Die Alte kauft ihr die Seide, und sie, sie macht daraus Sitzbezüge, für die Stühle und die Sessel, alles, was es in einem Zimmer braucht. Als sie damit fertig ist, schickt sie diese Seiner Majestät.

Dieses Mal fragt Majestät nicht: »Wer hat diese Arbeiten gemacht?«, er hält den Mund. Er bezahlt die Alte, und dann geht er ihr hinterher, immer hinterher. Als die Frau gerade die Türe zusperren will, zwängt er sich in die Türspalte und kommt herein. Die Alte fängt an zu schreien und zu schreien. Als die junge Frau das Schreien hört, glaubt sie, das sei der Räuber, und sie kriecht unter das Bett und wird ohnmächtig. Die Alte kommt nach oben und sucht überall, aber das Mädchen ist nicht da, und der König, der sucht auch. »Mann«, schreit sie, »Sie sind an allem schuld!« Sie gucken unter das Bett, und da sehen sie, wie sie ohnmächtig daliegt. Sie ziehen sie hervor und bringen sie wieder zu sich, und sie öffnet die Augen. Da sieht sie nun, daß es nicht der Räuber ist, und sie kriegt wieder ruhig Blut, denn Angst hatte sie ja nur vor dem Räuber. Seine Majestät fragt sie: »Und warum bekommen Sie diese Ohnmachten?« – »Ich bin so veranlagt«, sagt sie.

Majestät sieht dieses schöne große Mädchen, diese schöne Frau und verliebt sich in sie. Und jetzt kam er jeden Tag in dieses Haus, um sie zu besuchen. Also, um die Sache kurz zu machen, er bittet um ihre Hand. Die Alten sagen: »Majestät, wir sind doch arme Leute...« – »Das stört mich nicht. Ich möchte das Mädchen, Geld brauche ich nicht.« Und ihre Antwort ist: »Ich bin einverstanden, aber ich bitte Sie um einen Gefallen.« Das

Mädchen sagt das. »Und was für einen?« – »Ich möchte keine Männer sehen, Euch ausgenommen und meinen Vater, sonst gar niemanden.« – »Wenn es das ist«, sagt der König, »dann bin ich zufrieden. Den Gefallen kann ich Euch tun.« Bei sich sagt er: »Wie schön sie ist. Das kann doch nicht wahr sein, daß sie keine Männer sehen will!«

So heiraten sie denn ohne Gäste, ohne gar nichts: Die junge Frau wollte keine Männer sehen; es war schon fast eine heimliche Hochzeit. Was da wohl die Untertanen sagten – man hörte von einer Heirat, aber die Königin bekam man nicht zu Gesicht. Der eine: »Hat wohl eine Hündin geheiratet.« Der andere: »Hat eine Äffin geheiratet.« Der eine sagt dies, der andere das. Bei allen Herrschaften des Hofes ebenso ein Getuschel. So sah er sich gezwungen, mit seiner Frau darüber zu reden: »Jetzt mußt du mir einen Gefallen tun, aber bitte sage nicht nein. Am Hofe wird nur noch getuschelt: ob ich eine Hündin genommen habe oder eine Äffin. Du mußt dich den Untertanen zeigen, du mußt einen Termin abmachen.« Nun, da sagt sie zu ihm: »Von elf Uhr bis mittags werde ich auf der kleinen Terrasse sein.« Jetzt stellt euch mal die Leute vor, wie die von allen Seiten herbeiliefen! Weil die Ankündigungen an den Straßenecken hingen, sagten sie sich: »Das muß ja ein Wunderding geben.«

Und jetzt kommt auch zufällig dieser Schurke da vorbei und liest: *Von elf bis Mittag ist die Königin auf der kleinen Terrasse.* »Oho!« sagt er bei sich, »die muß ich sehen.« Er stellt sich unten an die kleine Terrasse und erkennt sie, und da macht er folgendes: Er beißt sich in den Finger und macht ihr so eine Drohung. Auch sie erkennt ihn und stürzt ohnmächtig zu Boden und verletzt sich am ganzen Kopf. Wie die Alte von diesem Schlag hört, läuft sie schnell herbei und findet die junge Frau, wie sie überall blutet, weil sie sich den Kopf aufgerissen hat, und so fängt sie an zu schreien. Jetzt kommt der König herbeigerannt und sieht dieses Drama. Da sagt die Alte zum König: »Ihr habt sie soweit gebracht, daß man sie von draußen sieht, Ihr habt sie soweit gebracht! Was habt Ihr jetzt davon, daß sie sich der Öffentlichkeit gezeigt hat? Guckt Euch bloß diese Frau an, wie sie aussieht!« Schon eilen die Ärzte herbei mit den Salben; sie verbinden ihr den Kopf und bringen sie zu Bett; nach vier oder fünf Tagen ging es ihr wieder ganz gut.

Kommen wir zu diesem Ganoven; der läßt einige Zeit verstreichen, dann verkleidet er sich als feiner Herr und bittet um eine Audienz. Die Audienz beginnt: tausend schöne Reden, tausend Komplimente für den König. Der König ist davon ganz bezaubert und fragt ihn, ob er bleiben und eine Suppe mit ihm essen will. »Aber sicher«, sagt der, »ich komme gern.« Er nimmt die Einladung an, und sie speisen gemütlich zusammen. Die Königin war nicht dabei, weil sie keine Männer sehen wollte. »Nun«, sagt der König, »halten Sie sich längere Zeit hier auf?« – »Nun ja«, sagt der Räuber, »so ein paar Wochen.« – »Wenn Sie so freundlich sein möchten, jeden Tag mit mir eine Suppe essen zu wollen, dann würden Sie mir ein großes Geschenk machen.«

Als der nun schon am vierten Tag zu Majestät zum Mittagessen gegangen war, da bestellt dieser Ganove ich weiß nicht wie viele Fässer Wein, und da hatte er überall ein Schlafmittel hineingetan, und dann noch Flaschen, eine Menge von jeglicher Qualität, auch alle mit Schlafpulver, und die schickt er in den Palast. Stellt Euch die Dienerschaft vor, wie die all diese Weinfässer sehen! Als es nun Zeit zum Mittagessen ist, und wie sie am Tisch die Flaschen haben und die Diener ihre Fässer, da trinken sie, was das Zeug hält. Seine Majestät tat nichts anderes als trinken, aber das kann man sich gar nicht vorstellen, er trank mehr als die Hälfte von den Flaschen leer. Als das Mittagessen vorbei ist, verabschiedet sich der Räuber wie an den anderen Nachmittagen: »Adieu bis morgen; adieu bis morgen!« Nach einer bestimmten Zeit dann fällt der eine hier um: besoffen, der nächste dort; die ganze Wache war mit dem Schlafmittel betäubt und der König am allermeisten: Man mußte ihn ins Bett legen.

Jetzt kommen wir zu diesem Ganoven. Er geht in den Palast und sieht hier einen Wachsoldaten schlafen, und alle waren eingeschlafen. Er geht rasch in das Zimmer nach oben, dreht den Türknopf herum und öffnet. Da sagt sie: »Wer ist da?« sagt die Königin. Antwortet der Mörder: »Ich bin's, du elendes Frauenzimmer.« Und er sagt zu ihr: »Jetzt ist die Stunde meiner Rache gekommen. Komm aus dem Bett und hole eine Schüssel mit Wasser, daß ich mir dein Blut von meinen Händen waschen kann.« Sie geht nach nebenan: »Mann, mein Mann, wach auf!« sagt sie und schüttelt ihn. Und er, der Verbrecher, antwortet: »Ha, der wacht sicher nicht auf!« Dann schickt er sie nach einem Handtuch, und dann nach ich weiß nicht was sonst noch. Und sie jedesmal: »Mann, mein Mann, wach auf!« Geht noch einmal zu dem Bett und sagt: »Mann, mein Mann, wach auf!« Endlich wird er wach. Der Mann wacht auf: »Was ist denn los?« – »Seht Ihr den Verbrecher? Der will mich umbringen.« Da nimmt er die Pistole, die er unter dem Kopfkissen liegen hatte, schießt los, und der Mörder ist tot.

»Ja, von jetzt an«, sagt sie, »kann ich so viele Männer sehen, wie Ihr wollt. Aber wißt Ihr, daß es noch dreiundvierzig andere von diesen Räubern gibt?« sagt sie zu ihm, »und die leben da und da, in der und der Stadt.« Majestät schickt sofort seine Männer los, vier und sechs, zu dem Ort, den sie angegeben hatte. Vier und sechs? Von wegen! Das waren wohl hundert, die ganze Gendarmerie, seine Leibgarde, alle schickt er los. Und die nehmen sich diese Kerle vor, einen nach dem anderen, glaubt mir, das ganze Pack. Der eine wird geviertelt, der andere verbrannt, der nächste mit den Pferden der Räuber zu Tode geschleift. Dann stürmen sie die Burg dieser Mörder, und holen da Reichtümer raus, das kann man gar nicht glauben, die waren nämlich reicher als Seine Majestät, und das Zeug schaffen sie raus, und dann setzen sie den Laden in Brand: »Wenn da noch einer dringeblieben ist«, sagten sie, »dann soll er brennen.« Dann kehrten sie zum Schloß des Königs zurück und brachten ihm diese unermeßlich großen Reichtümer. Sie erzählen ihm, daß sie seinen Befehl ausgeführt und dann die Räuberburg verbrannt haben. Und da sagt er zu ihnen: »Gut gemacht, ich danke euch!« Und er wird ihnen wohl auch ein Geschenk gemacht haben, das ist sicher.

Die Königin nun mit all diesen Herren, die hatte gar keine Angst mehr und ging in Gesellschaft wie all die anderen Damen. Eines Tages bittet sie Seine Majestät um einen Gefallen: »Ich bitte um eine Gefälligkeit. Ich möchte, daß man alle Könige der Welt einlädt, alle miteinander, die sollen bei uns zu Mittag speisen, und wenn einer nicht teilnimmt: Enthauptung!« Da mußten ja wohl alle kommen, seinen Kopf hat jeder nur einmal. Dann befiehlt die Königin, daß für ihren Vater, diesen geizigen König, alles ganz fade gemacht würde, alle Speisen fade im Geschmack. Und dann sollte ein Galgen aufgestellt werden. Alle Könige, und zwar alle miteinander, nahmen an dem Essen teil, und darunter auch ihr Vater, und für den war alles fade zubereitet. Alle sagten dann: »Lecker!« hier und »Vorzüglich!« dort und »Ein tüchtiger Koch!«. Da sagt der Alte: »Alle reden hier vom tüchtigen Koch, und mir schmeckt alles ganz fade!« – »Fade wie Sie selbst, Herr Vater«, antwortet sie ihm, die Königin. »Ich Vater?« fragt er. »Ja, Sie: Vater«, sagt sie, »Vater, der nur eine einzige Tochter hatte. Sie werden sich erinnern: Aus Geiz hat er sie mit einem Räuber verheiratet. Und ich«, sagt sie, »habe es diesen alten Leuten zu verdanken, daß ich mit

dem Leben davongekommen bin. Kommen Sie mit mir!«
Sie führt ihn an den Platz mit dem Galgen: »Da schauen
Sie«, sagt sie, »der hier ist für Sie bestimmt!« – »Ja, den
habe ich wohl verdient!« sagt der Vater, wie er den Galgen
sieht. Als nun der Henker kommt, um ihn hinzurichten,
sagt die Königin: »Halt! Er ist begnadigt.« Na, ihr könnt
es wohl glauben, daß der arme Alte vor ihr niederfällt,
sich ihr an den Hals wirft, sie küßt und um Vergebung
und Verzeihung bittet. Und sie sagte zu ihm: »Erhebt
Euch, es sei Euch vergeben.« Aber so ein Schlag für diesen Alten, da die Gewissensbisse, hier die Angst und dann
das hohe Alter – der machte es nur noch ein paar Monate.
So starb er denn und hinterließ sein ganzes Vermögen
dem Töchterchen. Stellt euch bloß vor, was das für
Reichtümer waren! Sie lebten lange noch hienieden, in
Freude, Glück und großem Frieden.

22. Die drei Brüder

Da war ein Vater, der hatte drei Söhne, und keiner von
diesen Söhnen wollte eine Frau. Als nun dieser
Mann alt wurde, da sagte er eines Tages: »Jetzt bin ich alt
und habe drei Söhne, und keiner will eine Frau, was soll
ich da bloß machen? Das Beste wäre doch, ich würde
diese Söhne unter Dach und Fach bringen und ein Mittel
finden, wie ich sie verheiraten könnte.« Und er gab ihnen
drei Kugeln, ging mit ihnen auf einen Platz und sagte
ihnen, sie sollten die Kugeln in die Luft werfen: Wo die
dann hinfallen würden, da sollten sie sich eine Frau holen.
Die eine fiel auf den Laden eines Händlers, eine auf den
Laden eines Metzgers und eine in einen Gartenteich. Der
Älteste war der mit dem Händler, der Zweite der mit dem
Metzger und der Dritte der mit dem Teich, und der hieß
Checchino und war der Kleinste.

Damit es nun keine Eifersüchteleien zwischen den Brüdern geben sollte, sagte der Vater, die Braut, die am besten eine Arbeit machen würde, sollte die erste sein, die ins Haus käme. Er gab jedem der Söhne Stoff für ein Hemd zum Nähen, den sollte jeder seiner Braut bringen, und welche am besten nähen würde, die sollte als erste Braut ins Haus kommen. Also nahm jeder Stoff für ein Hemd mit. Und der vom Gartenteich, der ging also zu diesem Teich und fand dort nur ein Froschmädchen.

»Fräulein Frosch im Graben tief!«
»Was ist? Wer ist es, der mich rief?«
»Checchino hat Euch gar nicht lieb!«
»Er wird mich mögen, wird mich kriegen,
wird meine ganze Schönheit lieben.«

Und da kam ein Fisch aus dem Teich, und der nahm das Stoffbündel ins Maul. In den Stoff war ein Zettelchen eingewickelt, auf dem stand: »In vierzehn Tagen muß das Hemd genäht sein.« Und nach vierzehn Tagen kam Checchino zurück, um das Hemd abzuholen, und er rief wieder nach dem Froschmädchen:

»Fräulein Frosch im Graben tief!«
»Was ist? Wer ist es, der mich rief?«
»Checchino hat Euch gar nicht lieb!«
»Er wird mich mögen, wird mich kriegen,
wird meine ganze Schönheit lieben.«

Und da kam derselbe Fisch und hatte ein Päckchen mit dem Hemd im Maul, das war sehr gut gemacht, sauber genäht, viel besser als die der anderen beiden. Der Vater sieht natürlich, daß dieses Hemd am besten genäht ist, aber nichtsdestoweniger war er noch nicht überzeugt und gab jedem Jungen noch ein Pfund Flachs zum Spinnen; das sollte jeder seiner Braut bringen, und diejenige, welche ihn am besten gesponnen hätte, sollte die erste Braut sein, die ins Haus käme, denn er wollte nicht, daß zwischen ihnen Eifersucht aufkommen würde. Und er gibt ihnen vierzehn Tage Zeit. Checchino ging also wieder zu dem Teich.

»Fräulein Frosch im Graben tief!«
»Was ist? Wer ist es, der mich rief?«
»Checchino hat Euch gar nicht lieb!«
»Er wird mich mögen, wird mich kriegen,
wird meine ganze Schönheit lieben.«

Dann kam wieder der Fisch aus dem Teich und nahm den Flachs ins Maul, und da steckte ein Zettelchen drin, auf dem geschrieben stand: »In vierzehn Tagen muß der Flachs gesponnen sein.« Dann, nach vierzehn Tagen, kam Checchino wieder an den Teich, um nachzufragen.

»Fräulein Frosch im Graben tief!«
»Was ist? Wer ist es, der mich rief?«
»Checchino hat Euch gar nicht lieb!«
»Er wird mich mögen, wird mich kriegen,
wird meine ganze Schönheit lieben.«

Dann brachte er das Pfund Flachs zurück, und das war schön und versiegelt in ein Papier eingepackt und so fein gesponnen, wie es nur eine Dame spinnen konnte, denn das Froschmädchen war eine Prinzessin, die verzaubert war und in dem Teich leben mußte. Die Brüder spotteten immer über den Jüngsten und riefen: »Na, du wirst eine Froschfrau kriegen, einen Fisch!« Da wurde der Junge ganz traurig, richtig trübsinnig. Als nun alle dieses Pfund Flachs gebracht hatten, da war der Vater noch immer nicht überzeugt und wollte noch einen Versuch machen, denn er wollte nicht, daß Eifersucht zwischen den Söhnen aufkäme. Er teilte jedem ein Stockwerk im Hause zu und sagte, wer innerhalb von vierzehn Tagen seine Wohnung am geschmackvollsten einrichten würde, dessen Braut

sollte als erste ins Haus kommen. Der mit dem Froschmädchen ging zum Teich.

»Fräulein Frosch im Graben tief!«
»Was ist? Wer ist es, der mich rief?«
»Checchino hat Euch gar nicht lieb!«
»Er wird mich mögen, wird mich kriegen,
wird meine ganze Schönheit lieben.«

Und wieder kam der Fisch heraus. Checchino gab ihm ein
Brieflein für seine Braut mit: In vierzehn Tagen müßte die
Wohnung vollständig eingerichtet sein, sie solle Betten,
Vorhänge, Sessel, alles ins Haus schaffen. Als sie dann spä-
ter die Wohnungen besichtigten, da war die von der
Händlerstochter nicht besonders schön eingerichtet, die
von der Metzgerstochter sogar schmutzig von Blut, aber
die von dem Froschmädchen war die beste von allen; die
Vorhänge waren richtig aus Seide. Da entschied also der
Vater, der Jüngste sollte derjenige sein, der als erster ein
Bräutigam werden sollte. Am nächsten Morgen richteten
sie die Kutschen her, um die Braut abzuholen, und die
beiden Brüder lachten und riefen: »Na los, holen wir den
Fisch!« Stellt euch vor, wie sie ihn verspotteten! Und er
geht zum Teich:

»Fräulein Frosch im Graben tief!«
»Was ist? Wer ist es, der mich rief?«
»Checchino hat Euch gar nicht lieb!«
»Er wird mich mögen, wird mich kriegen,
wird meine ganze Schönheit lieben.«

Und da stieg eine wunderschöne Prinzessin aus dem
Teich, das war das Froschmädchen. Sie hatte sechs Kutschen und ganz viele vornehm gekleideten Damen, die
kamen mit zu der Hochzeit. Die Brüder lachten und spotteten noch, weil sie eine Froschfrau erwarteten, aber als
sie dann eine so schöne Dame aus dem Wasser kommen

sahen, da waren sie sprachlos. Nach wenigen Tagen wurden auch die Hochzeiten der beiden Brüder festgesetzt, und die beiden anderen Bräute mußten jetzt schon als Zimmermädchen der ersten Braut dienen. Der Vater, der sich doch so viel Mühe gegeben hatte, daß keine Eifersucht zwischen den Brüdern entstehen sollte, bewies da wenig Klugheit. Man kann sich denken, daß sich die Schwägerinnen gar nicht damit zufriedengeben wollten, der Braut des Checchino untergeben zu sein.

Nämlich später bekam sie eine Tochter, die Prinzessin, und sie gaben das Kind in die Obhut der ersten Kammerzofe, die sollte das Kind wie ihr eigenes aufziehen; sie vertrauten es ihr an und sagten, sie solle gut auf das Kind aufpassen. Eines Tages ging die mit diesem Mädchen durch ein Städtchen spazieren, und da verkaufte sie es an einen Seemann, eben weil sie eifersüchtig war. Und danach getraute sie sich nicht mehr, nach Hause zurückzukehren. So lief sie durch die ganze Welt, denn sie hatte Angst, wenn sie nach Hause käme, würde man sie umbringen. Dann nahm sie ein Herr, ungefähr fünfzig Meilen weiter, als Dienstmagd. Sie wurde krank. Weil sie so krank war, beichtete sie das Verbrechen, das sie begangen hatte. Der Herr nun hatte erfahren, daß dieses Mädchen verlorengegangen war (man hatte eine Suchanzeige herumgeschickt), und so dachte er, er wolle denen schreiben, er habe die Frau gefunden, die das Verbrechen begangen hatte. Die Händlerstochter wurde dann wieder gesund, und man schickte sie zu dem Vater des Mädchens, der inzwischen König geworden war, denn er hatte ja das Froschmädchen geheiratet. Sie nahmen sie fest, ließen nach dem Mädchen suchen und nach dem Mann, dem sie es verkauft hatte, und mauerten sie so von allen Seiten ein, daß nur noch der Oberkörper herausschaute. Und jeden Tag mußte ihre Nichte, die sie verkauft hatte (und die man wiedergefunden hatte), ihr zu essen bringen, um sie an ihr

Verbrechen zu erinnern. So lebte sie noch vier Jahre dahin, und dann starb sie.

Der Weg ist lang und breit, der Beutel schmal und leer. Erzähle du jetzt dein's, ich weiß kein Märchen mehr.

23. Die Mörder

Es war einmal ein Mann, der hatte drei Töchterchen. Als sie etwa dreiundzwanzig Jahre alt waren, stellten sie sich immer ans Fenster. Da kommt ein Räuberhauptmann vorbei, der schaut nach oben und sieht diese drei hübschen Mädchen. Was macht er da? Er sieht da gegenüber einen Laden: »Entschuldigung, wer sind denn die drei schönen Mädchen da?« – »Die sind Töchter eines armen Schneiders«, sagt man ihm, »der arbeitet hier in dieser Straße.« Der Mann geht also zu der Werkstatt, die man ihm gezeigt hatte, und geht hinein. »Was steht zu Diensten?« Der Schneider dachte nämlich, man bringe ihm Arbeit. »Wie viele Töchter habt Ihr?« sagt er. Sagt der Schneider: »Drei, mein Herr.« – »Ihr sollt wissen, daß ich sie gesehen habe, und eine von den dreien will ich heiraten.« – »Herr«, sagt der, »ich bin ein armer Mann. Ich kann ihr keinerlei Mitgift besorgen und auch sonst nichts.« – »Das Mädchen möchte ich haben, Geld brauche ich nicht. Macht mir doch das Vergnügen«, sagt er, »und führt mich in das Haus, damit ich weiß, welche von ihnen mich nehmen will?« – »Aber gern!« Er macht seine Werkstatt zu und geht nach Hause und klopft an. »O Gott«, sagen die Mädchen, »da kommt der Papa mit einem Herrn.« Sie ziehen an der Kordel. Die kommen nach oben. Die Mädchen sagen: »Glücklichen Tag!«, machen Knickse vor dem Vater und auch vor dem Herrn. Der Vater, sagt, sie sollen sich hinsetzen und dann sagt er:

»Schaut, Mädchen, dieser Herr hier, der will eine von euch zur Braut.« Sagt die jüngste: »Nein.« Und die zweite auch: »Nein.« Aber die älteste sagt: »Gut, dann nehme ich ihn, wenn es Sie glücklich macht.« – »Ich«, sagt darauf dieser Räuberhauptmann, »ich muß mich mit dieser Heirat beeilen, weil ich an meinen Wohnort zurückkehren muß.« In vier oder sechs Tagen wird also die Ehe geschlossen – das geht schnell! Das Brautpaar reist schon ab; die junge Frau sagt dem Vater und den Schwestern adieu; der Räuber läßt eine Geldbörse zurück, und fort sind sie.

Bald kommen sie in einen Wald. Da sagt sie: »Ist es noch weit bis nach Hause?« – »Tja«, sagt er, »es ist noch weit«; dann: »es ist noch ein Stück«; dann: »noch ein Stückchen.« Und dann kommen sie zu Hause an. »Es lebe das Brautpaar! Das Brautpaar lebe hoch!« Da stehen alle die anderen Räuber mit Fackeln. Ein Tisch ist hergerichtet: Mein lieber Mund, was willst du mehr? Da lagen alle guten Gaben Gottes. Als sie nun zu Abend gespeist haben: »Ihr müßt wissen, daß wir Kaufleute sind. Ihr seid die Herrin dieses großen Hauses, alles was Ihr wollt, aber wir möchten eine Gefälligkeit von Euch.« – »Und welche?« fragt sie. »Wir gehen auf Reisen, ziehen fort, und wir bleiben so acht bis zehn Tage. Wenn wir dann klopfen, müßt Ihr sofort aufmachen; das ist die Gefälligkeit. Aber in diesen Nächten könnt Ihr ruhig schlafen.«

Also bei Einbruch der Nacht ziehen diese Räuber los, und das Mädchen bleibt zu Hause, und sie schaut überall umher und beginnt zu weinen. Sie wird sich bewußt, daß sie unter die Räuber gefallen ist, und sagt bei sich: »Ach, mein armer Papa, meine armen Schwestern!« Und beim Einschlafen weint sie, bis der Schlaf sie überfällt. Und jetzt kommen die Räuber zurück, und sie schläft gerade und hört nichts. Was machen sie da? Sie schlagen die Türe ein. Und der Ehemann geht nach oben und bringt sie um. Und zu den Knechten sagt dieser Räuberhauptmann: »Bringt sie dahin, wo alle die anderen Toten liegen.«

Am nächsten Morgen kommt dieser Räuberhauptmann nach Florenz und klopft an der Türe von den Schwestern und dem Vater. »O je«, sagen die Mädchen, »da kommt unser Schwager, Papa.« Sie ziehen an der Kordel. »Wie geht es unserer Schwester?« – »Tja, die würdet ihr nicht wiedererkennen, die ist so dick geworden, das ist kaum zu glauben. Und hat sie gemeint, eine von euch sollte doch zu ihr hinauskommen für acht oder vierzehn Tage.« Sagt die älteste: »Na, dann gehe ich, ich komme mit.« – »Ach«, sagt er, »mir ist es gleich, welche mitkommt.« So ziehen sie los und kehren nach Hause zurück. Dann geht es wieder in den Wald. Und das Mädchen sagt: »Wie weit ist es noch bis nach Hause?« – »Tja«, sagt der Räuber, »es braucht noch eine Weile.« – »Ha«, sagt sie, »mir kommt es wie tausend Jahre vor, bis ich meine Schwester sehe.« Sie kommen zu dem großen Haus: »Hoch! Sie leben hoch!« – alle kommen da herunter zum Empfang. Sagt das Mädchen: »Ja aber, wo ist denn meine Schwester?« Sie will gleich ihre Schwester sehen. »Nun ja«, sagt der Räuberhauptmann, »jetzt eßt mal erst, dann könnt Ihr die Schwester sehen.« – »Nein wirklich, essen kann ich nicht, wenn ich sie nicht zuerst zu sehen kriege.« – »Na gut, dann zeigt ihr, wo die Schwester steckt.« Sie zünden eine Fackel an und öffnen die Totenkammer: »Na, seht Ihr sie jetzt? Und so wird es Euch ergehen, wenn Ihr nicht gehorcht und gleich die Türe öffnet, wenn wir kommen. Ihr müßt sofort aufmachen, sonst geht es Euch so wie der da. Heute nacht gehen wir weg und bleiben sieben oder acht Tage. Wenn wir zurückkommen, wird sofort die Tür aufgemacht, sonst bringen wir Euch um!«

Und sie gehen weg, und in der Nacht ziehen sie los, und das Mädchen bleibt weinend zurück. Je mehr sie weinte, um so weniger schlief sie, und sie war ganz verzweifelt.

Und ausgerechnet in der Nacht, wo sie hätte wach bleiben sollen, schlief sie ein. Und da kommen schon die Mörder, sie schlagen an die Türe, und niemand macht auf. Sagen sie zu dem Ehemann: »Bring sie doch nicht gleich um, das arme Ding.« – »Ha«, sagt er, »da gibt's dann noch mal eine!« Er geht hoch und bringt sie um, ohne viel Federlesens.

Ein paar Tage später kommt er nach Florenz und geht zu der Schwägerin und dem Schwiegervater und klopft an: »Da kommt mein Schwager, aber ohne die Schwester, Papa.« Der sagt: »Ohne sie?« Antwortet das Mädchen: »Ohne sie.« Sagt der Mörder: »Also, Ihr müßt wissen...« – »Und die Schwestern?« – »Ihr würdet sie nicht wiedererkennen. Sie sind beide soo dick geworden, vor allem meine Schwägerin! Und sie hätte gerne, daß auch Ihr noch kommt, und dann könnt Ihr beide miteinander nach Hause zurückkehren.« Sagt der Vater: »Das ist unmöglich, ich kann doch nicht alleine bleiben!« – »Dann beschaffe ich Ihnen eine Frau, die hier nach dem rechten sieht.« Er holt eine Frau, läßt dem Vater noch eine Börse mit Geld, beschafft ihm also eine Frau, die auf ihn aufpaßt.

Er geht dann mit diesem Mädchen weg, und sie kommen zum Haus des Räubers. »Hoch! Sie leben hoch!« Stellt euch vor, was die anderen Räuber für ein Fest veranstalteten. Aber sie sagt: »Wo sind meine Schwestern, wo sind die?« – »Na, nun eßt mal, für die Schwestern ist noch Zeit.« – »Nein, ich esse nicht, bevor ich sie nicht gesehen habe.« – »Na gut, zeigt ihr, wo die Schwestern stecken.« Sie öffnen die Totenkammer, und da sagt er zu ihr: »Seht Ihr Eure Schwestern? Wir hatten ihnen gesagt, sie sollten uns ja aufmachen, aber was!, sie schliefen, und da haben wir sie umgebracht.« – »Richtig!« sagt sie, »habt ihr gut gemacht! Wie konnten die blöden Dinger so dumm sein und diesen Herren nicht gehorchen!« – »Ihr müßt wissen, daß wir in zwei Tagen verreisen, und wir bleiben so zehn, zwölf Tage. Wenn wir zurückkommen, müßt Ihr uns sofort öffnen, sonst bringen wir Euch um. Ihr könnt die Tage vorher schlafen.«

Und zwei Tage später ziehen sie wirklich los, und das Mädchen bleibt alleine zurück. Sie zündet ein Licht an und geht in die Totenkammer, um ihre Schwestern zu sehen. Sie weinte: »Ach ihr Armen!, wenn das unser Vater sehen könnte!« Sie weinte und weinte, und wie sie so weint, da hört sie ein »Uhuh! Uhuh! Uhuh!«, so ein Gejammer. Sie denkt, das seien die Schwestern, die da stöhnen; sie sucht unter all den Toten herum und zieht einen Prinzen heraus, der war bloß verwundet, aber noch nicht tot. Sie holt ihn vor und legt ihn auf eine Matratze und heilt mit einer Salbe seine Wunden, und dann macht sie ihm Sülzen und Süppchen und dies und das. Sie legt alle Toten wieder vorsichtig in die Kammer, und dann schleppt sie den Kranken ganz behutsam in ein besonderes Zimmer, damit niemand diesen Verwundeten finden könne. Sie hatte nämlich das ganze Haus durchstöbert und wußte wohl, was sie tat. Sie heilt ihm also die Wunden, macht ihm diese Brühe und dann setzt sie sich neben die Kordel. Und da klopfen schon die Räuber. Sie zieht geschwind an der Kordel: »Ja, so ist's recht!« Der eine zog sie hierhin, der andere dorthin: Geschenke! »Ihr seid tüchtig. Seht Ihr, wenn Ihr brav seid, wie wir Euch behandeln?« – »Aber sicher! Wenn man schon eine Verpflichtung auf sich nimmt, dann...!« Und sie ißt ganz munter drauflos. »Aber«, sagt der Räuberhauptmann, »in ein paar Tagen, da müssen wir wieder los, und dann bleiben wir sogar zwanzig Tage unterwegs.« – »Das ist aber schade!« sagt sie, »da bin ich immer alleine!« – »Ach was, denkt nicht dran! Wenn wir dann zurückkommen, bleiben wir sogar einen Monat bei Euch.«

Und so ziehen sie los, und sie rennt sofort zu dem Königssohn und fand, daß es ihm wirklich schon ganz gutging. Nach zwei oder drei Tagen sagt dann der König: »Lassen wir die Toten tot sein, hier müssen wir verschwinden.« Was machen sie also? Sie gehen runter in die Ställe und nehmen die besten Pferde und beladen sie mit Geld und Kleidern. Sie laden alles auf und reiten weg. »Die Toten sind nun mal tot«, sagt er. Und so reiten sie in den Wald, denn wenn sie nach Hause kommen wollten, mußten sie durch den Wald und hatten ganz schön Angst, könnt ihr glauben! Aber sie kommen heil durch den Wald. Sie reiten auf das Königsschloß zu. Die Diener sagen: »Wenn unser Herr nicht tot wäre, dann würden wir sagen, das ist er.« Wie er nahe beim Schloß ist, erkennen ihn die Diener: Schreie! »Ha, da kommt unser Herr, da kommt unser Herr!« Die Königin, die immer nur weinte, hört diese Schreie, sie läuft, um nachzusehen, und erkennt ihren Sohn. Was soll man da sagen – vor lauter Glück wird sie ohnmächtig. Als sie wieder zu sich kommt, sagt er zu ihr: »Die hier ist meine Braut!«, und er erzählt ihr die ganze Geschichte. »Oje!«, meint die Mutter, »das glaub ich, armes Kind! Ihr habt es wohl verdient.« Also, um es kurz zu machen, bald darauf feiern sie Hochzeit; sie warten nicht lange mit dem Heiraten, sie heiraten und fertig.

Jetzt lassen wir die da beim Feiern und kommen zu den Räubern. Die Räuber klopfen und klopfen, ha!, niemand antwortet. Sagt einer von denen: »Bring sie nicht gleich um, die arme Kleine, oder?« Sagt der: »Ich bring sie nicht um, aber was denn!« Sie schlagen die Türe ein und steigen hinauf. Und rufen hier, rufen da – niemand antwortet. Die war weg, klar! Sie rennen durch das ganze Haus, dann gehen sie in die Totenkammer und fangen an, alle Leichen herauszuziehen, und da bemerken sie, daß der Königssohn fehlt. »Ah, du elendes Frauenzimmer! jetzt haben wir's gefunden, wo du steckst. Wir haben's entdeckt! Beim Königssohn ist sie!« Sagt der Räuberhauptmann: »Fangt mir einen Bären und schlachtet ihn.« Wie sie ihn geschlachtet haben, ziehen sie ihm das Fell ab, und der Räuber läßt sich mit allen seinen Waffen in das Bärenfell stecken, eingenäht; so sah er wie ein wirklicher Bär aus. Und er sagt zu ihnen: Führt mich zum Schloß des Königs. Wenn Majestät mich kaufen will, fordert von ihm eine große Summe.« Sie gehen auf den Platz und bleiben da stehen, und dieser Bär, läßt sich denken, der zog die Leute an, der war wie ein Wunder. Sagen die Diener: »Majestät, kommen Sie doch mal ans Fenster, gucken Sie doch nur, das ist vielleicht eine tolle Sache!« Majestät geht ans Fenster und sieht diesen Bären, der – nein, unmöglich, was dieser Bär alles konnte! Er sagt: »Fragt mal, was er dafür haben will. Ganz gleich was er fordert, ich will den Bären kaufen.« Die Diener gehen runter: »Sagt mal, Herr, verkauft Ihr ihn, den Bären da?« – »Aber nein, meine Herren, den kann ich nicht verkaufen, ich lebe davon. Höchstens für eine große Summe.« So gehen die Diener zur Majestät und sagen: »Er verkauft ihn, aber nur für eine große Summe.« – »Soll er fordern, was er will, ich will ihn kaufen.« Und der Räuber fordert fünfzig oder sechzig Scudi, das weiß ich jetzt nicht mehr so genau. Der König gibt ihm das Geld, und die Diener nehmen den Bären mit.

Die Späße müßt ihr euch mal vorstellen, die das wilde Tier vor dem König aufführte! Das war nicht zu glauben; nun, der machte das ja mit Absicht, habt ihr's gemerkt? Und Majestät sagt: »Ruft doch mal die Königin, die soll sich mal ansehen, was ich da gekauft habe.« Die Diener sagen es ihr. Sie antwortet: »Sagt dem König, wenn er mich liebhat, dann soll er den Bären umbringen lassen. Wenn er aber den Bären liebhat, dann gehe ich.« Die Diener überbringen dem König gleich diese Botschaft: »Entweder lassen Sie den Bären umbringen, oder die Königin geht fort.« Na, ihr könnt euch denken, wie unglücklich Seine Majestät war, daß er das Tier schlachten lassen mußte: »Ach du armer Kerl«, sagte der König zu dem Bären, »ach, wie leid mir das tut. Aber ich muß dich leider schlachten lassen. In ein paar Stunden mußt du schon tot sein. Meiner Frau bin ich mehr verpflichtet als dir!« Elf Uhr abends kommen die Henker und bringen den Bären um, also die Henker oder die vom Markt, die die Tiere schlachten, also die Metzger. Wie er tot ist, läßt der König die Königin fragen, ob sie denn jetzt herkommen möchte und ihn wenigstens als Toten sehen, wenn sie ihn schon nicht lebendig sehen wollte. Sie antwortet: »Nein, mein Herr, ich komme erst, wenn er totgeschossen ist.« Die Diener rennen zurück: »Majestät, die Königin will erst kommen, wenn der Bär auch totgeschossen ist.« – »Ach, der arme Kerl«, meinte Seine Majestät, jetzt sollst du auch noch totgeschossen werden!« Er läßt ihn erschießen, und da findet man diesen Räuber mit allen möglichen scheußlichen Waffen. Und da kommt die Königin, ohne daß sie gerufen wurde: »Seht Ihr nun, zweimal habe ich Euch jetzt das Leben gerettet. Ihr habt diese Kerle nicht kennengelernt, weil Ihr verwundet wart, aber ich kenne sie durch und durch, weil ich all die Tage dort war, als ich euch gepflegt habe. Also, an dem Ort, von dem wir losgezogen sind, sind noch zweiunddreißig Mörder geblieben, und die müssen ausgelöscht werden.«

Jetzt schickt der König Soldaten los, und die erwischen sie brühwarm. Mit Kanonen, Gewehrsalven, Feuer wurden sie alle miteinander erledigt. Sie erbeuteten dann alle Reichtümer, die ihr euch vorstellen könnt. Sie legen Feuer an das Haus und kommen zurück und bringen diesen ganzen Reichtum dem König. Die Königin läßt nach ihrem Vater forschen, der war schon ganz alt geworden, aber er lebte noch. Sie erzählte ihm die ganze Geschichte mit ihren Schwestern, und was sie alles erlitten hat. Ihr Vater weinte, das könnt ihr glauben. Sie machte ihn dann zum Oberhofmeister. Sie lebten lange noch hienieden, in Freude, Glück und großem Frieden.

Der Weg ist breit, der Beutel eng, wenn ihr mich fragt. Erzählt jetzt euer Märchen, ich habe mein's gesagt.

24. Die Granatäpfel

Es war einmal ein König, der hatte einen trübsinnigen Sohn, und der lachte nie. Keine Vergnügungen oder Unterhaltungen der Welt konnten ihn zum Lachen bringen. Eines Tages wußte der Vater nicht mehr, wie er ihn aufheitern sollte, und da dachte er, er könne auf dem Platz vor dem Palast drei Brunnen machen lassen, einen mit Wein, einen mit Öl und einen mit Essig. Und alle gingen hin, um sich davon zu holen, und sie stießen sich und schubsten sich, und da passierten ganz lächerliche Szenen. Aber nichts! Der Prinz schaute aus dem Fenster des Palastes, und von Lachen konnte keine Rede sein. Der Wein ging aus, und der Essig ging aus; das Öl kam zu den letzten Tropfen – da kommt ein altes Weiblein mit einem Fläschchen und versucht, es Tropfen für Tropfen zu füllen; dazu brauchte sie lange Zeit und wurde ungeduldig. Der Prinz, der am Fenster stand, fand das ganz lustig, wie er sie so sah, und als sie das Fläschchen fast gefüllt hatte, da wollte er ihr einen Streich spielen. Er nimmt also einen Stein und zielt so gut, daß er ihr die Flasche zerschmeißt, und dann lacht er, daß die Türen wackeln. Die Alte dreht sich ganz zornig um: »Was, du lachst auch noch? Na, Bürschchen, lach nur, aber du sollst niemals wieder lustig sein, außer du findest ein Mädchen wie Milch und Blut.«

Diese Worte machten ihn noch trübsinniger als zuvor. Er sagte zu seinem Vater, er wolle losziehen und das Mädchen aus Milch und Blut suchen, von der die Alte geredet hatte. Er nahm sich Geld und ging weg; er lief eine Weile und sah ganz viele Städte und verschiedene Länder, aber ein Mädchen von dieser Art fand er nicht. Eines Morgens geriet er in einen Wald, und er ging und ging und bekam Durst und fand kein Wasser zum Trinken und auch kein Haus, wo er es hätte finden können. Er setzte sich auf die Erde, weil er wirklich nicht weiter laufen konnte, und als er sich ein wenig ausgeruht hat, hebt er den Kopf und sieht einen Baum mit drei Granatäpfeln. »Schau mal«, meint er, »da will ich doch einen pflücken und mir ein wenig den Durst stillen.« Also pflückt er einen, macht ihn auf, und da springt ein schönes Mädchen heraus, weiß und rot und wie aus Milch und Blut gemacht. Der Prinz sagte zu ihr: »Willst du mitkommen und bei mir bleiben?« – »Hast du denn zu essen und zu trinken?« – »Nein.« – »Dann werde ich auch nicht bei dir bleiben.« Und sie kehrte in den Granatapfel zurück, und der hängte sich wieder an den Baum.

Der Prinz pflückt einen zweiten Granatapfel und öffnet ihn, und da kommt noch einmal ein Mädchen wie das vorige heraus. Auch dieses fragte ihn, ob er zu essen und zu trinken habe, und er antwortete nein; da kehrte das Mädchen so wie das erste in den Granatapfel zurück, und mit dem Prinzen wollte sie nicht gehen. Der Prinz pflückte den dritten Granatapfel, und als er ihn geöffnet hatte, sprang abermals ein Mädchen aus Milch und Blut heraus. »Willst du mitkommen und bei mir bleiben?« – »Hast du zu essen und zu trinken?« Dieses Mal antwortete der Prinz: »Ja.« – »Dann will ich mit zu dir kommen.«

Sie sagte ihm, eine Fee hätte sie so verzaubert und in die Granatäpfel gesteckt. Sie hatten ein Zauberstäbchen, eine Haselnuß, eine Mandel und eine Walnuß, die ihnen die Fee zur Aufbewahrung gegeben hatte. Das Mädchen nimmt das alles mit sich. Sie schlägt mit dem Stäbchen: »Eine Karosse mit Pferden muß her!« – und schon steht dort eine schöne Karosse mit den Pferden bereit. Sie stiegen beide in den Wagen und fuhren los. Die Fee kommt zurück; sie war ein altes Weib; sie holt die Mädchen aus den Granatäpfeln heraus und sieht nur zwei von ihnen. »Und die Caterina, wo ist die hingegangen?« Die beiden anderen erzählten alles, was vorgefallen war, und schon macht sich die Alte auf den Weg, um der Caterina nach-

129

zurennen. Aber Caterina paßte auf, sie hatte das schon erwartet, und kaum sieht sie die von weitem, da wirft sie die Walnuß auf den Boden, und da kommt eine Kapelle heraus, und sie selbst war in einen Priester verwandelt und er in einen Mesner. Die Alte kommt in die Kapelle herein: »Habt Ihr nicht ein Mädchen mit einem jungen Mann vorbeikommen sehen?« – »Was wollt Ihr?« sagte der Mesner, »wollt Ihr die Messe hören? Gleich wird die Glocke läuten.« – »Aber nein, ich sage doch, ob Ihr ein Mädchen und einen jungen Mann gesehen habt?« – »Aha, Ihr wollt vielleicht den Segen empfangen?« Und sie brachten sie so durcheinander, daß sie umkehrte.

Die beiden stiegen wieder in die Karosse, und weiter ging's. Die Alte kommt zu den Mädchen zurück: »Maria, hat sich denn die Caterina auch die Walnuß mitgenommen?« – »Aber sicher.« Und schon rennt sie wieder los, macht sich hinter der Caterina her und hat sie schon fast erreicht. Aber kaum hat Caterina sie erblickt, da wirft sie die Haselnuß fort, und auf der Stelle erscheint ein schöner Garten, und sie war in eine Gärtnerin verwandelt und der Prinz in den Gärtner. »Habt Ihr vielleicht ein Mädchen mit einem jungen Mann gesehen?« – »Was wollt Ihr? (sagt die Gärtnerin), wollt Ihr einen Rosenstrauß? Den will ich gleich pflücken.« – »Aber was denn, Rosen! Ich sage Euch doch...« – »Ah, ich verstehe, Ihr wollt einen Strauß Akazienblüten, ich pflücke sie sofort.« Kurzum, sie machten sie so verrückt, daß sie kehrtum machte. Und die beiden machten sich wieder auf den Weg. Die Alte fragt die beiden Mädchen: »Aber hört mal zu, ihr beiden, hat denn die Caterina auch die Mandel und die Haselnuß mitgenommen?« – »Ja, alles hat sie mitgenommen, auch das Zauberstäbchen.« – »Ach, ich Ärmste! Was soll ich bloß machen?«

Und sie rennt wieder los und läuft und läuft; das ging bei ihr schnell, weil sie doch eine Fee war, und sie hatte die beiden schon fast erreicht. Aber sobald Caterina sie sieht, wirft sie die Mandel auf den Boden, und da entsteht ein messerscharfer Fluß, der schien wie alle anderen Flüsse aus Wasser zu bestehen, aber wenn man hineinstieg, dann schnitt er wie ganz viele scharfgeschliffene Messer. Und die Alte konnte nicht hinüber. Sie rennt hin und her, schließlich steigt sie ins Wasser, um hinüberzuschwimmen, aber kaum war sie darin, da schnitt sie das Wasser in Stücke, und sie war auf der Stelle tot. Da verschwand der Fluß, und auch alle Zaubereien dieser Fee hatten ein Ende. Der Prinz und Caterina kehrten um und nahmen die anderen beiden Mädchen mit sich, und alle gingen miteinander zum Palast. Der Prinz heiratete die Caterina, welche die Jüngste war, die anderen beiden gab er zwei anderen Prinzen zur Braut. Und so wurde der traurige Prinz wieder fröhlich, und von nun an war ihm aller Trübsinn vergangen.

25. Die Düstere Wolke

Es war einmal ein Fischer, der hatte eine Frau und viele Kinder, und es kam eine Zeit, in der dieser Fischer gar keine Fische mehr fing und nicht wußte, wie er sich und die Seinen ernähren sollte. Eines Tages wirft er sein Netz aus und zieht einen dicken, dicken Fisch herauf, und der fing an zu sprechen: »Wenn du mich freiläßt, dann kannst du noch einmal die Netze auswerfen, und du wirst so viele Fische fangen, wie du willst.« Der Fischer ließ ihn frei und warf noch einmal die Netze aus, und dann zog er so viel Fische ins Boot, daß er sich nicht erinnern konnte, jemals so viel gefangen zu haben. Aber nach ein paar Tagen fehlte wieder Fisch, und abermals kam dieser dicke Fisch aus dem Meer und fing an zu sprechen: »Ich sehe wohl, daß ich sterben muß«, sagte er zu dem Fischer, »also schlag mich jetzt tot und schneide mich in Stücke; die Hälfte sollst du dem König geben, ein Stück deiner Frau, eines der Hündin und eines der Stute; die Gräte aber bindest du an einen Balken in der Küche. Du wirst Söhne haben, und wenn diesen Söhnen irgend etwas geschieht, wird die Gräte Blut schwitzen.«

Der Fischer tat so, wie der Fisch gesagt hatte, und kurze Zeit später geschah es, daß seine Frau, die Hündin und die Stute schwanger wurden. Alle drei kamen in derselben Nacht nieder und jede brachte drei Junge zur Welt, und der Fischer sagte: »Ja schau doch nur, in einer Nacht wurden neun Personen geboren.« Und die Söhne wuchsen heran, gingen zur Schule und lernten viel und kamen gut voran.

Eines Tages sagte der Älteste: »Ich will fortziehen und ein bißchen von der Welt sehen.« Und er nahm einen der Hunde und eines der Pferde mit sich, steckte sich Geld ein, bat Vater und Mutter um ihren Segen und ging fort. Er kommt in einen Wald und begegnet einem Löwen, einem Adler und einer Ameise, die sich dort bei einem toten Esel aufhielten. Den wollten sie unter sich teilen, aber sie konnten sich nicht einig werden und hatten Streit. Sie sehen den jungen Mann und rufen ihn, damit er die Teilung vornähme. Der hatte zwar Angst, aber dann faßte er Mut: Die Innereien gab er dem Adler, das Hirn der Ameise und den ganzen dicken Rest dem Löwen. Da gaben sie sich zufrieden, und er setzte seinen Weg fort. Als er ein paar Schritte gegangen war, riefen sie ihn zurück: »Du hast unter uns Frieden gestiftet«, sagte der Löwe; »wir wollen dich belohnen für das, was du an uns getan hast. Wenn du also Löwe werden willst, brauchst du nur zu sagen: ›Nicht mehr Mensch, sondern Löwe; los wie hundert Löwen!‹« Und der Adler sagte: »Wenn du ein Adler werden willst, brauchst du nur zu sagen: ›Nicht mehr Mensch, sondern Adler; los wie hundert Adler!‹«

Und die Ameise sagte ebenso: »Wenn du Ameise werden willst, brauchst du nur zu sagen: ›Nicht mehr Mensch, sondern Ameise; los wie hundert Ameisen!‹« Er dankte ihnen und zog los. Er kommt zum Meer und sieht einen gestrandeten Haifisch; er packt ihn und setzt ihn ins Meer zurück. Da tauchte der Hai noch einmal auf und sagte: »Wenn du mich brauchst, dann komme ans Meer und schreie: ›Haifisch zu Hilfe!‹«

Er setzt seinen Weg fort und kommt in eine Stadt, die ganz in Trauer war. »Was ist passiert?« fragt er. »Hier lebt«, sagte man ihm, »eine Düstere Wolke (das war eine Fee), die will jedes Jahr ein Mädchen haben. Dieses Jahr ist des Königs Tochter an der Reihe. Wenn man sie ihr nicht gibt, dann schmeißt die Düstere Wolke so viel Zeug in die Stadt, daß sie uns alle umbringt.« Er fragte, ob er sehen könne, wie die Sache vor sich ginge, und man sagte ja. Und da begann schon die Zeremonie mit dumpfem Trommelwirbel und einem Zug Soldaten; der König und die Königin begleiteten das Mädchen und weinten. Sie kommen auf einen Berg, dort setzen sie das Mädchen auf einen Sessel und lassen es allein.

Der junge Mann war ihr nachgegangen und versteckte sich hinter einem Busch. Jetzt kommt die Düstere Wolke, packt sich das Mädchen, setzt es sich auf den Schoß und fängt an, ihm das Blut auszusaugen. Davon lebte die Düstere Wolke. Das Mädchen wurde wie leblos und steif wie ein Stück Holz; die Düstere Wolke nimmt es und trägt es fort. Da rief der junge Mann, der das alles gesehen hatte: »Nicht mehr Mensch, sondern Adler; los wie hundert Adler!« Er wurde zu einem Adler und flog hinter der Düsteren Wolke her. Sie kommen zu einem Palast, die Tore springen auf, die Düstere Wolke fliegt hinein und nimmt das Mädchen mit sich. Der Adler setzte sich auf einen Baum gegenüber und sieht da einen großen Saal voller Mädchen, die zu Bett lagen; als die Düstere Wolke hereinkam, sagten sie: »Mamma, schaut, da kommt unsere Mamma!« Die armen Mädchen mußten immer im Bett liegen, damit sie die aussaugen konnte. Sie legte auch die Königstochter in ein Bett, und dann sagte sie zu all den Mädchen: »Jetzt gehe ich und verlasse euch für ein paar Tage.« Und dann ging sie fort, und die Mädchen blieben alleine.

Der junge Mann war ganz in der Nähe und hatte alles gehört; er sagte: »Nicht mehr Adler, sondern Ameise; los wie hundert Ameisen!« Er wurde zu einer Ameise und gelangte in den Palast, ohne gesehen zu werden, und er lief in den Saal, wo die Mädchen lagen. Als er drinnen war, ließ er sich wieder zum Menschen machen, und als die Mädchen da so plötzlich einen Mann sahen, erschraken sie, und eine sagte zu ihm: »Seid auf der Hut, hier lebt eine Fee, wenn sie zurückkommt und Euch hier sieht, dann bringt sie Euch um!« – »Seid nur ruhig«, sagt er, »ich will sehen, ob ich euch nicht befreien kann.« Und er geht zum Bett der Königstochter und fragt sie, ob sie ihrer Mutter nichts schicken wolle. Sie hatte einen Ring, den ihr die Mamma gegeben hatte. Sie gibt ihm diesen Ring, und er geht zu der Königin, bittet um Audienz für dringende Geschäfte, und da lassen sie ihn durch. Er sagt ihr, wo die Tochter steckt, und zum Beweis zeigt er ihr den Ring; sagt ihr, er sei fest entschlossen, alles zu tun, um sie mit all den anderen zu retten, und da gibt ihm die Königin zu essen und zu trinken mit für die Tochter und die anderen Mädchen.

Die Königin gibt ihm die Sachen, er kehrt zurück, kommt zum Palast der Fee, ruft die Mädchen ans Fenster, und mit Seilen ziehen sie das ganze Zeug nach oben. Dann verwandelt er sich in eine Ameise und läuft nach oben; die Fee war noch nicht zurückgekehrt. Er verwandelte sich wieder in einen Mann und sagte zu den Mädchen: »Wenn sie jetzt zurückkommt, dann sagt zu ihr: ›Aber liebste

Mamma, wenn Ihr einmal tot seid, wie sollen wir dann weiterleben?‹ Vielleicht erfahren wir dann, wie sie sich ihren Tod denkt.« Dann versteckt er sich wieder, und da kommt auch schon die Fee. Die Mädchen stellen ihr diese Frage, und die Fee antwortet: »Ich sterbe überhaupt nie!« – »Ja aber«, sagen die, »irgendwann muß doch jeder sterben, wie soll es denn zugehen, daß Ihr nie sterbt?« Da sagt sie: »Ich sterbe nie, und ihr seid zu schwach, sonst würde ich euch mitnehmen und euch zeigen, daß ich nie sterben kann.« – »Nein, Mamma, wir wollen mitkommen und es sehen, dann werden wir ganz glücklich sein, weil wir wissen, daß es uns nie an etwas fehlen wird.« – »Na gut, morgen bringe ich euch dort hin.«

Am folgenden Tag bringt die Fee alle die Mädchen zu einer Treppe, und obwohl sie so schwach waren, stiegen doch alle hinauf, und die Fee führte sie auf eine Terrasse. »Seht ihr ganz weit dahinten den Berg?«, sagte sie. »Da oben auf dem Berg haust eine Tigerin, die hat sieben Köpfe. Wenn nun jemand wollte, daß ich sterben sollte, dann müßte ein Löwe mit dieser Tigerin kämpfen und ihr alle sieben Köpfe abschlagen, dann müßte er die Tigerin erschießen, und die hat ein Ei in ihrem Leib; das Ei müßte er nehmen und es mir mitten auf die Stirn zerschlagen – dann sterbe ich. Aber wenn er mir dieses Ei in die Hand gibt, dann steht die Tigerin wieder auf, nimmt sich ihre Köpfe, und ich bleibe am Leben.« – »Gut«, sagten die Mädchen, »unsere Mamma kann sicherlich niemals sterben.« Aber insgeheim waren sie sehr erschrocken.

Als die Fee wieder fortgegangen war, kam der junge Mann heraus, und die Mädchen erzählten ihm alles. »In Ordnung«, sagte der, und er ging sofort zum König und bat ihn um ein Zimmer mit einem kleinen Kamin, einen Korb mit Brennholz, ein Fäßchen mit gutem Wein und einen Buben von sieben Jahren. Er nimmt das alles und schließt sich in das Zimmer ein. Er sagt zu dem Buben:

»Willst du mal was sehen, Bub? Jetzt werde ich zu einem Löwen.« Und er verwandelte sich in einen Löwen, und der Bub hatte Angst, aber er konnte ihn überzeugen, daß er noch immer derselbe war, und der Bub gab ihm zu essen und hatte keine Angst mehr. Dann erklärte er dem Buben alles, nahm alle Sachen mit sich und zog auf den Berg, wo die Tigerin hauste. Er füllt den Korb mit Brot und Wein und sagt zu dem Buben: »Paß auf, Bub, jetzt werde ich zu einem Löwen, und wenn ich dann zur Hütte zurückkomme, mußt du mir zu fressen geben.«

Er verwandelt sich in einen Löwen und zieht aus in den Kampf mit der Tigerin. Die Düstere Wolke kehrt nach Hause zurück: »Oje, oje, mir ist so schlecht!« Die Mädchen freuen sich und sagen zueinander: »Das ist recht!« Und der junge Mann kämpfte bis zum Abend und schlug der Tigerin einen Kopf ab, am zweiten Tage noch mal einen und so fort bis zum sechsten Kopf. Und die Düstere Wolke verlor immer mehr an Kräften. Der junge Mann wollte sich zwei Tage ausruhen, bevor er den siebten Kopf abhaute. Nach diesen beiden Tagen zog er wieder in den Kampf, und am Abend schlug er der Tigerin den letzten Kopf ab. Dann schießt er die Tigerin tot, aber er war nicht flink genug, um das Ei zu erwischen: Es rollte ins Meer, und da verschluckte es der Haifisch. Und der junge Mann geht ans Meer: »Haifisch zu Hilfe!« Der Haifisch taucht auf: »Was willst du?« – »Hast du ein Ei gefunden?« – »Ja.« – »Dann gib es mir.« Und er gab ihm das Ei. Er nimmt es und geht zu der Düsteren Wolke und steht plötzlich vor ihr mit dem Ei in der Hand. Da erschrickt sie, sie schaut ihn an und sagt: »Gebt Ihr mir das Ei?« – »Ja, du arme Frau, ich bin gerade gekommen, um es dir zu bringen, aber zuerst möchte ich etwas, nämlich daß alle Mädchen so werden wie zuvor.« Die Düstere Wolke nimmt ein Zauberstäbchen und berührt sie alle, und sie werden wieder so gesund wie sie waren, bevor sie sie mitgenommen hatte. »Gebt Ihr mir jetzt das Ei?« – »Ja, aber ich möchte noch etwas: Es sollen so viele Kutschen kommen, wie Mädchen hier sind, und sie sollen alle bis vor ihre Haustüre gefahren werden.« Die Fee schlägt mit dem Zauberstäbchen, und da erscheinen ebenso viele schöne Kutschen, wie dort Mädchen waren. Und jetzt nimmt der junge Mann das Ei und zerschlägt es an der Stirn der Düstern Wolke, und sie fällt sofort tot um. Als er sieht, daß sie endgültig tot ist, steigt er zu der Königstochter in die Kutsche, und sie fahren zum Palast. Als der König und die Königin ihre Tochter wiedersahen, da weinten sie vor Glück und gaben sie dem zur Braut, der sie befreit hatte. Man feierte die Hochzeit mit großer Pracht und großen Festen, und in der ganzen Stadt war Freude.

Nach einigen Tagen stand der Mann am Fenster und erblickte einen dicken Nebel am Ende der breiten Straße. Er sagte zu seiner Frau: »Ich gehe mal und sehe nach, was denn dieser Nebel ist.« Er zieht seinen Jagdanzug an und geht mit seinem Hund und dem Pferd nach draußen. Als er durch den Nebel geritten ist, sieht er einen Berg, und oben stehen zwei wunderschöne Damen. Die gehen ihm entgegen und laden ihn in ihren Palast ein. Er kommt mit, und sie lassen ihn in einen Saal eintreten, wo ein Damespiel stand, und sie sagen: »Würden Sie eine Partie mit uns spielen?« – »Gern«, antwortete er, und er fing an zu spielen und verlor. Darauf führten sie ihn in einen Garten, wo ganz viele Statuen standen, und sie verwandelten ihn, den Hund und das Pferd in Marmor. Diese Damen waren nämlich Schwestern der Düsteren Wolke, und sie nahmen auf diese Weise Rache. Inzwischen wartete die Frau zu Hause, und er kehrte nicht zurück.

Am nächsten Morgen fanden der Vater und die Brüder die Küche ganz mit Blut überschwemmt; das tropfte von der Fischgräte herunter. »Dem muß etwas passiert sein«, sagten sie, und der zweite Bruder machte sich auf die

Reise mit einem Hund und einem Pferd, um ihn zu suchen. Er kam am Palast der Königin vorbei, die gerade am Fenster stand, und diese beiden Brüder ähnelten sich so sehr, daß sie, als sie ihn sah, glauben mußte, es sei ihr Mann; und so rief sie ihn herein. Er ging nach oben, und die Frau sprach zu ihm von dem Nebel, und er verstand das nicht, aber er ließ sie reden und dachte, die Sache müsse etwas mit dem Bruder zu tun haben. Morgens steht er auf, und mit Hund und Pferd zieht er dem Nebel entgegen. Als er durch den Nebel geritten ist, findet er den Berg mit den beiden Damen und, um es kurz zu machen: Da passierte ihm dasselbe, was dem anderen Bruder passiert war, und er wurde zu Stein. Und die Königin wartete, und in der Küche des Vaters, da schwitzte am Morgen die Fischgräte noch mehr Blut als zuvor. So zog denn auch der dritte Bruder los mit seinem Hund und dem Pferd. Er kommt unten am Palast an, die Königin sieht ihn vom Fenster, hält ihn für ihren Mann und ruft ihn. Er geht hinauf, und sie macht ihm Vorwürfe, weil er sie so lange hatte warten lassen, und sie spricht von dem Nebel, und er versteht das nicht, aber er sagt: »Ich habe nicht deutlich sehen können, was da in dem Nebel steckt, also muß ich noch einmal nachschauen.«

Er zog los, und als er durch den Nebel hindurch war, traf er einen alten Mann. »Wo reitest du hin?« sagte der Alte, »paß auf dich auf! Deine beiden Brüder sind zu Statuen geworden. Zwei Damen werden dir entgegenkommen. Für den Fall, daß sie dich zum Spiel einladen, gebe ich dir zwei Spielsteine; du sagst ihnen, daß du nur mit deinen eigenen Steinen spielen kannst. Und du macht mit ihnen einen Vertrag: Wenn du gewinnst, kannst du mit ihnen machen, was du willst; gewinnen sie, dann können sie mit dir machen, was sie wollen. Wenn du siegst und wenn sie um Gnade bitten, dann verlangst du von ihnen, daß sie alle die in Stein verwandelten Leute, von denen ihr

Palast voll ist, zurückverwandeln, und wenn sie das getan haben, dann machst du mit ihnen, was du willst.«

Er dankte dem Alten und kam dort an, und er spielte mit diesen Steinen und siegte. Die beiden Damen flehten ihn an, er möchte ihnen das Leben schenken, und er gewährte es ihnen unter der Bedingung, daß sie alle die Statuen wieder lebendig machten. Aber als diese aufgewacht waren, da stürzten sie sich alle zusammen auf die beiden Damen und rissen sie in lauter kleine Stücke – das größte davon war das Ohr. Und so kamen die drei Brüder wieder zusammen, sie erzählten sich ihre Schicksale und ritten zum Königspalast. Die Königin war ganz durcheinander, als sie die drei erblickte, weil sie nicht wußte, wer ihr richtiger Mann war. Aber der Mann gab sich ihr zu erkennen; er erklärte ihr, daß das seine Brüder seien. Dann ließen sie auch die Eltern kommen, und sie lebten alle glücklich miteinander. Und so ist das Märchen zu Ende.

26. Die Königin Angelica

Es war einmal ein König, der hatte drei Söhne. Dieser König war blind, und er ließ sich von allen Ärzten untersuchen, die in sein Land kamen, aber niemand hatte es bisher verstanden, ihn zu heilen. Eines Tages sagt so ein Arzt: »Es gibt in diesem Falle kein anderes Heilmittel als das Wasser der Königin Angelica; wenn man es finden könnte, würde der König sicherlich gesund werden.« – »Das werde ich holen gehen«, sagte der älteste Sohn. In der Tat erbittet er sich von seinem Vater den Segen, nimmt sich Geld mit und einen Diener und zieht los. Er geht und geht und sucht und fragt nach dem Wasser der Königin Angelica, aber niemand konnte ihm sagen, wo er es finden könne. »Aber ich muß es doch finden«, sagte er bei sich, und er schickte den Diener zurück, um zu Hause sagen zu lassen, wenn er nach einem Jahr und drei Tagen nicht zurückgekehrt wäre, dann könnten sie damit rechnen, daß er tot sei. Und er verfolgte seinen Weg und kam in einen Wald; es war Nacht, und es regnete stark. Er bleibt stehen, schaut um sich, und da scheint es ihm, als ob in der Ferne zwischen den Bäumen ein Lichtlein brenne. So läuft er in diese Richtung, und wirklich findet er ein Haus, und müde wie er war, tritt er ein, um ein bißchen Schutz zu finden.

In diesem Haus wohnten drei schöne Mädchen, und als sie diesen Herrn so durchnäßt sahen, da kamen sie ihm mit großer Freundlichkeit entgegen, sahen zu, daß er sich neben dem Feuer trocknen konnte, und gaben ihm etwas zur Stärkung. Als er sich erholt hatte, erzählte er den Mädchen seine Geschichte und wie es kam, daß er sich in dieser Gegend befand. Die Mädchen hörten ihm zu, aber als er sagte, daß er morgen schon in der Frühe seinen Weg fortsetzen wollte, da taten und baten sie so lange, daß er zu bleiben versprach. Und so blieb er dort und verliebte sich, und an den blinden Vater und an die Königin Angelica dachte er nicht mehr.

Das Jahr und die drei Tage waren dann bald vergangen; zu Hause sah man ihn nicht zurückkehren, und so glaubten sie, er sei gestorben. »Na schön, jetzt will ich es probieren«, sagte der zweite Bruder, und auch er bittet um den Segen des Vaters, nimmt sich Geld und einen Diener und zieht los. Aber das Wasser der Königin Angelica fand auch er nicht. Er schickt den Diener nach Hause zurück, um zu sagen, wenn sie ihn innerhalb von einem Jahr und drei Tagen nicht kommen sähen, sollten sie ebenfalls denken, daß er gestorben sei. Und er setzt seinen Weg fort, und auch er kommt in den Wald, sieht das Lichtlein, geht in das Haus, und man kann sich seine Freude vorstellen, wie er den totgeglaubten Bruder vor sich sieht. Und die Mädchen bemühten sich um ihn: er solle doch bleiben, und auch der Bruder machte so lange, bis er dort blieb, und er blieb so lange, daß auch er sich verliebte und nicht mehr an den blinden Vater noch an die Königin Angelica dachte.

Als ein Jahr und drei Tage vergangen waren und sie daheim auch ihn nicht zurückkehren sahen, da sagte der letzte Bruder: »Jetzt bin ich dran«, und er zog los wie die anderen beiden und kam zu dem Haus der drei Mädchen. Diese taten mit Unterstützung der beiden älteren Brüder alles, um ihn dazubehalten, aber da war nichts zu machen. »Ich will fort, ich will fort, und ich will das Wasser der Königin Angelica finden.« So macht er sich wieder auf die Reise; es war ein Hundewetter, es regnete in Strömen, und in den Wäldern konnte man sich nirgendwo unterstellen. Endlich entdeckt er ein Haus und findet da drinnen eine Frau, die ihm Unterschlupf gewährt, aber dann sagt sie: »Hör mal zu, dies ist das Haus des Ogers, und ich bin seine Frau; verstecke dich, denn wenn er kommt und dich hier findet, dann frißt er dich.« Und sie versteckt ihn. Jetzt, nach kurzer Zeit, kommt der Oger nach Hause und schnuppert und schnuppert: »Hier stinkt's nach Menschenfleisch!«, sagt er zu seiner Frau. Die Frau leugnete zuerst, aber nach einiger Zeit erzählte sie dem Oger alles und sagte ihm, der junge Mann habe ihr Geld gegeben, und sie bat ihn so lange, er solle ihm nichts Böses tun, bis der Oger versprach, brav zu sein.

Jetzt kam der junge Mann aus dem Versteck und erzählte dem Oger die ganze Geschichte seiner Reise. »Du gefällst mir«, sagte der Oger, »und ich will dir helfen. Siehst du den Berg dort? Dort oben steht ein Palast, und in dem Palast wohnt die Königin Angelica. Du wirst am Eingang zwei Löwen und zwei Tiger finden. Hier hast du vier Brote, vier Stücke Fleisch und vier Stücke Papier. Das alles gibst du den Löwen und den Tigern, und dann schlafen sie ein. Im Palast findest du die Königin Angelica schlafend auf einem Bett. Du nimmst dir einen Schlüssel, der unter ihrem Kopfkissen liegt; damit öffnest du den Schrank, den du in dem Zimmer siehst, und dort findest du das Wasser, das du suchst. Du nimmst es dir, rennst weg und kommst wieder hier vorbei.«

So zog er los und machte alles ganz so, wie es ihm der Oger gesagt hatte. Er fand die Königin Angelica schlafend; sie war von sieben Schleiern bedeckt. Aus Neugierde hob er diese Schleier, und er fand die Königin so schön, aber wirklich so schön, daß er sich nicht zurückhalten konnte und ihr einen Kuß gab. Dann nahm er sich einen Schleier und steckte ihn in die Tasche. Als er sich umdrehte, sah er am Boden zwei goldene Pantöffelchen; er nahm eines und steckte es ebenfalls zu sich. Dann fand er den Schlüssel, öffnete den Schrank, nahm die Flasche mit dem Wasser und rannte weg. Und er kehrte zu dem Oger zurück.

Der Oger nahm die Flasche mit dem Wasser und nähte sie ihm in die Kleider, damit sie niemand finden sollte, und sagte zu ihm: »Paß gut auf, diese Flasche darfst du erst dann herausholen, wenn du im Zimmer deines Vaters bist. Hier hast du eine ähnliche Flasche; die kannst du den anderen an Stelle der richtigen vorzeigen. Haben wir uns verstanden?« Der junge Mann dankte dem Oger, machte ihm ein schönes Geldgeschenk, verabschiedete sich und lief in Richtung Heimat.

Jetzt kommt er in eine Stadt, hört eine Totenglocke läuten und fragt nach, und man sagt ihm, daß zwei Übeltäter dem Tod entgegengehen. Er geht hin, um das zu sehen und sieht... er sieht, daß es eben seine Brüder waren! Er gab sich zu erkennen, und da er ein Königssohn war, gelang es ihm, die Hinrichtung aufschieben zu lassen. Er hörte von ihnen, die drei Mädchen seien drei Hexen gewesen, und die hätten seine Brüder zum Schurkenleben von Dieben und Mördern verführt, und sie hatten ganz viele Schandtaten begangen, bis sie schließlich gefangen und zum Tode verurteilt worden seien. Da gab sich nun der brave Junge die größte Mühe, sie freizubekommen, und mit Hilfe von Bitten und von Geld schaffte er es schließlich, daß man sie frei ließ. Er nahm sie dann mit sich, kleidete sie neu ein und erzählte ihnen die ganze Geschichte mit dem Oger und mit der Königin Angelica und schlug ihnen vor, sie sollten alle zusammen zu ihrem Vater zurückkehren. Die beiden anderen, die eben böse Gemüter hatten, waren eifersüchtig auf ihn, weil er vor dem Vater doch besser dastehen würde, und sie beschlossen, ihn umzubringen.

Nun zogen alle drei los, und als sie unterwegs waren, fingen die beiden bösen Brüder an, den dritten zu mißhandeln, und mit ihren Drohungen brachten sie ihn so weit, daß er ihnen die Flasche mit dem Wasser überließ. Der Jüngste gab ihnen also die Flasche ab und trennte sich von ihnen in der Stadt, in der sie gerade waren. Als sie zum Vater kamen, zeigten sie ihm die Flasche und erzählten alles umgekehrt, so wie wenn sie die Flasche gefunden hätten, und vom Bruder sagten sie alles Böse, so wie wenn er das alles gemacht hätte, was sie getan hatten. Der Vater segnete sie, und was den anderen Bruder anbetraf, so gab er den Befehl, man sollte ihn, sobald er sich an den Toren der Stadt zeigen würde, packen und in ein Gefängnis werfen, das voller Wasser und so feucht und stinkend war, daß man darin nach 24 Stunden starb.

In der Tat kam nach wenigen Tagen der dritte Bruder zurück, und er wurde sofort in das Gefängnis eingesperrt. Aber durch die Zauberkraft des Pantöffelchens, des Schleiers und des Wassers, das er bei sich trug, war das Gefängnis gar nicht feucht und auch nicht verpestet; für ihn stand immer etwas zu essen bereit, und es fehlte ihm an nichts. Inzwischen hatte der König das Wasser probiert, das ihm die anderen beiden Söhne gebracht hatten, aber es tat keinerlei Wirkung auf ihn. Nun wollte er auf den Thron verzichten und die beiden Söhne krönen lassen – da erschien plötzlich die Königin Angelica. Der Zauber, der sie so im Schlaf gehalten hatte, war gebrochen, sie war mit vielen Soldaten losmarschiert, und jetzt näherte sie sich mit Kanonendonner der Stadt dieses Königs. Der König schickte einen Gesandten zu ihr und ließ sie fragen, was sie wolle, und er lasse sie bitten, zum Palast zu kommen.

Als sie den Palast betreten hatte, fragte die Königin Angelica den König: »Wie viele Söhne habt Ihr?« – »Zwei«, erwiderte der König. »Nicht mehr?« – »Ich hatte noch einen dritten, aber der muß jetzt tot sein«; und hier erzählte er die Geschichte dieses Sohns und redete über ihn alles Böse, während er die ersten beiden als sehr liebe Jungen hinstellte. Die Königin forderte, man solle nachsehen, ob der andere noch am Leben sei; der König sagte, es sei unmöglich, daß er noch lebe, aber um ihr zu Gefallen zu sein, ließ er doch nachsehen, und man fand ihn wirklich lebend und frisch wie eine Rose. Sie brachten ihn zu der Königin, die ihn sehen wollte, und die sagte zu ihm: »Kennst du mich?« – »Aber ja kenne ich Sie.« – »Und wer bin ich?« »Die Königin Angelica.« – »Bist du in meinem Zimmer gewesen?« – »Ja, gnädige Frau.« – »Und du hast mir einen Schleier weggenommen?« – »Ja, gnädige Frau.« – »Na seht Ihr«, sagten die Brüder, »er ist wirklich ein Dieb.« – »Und das Pantöffelchen?«, fragte die Königin. »Ich habe auch das Pantöffelchen mitgenommen«, antwortete er, und die Brüder nannten ihn abermals einen Dieb. »Und mir hast du nichts getan?« – »Ich habe Euch einen Kuß gegeben.« Man sah an der Königin wirklich noch Spuren dieses Kusses. Zuletzt fragte sie ihn auch nach dem Wasser. »Das Wasser habe ich noch bei mir« – und damit zog er den Schleier und das Pantöffelchen heraus, und dann trennte er sich die Kleidung auf und brachte das Fläschchen mit dem Wasser hervor. Die Königin öffnete gleich das Fläschchen, wusch mit dem Wasser die Augen des Königs, und im Nu konnte der König wieder sehen.

Die beiden bösen Brüder wußten nicht, wo sie hinlaufen und sich verstecken sollten. Der Jüngste erzählte nun, wie das alles zugegangen war, und da war der Vater ganz bestürzt und wußte nicht, wie er die beiden Schurken so bestrafen sollte, wie sie es verdient hatten. »Wenn es Ihnen recht ist«, sagte die Königin, »dann werde ich die Strafe erledigen«, und der König sagte, ja, das solle sie nur tun. Da schrie die Königin: »Tiger, komm her, zerreiße den da!, und du Löwe, zerreiße den anderen!« Da erschien ein Tiger und ein Löwe, und die beiden Kerle wurden zerfleischt. Dann krönte der König seinen Sohn, und der heiratete die Königin Angelica, und sie lebten glücklich und zufrieden, und so hört das Märchen auf.

27. Cristina und das Ungeheuer

Es war einmal eine Frau, die hatte drei Töchter; die beiden ersten konnte sie leicht unter die Haube bringen, aber für die dritte fand sie keinen, der sie haben wollte; sie war nämlich schön, und deswegen hatte niemand den Mut, vorzutreten und um ihre Hand zu bitten, und man sagte, sie sei ganz für einen König geschaffen. Die Mama sah wohl, daß die Tochter im Hause alt geworden wäre, wenn die Sache so weiterlief; so wandte sie sich an einen Zauberer, um zu erfahren, warum sie niemand zur Braut haben wollte. Der Zauberer gab zur Antwort, die Jüngste werde die glücklichste der drei Schwestern werden, aber die Mutter müsse das tun, was er ihr jetzt sage: »Ihr müßt auf den höchsten Berg in der Gegend steigen und so tun, als wolltet ihr im Freien essen. Unter das Zeug, das Cristina essen wird, müßt Ihr Opium mischen, und wenn ihr gegessen habt, dann legt Euch nieder und tut so, als ob Ihr ausruhen wolltet. Sie wird einschlafen. Dann steigt Ihr wieder in die Kutsche und fahrt ohne sie nach Hause zurück, und ich garantiere Euch, daß ihr nichts Böses zustoßen wird.« Die Mutter machte es so und ließ Cristina auf dem Berggipfel schlafen.

Als es bald Mitternacht war, da fühlte sich das Mädchen von der Erde hochgehoben, und so sanft wie vom Wind getragen, wurde sie in einen wunderschönen Saal befördert; da war ein Tisch für eine Person gedeckt, und sie hörte eine Stimme, die zu ihr sagte: »Iß, Cristina, und hab keine Angst.« Als sie gegessen hatte, da bewegte sich die Lampe von allein vom Tisch, und die Stimme von vorher sagte zu dem Mädchen: »Geh ihr nach.« Und da fand sie sich in einer Kammer, in der ein Bett schön hergerichtet war. »Jetzt geh schlafen, glückliche Nacht!«, sagte dieselbe Stimme; Christina ging also zu Bett und schlief ein.

Am nächsten Morgen, kaum war sie aufgestanden, sagte die Stimme zu ihr, sie sei jetzt die Herrin, und das ganze Zeug, die Kleider und so weiter seien für sie, und sie solle beruhigt sein, denn niemand würde sie stören. So lebte Cristina einige Zeit wie eine feine Dame, aber nie konnte sie jemanden sehen. Mit der Zeit langweilte sie sich, und sie wünschte sich, sie könnte ihre Mutter und die Schwestern wiedersehen. Da hörte sie wieder die Stimme, und die sagte zu ihr: »Cristina, du möchtest deiner Mutter und deinen Schwestern einen Besuch machen, und das kannst du gerne tun. Stecke diesen Ring an deinen Finger, lege den Kopf auf den Tisch, und schon wirst du zu Hause sein. Aber hüte dich wohl, irgend jemand zu sagen, wo du wohnst, wie du lebst und wer ich bin, denn dann würdest du dein Glück verlieren. Sag einfach, es gehe dir gut und basta. Wenn du zurückkommen willst, machst du dasselbe, und dann findest du dich wieder hier.« Das Mädchen tat, wie die Stimme es ihr sagte und fand sich sofort zu Hause. Kaum war sie dort, da liefen ihr alle mit offenen Armen entgegen, und vor allem die Mutter, die sich viele Sorgen machte und es bereute, daß sie auf den Zauberer gehört hatte, hörte nicht auf, sie tausenderlei Sachen zu fragen. Sie sagte, es gehe ihr gut, aber als sie merkte, daß man ihr bei der vielen Fragerei noch anderes aus dem Mund ziehen würde, steckte sie sich wieder den Ring an den Finger, legte den Kopf auf den Tisch und kehrte zu ihrem Palast zurück.

»Gut so!, du hast auf mich gehört, und wenn du so weitermachst, dann soll es dir gutgehen«, sagte die Stimme zu ihr. Einige Monate gingen vorbei, und Cristina bekam wieder Lust, nach Hause zu gehen, aber die Stimme sagte zu ihr: »Wenn es dir weiter gutgehen soll, dann bleibe hier, denn die Schwestern, das sage ich dir, werden dich reinlegen.« – »Aber ich mache es so wie das letzte Mal, und ich verschwinde, sobald ich merke, daß sie mich mit ihrer Neugierde in die Enge treiben.« – »Tu wie du willst, aber ich kann dir versichern, daß du dich so um dein schönes Leben bringen wirst.« Cristina versprach, nichts sagen zu wollen, steckte sich den Ring an, legte den Kopf auf den Tisch und ging nach Hause.

Jetzt muß man wissen, daß beim letzten Mal, kaum war Cristina nach Hause gegangen, die Mutter, von Neugierde getrieben, zum Zauberer ging und wissen wollte, wie die Sachen stünden. Der schaute lange in sein Zauberbuch und sagte ihr, das Mädchen lebe im Palast eines wunderschönen Prinzen, der Cupido heiße, und der sei durch die Hexereien einer Maga in ein schreckliches Ungeheuer verwandelt worden, aber wenn die Zeit abgelaufen sei, dann würde er sich zurückverwandeln und das Mädchen heiraten.

Sobald nun Cristina nach Hause gekommen war, da liefen ihr die neidischen und geschwätzigen Schwestern entgegen und sagten zu ihr: »Na, du hast ja vielleicht Glück gehabt, dir geht es wirklich gut, was? Du wohnst im Hause eines Ungeheuers, das ist so häßlich, daß es sich nicht getraut, sich sehen zu lassen, und jede Nacht kommt der Kerl zu dir ins Bett. Wir würden da nicht länger bleiben.« Als sie diese Worte hörte, bekannte sie, sie hätte noch nie gespürt, daß jemand ins Bett gekommen wäre, und von einem Ungeheuer in ihrer Umgebung hätte sie noch nichts bemerkt. »Wenn du dich davon überzeugen willst, dann mußt du, wenn er schläft, ein Licht anzünden und ihn dir ansehen. Ja, bevor er aufwacht und bemerkt, daß du ihn entdeckt hast, mußt du ihm ein Messer ins Herz stoßen und ihn umbringen. Dann gehört dir das ganze Haus, und du kannst dir einen Mann nehmen.« Sie versprach, das zu tun, und kehrte zurück. Als sie am Abend im Bett war, steckte sie eine Kerze mit Zündhölzern und das Messer unter das Kopfkissen und tat so, als ob sie schliefe. Dann spürte sie wirklich jemanden auf Zehenspitzen heranschleichen und sich neben sie ins Bett legen.

Als ihr Bettgenosse eingeschlafen war und sie ihn schnarchen hörte, zündete sie vorsichtig das Licht an, packte das Messer und wollte ihn umbringen. Aber statt eines Ungeheuers erblickte sie neben sich einen wunderschönen jungen Mann, der hatte zwei Flügel an den Schultern, und als sie ihn so sah, geriet sie vor Erstaunen so außer sich, daß ihr die Waffe aus der Hand und auf seine Brust fiel. Der wachte auf, und als er den Dolch und das Licht sah, schrie er: »Verfluchte Verräterin!« Und Cristina fühlte sich plötzlich von ihm gepackt, über die Schultern geworfen und in Windeseile auf den Berg getragen, wo ihre Mutter sie schlafend zurückgelassen hatte. Als sie sich nun auf diese Weise mitten in der Nacht nackt und allein an diesem verlassenen Ort wiederfand, da fing sie an bitterlich zu weinen, und sie zerraufte sich vor Verzweiflung die Haare. Da erschien ein altes Weiblein, das begann, sie zu trösten, trug sie in ihre armselige Hütte und ließ sich alles haarklein erzählen. »Schlimm, schlimm, mein Mädchen, das kommt davon, wenn man auf die Schwätzerinnen hört! Jetzt hättet Ihr fast Euren Wohltäter umgebracht, wenn es nicht anders gekommen wäre. Na, dann gehe ich zu ihm und rede mit ihm drüber, mal hören, ob er weiß, was da zu tun ist.«

Und die Alte ging fort. Am Abend kehrte sie zurück und sagte, das Ungeheuer sei noch immer in sie verliebt, aber wenn sie von ihm Verzeihung erwirken wolle, müsse sie ein paar sehr schwere Arbeiten als Buße übernehmen. Die erste war folgende: Sie mußte zu einem fernen und sehr hohen Berggipfel gehen, ihn ganz abräumen, und dann würde sie in der Tiefe ein großes Ei finden. Das mußte sie nehmen und dem Ungeheuer bringen. »Allein kannst du das nicht machen«, sagte das alte Weiblein zu ihr. »Und wenn du dein ganzes Leben arbeiten würdest, könntest du es nicht schaffen. Aber rege dich nicht auf; ich will dir helfen. Hier nimm diese Nuß; wenn du an den Berg kommst, knacke sie auf, und du wirst sehen.«

Cristina nahm die Nuß, und sie geht und geht und kommt schließlich zu diesem Berg. Sie knackt die Nuß, und da kommen ganz viele Männer heraus, die fragten, was sie wolle. Sie befahl ihnen, den Berg abzutragen und das Ei zu holen, das da drinnen war. Die machten sich sofort ans Werk, und bevor es Nacht wurde, war der Berg abgetragen, und Cristina, mit dem Ei in der Hand, kehrte zur Hütte des alten Weibleins zurück. Die nahm das Ei und sagte: »Jetzt gehe ich zum Ungeheuer und höre mal, ob er zufrieden ist und ob ihm diese Buße genügt.« Kurz darauf kam sie zurück und erzählte, diese Buße scheine dem Ungeheuer noch nicht ausreichend, er wolle vielmehr, daß Cristina zu einem weit entfernten und hohen Berg gehe, wo ganz viele Tiger wohnten, und sie solle von

149

ihrem Fell so viel bringen, wie man brauche, um sich ein Paar Handschuhe daraus zu machen.

Als das Mädchen diesen Befehl hörte, da verlor sie allen Mut und fing wieder an zu weinen. »Na, nun laß dich mal nicht unterkriegen«, sagte die Alte zu ihr, »ich bin ja auch noch da, und ich will dir helfen. Nimm diese beiden Spiegel und diese beiden Brote. Wenn du siehst, daß die Tiger dir mit offenem Maul entgegen kommen, um dich zu fressen, dann wirf ihnen die Brote hin und stell die Spiegel vor ihnen auf. Die wilden Tiere wollen sich dann das Brot holen, aber dann sehen sie im Spiegel noch andere, die dasselbe tun wollen, dann bleiben sie stehen, brüllen und schauen. Das ist der Augenblick; gehe auf sie zu, reiß ihnen ein Stück Fell weg und komm zurück.« Cristina machte es, wie die Alte sie geheißen hatte, und nach einiger Zeit kam sie mit den Fellstücken von den Tigern zurück, aber sie war so abgemagert und bleich vom Laufen und von der Angst, daß man sie kaum wiedererkannte. »Da habt Ihr die Felle«, sagte sie zu der Alten, »und hoffentlich ist das die letzte Buße, denn ich kann nicht mehr.«

Die Alte nahm sie und ging fort. Wenig später kam sie ganz traurig zurück und sagte zu Cristina, das Ungeheuer verlange von ihr noch eine Buße, die sei noch strenger und gefährlicher als alle anderen. »Aber dann soll er doch gleich sagen, daß er mich tot haben will, dann soll er doch aufhören damit«, rief das Mädchen. Und sie weinte jämmerlich. Die Alte beruhigte sie und erzählte ihr dann, das Ungeheuer wünsche, sie solle in die Hölle gehen, sich vom Teufel ein Schächtelchen aushändigen lassen und dieses ihm bringen, ohne es zu öffnen. »Aber wie soll ich das machen?« sagte Cristina, »kann man denn überhaupt in die Hölle gehen und lebendig wieder heraufkommen?« – »Paß auf«, sagte die Alte, »ich werde dir helfen, und du wirst sehen, daß alles gut verläuft. Bevor du dort hinkommst, findest du einen Fluß, an dem zwei Löwen ste-

150

hen, wenn man denen nicht Geld mit dem Mund gibt, kommt man nicht weiter. Hier ist das Geld, und dort ist der Weg.« Und sie zeigte ihr alles.

Als das Mädchen lange gelaufen war, kam es zu einem kohlschwarzen Fluß, und an seinem Ufer standen zwei riesige Löwen, und kaum hatten die das Mädchen erblickt, da brüllten sie los wie die Stiere. Sie steckte sich das Geld in den Mund, und sie gab es ihnen und zitterte dabei wie Espenlaub. Da packte sie einer der Löwen bei den Kleidern, warf sie sich auf den Rücken und trug sie vom Fluß fort, der aus kochendem Pech bestand. Sie kam zum Tor der Hölle, aber bei dem Rauch und dem Schwefelgestank konnte man kaum hindurchgehen. Doch sie hielt sich die Nase zu, ging hinein und fragte den Teufel nach der Schachtel. Der Teufel gab sie ihr, ohne sich lange bitten zu lassen, und sie rannte schleunigst wieder nach oben, ließ sich vom Löwen zurücktragen und machte sich auf den Weg zurück zu dem alten Weiblein.

Als sie ein gutes Stück Weges gelaufen war, war sie ganz erschöpft; sie setzte sich an den Straßenrand und machte sich daran, die Schachtel hin- und herzudrehen, sie hielt sie sich ans Ohr, sie roch daran, und schließlich machte sie sie auf. Da stieg sofort ein so dicker und schwarzer Rauch daraus hervor, daß die ganze Welt in ein höllisches Dunkel gehüllt wurde, und dann konnte man nichts mehr sehen. Sie wußte nicht, wo sie war, und auch nicht, wohin sie gehen sollte, so hockte sie sich wieder hin und verwünschte die Neugierde, die immer wieder ihr Verderben war, und sie heulte wie eine Seele im Fegefeuer. Da kam plötzlich die Alte herbei: »Na, siehst du jetzt wohl ein, was für ein Dummkopf du bist. Fast hättest du die Strafen für deine Neugierde abgebüßt, da machst du schon wieder denselben Fehler, und der hätte dich das Leben kosten können!« – »Ich bitte recht freundlich«, sagte Cristina, »befreit mich doch von diesem Rauch.« – »Du hättest es verdient, daß man dich hier ersticken läßt..., aber was soll's.« Und sie schlug mit ihrem Zauberstäbchen, und der Rauch flog ganz in die Schachtel zurück, und Cristina machte sich wieder auf den Weg zum Palast des Ungeheuers, um ihm die Schachtel zu bringen.

Als sie ankam, stand ein ganz schwarzes Ungeheuer an der Eingangstüre. Sie gab ihm zitternd die Schachtel, aber kaum hatte der sie in der Hand, da wurde er im Nu der wunderschöne junge Mann von damals mit den Flügeln an den Schultern. Er umarmte sie, er küßte sie, und er dankte ihr, daß sie so viel für ihn getan hatte, und dann heiratete er sie.

28. Pitursellina – Petersilchen (2)

Es war einmal ein Mädchen, das hatte die Angewohnheit, die Petersilie unter dem Palast einer Fee zu pflücken. Weil nun die Fee es immer wieder sah und mit ihm redete, bekam sie Lust, das Mädchen bei sich zu haben, und eines Tages rief sie es ins Haus und fragte es, wer es sei und wer nicht, gab ihm Süßigkeiten und Spielzeug und bat es, sie solle doch wiederkommen und ihr Gesellschaft leisten. Das Mädchen kam zurück, und nach und nach gehörte es, kann man sagen, zum Hause. Da schlug die Fee einmal mit dem Zauberstab durch die Luft und befahl, der Palast solle weit fortgetragen werden und vor dem Palast des Königs stehen. Das Mädchen weinte, als es so weit von zu Hause war, aber sie kriegte so viele hübsche Sächelchen und Süßigkeiten, daß sie sich tröstete und gerne dort blieb, und sie nannte die Fee Tante.

Die Zeit eilt dahin, so schnell wie die in den Märchen, und so wurde das Mädchen groß und schön, und weil sie ihre Lust auf Petersilie immer noch bewahrt hatte, nannte sie die Fee Petersilchen. Alle Tage schickte sie sie in den

Garten, um Myrten zu pflücken, und der Königssohn, der sie vom Fenster aus sah, machte sich einen Spaß daraus, sie zu hänseln:

> Petersilchen, Schöne mein,
> Wieviel Blätter hat dein Myrtelein?

Eine Weile mochte das gutgehen, aber mit der Zeit verlor das Mädchen die Geduld und beklagte sich bei der Fee. Die gab ihr zur Antwort: »Wie kindisch von dir, dich über so etwas zu ärgern! Wenn er dich so aufzieht, dann antworte ihm:

> Sag mir doch, du Königssohn,
> wieviel Stern' am Himmel stohn?«

Den nächsten Tag antwortete das Mädchen genau so, und als der Prinz hörte, daß sie ihn verspottete, dachte er, er wolle sich rächen. Er verkleidete sich als Fischhändler, nahm einen Korb mit Fischen, die der Fee am besten gefallen würden, und lief unter ihren Fenstern auf und ab und rief: »Barben und Seehechte! Barben und Seehechte!« Die Fee gab dem Petersilchen einen Teller und Geld und schickte sie zum Fischkaufen. Sie geht nach unten und fragt nach dem Preis. Der Prinz nimmt das Geld, schlägt ihr den Fisch ins Gesicht und läßt sie jammernd stehen.

Am darauffolgenden Tage sah er sie wieder zu den Myrten gehen und fing aufs neue mit der alten Geschichte an, und Petersilchen antwortete auch, aber der junge Mann sagte zu ihr:

> Das Geld hab' ich von dir genommen,
> den Fisch, den hast du nicht bekommen.

Das Mädchen lief zur Tante und sagte, sie wolle sich wegen dieser Beleidigung rächen. So ließ die Fee eine schöne Mauleselin erscheinen, setzte das verkleidete Petersilchen darauf und gab ihr einen schön gearbeiteten goldenen Gürtel in die Hand, der war wunderbar anzuschauen, und sie sagte ihr, sie solle unter den königlichen Fenstern auf und ab reiten. Sie geht und ruft: »Schöne Gürtel! Schöne Gürtel! Wer will einen haben?« Der Prinz kommt herunter und fragt nach dem Preis. Petersilchen forderte schrecklich viel Geld. Der Prinz versuchte, da etwas herunterzuhandeln, aber sie blieb hart, doch schließlich sagte sie: »Die Hälfte könnte man kostenlos haben.« – »Und wie?« – »Wenn Ihr das Maultier auf den Arsch küßt.« Der Prinz küßte ihn wirklich, aber dann entwischte ihm Petersilchen. Tags darauf, als sie nach den Myrten ging, fing der Prinz wieder mit der alten Geschichte an, aber sie antwortete ihm:

Du durftest meinen Esel hinten küssen,
den Gürtel hast du aber lassen müssen.

Ihr könnt euch denken, wie ihn dieser Spruch zum Kochen brachte! Jedenfalls wollte er sich rächen, und um ihr recht Angst zu machen, stieg er in seinen Keller, machte ein Loch nach nebenan, und als er Petersilchen sah, die Wein zapfen ging, legte er mit der tiefen Stimme eines Menschenfressers los: »Petersilchen, du bist dran! Petersilchen, du bist dran!« Da ließ sie gleich die dicke Flasche fallen und schrie: »Frau Tante hilf, der Schwarze Mann! Frau Tante hilf, der Schwarze Mann!« Die Fee stieg in den Keller und brachte sie nach oben, sie tröstete sie und gab ihr zu trinken, damit sie sich von diesem Streich erholen konnte. Tags darauf, als Petersilchen zu ihrer Myrte lief, fing der König mit der alten Geschichte an und fügte hinzu:

Petersilchen, du bist dran!
Frau Tante hilf, der Schwarze Mann!

Petersilchen ging wieder nach oben zu der Fee und sagte ihr, sie wolle ihm auf jeden Fall die schreckliche Angst heimzahlen. So kleidete sie die Fee ganz in Weiß und setzte ihr einen großen Kürbis auf den Kopf, der hatte Löcher anstelle von Augen, Nase und Mund und auch ein Licht innen, und so ließ sie das Mädchen nachts im Schlafzimmer des Prinzen erscheinen. Sie geht hinein und fängt an: »Hu, hu, hu, hier kommt die Tödin auf dich zu.« Der Junge wacht auf, sieht den roten Totenkopf, zittert vor Angst und macht: »Nimm Haus und Gut, laß mich in Ruh!« Bei dem Lärmen laufen Leute herbei, aber Petersilchen rannte weg, und niemand sah sie. Der Prinz wurde daraufhin krank, und seine Erscheinung schrieb man einem bösen Traum zu, den er gekriegt, weil er sich vor dem Schlafengehen den Magen überladen hatte.

Am nächsten Morgen hatte Petersilchen den Garten kaum betreten, da rief der Junge schon:

»Petersilchen, Schöne mein,
Wieviel Blätter hat dein Myrtelein?« –
»Sag mir doch, du Königssohn,
wieviel Stern' am Himmel stohn?« –
»Das Geld hab ich von dir genommen,
den Fisch, den hast du nicht bekommen.« –
»Du durftest meinen Esel hinten küssen,
den Gürtel hast du aber lassen müssen.« –
»Petersilchen, du bist dran!
Frau Tante hilf, der Schwarze Mann!« –
»Hu, hu, hu, hier kommt die Tödin auf dich zu.
Nimm Haus und Gut, laß mich in Ruh!«

Als er diese letzte Antwort hörte, rannte der Junge vom Fenster weg, und er hatte keine Lust mehr zu lachen. Er überlegt und überlegt, wie er sich wohl rächen könnte, und so geht er zum König und sagt, er wolle Petersilchen heiraten. Der König fiel aus allen Wolken. »Was? Die ist doch deine Feindin, und die willst du heiraten?« – »Ja, aber sonst gefällt sie mir ganz gut.« – »Na, mach was du willst, du bist groß genug, um sie zu heiraten.« Der Prinz geht zur Fee und hält um die Hand der jungen Frau an. Auch die Fee wunderte sich, aber sie sagte, sie wolle zuerst mit dem König reden. Sie ging also hinüber. Der König versprach, das Mädchen würde mit allem nur denkbaren Respekt behandelt, und ganz gewiß würde ihr der Junge nichts Böses antun.

Also wurden die Verträge geschlossen, und die Hochzeit sollte einen Monat später stattfinden. Die Fee richtete eine schöne Aussteuer her, und dann ging sie zu gewissen Nönnlein, die ihre Freundinnen waren, und bestellte bei ihnen eine Marzipanpuppe, so groß wie Petersilchen und im Gesicht ganz so wie sie; und innen sollte eine Sprungfeder sein, und wenn man die anfaßte, dann sollte ein zuckersüßes Bonbon aus der Puppe herausspringen. Als sie nun die Puppe bekommen hatte, ließ sie sie in eine Geschenkkiste legen und schickte sie dem König nach Hause und ließ Petersilchen wissen, sie solle am Hochzeitsabend die Puppe ins Bett und sich selber unter das Bett legen, weil der junge König ihr sicher einen bösen Streich spielen wolle. Und so machte sie es auch. Am Hochzeitsabend legte sie die Marzipanpuppe an ihre Stelle und versteckte sich unter dem Bett. Kurz darauf erscheint der Prinz, schließt die Tür mit dem Schlüssel ab, zieht eine Pistole heraus und geht zu der Puppe und sagt zu ihr: »Ah, du kleines Scheusal, jetzt hab' ich dich wohl in der Hand, was? Jetzt kann ich dir wohl alle deine Bosheiten zurückgeben, wie? Da nimm das!« Und er schoß mit der Pistole auf die Puppe. Bei dem Schlag ging nun die Feder los, und dem Prinzen sprang das Bonbon in den Mund. Als es nun so süß schmeckte und wie ihn nun die Reue über seine Missetat überfiel, da warf er die Pistole weg, küßte gleich die Puppe und sagte:

Du meine Honigbraut, ach wärst du mir geblieben,
Wenn ich dich Zuckersüße hätte, würde ich dich lieben.

Die Fee und der König hielten sich ganz in der Nähe, und jetzt stießen sie die Türe auf und kamen herein: Der König sagte: »Du Schurke, was hast du da gemacht? Du hast die Braut umgebracht, jetzt werde ich dich umbringen lassen!« Aber die Fee sagte: »Frieden, Frieden! Der Prinz hat gar nichts umgebracht, und die Braut ist putzmunter wie ein Fisch im Wasser! Petersilchen!« Und Petersilchen kam im Hemd unter dem Bett hervor. »Das ist die Braut, Herr Prinz, nun habt sie lieb!« Der Bräutigam konnte sich gar nicht fassen: »Aber ich..., ich hab doch mit der Pistole geschossen...!« – »Nur keine Aufregung! Schaut doch, wen Ihr erschossen habt!« Und sie zog die Puppe hervor. Als man die Puppe sah, da gab es ein großes Gelächter, die Ringe wurden noch einmal ausgetauscht, und die Brautleute lebten für immer glücklich.

29. Die Puppe

Es war einmal eine Frau, die hatte drei Töchter; eine davon war Weberin, eine Korbflechterin und eine Schneiderin, aber die beiden letzteren verdienten fast gar nichts, während die erste schönes Geld machte. Eines Tages sagte die Mamma: »Jetzt, so können wir nicht weitermachen. Die Handarbeiten bringen fast gar nichts, und es ist besser, wenn wir jetzt alle Garnspulen machen, dann kann Beppa mehr weben, und es geht uns allen ein bißchen besser.« So machten sie es, und nach einer Woche war die Leinwand fertig, und man gab sie der Jüngsten; die sollte sie verkaufen. Die ging also auf den Markt, bekam dafür drei Groschen, und dann machte sie einen Rundgang, und schaute sich bald hier und bald da alle Schaufenster an, bis sie schließlich mit großen Augen bei einem Karren voller Puppen haltmachte. Da war vor allem eine, die war besonders hübsch anzuschauen, und

Nina hätte ein Auge gegeben, wenn sie die hätte kriegen können. Der Händler, der das bemerkte, fragte sie, ob sie die Puppe kaufen wolle. »Und ob ich wollte!, aber mir fehlt das Kleingeld.« – »Was, habt Ihr nicht mal einen Pfennig?« – »Doch, ich habe drei Groschen.« – »Genausoviel, wie die Puppe kostet. Ihr könnt sie mitnehmen.« Nina zog, ohne zu überlegen, das Geld heraus und nahm sie, aber als sie zu Hause angekommen war, fehlte ihr der Mut, die Treppen hinaufzusteigen, und so blieb sie mit der Puppe im Arm hinter der Haustüre stehen.

Als Mutter und Töchter sie nicht nach Hause kommen sahen, gingen sie auf die Suche und fanden sie da stehen. »Was machst du da? Und wo ist das Geld?« – »Ich hab's nicht mehr.« – »Was hast du damit gemacht?« – »Ich hab' die Puppe gekauft.« Bei diesen Worten konnten sie sich nicht mehr halten und überhäuften sie mit Schlägen und Schimpfworten, dann wurde sie ohne Abendessen zu Bett geschickt. Nina verkroch sich unter die Leintücher mit ihrer Puppe und drückte sie an ihre Brust und sagte zu ihr: »Diese Gaunerinnen mögen mich nicht leiden, aber du wirst mich ganz liebhaben, oder?« Und sie schlief ein. Nach einer gewissen Zeit fühlt sie, wie sie gestoßen wird. »Was hast du?« – »Ich muß mal«, sagt die Puppe. »Mach's gleich hier, und morgen putz' ich dich wieder sauber.« Morgens steht sie auf und findet das Bett voller Goldstücke. »Mamma, Mamma! Schaut, wieviel Geld!« – »Wo kommt das her?« – »Die Puppe hat es gemacht.« – »Gib acht, Nina, daß es nicht irgendwie anders hergekommen ist. Wenn ich es herauskriege, bringe ich dich um!« — »Aber ich sag' Euch doch, daß es die Puppe gewesen ist.« Und an diesem Tag ging es bei ihnen hoch her.

Die Nacht darauf lief es genauso, und dann wollte die älteste Tochter probieren, ob es die Puppe bei ihr auch so tun würde, aber statt des Geldes machte sie ihr das Bett voller Dreck. So machte sie es auch mit der Mittleren und mit der Mamma, und die wurde wütend und schmiß sie durch das Fenster in einen Graben voller Brennesseln und Abfälle.

Wie nun die Puppe verschwunden war, wurden sie wieder arm und mußten sich abrackern, wenn sie weiterleben wollten. Damals gab es eine große Teuerung, und die Leute starben in einem fort vor Hunger. Da ging der König von Haus zu Haus, um zu sehen, wie es den Leuten gehe, und er ließ ihnen Almosen geben. Er kam auch zu dieser Frau, hörte sich alle Klagen und das Gejammer an und lachte, als Nina herausplatzte und sagte: »Das geschieht uns recht, denn früher, da ist es uns gutgegangen. Wir hatten nämlich eine Puppe, und die machte Geldstücke ins Bett, aber Mamma hat sie weggeworfen.« Doch der König achtete nicht darauf und ging weg, mit dem Versprechen, er wolle demnächst zurückkehren und Unterstützung bringen. Und wirklich war er nach einer Woche wieder da, brachte Geld und Brot und zog dann weiter, und die ganze arme Familie segnete ihn.

Kaum war der König auf der Straße, da spürte er ein Rumoren im Bauch. Er stieg aus der Kutsche, ging zu dem Graben, wo die Puppe lag, und erleichterte sich. Danach wühlte er in seiner Tasche herum, fand aber kein Papier; er rief den Diener, aber der hatte auch keines. »Was machen wir jetzt? So schmutzig will ich nicht bleiben.« – »Eure Hoheit könnte doch den Lumpen nehmen, der da nebenan liegt, und sich damit putzen.« Der König nahm ihn und sah, daß das eine halb zerrissene Puppe war. »Das ist eine Puppe, na gut, nehmen wir die.« Und er wollte sich putzen, aber die Puppe biß sich mit den Zähnen an seinem Hintern fest und wollte nicht loslassen. »Herrjemine, die beißt mich!« Der Diener eilt herbei, probiert, sie wegzureißen, aber er schaffte es auch nicht. »Gehen wir nach Hause«, sagte der König, »sonst sehen uns noch alle.« So stieg er in die Kutsche und verzog das Gesicht vor Schmerzen. Und dann ließ er Ärzte rufen, Chirurgen und Professoren, aber keiner konnte sie wegbringen, und sie kamen zu dem Schluß, es sei ganz unmöglich, den König zu befreien, es sei denn, man schnitte ihm den ganzen Hintern ab. Da ließ der König eine Bekanntmachung ausrufen, und darin hieß es, alle seien zu dem Versuch aufgefordert, ihn von der verdammten Puppe zu befreien, und er versprach dem Erfolgreichen, wenn es eine Frau war, die Heirat, wenn es ein Mann war, die Hälfte des Königreichs.

Na, ihr könnt euch denken, wie viele Taugenichtse, Nichtstuer und Neugierige herbeiliefen, um es zu probieren, und wie der Hintern des armen Monarchen mißhandelt und gepeinigt wurde. Überall wurde von nichts anderem geredet, und ich glaube, in Peru (wo sich diese Tatsachen ereigneten) blieb keiner übrig, der sich nicht hätte rühmen können, den Arsch des Königs gesehen zu haben.

Aber lassen wir den in der Klemme und kehren wir zu der Witwe mit ihren Töchtern zurück.

Eines Tages kehrte die Mamma nach Hause zurück und erzählte von dem Leiden des Königs und von der Bekanntmachung. Nina legt gleich los: »Was willst du wetten, das ist meine Puppe!« – »Hör doch damit auf, du Dummkopf!« – »Da geh' ich hin, das will ich auch probieren, wenn schon so viele hingehen.« – »Schluß jetzt, du Lumpenstück. Wenn du noch einmal solchen Quatsch daherredest, dann kriegst du's von mir.« Aber Nina läuft am nächsten Tage von zu Hause weg und geht zum königlichen Hof. »Was wollt Ihr, schönes Mädchen?« – »Ich will den König sehen, er hat mich aufgefordert, ihm die Puppe wegzureißen.« – »Ihr könnt nach oben gehen.« Sie geht in die Gemächer des Königs und schaut sich das an. Das war wirklich ihre Puppe! Da ruft sie: »He, was tust du da, Kleines? Laß sofort den König los und komm her!« Und die Puppe ließ sofort los und sprang ihr in die Arme. Als sich nun der König von dieser Beschwerlichkeit befreit sah, sagte er zu dem Mädchen: »Du wirst jetzt meine Braut. Geh und sag's denen zu Hause!« Nina rannte und erzählte alles. »Kommt, kommt zum König! Ich hab's doch immer gesagt, daß uns die Puppe noch Glück bringen würde. Geh'n wir, los geh'n wir!«

Sie bekamen schöne Gemächer, und als sich der König erholt hatte, heiratete er mit einem großen Fest und in großer Freude seine Nina.

30. Giovannino ohne Furcht

Es war einmal ein kleiner frecher Junge, der wurde Giovannino ohne Furcht geheißen, weil er überhaupt nie und vor gar nichts Angst hatte, und von Beruf war er einer, der durch die Welt zog, um sich sein Brot zu suchen. Eines Tages blieb er bei einem Bauernhof stehen und fragte nach ein bißchen Unterkunft, und der Bauer sagte zu ihm: »Hier, nein, hier hat's keinen Platz, aber wenn du Mut hast, dann zeige ich dir ein schönes Schloß.« Sagt Giovannino: »Und wieso braucht's da Mut, um in einem schönen Schloß schlafen zu gehen?« Sagt der Bauer: »Weil das nämlich ein Schloß ist, wo es nicht geheuer ist, und da ist noch niemand wieder herausgekommen, es sei denn als Leiche. Morgens geht dann immer die Totenbruderschaft mit der Bahre hin und holt den, der dort hat schlafen wollen. Paß auf, wer dort ohne Furcht schläft und lebendig wieder herauskommt, der hat sein Glück gemacht, und dem fehlt es nie wieder am Nötigsten oder am Geld.« Sagt Giovannino: »Na, da geh ich hin. Man heißt mich schließlich Giovannino ohne Furcht, da könnt Ihr Euch denken, daß ich vor nichts Angst hab'. Also laßt mich mal da drinnen schlafen.« Dem Bauern kam es unwahrscheinlich vor, daß Giovannino versuchen wollte, den Zauber zu brechen; er glaubte nämlich nicht, daß der Junge genügend Mut haben würde, ließ ihm aber doch etwas zum Abendessen in die Küche des Schlosses schaffen, und als es dunkel wurde, sperrten sie den Giovannino allein dort ein.

Nun, es wird so um Mitternacht gewesen sein, und der Giovannino saß am Tisch und aß, als er aus der Tiefe des Kamins eine Stimme hörte, die sagte: »Soll ich's schmeißen?« Antwortet Giovannino: »Na schmeiße nur!«, und da kommt ein Bein herunter. Dann wieder: »Soll ich schmeißen?« Und Giovannino: »Schmeiß nur zu!«, und da kommt ein zweites Bein herunter. Nach kurzer Zeit: »Soll ich schmeißen?« – »In Gottes Namen, schmeiß doch!«, und da kommt ein ganzer Körper herunter und klebt sich an die beiden Beine. »Soll ich schmeißen?« Und Giovannino: »Ja doch!«, und dann kommt ein Arm und dann der andere Arm, und die kleben sich hier und dort an den Körper. »Schmeißen?« – »Schmeiß doch, was du willst«, schreit Giovannino, und dann kommt ein Kopf herunter, und am Ende sieht Giovanni einen riesengroßen Kerl vor sich stehen, und dann ging dieses Geschäft mit dem »Soll ich schmeißen?« und mit der Antwort: »Schmeiß doch!« noch ein gutes Stück weiter, und schließlich standen da unter der Kaminhaube wie aufgepflanzt und mit starren Augen noch drei riesige Schreckgestalten, und die sprangen dann alle in die Küche und sagten zu Giovannino: »Nimm das Licht und komm mit uns.« Sagt Giovannino: »Nehmt's doch selber!« – »Nein, du mußt es nehmen«, sagten die mit scheußlichen Mienen. Giovannino dachte bei sich: »Wo werden mich diese Mordskerle wohl hinführen?«, und weil er zuvor ein Knäuel mit Faden in der Tischschublade gesehen hatte, band er das eine Ende davon an die Türklinke, ohne daß sie es bemerkten, und dann ging er und machte Licht.

Sie stiegen eine Treppe hinunter, dann noch eine und noch mal eine bis in ein tiefes unterirdisches Gewölbe, und da sagten sie zu Giovannino: »Nimm diese Hacke und grabe hier.« Sagt Giovannino: »Quatsch! Grabt doch selber!« Und die: »Nein, du hast hier zu graben. Und beeile dich!« Also fing Giovannino an, mit der Hacke draufloszuarbeiten, und als er ein großes Loch gemacht hatte, fand er drei Töpfe randvoll mit Geldmünzen, einen Schatz, der dort im Keller vergraben war. Sagt einer von den Riesenkerlen: »Nimm diese Töpfe einen nach dem andern und trage sie nach oben.« Sagt Giovannino: »Gebt mir das Licht.« – »Nein, du mußt im Dunkeln hochsteigen«, antwortet der. Zu seinem Glück hatte Giovannino so viel Verstand gehabt, sich den Weg nach oben mit dem Garnknäuel zu sichern, so daß es ihm gut gelang, die Treppen hinauf und wieder hinunter zu steigen, und mit großer Anstrengung tastete er sich mehr oder weniger vorwärts und schleppte die drei Töpfe bis in die Küche. Als sie nun alle wieder nahe bei der Kaminöffnung versammelt waren, sagte der Hauptmann: »Giovannino, die Angst ist jetzt von hier vertrieben, und der Zauber ist gebrochen. Von den drei Schatztöpfen ist einer für dich, einer für den Bauern und einer für die Totenbruderschaft, die bald kommen wird, weil sie denken, sie müßten deine Leiche fortschaffen. Das Schloß gehört dem ersten Armen, der hier klopft und um Brot bettelt, denn von seinen wahren Herren leben keine Nachkommen mehr. Und jetzt adieu!« Und die vier großen Kerle verschwanden, und seit dieser Zeit hat sie niemand mehr gesehen.

Beim Morgengrauen hört Giovannino von weitem singen: *Miserere mei, Herr erbarme dich meiner,* und das war die Bruderschaft von der Kirche, die kamen mit der Bahre, um Giovannino wegzutragen, denn sie dachten, der sei ganz sicher so tot wie alle anderen, die eine Nacht im Schloß der Schrecken verbracht hatten. Sie machen die

Türe auf und sehen ihn, ganz im Gegenteil, lebendig vor sich. »Bravo, Giovannino«, schreien sie von allen Seiten, »du bist ein Kerl!«, und vor Freude lachend geht der Bauer zusammen mit dem Pfarrer auf ihn zu, und sie wollten von ihm wissen, wie es ihm ergangen war und wie er dem Tod hatte entkommen können. Und er erzählt ihnen alles haarklein genau: die Erscheinung der vier großen Kerle in der Öffnung des Kamins, die Befehle, die sie ihm gegeben hatten, und schließlich überreichte er dann dem Bauern und dem Pfarrer die beiden Töpfe mit den Münzen, die ihnen zukamen, und nach einem guten Frühstück wollte er dann seine Reise durch die Welt fortsetzen, und nichts in der Welt konnte ihn dazu bringen, hier bei diesen Leuten zu bleiben.

Er reiste viele Monate durch viele Städte und Dörfer und zwar als feiner Herr, denn er hatte ja das Geld aus dem Topf, und eines Tages geriet er in einer großen Stadt in eine Schreinerwerkstatt. Die Schreiner fragten ihn, wer er sei. Sagt er: »Ich bin Giovannino ohne Furcht, weil ich nie vor nichts Angst habe.« – »Na, wer weiß«, sagt einer von den Schreinern, und Giovannino drauf: »Stellt mich doch auf die Probe.« Sagt der Schreiner: »Na wart nur, wir wollen mal sehen, was wir tun können, und wenn du dann keine Angst hast, dann bist du wirklich mutig.« Drei von ihnen nahmen den vierten Schreiner, legten ihn auf die Hobelbank und sägten ihm den Kopf vom Leib, und dann klebten sie den Kopf mit einer Mixtur wieder an Ort und Stelle, und der Kerl stand auf und fing wieder an zu reden und zu singen wie vorher. Sagt der zu Giovannino: »Na, hast du das gesehen? Vielleicht hast du jetzt Angst gekriegt?« Antwortet Giovannino: »Ich hab' kein Härchen bewegt, obwohl mir bei diesem Wunder fast die Spucke weggeblieben ist.« Sagt der Schreiner: »Gut denn! Wenn es stimmt, daß du vor gar nichts Angst hast, dann laß dir doch auch den Kopf absägen.« Bei diesem Vorschlag zuckte Giovannino erst einmal zusammen, aber dann wollte er nicht feige erscheinen und rief: »Hier, ich bin bereit«, und er legte sich der Länge nach auf die Hobelbank, und die Schreiner sägten auch ihm den Kopf ab und klebten ihn dann wieder mit derselben Mixtur an. Da sagte der älteste Schreiner: »Tüchtig, tüchtig! Aber ich möchte doch wetten, daß du diese Operation nicht ein zweites Mal mit dir machen läßt.« – »Doch!« – »Nein.« Na, schließlich legte Giovannino seinen Kopf noch einmal hin, und die schneiden ihn mit der Säge an derselben Stelle noch einmal ab. Aber anstatt ihn wieder nach vorne anzumachen, klebten sie ihm den Kopf, sei's aus Schabernack oder aus Versehen, mit dem Gesicht nach hinten an, so daß Giovannino seinen Arsch sehen konnte. Man sagt doch, daß wenn einer seinen Arsch sieht, daß er vor Angst sterben muß. Und so ging es auch unserem Giovannino, der doch nie vor nichts Angst gehabt hatte: Wie er in die verzwickte Lage kam, seinen Arsch sehen zu müssen, da stürzte er stocksteif und tot zu Boden, und so endeten alle seine Heldentaten in dieser Welt.

31. Das Märchen von den Affen

Einmal lebte ein König, der hatte zwei Jungen aus einer Geburt, das heißt, sie waren also Zwillinge, und der eine hieß Giovanni und der andere Antonio. Da man nicht genau wußte, wer von den beiden zuerst auf die Welt gekommen sei, und weil es in dieser Frage am Hofe viele Meinungsverschiedenheiten gab, konnte der König nicht entscheiden, wer von den beiden das Königreich übernehmen sollte. Als nun die Jungen groß und vernünftig geworden waren, sagte der König zu ihnen: »Ich möchte keinem von euch Unrecht tun, und deswegen habe ich mir folgendes überlegt: Sucht euch eine Frau

165

nach eurem Gefallen, und die Braut, die mir das schönste und seltenste Geschenk machen wird, die soll dann entscheiden, wer mir von euch beiden auf dem Thron folgen soll.« Giovanni und Antonio stiegen nach dem Wunsch des Vaters zu Pferde, und jeder ritt auf einer anderen Straße fort.

Als Giovanni einige Tage geritten ist, kommt er in eine große Stadt und steigt in einem Gasthaus ab; diesem gegenüber steht ein großartiges herrschaftliches Haus. Er fragt seinen Wirt, wer dort wohne, und man antwortet: »Der Herr, der dort lebt, ist ein reicher Marquis; der hat zwei Kinder: einen jungen Mann und ein schönes Mädchen.« Sagt Giovanni: »Ob man wohl einmal mit diesem Mädchen reden könnte?« – »Und warum nicht?« sagen die Gefragten, »sie geht jeden Tag zu einem Spaziergang hinaus, und abends geht sie in Gesellschaft zu Leuten von ihrem Stand.«

Giovanni sah also das Mädchen draußen, und sie gefiel ihm sehr, und als er sie bei den Zusammenkünften, die sie aufsuchte, ansprach, konnte er sich sogar mit ihr unterhalten, und schließlich sagte er ihr, er suche eine Frau, und er werde bald das Königreich seines Vaters erben, wenn die Braut dem König ein Geschenk mitbringe, das im Vergleich mit dem seines Bruders Antonio schöner und seltener sei. Sagt er: »Wenn Ihr in der Lage seid, ihm so ein Geschenk zu machen, dann heirate ich Euch sofort.« Das Mädchen antwortete ihm ja, und am nächsten Tag ging Giovanni nach Hause, und das Mädchen gab ihm ein verschlossenes Kästchen mit und dazu die Worte: »Hier ist das Geschenk, bringt es dem König, Eurem Papa, und wenn es ihm gefällt, bin ich bereit, Eure Braut zu werden.«

So kehrte Giovanni zum Schlosse zurück und gab dem König das Kästchen. Als der König es nahm, sagte er: »Gut so. Du kannst inzwischen heiraten und deine Frau hierher bringen. Aber das Kästchen ist verschlossen, und ich öffne es nicht eher, bis ich nicht auch das Geschenk von Antonio in Händen halte, dann kann ich deines mit seinem vergleichen.« Um die Sache nicht zu lang zu machen, kurz und gut, Giovanni heiratete das Mädchen des Herrn Marquis, und als der König sie sah, da gefiel sie ihm nicht schlecht.

Auch Antonio war in diesen Tagen auf der Reise, aber er brauchte einige Zeit länger als Giovanni. Eines Morgens geriet er in einen dichten Wald, da gab es weder Wege noch Pfade, und es schien, als ob er nie ein Ende fände. Antonio ritt hierhin und dorthin und gelangte schließlich zu einer großen verlassenen Wiese; da war keine lebende Seele, aber ringsumher fanden sich Statuen aufgestellt und Pferdefiguren aus Marmor, und ganz hinten sah man ein wunderschönes Schloß. Nach einem langen Ritt gelangte Antonio zu diesem Schloß; er klopft, und ein Affe öffnet ihm. Sogleich springen noch zwei andere Affen hervor, die helfen ihm, vom Pferde zu steigen, sie nehmen es ihm ab, und dann führen sie ihn nach oben: und überall waren lauter Affen, die machten ihm stumme Verbeugungen und gaben ihm zu verstehen, er solle nach seinen Wünschen über sie verfügen.

Antonio, das kann man sich vorstellen, schwankte zwischen Argwohn und Erstaunen, und als er in einen Salon trat, erblickte er noch eine Äffin, welche die Gebieterin der Gesellschaft zu sein schien. Man gab Antonio zu verstehen, er möge Platz nehmen, und die Gebieterin lud ihn ein, mit ihr Karten zu spielen, und als er einverstanden war, da spielten drei Äffinnen mit ihm, und die Gebieterin saß ihm gegenüber. Zu bestimmter Stunde, so gegen Abend, fragten sie ihn, nur mit Gebärden, ob er zu Abend speisen wolle, und weil Antonio sehr wohl Hunger verspürte, sagte er gleich ja. Sie gehen also zum Abendessen, und bei Tisch bedienten nur Äffinnen, die Gäste waren alle Affen, kurzum, in dem ganzen Schloß gab es nur Affen und Äffinnen, dergestalt, daß ihn solche Tiere auch in ein reiches und bequemes Zimmer zu Bette begleiteten, und als sie ihn hineingeführt hatten, ließen sie ihn allein und schlossen die Türe.

Um die Wahrheit zu sagen, Antonio war sicherlich nicht ängstlich, nichtsdestoweniger brachte es ihn sehr durcheinander, daß er sich in einem Schloß mit so vielen Tieren befand und dabei nicht wußte, wie die Sache ausgehen sollte; da er sich aber auf jeden Fall von dem weiten Ritt sehr müde fühlte, sprach er sich Mut zu, zog sich aus und legte sich zu Bett, sollte doch geschehen, was geschehen sollte, und in einem Augenblick war er schon eingeschlafen. Aber als er gerade im schönsten Schlafe liegt, da hört er eine Stimme, die ihn ruft. Er erwacht, reißt die Augen weit auf und sieht niemand, weil das Licht schon verlöscht war. Da schreit er: »Wer ruft mich?« Sagt die Stimme: »Antonio, was suchst du hier eigentlich?« Da erzählt er der Stimme haarklein alle seine Umstände und den Grund, warum er von zu Hause weggegangen ist. Sagt die Stimme: »Wenn du bereit bist, mich zu heiraten, Antonio, dann bekommst du das allerschönste und seltenste Geschenk für den König, und du wirst auch noch das Königreich erwerben.« Antwortet Antonio: »An mir soll's nicht fehlen. Ich heirate Euch, wann Ihr nur wollt.« – »Gut denn«, sagt die Stimme, »morgen früh wirst du auf der Kommode Briefe finden; nimm sie und gib sie am Schloßtore dem, der auf sie wartet.«

Antonio steht am nächsten Morgen auf, und auf der Kommode lag ein Durcheinander von Briefen. Er nimmt sie und geht hinunter, und am Tor stehen Gott weiß wie viele Affen; er übergibt ihnen die Briefe, und die tragen sie zu Antonios Papa, weil sie alle an ihn adressiert waren, und in den Briefen ließ man den König wissen, wo sein Sohn sei, daß es ihm an Gesundheit nicht fehle und daß er dabei sei, eine Frau zu suchen. Diese Affen wurden in der Königsstadt beherbergt.

In der nächsten Nacht, als Antonio schlief, da weckte ihn die übliche Stimme: »Antonio, bist du noch immer derselben Meinung?« Und er: »Aber sicher bin ich das.« – »Gut«, sagt die Stimme. »Morgen schickst du deinem Vater auch noch die anderen Briefe.« Und morgens nahm Antonio diesen Haufen Briefe und gab sie den Affen, die sie umgehend dem König brachten; darin standen gute Nachrichten von seinem Sohn. Und auch diese Affen blieben in einer Herberge in der Königsstadt.

Bei diesem Schauspiel sah sich der König aber doch veranlaßt zu sagen: »O je, was soll ich mit all diesen Tieren machen? Bald ist ja die ganze Stadt voll davon.« Und dann wußte er auch nicht, was er sich aus den Briefen zusammenreimen sollte, denn da stand geschrieben, daß Antonio seine Braut gefunden hatte und dazu das schönste und seltenste Geschenk der ganzen Welt.

Auch in der dritten Nacht wurde Antonio von der üblichen Stimme geweckt: »Antonio, bist du noch immer derselben Meinung?« Und er wieder: »Aber sicher bin ich das. Wenn ich mein Wort gegeben habe, dann halte ich es auch und breche es nie.« Sagt die Stimme: »Gut denn! Morgen reisen wir miteinander zum König, und dort werden wir heiraten.«

Als es Tag war, stand Antonio auf, und ihr könnt euch wohl denken, wie neugierig er war, die Braut kennenzulernen. Er geht hinunter, und vor dem Tore des Schlosses sieht er eine herrliche Kutsche mit vier großen Affen bespannt, und ein Affe saß als Kutscher auf dem Bock. Man öffnet ihm den Verschlag, und in der Kutsche saß schon eine Äffin. Antonio setzt sich neben sie, und dann fuhren sie los mit einem großen Gefolge von Affen, und als sie so ein gutes Stück gefahren waren, kamen sie in der Stadt des Königs, also Antonios Vater, an. Die Leute rannten voller Verwunderung zusammen, um dieses gänzlich neuartige Schauspiel zu sehen, und dem König schien es, als ob er irre im Kopf geworden sei, und die Höflinge waren ganz klar der Meinung: »Der Erbe des Reiches wird Giovanni sein.«

Wie sie dann ausgestiegen waren, gab die Äffin zu verstehen, daß sie allein in einem Zimmer zu sein wünschte, und als Antonio sie dorthin geführt hatte, da gab sie ihm ihrerseits ein Kästchen, das er dem König bringen sollte, und als der König nun vernahm, daß sein Sohn sich just so eine Braut ausgewählt hatte, da mußte er sich ja wohl zuerst einverstanden erklären, daß er ihm die zur Frau gab. Einstweilen jedoch stellte er dieses Kästchen neben das von Giovannis Frau, denn er wollte sie beide miteinander öffnen.

So kam denn der nächste Morgen; alles war in der Königlichen Kapelle für die Eheschließung vorbereitet: Antonio ließ also seine Braut von ihrem Zimmer abholen, aber sie wollte den Gesandten nicht die Türe öffnen und gab zu verstehen, daß Antonio sich in eigener Person zu ihr zu begeben habe. So geht denn Antonio nach oben und klopft mit den Fingerknöcheln bei ihr an, und plötzlich sprangen die Türflügel weit auf. Er geht hinein, und was sieht er da! Die Äffin hatte sich in ein wunderschönes Mädchen verwandelt, sie war wie eine königliche Braut gekleidet, ihr Anblick allein war schon etwas Wundervolles. Da sagt sie: »Hier ist Eure Braut. Gehen wir!« Antonio, halb außer sich vor Glück, führte die Braut zur Kapelle hinunter, und alle waren starr vor Staunen über dieses Wunderbild von einem schönen Mädchen, und als die Brautleute im Betstuhl niedergekniet waren, da segnete sie der Priester, und Antonio war der Ehemann dieses Mädchens geworden.

Als dann die Zeremonie vorbei war, sagte der König: »Jetzt ist es wohl an der Zeit, die Geschenke anzuschauen

170

und zu entscheiden, wer der Erbe meines Reiches sein soll.« Er nimmt das Kästchen von Giovannis Frau, öffnet es, und da fliegt ein schönes Vöglein heraus. Der König schreit: »Schön!, ja wirklich schön! Und daß doch ein Vöglein so lange in diesem Gefängnis hat lebendig bleiben können!« Danach nimmt er das Kästchen von Antonios Frau, macht es auf und findet dort Leintuch. Nun fängt er an, daran zu ziehen, und schließlich zieht er hundert Ellen Tuch heraus. Da schreit der König noch lauter: »Aber das ist ja noch wunderbarer und seltener, daß in diesem engen Kästchen ein Leintuch von hundert Ellen Länge Platz hat! Die Entscheidung ist damit gefallen: Thronerbe kann nur Antonio sein.«

Als Giovanni diese Worte hörte, war er völlig verstört, aber da sprach Antonios Frau: »Antonio braucht das Königreich seines Vaters ganz und gar nicht, denn er hat schon eines für sich, und deswegen wird Giovanni der Erbe sein. Weil Antonio immer seinem Versprechen treu geblieben ist, mich zu heiraten, obwohl ich doch in der Gestalt einer Äffin auftrat, hat er den Zauber gebrochen, der mich zusammen mit allen meinen Untertanen gebunden hatte. Jetzt also wird Antonio Herrscher über das Reich, das ich ihm, wegen seiner Verdienste, als Mitgift bringe.«

Als sie nun, um den Streit zu schlichten, diese Worte gesprochen hatte, zog sie aus ihrem Gewand ein Stäbchen, machte vier Stücke daraus und gab sie Antonio: der solle sie in die vier Himmelsrichtungen auf das Dach des Schlosses werfen. Antonio gehorchte dem Befehl seiner Braut, und in diesem Augenblick wurden alle Affen, die sich in der Stadt befanden und auch die, welche zu Hause geblieben waren, wieder in Menschen verwandelt: die einen in Männer, die anderen in Frauen, in Herren und Damen, Handwerker, Bauern, Pferde und Tiere aller Art, und nach wenigen Tagen, als die Hochzeitsfeierlichkeiten vorüber waren, reisten Antonio und seine Frau ab und nahmen Besitz von ihrem Königreich, und dort lebten sie heiter und zufrieden und hatten Kinder, kurzum:

Sie lebten lange voller Glück,
doch ließen sie mir nichts zurück.

32. Caterina

Es waren einmal ein König und eine Königin, die hatten ein großes Verlangen, ihnen möchte doch ein Kindchen geboren werden, sei es nun ein Junge oder ein Mädchen, das war ihnen nicht wichtig, wenn sie nur nicht immer allein und ohne einen Erben in der Welt bleiben sollten; und der Herr erhörte schließlich, als es ihm an der Zeit schien, dieses Herrscherpaar, so daß sie ein Kind bekamen, und sie waren sehr glücklich über diese Gnade, und man kann es gar nicht sagen, welche Mühe sie sich gaben, das Töchterchen mit aller Aufmerksamkeit zu erziehen, und sie gaben ihm den Namen Caterina. Also, Caterina gedieh wirklich aufs beste, und beim Heranwachsen wurde sie schön und hatte so etwas natürlich Feines an sich, und so besorgte ihr Papa, sobald sie ein bißchen groß war, für sie einen Lehrer, der sollte ihr das Lesen und das Schreiben und alles beibringen, und weil er nicht wollte, daß sie beim Lernen immer wieder unterbrochen würde, beschloß er, der Lehrer solle mit seiner Schülerin in einem königlichen Landhaus außerhalb der Stadt wohnen, und dem Lehrer befahl er folgendes: »Der solle auf seine Tochter aufpassen, daß sie bestens unterrichtet würde, aber wenn sie ungehorsam wäre, dann wolle er das wissen, um sie zu bestrafen, und die Strafe war Kopfabschneiden.« Auf diese Weise studierte sich die Caterina, mit dem Lehrer immer an ihrer Seite, halb tot und wurde immer fleißiger; sie kannte alle Bücher fast ebensogut wie ein Doktor und zeigte sich auch liebenswürdig und wohl-erzogen von allen Seiten und als tüchtiges und wunder-schönes Mädchen.

Aber zu ihrem Unglück kam es soweit, daß der Lehrer, obwohl er schon recht betagt war, weil er eben immer in ihrer Nähe war, sich unheimlich in sie verliebte, und als er eines Tages nicht mehr anders konnte, da fragt er sie di-rekt ins Gesicht: »Caterina, hast du mich lieb?« Sagt sie: »Ja, warum denn nicht? Soll ich meinen Lehrer denn nicht liebhaben?« Am nächsten Tag fragt der Lehrer abermals: »Caterina, hast du mich lieb?« Und sie: »Warum denn nicht? Soll ich meinen Lehrer denn nicht liebhaben?« Am dritten Tag hakt er mit derselben Frage nach: »Caterina, hast du mich lieb?« Und sie: »Warum denn nicht? Soll ich meinen Lehrer denn nicht liebhaben?« – »Ja dann«, sagt der Lehrer, »dann gib mir einen Kuß!« Und die Caterina schreit: »O nein!, bloß das nicht!« Und er, beleidigt, poff!, haut ihr eine Ohrfeige runter, und dann rennt er gleich raus und läuft zum königlichen Schloß. Als der König den Lehrer mit seinem hochroten Gesicht erblickte, sagt er: »Was ist denn passiert? Gibt es etwas Neues?« Sagt der Lehrer: »Ja leider, Gekrönte Hoheit! Die Neuigkeit ist, daß die Caterina sehr ungehorsam geworden ist, und als ich mit ihr schimpfen wollte, da hat sie mir eine ganz schöne Ohrfeige gegeben.« – »Schlimm für sie!« sagte der König. »Ich werde mein Wort halten.« Und ohne Auf-schub befiehlt er den Soldaten, sie sollen zum Landhaus gehen, die Caterina in einen Wald führen und ihr schnur-stracks den Kopf abhauen. Und zum Beweis, daß sie den Befehl befolgt hätten, sollten sie ihm dann die Zunge und die Kleider von dem Mädchen bringen.

So kommen also die Soldaten zu dem Landhaus. Sagt die Caterina: »Ist ein Unglück passiert? Ist denn der Papa gestorben?« – »Nein, es geht ihm gut.« – »Ist vielleicht die

Mama gestorben?« – »Aber was!, der geht's auch gut.«
Sagt die Caterina: »Ja also, was wollt ihr dann?« – »Man
hat da so einen schlimmen Befehl gekriegt.« – »Muß also
ich sterben?« fragt Caterina. Sagt der Sergeant: »Ja leider,
und dem König muß man gehorchen, und man muß ihm
Ihre Zunge und Ihre Kleider hochbringen zum Beweis,
daß man Sie umgebracht hat.« Da ruft Caterina, ohne sich
besonders aufzuregen: »Wenn's nichts Schlimmeres ist!
Also, dann führt mich ab, ich bin bereit zu sterben, wenn
es mein Vater, der König befiehlt.« Sie gehen hinaus und
marschieren in einen dichten Wald, und da war ein Kapellchen mit dem Bild der Madonna, und die Caterina
warf sich vor ihr auf die Knie und empfahl ihr ihre Seele,
und in der Zwischenzeit diskutierten die Soldaten miteinander und überlegten, ob es nicht eine Möglichkeit
gäbe, dieses arme, unschuldige und unglückliche Mädchen zu retten, ohne daß man ihr Schaden zufügte. Zum
Glück kam da gerade ein Hund vorbei, und weil Caterina
die Überlegungen der Soldaten mit angehört hatte, stand
sie auf und sagte: »Wenn ihr die gute Absicht habt, mich
nicht umzubringen, dann nehmt doch die Zunge von dem
Hund da: Die Zunge der Hunde ähnelt denen der Menschen, und mein Vater kann sie bestimmt nicht unterscheiden. Ich verspreche euch für meinen Teil, daß ich
mich in meiner Heimat nie wieder blicken lasse.« Den
Soldaten gefiel die Idee wohl, denn die Caterina hätten sie
nur ungern umgebracht, höchstens aus Gehorsam gegen
den König. Sie erledigten also das Tier mit einem Flinten-
schuß und nahmen seine Zunge, dann ließen sie sich von
Caterina alle ihre Kleider geben und ließen sie dort mut-
terseelenallein im Wald zurück. Und weil sie nicht wußte,
wie sie sich bedecken sollte, verkroch sie sich in ein dich-
tes Gebüsch und wartete, daß Gott ihr helfen möge.
Am nächsten Morgen ging der junge Sohn eines anderen Königs aus der Nachbarschaft, ein schöner schlanker

Bursche, der ging also auf die Jagd, und auf einmal hört er die Hunde, die an einer Stelle mit lautem Bellen stehenbleiben. Er dachte, da müsse wohl ein Hase in seinem Nest sitzen; er lief hin, um nachzusehen, und statt dessen entdeckt er die Caterina ganz ins Laub hineingeduckt und zu Tode erschrocken. Sagt er: »Was machst du da und so nackt?« Caterina schlug vor Scham die Augen nieder und erzählte ihm ihr Unglück, und der junge Mann zog sich den Mantel aus und legte ihn um sie herum, und dann führte er sie eilig zu einem Gasthaus, und es war noch nicht eine Stunde vergangen, da war er schon so sehr in sie verliebt, daß er versprach, sie unter allen Umständen zu heiraten.

Aber zuerst wollte er das auch der Königin, seiner Mamma, sagen; so ließ er denn die Caterina mit einem guten Trinkgeld in den Händen des Wirts, kehrte zu seinem Schloß zurück und meldete sich sofort bei der Königin: »Mamma, Mamma! Heute früh hatte ich großes Glück bei der Jagd!« Die Königin ruft: »Die muß ja wirklich schön gewesen sein, nur sehe ich nichts davon.« Sagt der junge Mann: »Tja, das war keine Jagd auf ein Wild. Hinten im Wald habe ich in einem Gebüsch das schönste und gebildetste Mädchen der Welt getroffen, und sie hat mir ihr ganzes Unglück erzählt. Man hatte sie nämlich nackt im Wald ausgesetzt, und jetzt habe ich sie in einem Gasthaus zurückgelassen, und ich möchte, daß sie meine Braut wird. Was meint Ihr, Mamma, wird der Papa einverstanden sein?« Da schreit die Königin: »Der soll einverstanden sein? Denkst du, der erlaubt seinem Thronfolger, daß er sich die erste beste nimmt, die ihm vor die Füße läuft, eine Frau, die im Wald herumirrt in so einem Aufzug, und wo man nicht weiß, wer sie sein soll und ob sie dir nicht ganz schöne Lügen aufgetischt hat?« Sagt der junge Mann: »Aber was! Dieses Mädchen kann keine Betrügerin sein. Ich habe ihr versprochen, daß sie unter allen

175

Umständen meine Braut wird, und ich will mein Wort nicht brechen.«

Aber als sich nun der junge Mann an den König, seinen Vater, wandte, er solle ihm die Heirat mit der Caterina erlauben, da antwortete der mit einem absoluten Nein und sagte ihm, er solle sich ja nicht unterstehen, ein Mädchen von dieser Sorte in seinen Palast zu bringen. So mußte sich also dieser verliebte junge Mann damit abfinden, eine versteckte Ehe einzugehen, und damit sein Vater nichts merken sollte, brachte er die Caterina in einem abgelegenen Landhaus unter, und von Zeit zu Zeit ging er dort hin und lebte einige Tage mit ihr, und so brachte sie ihm dann ein Kind zur Welt. Aber sie hatten immer Angst, daß man sie entdecken und bestrafen würde. Völlig glücklich waren die beiden nicht.

Kurze Zeit später kam es so, daß man diesem König den Krieg erklärte, und der Sohn mußte mit den Soldaten als General ausziehen, um sich mit seinen Feinden zu schlagen. Aber bevor er seine Frau Caterina verließ, sagte er zu ihr, er würde ihr schreiben, aber sie solle gut aufpassen, sie solle von niemandem einen Brief entgegennehmen außer vor Sonnenaufgang und nach Sonnenuntergang, sonst könnte es sein, daß man sie betrügen wolle, und als er ihr diese Ratschläge gegeben hatte, trennten sich die beiden. Caterina blieb mit dem Kind zu Hause, und ihr Mann begab sich an die Spitze des Heeres.

In der Zwischenzeit war jedoch dieser Schurke von einem Lehrer hier und dort herumgelaufen und gelangte schließlich auch zu dem Landhaus der Caterina, und als er sie eines Tages am Fenster sah, erkannte er sie sofort und begriff, daß die Soldaten sie nicht zu Tode gebracht hatten, sondern sie vielmehr am Leben gelassen und dem Vater zu verstehen gegeben hatten, seine Befehle seien ausgeführt worden. Also wollte er mal mit ihr reden, denn er war noch immer verliebt, und mit einem Brief in der

Hand kam er an die Türe des Landhauses und klopfte an. Caterina kommt ans Fenster und fragt: »Wer seid Ihr? Was sucht Ihr denn, edler Herr?« Sagt der Lehrer: »Ich habe da einen Brief von Ihrem Mann. Machen Sie mir auf.« – »Aber was!« antwortet Caterina, »jetzt um diese Zeit, das ist unmöglich. Die Briefe von meinem Mann, die schickt er mir immer vor Sonnenaufgang und nach Sonnenuntergang. Ich mach' nicht auf, und Ihr könnt wieder gehen. Der Brief da ist nicht für mich.« Ohne abzuwarten, was der Lehrer ihr darauf antworten würde, schlägt sie ihm den Fensterflügel vor den Rüssel und verschwindet. Der Lehrer wurde ganz sauer über diese schlechte Behandlung und blieb wie ein Blöder stehen, aber er verlor deswegen noch nicht den Mut und kalenderte herum, wie er sich rächen könnte. Wie es nun Nacht war, da kletterte er von einem unteren Fensterchen die Mauern hoch und kroch auf allen vieren bis zu Caterinas Schlafzimmer, und die wacht bei dem Rascheln voller Argwohn auf und fängt mit zitternder Stimme an zu schreien: »O Gott, da sind Einbrecher!« Sagt der Lehrer: »Keine Einbrecher, das bin ich, und ich bin gekommen, um dich zu besitzen, entweder machst du's aus Liebe, Caterina, oder ich brauche Gewalt!«

Als nun Caterina diese Stimme hört, da verliert sie den Kopf und springt im Dunkeln vom Bett herunter und verkriecht sich in einem Eckchen, ohne an ihr Kind zu denken. Der Lehrer merkte, daß es sinnlos war, wütend herumzurennen und sie zu suchen, er murmelte schreckliche Gotteslästerungen, und schließlich tastete er, von Zorn entbrannt, nach dem Kind, fand es und erstach es mit seinem Messer, und dann nahm er Reißaus, schneller als der Wind.

Stellt euch die arme Caterina vor, ihren Schmerz, wie sie nun aus ihrem Eckchen herauskam und ein Licht anzündete und sehen mußte, wie ihr Söhnchen tot in einer

Blutlache lag. Sie riß sich die Haare aus und weinte vor Jammer und schrie: »Ach, ich Allerärmste, was soll ich bloß tun? Wenn jetzt mein Mann zurückkommt, dann wird er glauben, daß ich an allem schuld bin, und wer weiß, welche Strafe auf mich zukommt, obwohl ich doch unschuldig bin! O Gott, Gott!, mein liebes Kindchen, die Frucht meiner Liebe, warum habe ich dich nicht gegen diesen Schurken von einem Lehrer schützen können! Es wäre besser gewesen, er hätte auch mich umgebracht! Dann wäre ich jetzt nicht so verzweifelt mit diesem ganzen Unglück im Nacken.« Aber nun begann es zu tagen, und weil Caterina nicht wollte, daß man so eine Tragödie in ihrem Zimmer entdeckte, zog sie sich schnell ihre Kleider an, stieg ganz leise die Treppe hinunter und rannte aus dem Landhaus in den Wald hinein und lief und lief drauflos, bis sie gegen Abend zu einem Hügelchen kam, wo eine Schäferin ihre Schafe zur Weide geführt hatte. »Hör mal, Mädchen, möchtest du nicht gerne deine Kleider gegen die meinen tauschen?« – »Aber wo denken Sie hin, gnädige Frau«, gab die zur Antwort, »das wäre doch ein schlechter Tausch: die Ihren sind zu schön.« Sagt Caterina: »Ach, was macht das schon? Ich darf so nicht mehr auftreten, und wenn du etwas dabei gewinnst, kannst du dich nicht beklagen. Meine Kleider stehen dir sicher gut bei den Festen. Na los, nun sag schon ja!«

Kurzum, die Schäferin hielt so einen Tausch für ganz undenkbar, aber schließlich war sie einverstanden, und als nun Caterina nach diesem schwierigen Geschäft wie eine Schäferin angezogen war, zog sie weiter und kam, als es schon dunkel war, zum Tor einer armseligen Schenke, so todmüde und hungrig, daß sie sich kaum noch auf den Beinen halten konnte. Sagt der Wirt: »Was wollt Ihr, Schäferin?« – »Ach, könnte ich wohl bei Euch einen Unterschlupf finden? Ich habe mich unglücklicherweise in dieser Gegend verlaufen, und wenn Ihr Arbeit für mich hättet, könnte ich auch für immer in Euren Diensten bleiben.« Sagt der Wirt: »Warum denn nicht? Ich brauche sowieso gerade eine Aushilfe. Meine Frau ist nämlich krank, und ich habe niemanden zur Pflege, und da kommt Ihr gerade recht. Immer nur herein, wir werden schon miteinander auskommen, wenn Ihr nicht viel Ansprüche stellt.« So blieb Caterina als Magd bei diesem Wirt und lebte schlecht und recht, aber ihre Gedanken hatte sie alle Augenblicke bei ihrem Mann und ihrem Kind, und sie konnte sich nicht damit abfinden, daß der Schurke von einem Lehrer seine Rachepläne hatte ausführen können. – Aber kommen wir zu dem Königssohn zurück, den wir im Krieg zurückgelassen haben.

Der Krieg ging zu Ende, man schloß Frieden, und der Königssohn machte sich gleich daran, nach Hause zurückzukehren. Armer junger Mann! Er dachte, er würde die Caterina und das Kind in dem Landhaus wiederfinden, und statt dessen fand er den kleinen Jungen tot, und Caterina war auf und davon, und kein Mensch konnte ihm sagen, welchen Weg sie eingeschlagen hatte. Er hätte mit seinem Kopf gegen die Wand rennen können, so maßlos war seine Enttäuschung, und als sein Vater ihn in solcher Verzweiflung sah, da bereute er, aber leider zu spät, daß er sich aus Hochmut gegen die ihm unbekannte Frau gesperrt hatte. Aber er wollte ihn ein bißchen trösten, und so erlaubte er ihm Ausflüge und Vergnügungsreisen, und der junge Mann zog also herum, allein oder auch in Gesellschaft, ein bißchen hierhin, ein bißchen dorthin, um sein Unglück zu vergessen. Aber was bringt's? Wenn das Herz voller Bitterkeit steckt, kann es kein Zucker wieder süß machen.

Kurzum, wie er einmal auf der Jagd war, da begegnete er eines Tages diesem Lehrer; der hatte inzwischen das Versteck der Caterina entdeckt und überlegte schon, wie er sie entlarven könnte, um ihr noch mehr Ärger zu bereiten, und deswegen streunte er in der Gegend herum und wollte mit irgendeiner Ausrede in diese Schenke gehen. Der Lehrer und der Königssohn schlossen Freundschaft, und der Lehrer machte ihn auch mit dem Vater der Caterina bekannt, aber er wußte nicht, daß dieser Königssohn der Mann der Caterina war, und der erzählte ihm auch ganz und gar nichts; seine Geheimnisse verriet er niemandem. Und so verstrich einige Zeit, und die drei trafen sich von Zeit zu Zeit zum Vergnügen und zum Schwätzen, und sie streiften mit der Büchse über der Schulter durch Feld und Wald. Aber der Königssohn nahm nicht viel Worte in den Mund, er blieb stumm und nachdenklich und hatte immer seine Caterina im Kopf.

Als die drei Freunde einmal den ganzen Tag gejagt hatten, kamen sie erschöpft und mit einem Mordshunger bei dieser Schenke an, wo die Caterina lebte: Sie wollten sich dort ausruhen und etwas essen, und als sie hineingegangen waren, sagten sie also dem Wirt, er solle ihnen vom Besten bringen, was er in der Küche habe. Der Wirt war bemüht, sich die Ehre zu geben, denn Leute dieser Sorte kamen ihm selten zu Gesicht; er machte sich also ans Geschäft und richtete eine schöne Tafel mit schmackhaften Gerichten her und mit einem so köstlichen Wein, daß selbst die Steine hätten Durst kriegen können. Also aßen und tranken die Jäger ohne viel zu reden, und danach zündeten sie sich die Zigarre an, aber alle waren still. Sie saßen da wie Brüder. Schließlich sagt der Papa der Caterina: »Es ist ja schlimm, wenn der eine am Galgen sterben und der andere als Jude geboren werden muß. Aber Ihr, was habt Ihr bloß, Majestät, daß Ihr gar nicht mehr redet und immer nur Euren Gedanken nachhängt? Kann Euch denn gar nichts aufmuntern?« Der junge Mann antwortet wie zum Scherz: »Um mich wirklich aufzumuntern bräuchte ich eine Frau, die mir ein Kindermärchen erzählt.« Bei so einem Wunsch lachten alle aus vollem Halse, so lustig erschien ihnen das; aber der Wirt sagte: »Wenn's weiter nichts ist! Ich habe hier eine Schäferin im Hause, die weiß wohl hundert Märchen und kann sie auch erzählen. Ich kann Ihnen sagen: für meine kranke Frau gibt es keine bessere Unterhaltung. Wenn Sie es wünschen, daß die Schäferin herkommt, dann ruf' ich sie runter! »Ja, ja«, schreien alle, »ruft sie her. Wir wollen doch mal hören, was sie alles kann.«

Der Wirt ging also an den Treppenaufgang, rief die Caterina, und die kam auch gleich herunter und war sehr erschrocken, als sie die Herren sah und auch geradewegs erkannte, aber sie tat so, als seien sie ihr gänzlich unbekannt. Auf der anderen Seite erkannten die Männer sie nicht, weil sie doch so wie eine Schäferin angezogen war. Und da sagte der Wirt auch schon: »Diese Herren hätten gerne eines von Euren Märchen gehört. Nur Mut! Setzt Euch hin und erfüllt ihren Wunsch.« – »Aber mir fällt jetzt keines ein«, antwortet Caterina, »und außerdem bin ich schüchtern, ich schäme mich vor den Menschen aus der Stadt.« Sagt der Lehrer: »Nur keine Aufregung, schöne junge Frau. Wir machen doch niemandem Angst, und wenn Ihr uns ein Märchen erzählt, dann sind wir Euch sehr verpflichtet, vor allem auch, weil dieser junge Mann sonst keinerlei Vergnügen kennt.« – »Na ja, meinetwegen«, sagte Caterina, »so gut ich eben kann. Bitte habt ein bißchen Nachsehen. Ich will Euch das Märchen von der unglücklichen Caterina erzählen. Seid Ihr einverstanden?« Bei dieser Ankündigung setzten sich die Herren zum Zuhören zurecht, doch dem Lehrer gab es einen Stich ins Herz. Aber Caterina fing, ohne darauf zu achten, so mit ihrer Geschichte an:

«Ihr müßt wissen, daß einem König und einer Königin, nachdem sie eine gute Weile darauf gewartet hatten, schließlich ein Töchterchen geboren wurde, dem sie den Namen Caterina gaben. Als sie nun älter wurde, vertrau-

181

ten die Eltern diese Caterina einem Lehrer an; der sollte sie ausbilden, und damit sie bei ihren Schularbeiten nicht abgelenkt würden, wünschten sie, daß der Lehrer und seine Schülerin allein in einem Landhaus außerhalb der Stadt wohnen sollten.«

Bei diesen ersten Worten der Caterina fing der Lehrer schon an, seine Augen aufzureißen und auf seinem Stuhl hin- und herzuwackeln, aber Caterina fuhr, ohne darauf zu achten, fort:

»Dieser Lehrer machte den Eindruck eines schon betagten und ehrenhaften Mannes, aber er war in Wirklichkeit ein Schurke mit schlechten Absichten, und so verliebte er sich in seine Schülerin und verlangte von ihr einen Kuß, aber sie antwortete mit einem entschiedenen Nein, und da fühlte sich der Lehrer gekränkt und gab ihr eine Ohrfeige, und nicht genug damit: Er lief noch zu den Eltern und erzählte denen, ihre Tochter betrage sich schlecht, und sie habe ihm eins ins Gesicht gehauen. Der König hielt sein Wort und befahl seinen Soldaten, sie sollten das arme unschuldige Mädchen umbringen und ihm ihre Zunge und ihre Kleider zum Beweis bringen.«

An dieser Stelle schrie der Lehrer: »Mir ist so schlecht, ich will hier raus.« – »Nein, nein, wartet nur«, sagte Caterinas Papa. »Wir sollten doch wohl hören, wie das Märchen ausgeht. Sprecht nur weiter, schöne Schäferin.« Und Caterina drauf: »Aber die Soldaten waren anständiger als der unmenschliche Vater; sie wollten ihre Hände nicht mit dem Blut des Mädchens besudeln und ließen es allein im Wald zurück, nachdem sie es ausgezogen hatten – so nackt, wie Gott es geschaffen hatte; und dem König überbrachten sie zum Zeichen, daß sie ihm gehorcht hatten, seine Kleider und die Zunge von einem Hund. Das Mädchen, so allein gelassen, verkroch sich in einem Gebüsch, und dort fand sie am nächsten Morgen ein Königssohn, der auf die Jagd zog. Sie gefiel ihm, und er legte seinen

Mantel um sie, um sie zuzudecken, und so wurde sie schließlich seine rechtmäßige Braut, wenn auch nur heimlich, damit bei dem Vater kein Verdacht aufkommen sollte, der über die Heirat dieses jungen Mannes nicht glücklich war. Um sie besser versteckt zu halten, führte er seine Frau in ein Landhaus weit weg von der Stadt, und an diesem Ort brachte Caterina seinerzeit einen Knaben zur Welt.«

Stellt euch den Lehrer vor, wie er so eine Geschichte mit anhören mußte! Plötzlich jammerte er: »Aua, aua! Ich habe solche Schmerzen! Ich muß jetzt gehen!« Da sagte der Königssohn: »Aber nein. Jetzt muß man schon bis zum Ende hierbleiben, lieber Lehrer. Mir gefällt das Märchen recht gut, also fahrt nur fort, schöne Schäferin!«

Und Caterina erzählte: »Dem Mann der Caterina wurde in diesen Tagen der Krieg erklärt, und er war gezwungen, seine Soldaten außerhalb des Landes zu befehligen. Bevor er fortzog, gab er also seiner Frau Anweisungen, damit sie auch Nachrichten von ihm erhalten könne: Sie solle von niemandem Briefe annehmen außer vor Sonnenaufgang und nach Sonnenuntergang. Aber eines Tages kam dieser schurkische Lehrer zu dem Landhaus und wollte unbedingt, Caterina solle ihm das Haus öffnen, er wolle ihr einen Brief übergeben, aber das war um die Mittagszeit, und der Brief war gefälscht, und als Caterina ihm mit Nein antwortete und ihm den Fensterflügel vor den Rüssel knallte, da kletterte er aus Rache im Dunkeln von einem Fensterchen aus in das Schlafzimmer der erschrockenen Frau und erstach mit einem Messer den kleinen Jungen, der im Bett lag, und dann verschwand er auf demselben Weg. Die arme Caterina verlor den Verstand vor Schmerz und floh halb wahnsinnig aus dem Haus, und jetzt...«

Aber der Lehrer hörte sich den Rest nicht an, denn mit einem fürchterlichen Schrei stürzte er sich nach hinten und ging ohnmächtig zu Boden, während die beiden anderen nur noch sagen konnten: »Die Caterina bist du! Du bist meine Tochter, meine Frau.« – »Ja, ja, die bin ich«, antwortete Caterina, und sie umarmten sich mit großer Freude. Dann packten sie den Lehrer, ließen ihn von den Dienern fesseln und führten ihn in die Stadt, wo man ihm ein Pechhemd anlegte und ihn gleich mitten auf dem Platz verbrannte zur Strafe für seine Verbrechen. Das Ehepaar versöhnte sich dann wieder mit den Eltern, und sie lebten immer beisammen, und sicher gibt es sie heute noch.

33. Die Maga

Es war einmal ein König, der gar keine Kinder hatte. Er machte alle Anstrengungen; er ging und verrichtete Gebete, um ein Kind zu bekommen, aber das nützte ihm nichts. Eines Tages war er wieder beim Gebet, da hörte er eine Stimme: *Was willst du – einen Jungen zum Sterben oder ein Mädchen zum Weglaufen?* Und er blieb stumm: Er wußte nicht, was er antworten sollte. Er ging nach Hause und fragte alle seine Untertanen, was er antworten könne. Sie sagten ihm: »Ein Junge zum Sterben ist dasselbe, wie wenn Sie nichts kriegen; bitten Sie um das Mädchen zum Weglaufen; dann sperren Sie es ein, und so kann es gar nicht weglaufen.« So ging er in die Kirche, um sein Gebet zu verrichten, und hörte wie zuvor die Stimme: *Was willst du – einen Jungen zum Sterben oder ein Mädchen zum Weglaufen?* Und er: »Ein Mädchen zum Weglaufen.« Und schon wird die Königin schwanger und bekommt ein wunderschönes Mädchen. Viele Meilen von der Stadt entfernt hatte es einen wunderschönen Garten mit einem schönen Palast mittendrin, und der König brachte dieses Mädchen dorthin mit einer Amme und einer Zofe; und der Papa und die Mamma gingen nur selten, um dieses Kind zu sehen, weil sie nicht wollten, daß es Lust bekäme, in die Stadt zu gehen; sie hatten nämlich Angst, es würde weglaufen. Als das Mädchen im Alter von sechzehn Jahren war, kam da der Sohn des Königs Giona vorbei. Er sieht dieses schöne Mädchen und verliebt sich. Er gibt der Amme, die immer bei ihr war, ein paar Münzen als Trinkgeld, und sie läßt ihn vorbei. Diese beiden jungen Leute verlieben sich, und sie heirateten dort, ohne daß ihr Papa und ihre Mamma etwas davon erfuhren.

Neun Monate gehen vorbei: Sie war schwanger geworden, und die Prinzessin bekommt einen wunderschönen Jungen. Zu der Zeit, als sie ihn zur Welt brachte, bekam ihr Vater Lust, die Tochter zu besuchen. Als er am Palast angelangt war, kam ihm die Amme entgegen. Der Vater fragt sie, was die Tochter mache? »Hoheit, es geht ihr gut, sie hat ein totes Kind geboren.« – »Was? Mein Töchterchen hat ein Kind bekommen! Sie hat also geheiratet?« Und er war so aufgebracht, daß er umkehrte und seine Tochter nicht mehr sehen wollte.

Sie lebte also mit ihrem Bräutigam in ihrem Palast, und mit ihrem Jungen. Als er fünfzehn Jahre alt war, dieser Junge, der seinen Großvater noch nie gesehen hatte, sagte er eines Abends: »Mamma, ich will ein bißchen raus und meinen Großvater sehen.« Die Mamma antwortete ihm: »Geh.« Er steht frühmorgens auf, nimmt ein tüchtiges Pferd und viel Geld und zieht los. Als er beim Großvater angekommen war, da machte der ihm keinen großen Empfang, er redete nie mit ihm. Als er ungefähr drei oder vier Monate dort gewesen war, mißfiel es dem jungen Mann, daß sein Großvater so gar nicht freundlich zu ihm war. Der junge Mann sagte zu ihm: »Großvater, was habt Ihr gegen mich, daß Ihr nie mit mir sprecht? Sagt es mir; für Euch würde ich losziehen und der Maga den Kopf abschlagen.« Antwortete der Großvater: »Gerade das habe ich gewünscht, daß du der Maga den Kopf abschlägst.«

Diese Maga war so schrecklich, daß alle, die sie anschauten, zu Statuen wurden, und dem Alten hätte es gerade gepaßt, daß der junge Mann sterben würde, sonst hätte er ihm das Königreich überlassen müssen; und eben deswegen wünschte er, daß er weggehen sollte, um der Maga den Kopf abzuschlagen. Nun, der läßt sich viel Geld geben, nimmt ein tüchtiges Pferd und zieht los. Unterwegs begegnet ihm ein altes Männlein. »Wo hinaus, lieber Bursche«, sagte er. »Ich will der Maga den Kopf abschlagen«, antwortete er. – »Ach, du Unglücksmensch! So gehst du der Maga den Kopf abschlagen? Da brauchst du ein Pferd, das fliegen kann, denn du mußt durch ein Gebirge ziehen, wo es so wilde Tiere gibt, Löwen und Tiger, die würden schon beim ersten Happen dich und dein Pferd auffressen.« – »Aber wie soll ich das machen? Wer gibt mir denn das Pferd? Wie soll ich denn bloß ein fliegendes Pferd finden?« – »Paß auf, das finde ich für dich.«

Das alte Männlein verschwindet und bringt ihm ein wunderschönes Pferd, das fliegen kann. »Hör zu, die Maga, die ist in einer ganz schönen Wiese voll mit Blumen, und von deren Duft wirst du verzaubert, wenn du in die Nähe kommst, und dann brauchst du einen Spiegel, aber diesen Spiegel habe ich nicht. Wenn du ein Stück weit gegangen bist, findest du einen herrlichen Palast, und da ist ein wunderschöner Garten, da stehen zwei blinde Frauen, und sie haben nur ein Auge für beide. Du mußt zu diesen beiden Frauen gehen und dich vorstellen, und dann geben sie dir vielleicht diesen Spiegel. Wenn du den Spiegel in Händen hältst, wirst du sehen, wie die Maga in einem wunderschönen Garten lustwandelt. Achte gut darauf, daß du die Maga nicht anblickst: Schau sie im Spiegel an, schau sie dir nur in dem Spiegel an; denn wenn du sie anblickst, wirst du eine Statue.« Der junge Mann bedankt sich bei diesem Alten, und er ging seinen Weg weiter.

Als er in den Bergen angekommen war, fand er dort Bären, Tiger, Schlangen, und hätte er nicht das fliegende Pferd gehabt, so hätten sie ihn stückweise aufgefressen; aber er stieg immer mit dem Pferd hoch, so daß sie ihn nicht erreichen konnten. Dann sagte er: »Der Alte hatte recht, denn ohne dieses Pferd hätten mich diese Tiere gefressen.« Und er ging seinen Weg weiter.

Als er wieder eine Strecke geritten war, erblickte er in der Ferne einen schönen Palast und sagte: »Das muß der Palast der Blinden sein.« Er begab sich dorthin, aber der junge Mann war so schüchtern, daß er nicht wagte anzuklopfen. Da war ein wunderschöner Garten; er ging hinein und machte zum Zeitvertreib einen Rundgang, denn die Blinden waren gerade beim Essen. Als sie die Mahlzeit beendet hatten, gingen sie ein bißchen im Garten spazieren, und als er sie hörte, versteckte er sich hinter einer Pflanze, damit sie ihn nicht sähen, denn er hatte Angst. Diese beiden Blinden unterhielten sich. Eine hatte ein Auge in der Hand und schaute und sagte: »Oh, was hat der König wieder für neue Paläste gebaut.« Die andere sagte: »Gib es mir einmal her, damit ich auch etwas sehe.« Der Junge, der nahe dabei hinter dieser Pflanze stand, streckte die Hand aus und nahm sich das Auge anstelle der anderen Blinden. Da sagte die Blinde: »Gibst du es mir nicht?« – »Hab' ich es dir nicht gegeben?« antwortet die andere. »Nein, du hast es mir nicht gegeben!« – »Ich sag' dir doch, ich hab's dir gegeben.« Und so stritten sie sich. Eine fragte die andere, und keine von beiden hatte das Auge. Da sagten sie: »Das bedeutet, jemand ist im Garten und hat es genommen. Wenn da jemand ist, der es uns weggenommen hat, möge er es uns doch bitte zurückgeben, denn wir haben nur dieses eine Auge für beide. Derjenige kann uns um etwas bitten, das er zu brauchen glaubt, und wir geben es ihm.« Da trat der junge Mann hervor und sagte: »Ich bin es, der es genommen hat; ihr müßt mir den Spiegel geben, den ihr habt, denn ich muß die Maga umbringen.« – »Sehr gerne«, sagten die Blinden, »aber Ihr müßt uns das Auge geben, sonst können wir ihn nicht holen gehen.« Da gab er es ihnen höflich zurück. Sie brachten ihm den Spiegel, und er bedankte sich bei ihnen und setzte seinen Weg fort.

Er reitet einen ganzen Tag. Am Tag darauf, als er den ganzen Tag geritten war, roch er einen starken Duft von Blumen, und je weiter er ritt, um so stärker roch er den Duft. Als er noch ein Stück weitergeritten war, sah er einen wunderschönen Palast mit einer schönen Wiese voller Blumen. Mitten auf dieser Wiese lustwandelte die Maga. Als er nahe bei ihr war (er sah sie immer vom Pferd aus, aber er schaute sie durch den Spiegel an), stürzte er sich mit seinem Schwert auf sie und schlug ihr den Kopf ab, und den steckte er in ein Säckchen; aber es fielen zwei Tropfen Blut auf den Boden, und die wurden zu zwei dicken Schlangen, und er hatte Schwierigkeiten, sich von denen zu befreien. »Ho«, sagte er, »gut, daß ich dieses Pferd habe, wenn ich dieses fliegende Pferd nicht hätte, würde ich nicht mehr nach Hause kommen.« Und er ging weiter auf seinem Weg, aber er nahm nicht die übliche Straße, sondern eine andere. Er reitet und reitet und findet sich nahe bei einer Stadt, wo der Hafen war. Nahe beim Meer war eine Kapelle, da wollte er hingehen und sehen, was in der Kapelle war. Als er eingetreten war, sah er ein schönes Mädchen, das war ganz braun gekleidet und weinte, was es konnte. Als sie den jungen Mann sah, schrie sie ihm zu: »Geht fort, geht fort, denn wenn der Drache kommt, dann frißt er Euch auch; ich muß hier auf ihn warten, und er wird mich fressen. Wißt Ihr nicht, daß er jeden Tag einen fressen will, und heute bin ich an der Reihe.« Da antwortete er: »Nein, nein, schönes Mädchen, ich will Euch befreien.« – »Das ist doch unmöglich«, gab sie zur Antwort, »so ein Biest zu töten.« – »Nein, habt keine Angst, steigt nur auf mein Pferd«, antwortete er, und er setzt sie auf sein Pferd. Inzwischen hört er etwas brüllen: Das war der Drache, der kam heran. Kaum war er aus dem Meer gestiegen, da stellt sich der junge Mann ihm entgegen, und dieser Drache wird zu einer Statue. Dieses Biest hatte sieben Köpfe, und er schneidet ihm mit seinem Schwert alle sieben Zungen heraus, wickelt sie in ein Tuch und steckt sie in die Tasche.

Das Mädchen sah sich ihren Befreier an und wollte ihn mit sich nehmen. »Nein, ich will nicht kommen; ich will noch ein bißchen durch die Welt ziehen.« Und dann sagte er zu ihr: »Hör zu, ich werde sechs Monate fortbleiben; in diesen sechs Monaten sollst du niemanden anschauen, bis ich zurückkehre; und wenn ich nicht zurückkehre, nimm dir, wen du magst, denn das bedeutet, daß ich nie wieder komme.« Und sie sagte ihm adieu mit großem Miß-vergnügen und ging weg. Er ging in eine Richtung und sie in eine andere.

Als sie auf halbem Wege nach Hause war, traf sie einen Schuster, und der sagte zu ihr: »Weh, weh, schau wer da geht; sollten Sie sich nicht vom Drachen fressen lassen?« Er ging mit ihr noch einmal zurück, um zu sehen, ob sie die Wahrheit sagte, und als er sah, daß der Drache tot war, sagte er zu ihr: »Wenn du nicht zu deinem Vater sagst, daß ich ihn umgebracht habe, dann bringe ich dich um.« Das arme Mädchen war gezwungen, ihm ja zu sagen. Er nahm sie unter den Arm und führte sie zum Hause ihres Vaters. Ihr könnt euch die Freude der Eltern vorstellen, als sie die Tochter mit ihrem Befreier zurückkehren sahen (weil sie ihnen sagte, das sei der junge Mann, der den Drachen um-gebracht hatte, aber für sechs Monate wolle sie keinen).

Da ließ der König in der ganzen Stadt bekanntmachen, daß seine Tochter von einem Schuster befreit worder sei, und daß sie ihn nach sechs Monaten heiraten würde. Der junge Mann, der sie befreit hatte, befindet sich gerade in einer Stadt und hört ausrufen, daß die Tochter von diesem König von einem Schuhmacher befreit worden sei und daß der König sie ihm zur Frau geben wollte. Da sagte er bei sich: »Hör, hör: Ein Schuster hat ihn umgebracht! Da muß ich doch zurück und sehen, wer ihn wirklich umgebracht hat, der Schuster oder ich.« So kehrte er in diese Stadt zurück und ging in ein Wirtshaus, da sah er täglich Musik, Lieder, Feste, weil die Prinzessin Braut geworden war. Da ging er und fragte den Wirt: »Warum feiert man alle diese Festlichkeiten?« Der Wirt sagte: »Lieber junger Freund, das kommt daher, weil in dieser Stadt ein Tier war, und jeden Tag stieg es aus dem Meer und wollte einen zum Fressen bekommen, sonst nahm es sich, wen es gerade fand; es brachte viele Leute um. Eines Tages war die Prinzessin an der Reihe, ein Schuster befreite sie, und jetzt kriegt er sie zur Frau.« Da antwortete der junge Mann: »Könnte man wohl bei diesem König eine Audienz bekommen?« – »Ah, das wird in diesen Tagen schwierig sein.« Da versprach ihm der Junge viel Geld, und schließlich führte ihn der Wirt dorthin.

Am nächsten Tag sollte die junge Königin Braut werden, denn sechs Monate waren vorbei. Als er zur Audienz vorgelassen worden war, fragte dieser Junge den König über dieses Tier: Wie viele Köpfe es gehabt habe? »Sieben«, antwortete der König. »Dann müßte doch der, der es umgebracht hat, einen Beweis dafür liefern.« Man rief den Schuster. »Sage mir«, sagte der König, »als du den Drachen umgebracht hast, hatte der nicht sieben Köpfe? Dann muß er auch sieben Zungen gehabt haben.« Er rief seine Tochter und fragte sie, wer dem Drachen die Zungen herausgeschnitten hätte? Und die Tochter: »Der da, Vater, und dieser Schurke hat mich mit Gewalt genommen und mir befohlen, ich sollte Ihnen sagen, er habe ihn umgebracht.« Da wurde der Schuster gepackt und mitten auf dem Platz verbrannt, und der Junge heiratete das

Mädchen. Der König wollte, daß er dort bleibe, und er krönte ihn, aber er bedankte sich und sagte, er habe selber ein Reich, und er wollte losziehen, um seinen Vater zu finden. Er kam zuerst zum Großvater mit seiner Braut. Der Großvater, der ihn schon für tot hielt, war höchst erstaunt, als er ihn erblickte. »Herr Großvater, wollten Sie nicht, daß ich der Maga den Kopf abschlagen sollte? Ich bin ausgezogen, und hier ist er.« Er holte den Kopf aus der Tasche und zeigte ihn vor, und da wurde der Großvater zu einer Statue. Dann ging er zu seinem Vater; der lebte noch immer in dem Garten, wo der Junge geboren war. Alle gingen wieder in das Königreich des Großvaters.

Und sie lebten voller Glück,
doch ließen sie mir nichts zurück.

34. Das Goldpantöffelchen

Da war einmal ein Vater mit der Tochter und der Mutter. Die Mutter lag im Sterben und sagte, er solle ja keine Frau nehmen, außer er fände eine, der ein Goldpantöffelchen passe, das sie in einem Kästchen aufbewahrte. Dieser Mann dachte lange Zeit nicht mehr an diesen Pantoffel, aber dann erinnerte er sich, daß ihm seine Frau das gesagt hatte. So lief er herum und hielt Ausschau nach einer, welcher das Pantöffelchen passen würde; aber er konnte keine finden. Eines Tages hatte seine Tochter den launischen Einfall, es bei sich zu probieren, und es paßte ihr ausgezeichnet. Ohne weiter nachzudenken, sagte sie zu ihrem Vater, sie habe sich dieses Pantöffelchen anprobiert und es passe ihr sehr gut.

Er antwortete: »Meine Tochter, wir machen keine halben Sachen – jetzt muß ich dich heiraten.« Da war das Mädchen ganz verzweifelt und ging zu einer Alten, um sich Rat zu holen. Diese Alte gab zur Antwort: »Du brauchst keine Angst zu haben; ich zeige dir genau, wie du es machen mußt. Du mußt deinem Vater bestellen, er soll dir ein Kleid machen lassen mit allen Blümchen der Welt darauf, sonst würdest du ihn nicht heiraten.« Die läßt das ihren Vater wissen; er antwortet: »Ja, Tochter, wenn ich kann, will ich es gerne für dich finden.« Er sucht hier und sucht da, und als er es für sie gefunden hat, da wurde die Tochter abermals ganz aufgeregt, und sie ging wieder zu derselben Alten. Die Alte antwortete: »O Tochter, hab keine Angst, ich hab' dir doch gesagt, daß ich dir alles zeigen werde, du mußt dir ein Kleid bringen lassen mit allen Wellen des Meeres.« Die Tochter richtet das ihrem Vater aus, und er geht und schafft es, ihr ein solches Kleid zu bringen. Kaum hat sie das Kleid erblickt, da wird sie wieder ganz durcheinander, denn ihr Vater sagte immer noch, er wolle sie heiraten. Sie läuft wieder zu der Alten von vorher, und die sagt zu ihr: »Jetzt mußt du dir eines bringen lassen mit allen Sternen des Himmels, und das wird noch schöner sein als die beiden anderen.« Die sagte es ihrem Vater, und ihr Vater antwortet sofort: »Ich will gehen und schauen, ob ich es finden kann.«

Nach kurzer Zeit kommt er mit dem Kleid nach Hause zurück, das er schon gefunden hatte. Die Tochter war ganz durcheinander, weil sie nicht wußte, ob sie jetzt noch einmal zu der Alten gehen sollte, denn sie meinte, sie könnte sie vielleicht zu sehr stören; aber dann faßt sie doch Mut und geht zu ihr und sagt ihr, daß ihr Vater auch dieses Kleid gebracht hat. Die Alte sagt zu ihr: »Jetzt mußt du ihm auftragen, er soll ein Kästchen herschaffen, das wie der Wind läuft, das sehen kann und nicht gesehen wird.« Sie kehrt sofort zu ihrem Vater zurück und bestellt diesen Kasten, und er sagt zu ihr: »Ja, den kannst du haben.« (Er dachte dabei nicht an die Falle, die sie ihm stellte.) Kaum sah sie den Kasten, da tröstete sie sich, denn diese Alte hatte sie auf den Gedanken gebracht, sie müsse von zu Hause weglaufen. Also wieder zurück zu der Alten, und sie sagt ihr, der Vater hätte auch die Kiste hergeschafft, jetzt müsse sie ihr sagen, was sie machen solle. Die Alte sagt zu ihr: »Du mußt dir ein Kleid aus Schweinehaut machen lassen, und dann steige mit deinem ganzen Zeug in deinen Kasten, wenn dein Vater schlafen gegangen ist, und dann ziehst du los.« Der Vater lag zufrieden im Bett, weil er am Morgen die Tochter heiraten wollte; dann wacht er auf und findet sie nicht. Und von ihm reden wir nicht mehr.

Bleibt also sie. Die arme Unglückliche findet sich in einem Wald wieder, und sie konnte nirgendwo etwas erkennen, weder Himmel noch Erde. Trotzdem tröstete sie sich: »Mal sehen, was ich morgen zusammenbringen kann.« Als sie nun so tief in diesem Wald versteckt war, wo man nicht aus noch ein wußte, kamen die Diener des Königs daher; sie waren auf der Jagd. Sie sahen dieses Ding und wußten nicht, ob es eine Bestie oder ein Mensch war; fast hätten sie darauf geschossen. Aber sie überlegten: »Man muß sie auch den König sehen lassen, bevor man sie umbringt«, und so gingen sie gleich zum König hin, um ihm das zu melden. Der König antwortet: »Was habt ihr sie nicht gleich umgebracht, jetzt laßt sie gehen, ich will sie auch noch sehen!« Kaum hat der König sie erblickt, da ist er schon beeindruckt und fängt an, sie auszufragen, und er merkt gleich, daß sie wohl eine Blöde war, die nichts wußte (in Wirklichkeit war sie ja gescheit, aber sie stellte sich blöd). Der König sagt aber, er wolle sie als Hühnermagd zu seiner Mutter bringen, auch konnte er sie als Närrin brauchen und zu ihr gehen, um mit ihr seinen Spaß zu haben.

Er stellt sie seiner Mutter vor; seine Mutter ist gleich dagegen: »O je, was zum Teufel hast du bloß nach Haus gebracht?« Der König bringt sie sofort in den Hühnerstall und führt ihr die Hühner vor, die sie tagsüber hüten mußte. Sie stellt sich so, als ob sie zufrieden sei, und den Tag darauf konnte es der König kaum erwarten: Kaum war es ein bißchen hell geworden, da ging er auch schon, um mit der Hühnermagd zu lachen und Späße zu machen, und er blieb stundenlang bei ihr und scherzte mit ihr, weil sie ihm so lustig vorkam.

Eines Abends kommt er wieder zu ihr; er mußte auf ein Fest mit einem Ball gehen. Als es Zeit ist zum Weggehen, befiehlt er der Hühnermagd, sie solle dem Pferd den Sattel auflegen. Die Hühnermagd antwortet ihm: »Ich weiß nicht, wie man dem Pferd den Sattel auflegt, weil ich nur eine Hühnermagd bin.« Er wurde zornig, er hatte die Pferdezügel in der Hand und sagte zu ihr: »Gleich zieh' ich sie dir über den Kopf!« Sie tut so, als ob sie Angst hätte, und rennt sofort, um das Pferd zu satteln.

Kaum war der König fortgeritten, da läuft sie zu ihrem Kästchen; sie zieht sich an und geht ihm nach, und sie hat sich das Kleid mit allen Blümchen der Welt darauf angelegt. Kaum war sie allein im Ballsaal angekommen, da machten alle große Augen, wie sie die junge Frau allein sahen, und keiner wußte, wo sie herkam. Der König geht sofort zu ihr und reicht ihr den Arm und lädt sie ein, mit ihm zu tanzen. Im Laufe des Abends fragte er sie auch, woher sie denn komme und wie ihr Wohnort heiße, und sie sagte ihm, sie komme von *Schlagdenzügel*. Der König sagte, das könne doch nicht sein, sie wolle ihn wohl aufziehen! Sie sagte zu ihm: »Nein, ich bin wirklich von *Schlagdenzügel*.« Als dann das Abendfest zu Ende ging, bat sie um die Erlaubnis, gehen zu dürfen; der König fragte, ob er sie begleiten könne, aber sie bedankte sich und ging alleine. Und so lud sie der König für den nächsten Abend ein: Wenn sie zum Ball zurückkommen wolle, dann würde er sich freuen.

Am nächsten Morgen steht der König auf und geht so-

194

fort zu der Hühnermagd, um ihr zu erzählen, wie er einer schönen jungen Frau begegnet war, und sie antwortet ihm: »Ach, was geht mich das an, ich stecke hier bei meinen Hennen.« Aber er antwortet: »Hättest du sie gesehen, wärst du dort geblieben.« – »Aber hat sie Ihm gesagt, wo sie herkam?« – »Sie sagte mir, sie komme von *Schlagdenzügel.*« – »Aber sieht Er denn nicht, daß sie ihn verspottet? Einen Ort namens *Schlagdenzügel* gibt es doch gar nicht.« – »Ja schon, aber sie hat jedenfalls zugesagt, daß sie auch heute abend kommt.« Sie antwortete ihm: »Das hat Er gut gemacht, ich freue mich sehr für Ihn.«

Jetzt war der Abend gekommen, und da befiehlt der König der Hühnermagd, dem Pferd den Sattel aufzulegen, weil er ausreiten wolle; sie antwortet, daß sie nicht weiß, wie man das macht. Er ist gerade beim Stiefelanziehen und antwortet: »Ich hau' dir gleich die Stiefel auf den Kopf!« Sie tut so, als hätte sie ganz viel Angst und läuft, um das Pferd zu satteln (sie machte das alles, damit er so etwas zu ihr sagte). Sobald der König zum Tanzfest weggeritten ist, da legt sie ihr Kleid mit allen Wellen des Meeres an und geht ebenfalls zum Ball. Kaum ist sie im Ballsaal angekommen, geht ihr der König gleich entgegen und reicht ihr seinen Arm und bringt ihr eilig eine Erfrischung, weil es sehr heiß geworden war. »Aber heute abend«, sagt er zu ihr, »da möchte ich wissen, woher Sie kommen, denn ich bin sehr verliebt.« Sie antwortet ihm: »Heute abend sage ich es Ihm gerne: ich komme von *Schlagdiestiefel.*« – »Mir scheint, Sie wollen sich über mich lustig machen, denn gestern abend waren Sie noch von *Schlagdenzügel,* und heute abend von *Schlagdiestiefel.*« – »Nein, ich mache mich nicht lustig, ich sage Ihm die reine Wahrheit.« – »Na gut, ziehen wir los.« Und sie tanzen den ganzen Abend zusammen und vergnügen sich. Als das Fest zu Ende geht, fragt er sie, ob sie auch am nächsten Abend wiederkommen wolle, das würde ihn sehr freuen. »Ja, ich komme gerne wieder«, antwortete sie, und sie geht weg wie am vorigen Abend.

Kaum war es hell geworden, geht der König gleich morgens zur Hühnermagd, um ihr von dieser jungen Frau zu erzählen. Aber sie antwortet: »Ach, was geht mich das an, ich stecke hier bei meinen Hennen.« – »Oh, aber hättest du sie gesehen, wärst du dort geblieben.« – »Na und? Hat sie Ihm gesagt, woher sie kommt?« – »Sie sagte mir, sie sei von Schlagdiestiefel.« – »Sieht Er denn nicht, daß sie Ihn verspottet? An einem Abend Schlagdenzügel, am anderen Schlagdiestiefel; mir scheint, die will Ihn nur aufziehen.« – »Na, meinetwegen, jedenfalls kommt sie heute abend wieder; heute abend ist der letzte Abend, das tut mir leid.«

Kaum ist der Abend gekommen, befiehlt der König der Hühnermagd, sie solle dem Pferd den Sattel auflegen. Die Hühnermagd antwortet: »Ich weiß nicht, ich kann es nicht satteln.« Der König wird wütend und sagt zu ihr: »Paß auf, daß ich dir nicht diese Schaufel auf den Kopf haue, jetzt langt es mir!« Sie geht schnell und sattelt das Pferd, denn auch sie hatte es eilig auszugehen. Gleich danach richtet sie sich her, um auf das Tanzfest zu gehen, und sie zieht sich das Kleid mit allen Sternen des Himmels an.

Jetzt hatte sie den Ballsaal betreten, und da erschien es dem König, als ob da eine große Königin angekommen wäre, die von einem Abend zum anderen immer schöner gekleidet war. »Weil heute abend der letzte Abend unseres Festes ist, müssen Sie mir unbedingt genau sagen, wo Sie herkommen.« – »Das will ich Ihnen gerne sagen; ich komme aus *Schlagdieschaufel*.« – »Ich sehe wohl, daß Sie sich über mich lustig machen, denn jeden Abend sagen Sie es anders.« – »Nein, ich sage Ihnen genau die Wahrheit; ich komme wirklich von *Schlagdieschaufel*.« – »Nun ja, wenn Sie zu meinem Andenken diesen Ring nehmen wollten, würde ich Ihnen den gerne geben.« – »Ich will ihn gerne nehmen«, antwortete sie, und sie nahm den Ring, den ihr der König gab. Als das Tanzfest zu Ende geht, sagt sie ihm Gutenacht, und sie verabschieden sich herzlich.

Am nächsten Morgen denkt der König nur an sie und weiß nicht, was er anfangen soll. Er beschließt, daß er sie suchen will. Er trägt seiner Mutter auf, sie solle süße Plätzchen backen, die wolle er auf jeden Fall diesem Mädchen mitbringen. Während nun die Mutter hinter den Plätzchen her war, kommt die Hühnermagd herein und bittet die Königin um ein bißchen Teig. »Geh nur schnell weg, wenn mein Sohn dich findet, dann frißt er dich.« (Das war nämlich so: Der König scherzte schon gerne mit diesem Mädchen, aber er wünschte sie nicht in seinen Zimmern zu sehen; sie ekelte ihn, weil sie so häßlich war.) »Ich will nur ein bißchen Teig, weil mir ein Huhn krank geworden ist, und ich brauche ihn ganz dringend.« Sie bringt es fertig, gleich den Ring hineinzuwickeln, und dann wirft sie das zu den anderen. Kaum sind die Plätzchen fertig, da steckt sie der König in ein Tuch und nimmt sie mit. Er ist ein Stückchen gelaufen, da will er doch einmal eines probieren, um zu sehen, ob die Mutter sie gut gebacken hatte, und da erwischt er auch gleich das mit dem Ring. Er läuft zurück und geht zu seiner Mutter. »Wer ist im Haus gewesen, als du mir die Plätzchen gemacht hast?« – »Hör mal, da war kein Mensch.« – »Ich muß es wissen.« – »Na, ich kann's dir sagen: Nur die Hühnermagd war hier.« – »Ich will nicht mehr essen, außer wenn mir die Hühnermagd die Plätzchen backt.« – »Und ich sage dir, du bist verrückt, weil dich die Hühnermagd ganz ekelhaft macht.« – »Das interessiert mich nicht.« Sie rufen die Hühnermagd, damit sie für den König das Essen kocht. Sie sagt: »Gut, ich mach's, aber ich möchte in eine besondere Kammer eingeschlossen sein.«

Der König konnte aber unmöglich still sitzen, und so schaute er durchs Schlüsselloch, um zu sehen, wie sie angezogen sei, und da sah er, daß sie das Kleid vom letzten Abend des Festes angezogen hatte. Da rief er sofort seine Mutter; sie soll einmal schauen, wie die gekleidet sei! Seine Mutter war ganz weg, wie sie die Hühnermagd so gekleidet sah, und sagte: »Mach was du willst.« Der König konnte nicht länger warten und wollte sie sofort heiraten.

Und alle lebten voller Glück,
doch ließen sie mir nichts zurück.

35. Die Mutter Oliva

Es war einmal ein König, der hatte eine wunderschöne Frau. Diese Frau lebte eine Zeitlang mit ihm, und sie verteilte ganz viele Almosen, und als sie im Sterben lag, da rief sie ihr Töchterchen und sagte ihr, sie solle weiter so Almosen verteilen, wie sie es getan hatte. Wir können uns denken, daß das Töchterchen ihrer Mamma versprach, diese Almosen zu verteilen! Eines Tages war sie gerade im Keller, um Wein zu zapfen; den wollte sie den Armen geben. Da ging der Vater hin und wollte sehen, was das Töchterchen mache, und dabei bemerkte er ihre schönen Händchen und sagte: »Ich bin verliebt, mein Töchterchen.« – »In wen, lieber Vater?« – »In Eure schönen Hände.« Das Mädchen fragte nicht lange: was soll das?; sie nahm ein Messer und schnitt sich die Hände ab, legte sie in ein goldenes Gefäß und schickte es dem Vater. Stellen wir uns den Vater vor, als er so etwas sah! Er war so entrüstet über das Töchterchen, er packte sie und steckte sie zusammen mit ein wenig Essen in einen Kasten, und dann warf er den ins Meer. Und weg war der Kasten, und die Strömung nahm ihn mit sich. Er schwamm immer weiter und weiter und weiter, und als dann das Wasser vom Meer ein wenig zurückgegangen war, da landete der Kasten.

Am Ufer arbeiteten ein paar Frauen. »Oh, mein Gott, schau mal, der schöne Kasten! Vielleicht ist da ein Schatz drin?« Sie zogen den Kasten an Land; in dem Augenblick kam der König vorbei; er trat hinzu, er geht da zu diesen Frauen und will sehen, was sie an Land gezogen hatten. Der König erblickt diese schöne Frau, und sie war so schön, daß man sich in sie verlieben mußte. Er nahm sie und brachte sie nach Hause. Als seine Mamma diese Frau ohne Hände sah, fing sie an, sich mit dem Sohn zu streiten: Sie wolle diese Frau nicht, wo man doch gar nicht wisse, was für eine Person sie sei. Und er sagte zu ihr: »Ach, soll sie doch eine schlimme oder eine böse Frau sein, ich will sie heiraten.« Da sagte die Alte: »Dann geh' ich in ein Kloster«, und dort zog sie auch hin, und der König heiratete diese Frau.

Nun mußte dieser arme König in den Krieg ziehen, und er ließ die Frau schwanger zurück. Das können wir uns vorstellen, wie sie dieser König den Dienern anvertraute und den Kammerzofen auftrug, sie sollten es ihn gleich wissen lassen, wenn sie niedergekommen wäre.

Nun, wie diese Fürstin niedergekommen war, schrieb sie sofort einen Brief, und ein Diener sollte den ihrem Mann bringen. So nahm der Diener, als sie ihm den Brief gegeben hatte, ein Pferd und machte sich auf den Weg. Und weil er so weit reiten mußte, bekam er Durst. Er kam an dem Kloster vorbei, wo die Alte lebte, denn in den Klöstern gibt es auch Bauernhöfe. Kaum hatte diese Alte den jungen Mann erblickt, da erkannte sie ihn und bat ihn, er solle doch über Nacht bleiben und am nächsten Morgen weiterreisen. Der junge Mann wollte gar nicht bleiben, und er wußte auch nicht, daß sie die Alte von zu Hause war; aber bitte, bitte!, und sie überredete ihn, daß er zum Schlafen blieb. Als nun der junge Mann zu Bett ge-

199

gangen war, geht die Alte auf Zehenspitzen zu ihm, durchsucht seine Tasche und nimmt ihm den Brief weg und liest, wo es hieß: »Mein lieber Mann, ich lasse dich wissen, daß ich zwei wunderschöne Kinder bekommen habe, einen Jungen und ein Mädchen, und mir geht es gut«, und daß sie ihn grüße und ihm viele Küsse schicke. Die Alte nimmt also diesen Brief und zerreißt ihn und schreibt ihm einen anderen: »Mein lieber Herr (sie schrieb im Namen des Haushofmeisters), ich lasse Sie wissen, daß die Fürstin einen Hund und eine Hündin geboren hat«, und er grüße ihn. Sie verschließt den Brief und versiegelt ihn und bringt ihn wieder in die Tasche. Und als sich der junge Mann erhebt, um fortzureiten, da sagt ihm die Nonne, er solle ihr, wenn er zurückkomme, wieder einen Besuch machen.

Kurzum, der junge Mann erreichte die Stadt, wo der Fürst war, und ganz fröhlich überreicht er seinem Herrn den Brief, und der, kann man sich denken, liest diesen Brief, und es wird ihm ganz schlecht. Jetzt schrieb ihm der König ein Brieflein: Ob sie gleich Hund oder Hündin seien, sie sollten sie in Ruhe lassen, weil er sie sehen wollte, und die Frau sollten sie gut behüten. Und so machte dieser junge Mann kehrt und ritt wieder bei diesem Kloster vorbei, wie es ihm die Nonne gesagt hatte. Sie schickte den jungen Mann zu Bett. Als er schlief, nahm sie wieder seinen Brief an sich und vertauschte ihn, und sie schrieb: Sie sollten die Kinder und die Frau umbringen, und der Frau sollten sie zuerst die Hände abschneiden, und er wolle sie alle nicht wiedersehen, wenn er nach Hause käme. Und den steckte sie wieder in die Tasche.

Am Morgen kehrte der junge Mann nach Hause zurück und brachte den Brief dem Haushofmeister. Man kann sich denken, wie unglücklich der war, als er diese Sache erfuhr! Sie packten sich die Fürstin, schnitten ihr die Hände ab, nahmen ein Wickelband und banden ihr eines

200

der Kinder hierhin, das andere dorthin in den Arm und schickten sie in die böse Welt hinaus. In einem Wald wurde es Nacht, und beim Laufen geriet sie in einen Wassertümpel, und wie sie so im Wasser stand und wieder hinaus wollte, da fühlte sie, wie der Wickel locker wurde, und ein Kind fiel ihr hin. Ach, was hat diese arme Frau geweint! Sie konnte das Kind nicht wieder zu sich nehmen, weil sie doch keine Hände hatte. Da hört sie eine Stimme sagen:

Halte nach unten dein Stummelchen,
du kriegst deine Hand und dein Pummelchen.

Also hält sie ihren Stumpf nach unten, und ihre Hand kommt zurück, und sie kann das Kind wieder nehmen. Kurz darauf fällt das andere Kind herunter, ach, und da hat sie so geweint! Da hört sie wieder diesen Vers:

Halte nach unten dein Stummelchen,
du kriegst deine Hand und dein Pummelchen.

Das machte sie, und so kam sie auch wieder aus dem Wasser heraus. Sie war schon lange in diesem Wald herumgelaufen und hatte nie jemand getroffen; und da erblickte sie ein hübsches Häuschen, klopfte dort an, aber es kam keiner, um ihr zu öffnen, und da sagte sie: »Jetzt bin ich mal frech und gehe hinein, und dann wird der Herr des Hauses kommen, und ich bitte ihn um Entschuldigung.« So ging sie hinein und bemerkte, daß da alles bereitstand, was eine Familie brauchte, und so richtete sie sich ein und lebte da wie eine Herrin; sie sah nie einen Menschen, doch die Kinder wuchsen schön und groß heran.

Eines Abends hörten sie es klopfen. (Man muß wissen: In diesem Häuschen war ein Alter gestorben, da lebte niemand mehr, jeder der wollte, konnte es haben.) Die Fürstin geht ans Fenster und fragt, wer da sei, und da hört sie sagen: »Gebt mir ein bißchen Herberge um Himmels willen, hier ist ein armer König, der hat sich bei der Jagd im Wald verlaufen.« Und sie erkannte ihn an der Stimme. Stellt euch vor, was? Sie macht ihm auf; der war ganz zerlumpt, und es regnete. Die Frau trocknete ihn ab und fing ein Gespräch mit ihm an. Und wie sie sich da unterhalten, rufen die Kinder: »Mamma, erzähl uns ein Märchen.« – »Ach, meine Kinder, ich kenne kein Märchen. Ich erzähle euch ein Unglück, das mir zugestoßen ist, als ich euch zur Welt brachte.« Und dann fing die Frau zu erzählen an, wie sie geboren wurden und was sie alles gemacht hatte und wie sie in den Tümpel gefallen war und nicht wieder herauskonnte und wie sie dann die Stimme hört.

Aber um einen Schritt zurückzugehen: Als der König vom Krieg zurückkehrte und die Kinder nicht mehr fand, da hatte er das ganze Kloster, wo die Alte war, verbrennen lassen. Und als nun dieser König die Geschichte von dieser Frau hörte, da wurde er ohnmächtig, und dann gab zu erkennen, wer er war. Er nahm die Frau wieder auf und nahm sie nach Hause, sie feierten die Hochzeit noch einmal, und es gab ein schönes Festessen, und dabei kriegte ich eine gebratene Maus.

36. Die drei Hunde

Es war einmal ein alter Bauer, der hatte zwei Kinder: einen Jungen und ein Mädchen. Als er zum Sterben kam, rief er seine Kinder und sagte zu ihnen: »Dieses armselige bißchen Zeug sollt ihr liebevoll unter euch beiden teilen.« Dieses Zeug bestand aus einem kleinen Stückchen Erde, aus drei Schafen und aus einer Hütte.

Die Kinder versprachen, so zu tun, wie der Vater es ihnen gesagt hatte. Der arme Mann starb in Frieden.

Für eine Weile verstanden sich diese beiden, Bruder und Schwester, ganz gut. Wenn die kleinen Arbeiten, die das Gütchen erforderten, getan waren, nahm der junge Mann die Schafe zum Weiden auf eine kleine Wiese.

Da kam eines Tages ein schöner Herr vorbei, der hatte einen wunderschönen Hund bei sich. Der Bauer grüßte ihn höflich und sagte zu ihm: »Was für einen schönen Hund Sie haben, Herr!«

Der andere antwortete: »Gefällt er dir? Willst du ihn kaufen?«

»Wer weiß, wieviel der wohl kostet!«

»Aber was! Wenn du mir ein Schaf gibst, gebe ich dir den Hund.«

Und der Bauer war glücklich, diesen Tausch machen zu können. Er fragte noch den Herrn, wie dieser Hund heiße, und der antwortete: »*Eisen*«, und ging fort.

Der Bauer kam abends nach Hause und ließ seine Schwester diesen wunderschönen Hund sehen, aber sie war ganz und gar nicht zufrieden, ja sie geriet in Zorn und sagte zu ihm: »Das ist ein nutzloser Brotfresser.« Aber der junge Mann ließ sich nicht beirren. Am nächsten Morgen nahm er seine beiden Schafe und den Hund auf die Weide. Gegen Mittag kam ein Herr mit einem anderen Hund vorbei, der war noch viel schöner als der erste, und der Herr sagte zu dem Bauern: »Du hast aber einen schönen Hund!« – »Aber Ihr, mein Herr, habt einen noch viel schöneren.« – »Wenn du ihn willst, gib mir ein Schaf, und du kriegst ihn.« Der Bauer dachte eine Weile nach; er fürchtete die Vorwürfe seiner Schwester, aber schließlich siegte die Versuchung: Er gab das Schaf und nahm den Hund. Als er den Hund nahm, richtete er dieselbe Frage an den Herrn: Wie der Hund heiße? »*Stahl*«, sagte der und verschwand.

Als er zu Hause war, bekam die Schwester einen Wutanfall und sagte ihm, so gehe das nicht weiter. Im Winter hätten sie dann nur Hunde zu scheren, um sich Strümpfe und Westen zu machen.

Er wußte wohl, daß der Tadel berechtigt war, und blieb still, und am nächsten Morgen ging er schon früh auf die Weide mit dem Schaf, das ihm geblieben war. Aber er nahm auch die Hunde mit, die mit ihm schon ganz zutraulich umgingen. Zur gewohnten Stunde kam noch mal ein Herr vorbei mit einem wunderschönen Hund. Der Bauer wurde nicht müde, ihn zu bewundern und zu sagen: »Ist der schön!«, und der Herr antwortete: »Wenn du mir das Schaf dort gibst, gebe ich dir den Hund«, und so geschah es denn auch. Er fragte wieder nach dessen Namen, und die Antwort war, er heiße »Stärker-als-alle«.

So kam er denn am Abend mit drei Hunden nach Hause, und seine Schwester wurde so wütend, daß sie wie eine Furie aussah, aber er sagte ihr in aller Ruhe: »Reg dich nicht auf. Von dem, was uns der Vater hinterlassen hat, begnüge ich mich mit den drei Schafen und einer Tasche voll Brot, und dann gehe ich fort.« Die Schwester, die von böser Gemütsart war, ging nicht einmal ins Bett; sie buk ihm das Brot gleich in der Nacht, damit es morgens fertig sei und er so schnell wie möglich verschwände. Der arme Junge nahm die Tasche mit Brot und seine drei Hunde; er wußte nicht, wo er hingehen sollte, aber er vertraute der Vorsehung und schrie voll Freude: »Eisen, Stahl, Stärker-als-alle, jetzt geht's los!«

Kaum hatten die drei Tiere den Befehl gehört, da sprangen sie schon fröhlich voraus, und der Bauer mit der Brottasche auf dem Rücken lief hinterher. Sie gehen und gehen, der Himmel war bewölkt, und es drohte stark zu regnen, da plötzlich stürzten sich die Hunde in einen Wald. Dann goß es in Strömen, und Bauer und Hunde waren patschnaß. Aber nachdem sie ungefähr eine Meile gelaufen waren, fanden sie ein hübsches Landhäuschen, und die Hunde eilten ohne Umstände eine Treppe hinauf. Der Bauer folgte ihnen, denn er dachte, der Herr des Hauses werde doch nicht so unhöflich sein, sie bei diesem

Wetter draußen stehenzulassen. Aber wie er so hierhin und dorthin durch das Haus lief, sah er gar niemanden, und dann fand er einen wunderschönen kleinen Kamin, wo ein prasselndes Feuer brannte, und da stand auch ein gedeckter Tisch mit allen Gaben Gottes. Er blieb eine Weile stehen, aber der Hunger kennt keine Vernunft, und so beschloß er zuzugreifen. An dem schönen Feuer trocknete er sich und seine Kleider, und mit viel Liebe trocknete er auch seine drei Hunde. Dann brach die Nacht herein, und ein Hausbesitzer erschien noch immer nicht. Plötzlich sah er, wie das Zimmer von vielen Lichtern erhellt wurde, und schon wieder war ein schönes Abendessen aufgetischt, und voller Lust langte er zu und fütterte auch seine geliebten Hunde.

Nach einer Weile wurde er schläfrig, und die Hunde packten ihn am Saum seiner Joppe und drängten ihn sanft in ein Schlafzimmer. Der Bauer stand eine Weile erstaunt da, aber weil er kein Geräusch hörte, zog er sich aus und ging zu Bett. Die Hunde legten sich auf die Erde, einer links und einer rechts und einer am Kopfende des Bettes wie eine Krone. Bis zum späten Morgen wachten weder Herr noch Hunde auf, aber kaum waren alle munter, da begrüßten die Hunde ihren neuen Herrn freudig. Als sie den Saal betraten, wo sie den Tag zuvor gegessen hatten, fanden sie ein gutes Frühstück. Als sie gegessen hatten, drehte sich der Bauer um und erblickte in der Ecke des Zimmers ein wunderschönes Jagdgewehr. Er nahm es in die Hand und dachte, er wolle auf die Jagd gehen. Die Hunde verstanden die Überlegung des Herrn, sprangen vor Freude hoch, und er sagte zu ihnen: »*Eisen, Stahl, Stärker-als-alle*, gehen wir!«, und sie stürzten sich die Treppen hinunter.

Sie drangen in den Wald und liefen ein wenig herum, und der Bauer vergnügte sich ungeheuer, und als es ungefähr Mittag war, kehrten die Hunde um; sie gingen zu demselben Palast und fanden dort ein köstliches Mittagessen schon bereitstehen. Sie aßen mit großem Appetit, und nach der Mahlzeit gingen sie wieder nach draußen. Als es spät geworden war, kehrten die Hunde nach Hause zurück, sie schliefen, und am nächsten Tag fingen sie wieder von vorne an.

Dieses selige Leben dauerte eine Weile, aber der junge Bauer, der ein gutes Herz hatte, dachte bei sich: Ich lebe wie ein Herr, und meine arme Schwester lebt mit Mühen und Anstrengungen; wäre es nicht gut, ich würde sie holen und hierher bringen? Kaum hatte er diesen Gedanken gefaßt, da fand er auf einem Tischchen eine Tasche, prall mit Gold gefüllt. Er füllte sich die Taschen seiner Joppe und sagte zu seinen Hunden: »*Eisen, Stahl, Stärker-als-alle*, kommt mit mir.« Die Hunde folgten ihm. Beim Hause der Schwester angelangt, erzählte er ihr von dem Glück, das der Himmel ihm geschickt hatte, und wenn sie auch daran teilhaben wolle, könne sie doch mit ihm kommen. Das Mädchen nahm an, schloß das Haus ab und ging mit dem Bruder fort, und dabei warf sie häßliche Blicke auf die Hunde.

So kamen sie zu seiner Wohnung und fanden sie verlassen wie zuvor, gut versehen mit allem, mit dem einzigen Unterschied, daß die Speisen, die ihnen schön gekocht geliefert worden waren, jetzt, wo die Schwester da war, nur roh geliefert wurden, so daß die Schwester sie kochen mußte. Die Hunde und ihr Herr setzten ihr gewohntes Leben fort: Sie blieben den ganzen Tag draußen und kehrten nur zu den Mahlzeiten heim. Aber eines Tages, während die Schwester beim Kochen war, hörte sie auf der Treppe eine Person, die heraufkam und stark mit dem Stock auf den Boden klopfte. Sie zeigte sich an der Treppe und fragte: »Wer ist da? Was wollt Ihr?« Und eine ziemlich harte Stimme eines sehr alten Mannes antwortete ihr. »So eine Frechheit! Weißt du denn nicht, daß dieses Haus mir gehört?« Aber sie, die immer Bosheit im Herzen trug, antwortete: »Ich hab' damit nichts zu tun; mein Bruder hat mich hergebracht, also schimpft nicht mit mir.« – »Na gut«, antwortete der Alte, »wenn dein Bruder die Schuld trägt, dann muß er sterben.« – »Macht, was Ihr wollt, aber ich habe damit nichts zu tun!«

Der Alte kramte in seiner Tasche und holte etwas in Papier Gewickeltes heraus und sagte zu ihr: »Du ißt mal zuerst, bis du satt bist, und dann tust du dieses Pülverchen in alles, was dein Bruder essen soll.«

Die böse Schwester war einverstanden. Der Alte ging fort und sagte, er wolle am nächsten Tag wiederkommen, um das Ergebnis zu erfahren. Die Frau aß soviel sie wollte, und dann tat sie das Gift in das Essen für den Bruder.

Jetzt zur gewohnten Stunde kommen die Hunde mit ihrem Herrn zurück, aber sie jagen die Treppe so schnell hinauf, daß sie alles zur Erde werfen, was ihnen im Wege steht, dann nehmen sie ihren Weg in die Küche, steigen auf den Herd, stürzen alle Töpfe und Teller um, bringen alles durcheinander und scharren mit den Pfoten so lange, bis von dem Essen auch nicht der kleinste Bissen übrig bleibt.

Die Frau wurde teufelswild, aber der gutmütige Bauer sagte: »Reg dich nicht auf; meine Hunde haben ein bißchen einen verrückten Anfall gekriegt. Essen wir doch Brot und Schinken, das ist für uns doch nichts Ungewohntes.« Und so machten sie es.

Am nächsten Morgen, als die Frau allein im Hause war, tauchte der Alte wieder auf und sagte: »Du hast es wohl nicht geschafft, daß er das ißt, was?« – »Diese verdammten Hunde haben mir alles durcheinandergeworfen!« – »Na gut, hier hast du ein anderes Papierchen, versuch es noch einmal und addio. Morgen komm' ich wieder.«

Das liebe Schwesterlein gab sich wieder alle Mühe, aber die anhänglichen Hunde vereitelten auch dieses Mal den

207

Verrat an ihrem Herrn. Tags darauf kam der Alte wieder: Sagt er: »Solange die verdammten Hunde da sind, können wir nichts machen, aber versuch doch mal folgendes: Kurz bevor dein Bruder nach Hause kommt, wirf dich aufs Bett und sag ihm, daß du dich ganz elend fühlst, und dir wäre es sehr lieb, wenn er in den Garten ginge und dir eine Zitrone pflücken würde. Er wird dann wohl seine Hunde mitnehmen wollen, aber du tust so, als wärst du sehr beunruhigt, und bringst ihn dazu, sie dazulassen. Sobald er sich dann umgedreht hat, nimmst du die Hunde und sperrst sie in ein Zimmer, wo die Fenster ein Eisengitter haben; dann können sie nicht weglaufen. Den Rest überlasse nur mir.«

Wie nun also der Bruder nach Hause kam, sagte sie ihm, sie fühle sich so schlecht, und sie hätte gern eine Limonade aus einer frischen Zitrone getrunken, und er sagte ganz liebevoll: »Ja, du Ärmste, ich will sie gleich holen. *Eisen, Stahl, Stärker-als-alle,* gehen wir!« – »Ach, was soll denn das, du liebst die Hunde mehr als mich, ohne sie kannst du nicht leben; du machst mich ganz wütend!« – »Reg dich nicht auf, ich lass' sie hier.« Und aus Liebe zu ihr ging er in den Garten. Die Schwester benützte die Gelegenheit, daß der Bruder fort war, und schloß die Hunde in ein Zimmer, dessen Fenster eiserne Gitterstäbe hatte.

Der arme Junge suchte unten im Garten nach einer besonders schönen Zitrone, da bekam er plötzlich einen so starken Schlag mit einem Knüppel über den Kopf gehauen, daß er zusammenbrach. Als er sich umdrehte und nur einen alten Mann sah, dachte er, er würde mit dem wohl fertig werden, aber trotz aller Anstrengungen erkannte er, daß er der Unterlegene war. So rief er endlich mit letzter Stimme seine Hunde zu Hilfe, und die armen Tiere, welche die verzweifelten Schreie ihres Herrn hörten, wurden rasend und mühten und rackerten sich so lange ab, bis sie das Eisengitter zerbrachen und in den

208

Garten sprangen. Da stürzten sie sich auf den Alten und brachten ihn um, aber von den Wunden, die sie sich beim Zerbrechen des Eisengitters zugezogen hatten, waren sie ganz blutig. Der Bauer streichelte und versorgte die Hunde; er erkannte den Verrat seiner Schwester und sagte folgendes zu ihr: »Vom Hause unseres Vaters bin ich fortgezogen und nahm nur eine Tasche mit Brot und meine drei Hunde und ließ dich als Herrin zu Hause. Jetzt mache ich hier dasselbe: Statt eines Beutels Brot nehme ich einen Beutel Geld und meine drei Hunde, und du kannst ruhig bleiben.« Er nahm das Geld und sein Gewehr: »*Eisen, Stahl, Stärker-als-alle*, gehen wir!« Die Hunde ließen sich das nicht zweimal sagen; schon waren sie die Treppen hinuntergerannt. Er folgte seinen Hunden, und nachdem sie viele Meilen gelaufen waren, gelangte er in eine wunderschöne Stadt, wo alle Leute in Trauer gingen und weinten.

Der Herr der Hunde konnte sich das alles nicht zusammenreimen. So ging er denn in den Laden eines Tabakhändlers und fragte, was denn in der Stadt vorgefallen sei. Der Tabakhändler antwortete ihm: »Man sieht, daß Ihr ein Fremder seid, denn sonst wüßtet Ihr, daß am Meeresstrand ein Drache lebt mit sieben Köpfen, und jedes Jahr will der ein Mädchen fressen, und das wird durch das Los bestimmt. Dieses Jahr ist das Los auf die Königstochter gefallen, und die ist Thronerbin. Stellt Euch also vor, wie groß die Verzweiflung von uns allen ist. Der König hat eine Verordnung erlassen: Wer den Drachen tötet, der soll Bräutigam seiner Tochter werden.«

Der Bauer dankt ihm, er muntert seine Hunde auf und geht mit ihnen zum Meeresstrand. Als sie angekommen sind, sagt er: »Jetzt ist es Zeit, daß ihr euren Namen Ehre macht!« Die Hunde stürzten sich auf den Drachen und trugen mancherlei Wunden davon, aber das machte sie nur noch eifriger, und nach langem Kampf und Streit gelang es ihnen, den Drachen zu erledigen. Der Bauer ging zum Drachen hin und schnitt ihm alle sieben Zungen heraus; die legte er in ein Stück Papier und steckte es in die Tasche, und dann ging er Schritt für Schritt zu dem Platz, wo der Zug mit der Königstochter vorbeikommen mußte. An der Spitze lief ein ganz häßlicher krummer Mohr. Da er vornedran und weit voraus war, kam er als erster an die Stelle, wo der Drache tot lag. Er sah, daß der sich nicht bewegte, trat näher, und als er erkannte, daß er tot war, schnitt er ihm alle sieben Köpfe ab. Dann drehte er sich ganz unverschämt um und schrie: »Hoch, hoch! Die Königstochter ist errettet! Ich habe den Drachen erschlagen, und jetzt muß das Versprechen eingelöst werden!« Das arme Mädchen sah wohl, welches Schicksal sie jetzt erwartete: Sie sollte die Frau von diesem häßlichen Ungeheuer werden, da wäre sie fast lieber von dem Drachen gefressen worden, aber sie unternahm nichts. Da geriet die ganze Stadt in Freudenstimmung, und vor der Eheschließung sollte es am Hofe drei Tage mit Festessen geben.

Gehen wir zu dem Bauern zurück, der dieser Szene beigewohnt hatte; er beschloß, in der Nähe des königlichen Palastes sein Quartier zu beziehen. Als er glaubte, das Festessen sei jetzt wohl hergerichtet, ermunterte er seine Hunde, sich aufzumachen und den gewohnten Dienst zu tun, nämlich, alles durcheinanderzuwerfen, und *Eisen*, *Stahl* und *Stärker-als-alle* gingen gerne los und zerschmissen und zerfetzten alles, trugen aber auch mehrere Wunden davon. Drei Tage hintereinander warfen sie die schön gedeckten Tische über den Haufen, und dann kehrten sie so zerzaust nach Hause zurück, daß der Bauer sie pflegen und heilen mußte.

Der König hörte von diesen Vorfällen und fragte, wer denn diese Hunde seien. Man gab ihm zur Antwort: »Die gehören einem Fremden, der hier in der Nähe wohnt.« Er befahl einem Boten, ihn holen zu lassen: Er wolle ihn sehen. Der Bauer antwortete, wenn der König ihn sehen wolle, solle er doch selber kommen, denn er würde sich nicht durch irgend so jemand stören lassen. Der König war von dieser Antwort überrascht, aber bei aller Verärgerung war er doch so neugierig, daß er zu dem Bauern ging. Als er angekommen war, sagte er zu ihm: »Wer hat Euch gelehrt, einem Ruf des Königs nicht Folge zu leisten?« Aber der Bauer antwortete ihm ohne jede Verlegenheit: »Wenn Ihr ein König wäret, der sein Versprechen hält, dann wäre ich gekommen, aber da Ihr Dinge versprecht und nicht haltet, kann ich Euch wirklich nicht hochachten.« – »Und in welcher Weise habe ich mein Wort gebrochen?« antwortete der König. »Ihr habt versprochen, Eure Tochter dem zu geben, der den Drachen erledigen würde, aber das habt Ihr nicht gehalten.«

Der König stand da ganz überrascht und antwortete: »Ich meine doch, daß ich, obwohl ich meine Tochter opfern muß, mein Wort halte und sie diesem schrecklichen Mohren gebe. Er hat doch den Drachen getötet, also muß ich mein Wort halten.«

»Haha!« antwortete der Bauer, »der also hat ihn getötet!« – »Wollt Ihr das in Zweifel ziehen? Er hat ihm die sieben Köpfe abgeschnitten.« (Der König fand eben keine andere Erklärung.) »So habt doch die Güte und untersucht die Köpfe, ob ihnen denn nichts fehlt«, sagte der Bauer, »und dann seht Ihr, daß ihnen diese sieben Zungen fehlen, die ich bei mir habe; und Ihr werdet wohl verstehen, daß ich ihm die Zungen nicht hätte herausschneiden können, wenn er noch gelebt hätte.«

Zwischen Überraschung und Freude kehrte der König zu seinem Palast zurück und ließ die sieben Köpfe genau untersuchen, und in der Tat fand man, daß ihnen die Zungen fehlten. Der Mohr wurde sofort zum Tode verurteilt, und der Bräutigam war nun der Herr der Hunde.

Stellt Euch die Freude der jungen Königin vor, als sie sich von dem Zwang befreit sah, Frau dieses Kerls zu werden. Es wurden prächtige Feste gefeiert, und die Ehe wurde vollzogen.

Man kann sich denken, daß der junge Bauer seine Hunde jetzt um so mehr liebte; durch ihre Beständigkeit und ihren Mut war es ihm gelungen, auf den Thron zu steigen.

Das glückliche Brautpaar verbrachte so einige Monate, aber eines Morgens sah der junge Mann seine Hunde nicht mehr, und er fragte nach, warum das so sei, und man antwortete ihm, man hätte sie wohl überall gesucht, aber es sei unmöglich, sie zu finden. Er weinte vor Schmerz, überall ließ er nach ihnen fahnden, aber alles war vergebens: Die Hunde wurden niemals wieder gefunden. Das schmerzte ihn sehr, aber er mußte sich in sein Schicksal fügen.

Eines Morgens wurde ihm ein Gesandter gemeldet, und er empfing ihn mit ein wenig Verwunderung. Dieser Gesandte machte ihm bekannt, daß sich drei Schiffe auf dem Meer befanden, die drei hohe Persönlichkeiten mit sich trugen, und diese drei Herrschaften wünschten, ihre alte Freundschaft neu zu knüpfen. Der neue König lächelte und dachte bei sich, da müsse es sich doch um einen Irrtum handeln, denn weil er immer ein Bauer gewesen war, konnte er keine Freundschaften zu hohen Leuten gehabt haben. Trotzdem folgte er dem Gesandten; er wollte die Leute sehen, die sich seine Freunde nannten. Im Hafen angekommen, fand er zwei Könige und einen Kaiser, die ihn mit großer Freude empfingen und zu ihm sagten: »Kennt Ihr uns nicht mehr?«

»Das ist nicht gut möglich«, antwortete er, »ich habe Euch doch nie gesehen, und Ihr habt Euch sicherlich geirrt.«

»Ach, wir hätten nie gedacht, daß Ihr Eure drei geliebten Hunde vergessen hättet!«

»Wie!« rief er, »Ihr seid *Eisen, Stahl* und *Stärker-als-alle*? Und wie habt Ihr Euch so verwandeln können?«

Und sie gaben zur Antwort: »Ein böser Zauberer hatte uns in drei Hunde verwandelt, und wir konnten nicht eher so werden wie früher, bis ein Bauer auf den Thron gestiegen sein würde. Folglich schuldet Ihr uns Dank, wie wir Euch Dank schulden, daß Ihr uns so liebgehabt und alle Unannehmlichkeiten geduldet habt, die wir Euch bereiten mußten. Von nun an werden wir immer gute Freunde sein, und was immer auch geschehen mag: Erinnert Euch, daß Ihr zwei Könige und einen Kaiser habt, die stets bereit sein werden, Euch zu Hilfe zu kommen.«

Sie hielten sich mehrere Tage in der Stadt auf, und zu ihren Ehren wurden große Feste gefeiert. Als der Tag der Abreise kam, trennten sie sich und wünschten sich viel Glück, und sie blieben immer glücklich.

37. Die zwölf Söhne

Es war einmal ein Vater, der hatte zwölf Söhne, und alle zwölfe wollten eine Frau. Der Vater sagt: »Wie soll ich denn zwölf Frauen ins Haus bringen?« Aber die Söhne sagen: »Trotzdem wollen wir jeder eine Frau.« – »Na, dann meinetwegen, aber findet mal einen Vater, der zwölf Töchter hat!«

Sie nehmen für jeden ein Pferd und noch einmal zwölf Pferde für die Frauen, so daß sie vierundzwanzig Pferde mit sich hatten. Als sie aufgestiegen waren, kriegt der Jüngste Bedenken: »Wir sollten den Vater nicht alleine lassen.« Der Älteste antwortet: »Ich bleibe nicht hier. ich will fort!« (Nun ja, der brauchte am dringendsten eine Frau!) Der Jüngste antwortet: »Dann bleibe ich.‹ Er bleibt zu Hause, und die elf anderen ziehen mit zwei-

213

undzwanzig Pferden los. Immer wenn sie in eine Stadt kommen, fragen sie, ob da ein Vater mit zwölf Töchtern wohnt, aber weder hier noch dort fanden sie welche.

Eines Nachts finden sie sich in einem dichten Wald und wissen nicht mehr, wo sie sind. Da hören sie eine Stimme: »Ach, ich Armer, was soll ich bloß tun, da hab' ich nun zwölf Töchter und bin nicht rechtzeitig gekommen!« Der Älteste geht zu ihm hin und sagt: »Was wollt Ihr damit sagen, werter Herr?« – »In der Stadt suchte der König jemanden mit zwölf Töchtern. Die habe ich, aber ich bin zu spät gekommen.« Sagt der Älteste: »Führt uns zu dem Hause, wo sie wohnen, daß wir sie uns anschauen können.«

Also führt sie der Alte zum Hause seiner Töchter. Sie nehmen sie alle zwölf und führen sie weg. Das dem Jüngsten zugedachte Mädchen geht zu Fuß. Als sie ein Stück geritten waren, finden sie eine wunderschöne Wiese, und da standen Salzsäulen. Als sie dort angekommen sind, steigen sie ab und schauen sich alle diese Statuen an. Als sie so schauten, sahen sie ein kleines Häuschen, wo sie weder Türe noch Fenster bemerkten. Und wie sie nun aufsitzen, um weiterzuziehen, zeigt sich einer und sagt zu ihnen: »Alle fest!«, und da sind sie alle miteinander zu Salzsäulen erstarrt, außer der Kleinen; die nimmt der Mago mit sich als Braut.

Sie waren also alle festgebannt, und der Jüngste, der beim Vater geblieben war, erhält von den Brüdern keine Nachrichten mehr, die er bis dahin immer bekommen hatte. »Papa«, sagt er, »ich will gehen und schauen, wo sie sind, ob sie tot sind oder lebendig.« Und er nimmt die beiden Pferde, steigt auf und zieht los.

Als er dort ankommt, sieht er, daß es seine elf Brüder mit elf Frauen sind. »Sieh da«, sagt er, »wer hat sie denn so hergerichtet?« Und er geht auf dieses Häuschen zu.

»Was?, das hat ja weder Türe noch Fenster!« Als er so herumgeht, entdeckt er ein kleines Fensterchen und sagt: »Wie es scheint, lebt da niemand!«, und er geht näher und sieht ein schönes Mädchen. »Wie geht das zu, daß Ihr hier seid und dort alle diese Statuen? Das sind ja wohl alle meine Brüder?« Sie sagt, ja, das seien sie, und dort sei die Wiese des Mago, und daß sie ins Haus gesperrt sei, und sie könne nicht hinaus. Sagt er: »Wieso seid Ihr eingesperrt und könnt nicht heraus?« Und da erzählt sie ihm alles und auch, daß der Mago ihr gesagt hat, warum er nicht sterben kann: »Ich habe ein Schifflein auf dem Meer; wenn einer das zerbrechen will, braucht es zwölf Maurer, die alle auf einmal zwölf Schläge mit dem Hammer schlagen; dann springt ein Hase hervor, und es braucht – da siehst du, daß ich unmöglich sterben kann –, es braucht einen Hund, um ihn einzufangen. Wenn der Hase gefangen und totge-schossen ist, fliegt eine Taube heraus, und dann muß so-fort ein Adler bereit sein, der sie einfängt. Wenn die Taube eingefangen ist, sagt er, und man sie totschießt, dann kommt ein Ei heraus und versinkt im Meer, und da drin ist mein Herz. Ob man all das finden kann, um mich totzumachen? Denkst du vielleicht, irgend jemand erfährt jemals die Lösung?«

Der junge Mann geht mit seinem Diener weg und über-legt, was er gehört hat. Er sieht einen Hund, und der Die-ner sagt: »Schau, der läuft uns nach.« – »Laß ihn kommen. Das arme Tier! Er wird Hunger haben, kümmere dich um ihn!« Der Diener kümmert sich um ihn, und wie sie ein Stück gelaufen sind, sagt der Hund zu ihnen: »Wenn ihr mich Hund mal brauchen solltet, dann müßt ihr nur sa-gen: ›Hund, zu Hilfe, jetzt ist es Zeit!‹« Sie lassen den Hund ziehen, und da sehen sie den Adler. »Schau, er fliegt hinter uns her, fang ihn ein!« sagt der Junge. Der Diener tut es, und als sie ihn gepackt haben, sagt der Adler: »Wenn ich euch zu Diensten sein soll, müßt ihr nur sagen:

›Adler, zu Hilfe, jetzt ist es Zeit!‹« Als sie zum Meeresstrand kommen, sehen sie einen Fisch, der ist halb tot. Er sagt zum Diener: »Diener, nimm ihn und wirf ihn ins Meer!« Der Diener tut es, und der Fisch erholt sich gleich und sagt: »Ihr habt mir einen großen Dienst erwiesen. Wenn ich euch einmal helfen kann, müßt ihr nur sagen: ›Fisch, zu Hilfe, jetzt ist es Zeit!‹«

Jetzt geht der Junge und sucht sich zwölf Maurer und sagt zu ihnen: »Ihr müßt alle zur gleichen Zeit einen Schlag mit dem Hammer schlagen.« Die kommen gleich und schlagen die zwölf Schläge. Da zerbricht das Schiff und geht unter, und ein Hase springt heraus. Und er sagt: »Jetzt brauchen wir den Hund.« Da ist der Hund auch schon und schnappt sich den Hasen. Der Patron packt ihn und schießt ihn tot, und da fliegt schon eine Taube davon. »Ruft nach dem Adler«, sagt der Diener. Der Patron tut es, und der Adler bringt ihm die Taube zurück. Er schießt sie tot, und das Ei versinkt im Meer. »Jetzt bräuchten wir den Fisch. Ruft ihn doch!« Er sagt: »Fisch, zu Hilfe, jetzt ist es Zeit!« Und im Nu bringt der Fisch das Ei zurück. Er packt es und hält es fest in der Hand, steigt wieder aufs Pferd, kehrt zur Wiese zurück und sagt zum Ei: »Meine Brüder und ihre Pferde hast du alle zu Salzsäulen werden lassen. Laß sie alle wieder sein wie zuvor, sonst zerquetsche ich dich.« Sie werden sofort so, wie sie früher waren. Und dann nimmt der Junge einen Stein und zerbricht das Ei und zerquetscht es, und so ist der Mago tot. Und er geht zum Fensterchen, ruft die Maurer, läßt die Mauer einreißen und nimmt seine Braut und auch die Schätze des Mago, und alle gehen mit ihren Frauen nach Hause, und da erzählen sie dem Vater, wie es gegangen ist.

Die Straße, die ist breit, der Beutel schmal und leer,
Erzähle du jetzt dein's, ich weiß kein Märchen mehr.

38. Der kleine Elf

Ein Vater hatte drei Söhne, und weil seine Frau gestorben war, nahm er wieder eine Frau wegen der drei Kinder. Aber die Stiefmutter konnte die Kinder überhaupt nicht leiden. »Papa, sie hat mich gehauen«, »Papa, sie hat mir dies und das gemacht«, so jammerten sie die ganze Zeit. »Ich muß eine Lösung finden, ich will diese Kinder nicht!« sagte die Frau bei sich, und zu ihrem Mann: »Du mußt sie fortschaffen. Ich will sie nicht mehr im Haus sehen!« Er wollte nicht, aber dann sagte er zu seinen Kindern: »Morgen früh kommt ihr mit mir zum Holzmachen.« Die Kinder hatten etwas mitbekommen, und am Morgen sagten sie: »Wir wollen aber nicht mitgehen, du willst uns nur alleine zurücklassen.« – »Kommt nur mit, ich lasse euch schon nicht alleine.« So kamen sie mit, nämlich der kleine Elf, der kleine Zwölf und der kleine Dreizehn.

Der Älteste, das war der kleine Dreizehn, nimmt eine Tasche voll Kleie, und auf dem Weg streute er sie aus, um den Weg wiederzufinden. Als sie in diesen Wald kamen, sagte der Papa zu ihnen: »Wartet auf mich, ich gehe Holz holen«, und er geht weg. Sagt der kleine Elf: »Wie kommen wir jetzt nach Hause zurück?« Der kleine Dreizehn antwortete: »Wir gehen der Kleie nach«, und so kommen sie nach Hause zurück.

Diesen Abend hatte die Frau Makkaroni gemacht, und da setzt sich der Mann in eine Ecke und weint, und sie sagt zu ihm: »Warum weinst du? Was willst du denn mit diesen Jungen anfangen? Nun iß schon!« – »Wenn meine Kinder hier wären, würde ich gerne essen.« In diesem Augenblick hört man die Kinder an der Türe, und sie sagen: »Da sind wir, dürfen wir herein?« – »Nur zu, nur zu«, sagt der Papa, und alle fangen an zu essen.

Aber die Frau zankt herum, und sie will die Kinder

nicht haben. Der Papa sagt zu ihnen: »Morgen früh geht's wieder hinaus.« – »Papa, Ihr laßt uns alleine?« – »Nein, ich lass' euch nicht allein.« Sagt der kleine Dreizehn zu den anderen: »Was sollen wir bloß machen? Die Kleie hab' ich verbraucht.« Und der kleine Zwölf sagt: »Ich habe eine Garnrolle gefunden.« Er nimmt den Faden und bindet ihn an die Glocke der Haustüre und sagt: »Jetzt finden wir den Weg zurück.« Als sie im Wald sind, sagt der Papa: »Wartet hier auf mich.« – »Papa, Ihr laßt uns allein.« – »Nein, ich lass' euch nicht allein«, und er geht weg. Aber als es schon spät ist und er nicht zurückkommt, nehmen sie die Garnrolle und gehen nach Hause zurück.

Die Frau hatte eine Kohlsuppe gekocht. »Kommt Ihr nicht zum Essen?«, und sie schöpft ihm die Kohlsuppe auf. Aber er: »Wenn meine Kinder da wären, würde ich sehr gerne essen.« In diesem Augenblick sagt der kleine Zwölf: »Papa, wenn Ihr uns ein Abendessen geben wollt, hier sind wir alle drei.« Und er: »Nur zu, nur zu, das könnt ihr gerne haben! Aber wie habt ihr bloß nach Hause zurückgefunden?« Sie erzählen, und dann essen sie.

Aber die Frau zankt schon wieder, daß er die Kinder rausschaffen soll. »Wie sollen wir es bloß dieses Mal machen?« sagen sie. Der kleine Elf, der Schlaueste, nimmt eine Tasche voll Brotkrümel. »Gehen wir«, sagt er, »diesmal verläßt uns der Papa für immer.« Sie ziehen los, und auf dem Weg verstreut der kleine Elf die Krümel, aber die Vögel haben alle aufgepickt. Als sie im Wald sind: »Laßt uns nicht allein!« sagen sie zum Papa. Aber er geht und kommt nicht zurück. »Was sollen wir jetzt tun? Zurück nach Hause!« Aber sie finden den Weg nicht. Sagt der kleine Dreizehn: »Schau Elf, du hast Brotkrümel genommen, und die Vögel haben sie aufgepickt. Wie sollen wir jetzt nach Hause gehen?« Sagt der kleine Elf: »Mach dir keine Sorgen. Gott hilft allen, er wird auch uns helfen«, und da erblicken sie ein Lichtlein. Sagt der kleine Elf: »Jetzt müssen wir schnell auf dieses Licht zugehen, das ist vielleicht unser Haus.«

Sie kommen dort an und sehen einen wunderbaren Palast. Der kleine Elf sagt: »Los, wir klopfen mal. Gott hat uns wirklich geholfen.« Sie klopfen an, und die Frau des Ogers schaut heraus und sagt zu ihnen: »Aber Kinder, wer hat euch bloß zum Haus des Ogers geführt? Hier wohnt der Oger, wenn der jetzt kommt, dann frißt er euch!« – »Ach Herrjemine«, sagt der kleine Elf, »wir sind drei arme Kinder, und wir wissen nicht, wo wir hin sollen.« Und sie antwortet: »Na gut, für heute abend kann ich euch sagen, was ihr tun könnt. Ihr geht jetzt in die Scheune so weit nach hinten, wie ihr könnt.« Der kleine Elf geht und versteckt sich ganz tief ins Stroh, aber der kleine Zwölf und der kleine Dreizehn legen sich mehr nach oben.

Jetzt kommt der Oger und sagt:

> Hier hinten stinken
> Menschenschinken,
> Hier gab's und gibt's bei Muttern
> Was Leckeres zu futtern.

Und da schmeißt er schon das Stroh in die Luft, findet den kleinen Zwölf und den kleinen Dreizehn und sagt: »Gleich werde ich euch fressen!« Aber der kleine Elf rennt weg: »Bloß nicht hierbleiben. Der hat schon meine Brüder gefressen; er wird auch mich fressen, wenn ich nicht verschwinde.« Und der kleine Elf rennt weg. Los, los, los, und er kommt zum Palast des Königs. Und er klopft. Der Diener kommt und macht auf: »Was willst du, Kleiner?« – »Ich müßte mal mit dem König sprechen.« – »Was, du willst mit dem König sprechen, so klein wie du bist und in solchen Kleidern? Aber was fällt dir ein!« – »Sie müssen ihm sagen, daß ich mit ihm reden will.« Der

Diener geht, und der König läßt den kleinen Elf zur Audienz. Der kleine Elf zieht sofort den Hut und grüßt ihn. Der König ist ganz, naja, wie er hört, daß ein kleines Kind so gut grüßen kann. »Was wolltest du von mir?« – »Eure Hoheit, ich bin zu Ihnen gekommen, ob Sie vielleicht Mitleid haben...« Und er erzählt seine ganze Geschichte vom Papa und vom Oger, der seine Brüder gefressen hat, und er sagt: »Befehlen Sie mir, was immer ich tun soll, ich werde stets mein Bestes tun.« Der König hat Mitleid und behält ihn. Der kleine Elf war immer zur Stelle und war so gehorsam wie nur möglich.

Der König mochte ihn gut leiden, und das machte die Diener eifersüchtig. Sagt einer: »Man muß ihm etwas anhängen.« – »Und was kann man ihm anhängen?« – »Du mußt ihm sagen, dem König, daß der kleine Elf bei Tisch gesagt hat, er wolle dem Oger das Bettuch wegziehen, wenn er gerade schläft.« Und der Diener sagt das dem König. Der König ruft den kleinen Elf und sagt zu ihm: »Komm mal her!« – »Was befehlen der Herr?« – »Du hast gesagt, du wolltest dem Oger das Bettuch wegziehen, während er schläft.« – »Nein, ich habe nichts gesagt.« – »Jetzt mußt du es auch tun, sonst schicke ich dich weg.« – »Gut, ich mach' es, aber ich brauch' einen Korb voll Nägel.« Er nimmt ihn und geht und schüttet sie in das Bett des Ogers. Am Abend geht der unter die Decke. Der Oger fühlte es überall beißen. »Sind da Flöhe in dem Bettuch? Wirf es zum Fenster hinaus!« Die Frau wirft es zum Fenster hinaus, der kleine Elf nimmt es und bringt es zum König. Man kann sich denken, wie erstaunt der war über dieses kleine Kind.

Aber die Diener reden wieder das gleiche: Der kleine Elf habe gesagt, er wolle das Pferd des Ogers entführen. Und der König will, daß er das macht. Der kleine Elf nimmt einen Ballen Baumwolle und legt sie auf das Pflaster, worüber das Pferd gehen muß, bindet es los und führt es weg, ohne daß es der Oger hört. Der König staunte sehr.

Aber die Diener reden wieder das gleiche wie die anderen Male, und der König will, daß der kleine Elf das Geld des Ogers wegträgt. »Wie soll man das machen, wie soll ich das machen?« sagt das Kind und fängt an zu überlegen. Er nimmt ein Beil, na ja, eine Axt, und zwei Keile und geht in die Nähe von Ogers Haus zum Holzspalten. Als der Oger vorbeikommt, sagt er zu ihm: »Sei doch so gut und hilf mir ein bißchen.« Der Oger sagt ja – man kann sich denken, daß er ihn hinterher fressen wollte. Also hilft er ihm, aber kaum hat der kleine Elf einen Keil aus dem Holz gezogen, bleiben die Hände des Ogers eingeklemmt. »Geh nach Hause«, schreit er, »schnell, schnell, und nimm einen dicken Keil.« – »He, du Frau da«, schreit der kleine Elf, »Ihr sollt mir das ganze Geld des Ogers geben. Er ist da hinten und wartet auf mich.« – »Aber was denn, verschwinde, du Lausebengel, das kriegst du nicht.« Aber sie schreit zum Oger hinüber: »Soll ich es ihm geben?« – »Ja, beeile dich!« Und so gibt sie dem kleinen Elf alles Geld, und der geht damit zum König. »Na ja, so und so«, und er erzählte es. Sagt der König, als er das gehört hat: »Du sollst sofort belohnt werden, und die Diener sollen dir nichts mehr anhängen, ich glaube ihnen nichts mehr.« Und der kleine Elf durfte für immer beim König zum Essen kommen, und er blieb dort sein ganzes Leben lang.

Die Straße, die ist breit, der Beutel schmal und leer,
Erzähle du jetzt dein's, ich weiß kein Märchen mehr.

39. Die sieben Brüder

Es waren einmal ein Vater und eine Mutter, die hatten sieben Söhne und eine Tochter, und diese liebten einander sehr. Papa und Mamma sterben, und die Brüder sagen: »Was tun wir jetzt, um vorwärtszukommen?« Und sie beratschlagen: »Wir werden arbeiten und eine Lösung finden.« Und so machten sie es. Sie gingen auf die Felder zum Arbeiten, und die Schwester blieb im Hause und kochte ihnen das Essen.

Eines Tages war sie allein. Eine Alte kommt vorbei mit Handelswaren. »Willst du nichts kaufen?« – »Nein, meine Brüder kaufen mir alles.« Die Alte gab ihr aber sieben Mützen für die Brüder und legte eine auf jeden Teller. Am Abend kommen die Brüder nach Hause, und nach dem Essen setzt sich jeder seine Mütze auf den Kopf, und da werden sie in sieben schöne Lämmer verwandelt. Als sie sich nun diesen sieben Lämmern gegenüber sah, war sie ganz verzweifelt, weil, wie sollte sie die jetzt mitten im Winter ernähren?

Am Morgen nimmt sie einen Korb, um Gras zu suchen, aber sie findet nichts. Da kommt sie zu einem schmiedeeisernen Tor, und dahinter sieht sie wunderschönes grünes Gras sprießen. »Ach, wenn ich davon ein bißchen für meine Brüder haben könnte!« Wie sie so schaut, sieht sie einen Mann, der war dort der Gärtner, und der sagt ihr, daß dies der Garten des Königs sei. »Wenn Sie mir ein bißchen von dem Gras da für meine Brüder geben würden?« sagt sie, und sie erzählt alles, wie die Mützen ihre Brüder in Lämmer verwandelt haben. Da gibt ihr der Gärtner einen Korb voll Gras.

Am Morgen darauf kommt sie wieder, aber der Gärtner will ihr nicht noch einmal etwas geben. Er geht zum König und erzählt ihm die ganze Geschichte, die er gehört hat. »Laß sie hereinkommen«, sagt der König, und als er

das Mädchen sieht, das wunderschön war, sagt er ihr, sie
solle die Lämmer holen, und sie könnten mit ihr beim Palast bleiben. Er war schön und in sie verliebt, er heiratet
sie und verspricht ihr, niemals die Lämmer zu schlachten,
denn sie waren wunderhübsch.

Aber die böse Alte wird neidisch, sie kommt bei Nacht
zu dem Palast, packt die Braut und schmeißt sie in das
Wasserbecken, und da war ein Haifisch, der verschluckte
sie. Die Alte setzte sich an die Stelle der Braut. Sie sagte
immer zum König: »Mir ist nicht gut, ich muß im Dunkeln bleiben« – na ja, kann man verstehen, daß sie im
Dunkeln bleiben wollte, so häßlich wie die war! Nach
einer Weile sagt sie: »Ich fühle, daß ich nicht gesund werden kann, wenn du nicht ein Lamm schlachten läßt; wenn
ich es nicht esse, werde ich nicht gesund.« Der König bestellt den Metzger. Als der sein Messer am Rand des Wasserbeckens wetzt, kommt das Lamm aus dem Stall, geht
zu dem Becken, schaut ins Wasser und sagt:

Schwester, liebe Schwester mein,
Der Metzger wetzt sein Messer fein,
Er stößt mir's gleich durch Mark und Bein.

Und sie sagt zu ihm:

Bruder, liebes Brüderlein,
Ich steck im Bauch vom Haifisch drinnen
Und kann dir keine Hilfe bringen.

Als der Metzger diesen Wortwechsel hört, rennt er zum
König und erzählt ihm, was er gehört hat. Auch der
König kommt, und das Lamm läuft wieder her und sagt:

Schwester, liebe Schwester mein,
Der Metzger wetzt sein Messer fein,
Er stößt mir's gleich durch Mark und Bein.

Und sie aus dem Wasserbecken:

223

Bruder, liebes Brüderlein,
Ich steck im Bauch vom Haifisch drinnen
Und kann dir keine Hilfe bringen.

Da läßt der König das Becken trockenlegen, packt den
Haifisch, schießt ihn tot und findet seine Braut. Und sie
erzählt dem König, wie die Alte sie in das Becken stieß,
wie der Haifisch sie verschlang und wie die Alte ihre Stelle
eingenommen hat. Der König geht in das Zimmer, findet
dort tatsächlich dieses häßliche Weib, ließ sie die sieben
Lämmer in sieben hübsche Jungen zurückverwandeln,
und die Königin wurde zu einer schönen Frau wie zuvor.
Aber die häßliche Alte steckte er in einen Ofen, daß sie
starb.

Die Straße, die ist breit, der Beutel schmal und leer,
Erzähle du jetzt dein's, ich weiß kein Märchen mehr.

40. Die Tochter des Königs von Frankreich

Es war einmal ein König von Frankreich, der hatte
drei Töchter, aber keinen Sohn, und er hatte drei Sessel: einen aus Gold, einen aus Silber und einen aus
schwarzem Samt. In den aus Gold setzte er sich, wenn er
fröhlich war, in den silbernen, wenn es ihm soso ging, und
in den aus schwarzem Samt, wenn er ein wenig traurig war.
Eines Tages kommt seine älteste Tochter zu ihm hinauf,
und weil sie ihn auf dem schwarzen Samtsessel sitzen
sieht, sagt sie: »Papa, was hast du, warum bist du traurig?«
– »Meine Tochter, was willst du da machen? Der König
von Spanien hat mir den Krieg erklärt, und ich habe keine
Söhne, um sie gegen ihn zu schicken.« – »Nur die Ruhe«,
sagt seine Tochter, »ich mach' das schon«, und sie nimmt
sich die Ohrringe ab, schneidet sich die Haare kurz, verkleidet sich als Mann und zieht mit der ganzen Armee los.

Sie kam zu einer Werkstatt mit Stangen und Stöcken; da sagte sie:

> Schöne Stangen, wohl für Lanzen,
> Aber nein: zum Bohnen pflanzen,

und die von der Werkstatt antworteten ihr: »Hinaus, du bist eine Frau!«

Die Mittlere kommt zum König hoch: »Papa«, sagt sie, »was hast du? Warum bist du traurig?« – »Meine Tochter, was willst du da machen? Der König von Spanien hat mir den Krieg erklärt, und ich habe keine Söhne, um sie gegen ihn zu schicken.« – »Nur die Ruhe, ich mach' das schon«, und sie nimmt sich die Ohrringe ab, schneidet sich die Haare kurz und zieht sich Männerkleider an. Als sie zu der Werkstatt mit den Stangen kam, sagte sie:

> Schöne Stangen gibt es hier,
> Gut zum Stoßen im Turnier.

Und als sie weiterzog, kam sie zu einer Werkstatt mit Eisenwaren, und da sagte sie:

> Schöne Spitzen Lanzen zieren,
> Ich geh' gern damit spazieren.

»Hinaus!«, riefen sie, und sie ritt zurück.

Kommt die dritte zum König hinauf und sagt: »Papa, was hast du, warum bist du traurig?« – »Meine Tochter, was willst du da machen? Der König von Spanien hat mir den Krieg erklärt, und ich habe keine Söhne, um sie gegen ihn zu schicken.« – »Nur die Ruhe«, sagte die Junge, welche die schönste von den dreien war, »ich mach' das schon.« Sie nimmt sich die Ohrringe ab, schneidet sich die Haare kurz und zieht sich Männerkleider an. Und als sie zu der Werkstatt mit Stangen kam, sagte sie:

> Schöne Stangen gibt es hier,
> Gut zum Stoßen im Turnier.

Und sie zog weiter. Und bei der Werkstatt mit Eisenwaren sagte sie:

> Schöne Spitzen gibt es hier,
> Gut zum Stechen im Turnier.

Da konnte sie mit ihrer Armee weiterziehen und kam nach Spanien. Der König von Spanien war noch jung; er ging zu seiner Mama und sagte:

> Er hat keine Söhne, hat der König gesagt?
> Und dann schickt er sie gegen mich in die Schlacht!
> Doch wenn ich es richtig gesehen habe,
> So ist es ein Mädchen und gar nicht ein Knabe.

»Eine Frau! Das ist doch nicht möglich, mein Junge«, sagte die Mama. Aber er wiederholt: »Doch, sie ist eine Frau, und ich will mich nicht mit Frauen schlagen.« – »Weißt du was, mein Junge? Morgen lädst du sie zum Mittagessen bei uns ein. Wenn es eine Frau ist, dann nimmt sie sich die Süßigkeiten und kümmert sich um die Leckerbissen, und wenn es ein Mann ist, wird er das Brot schneiden, das Fleisch in Scheiben teilen und sich eben wie ein Mann benehmen.« – »Mama«, fügt der Sohn hinzu, »und ich will sie in den Garten führen. Wenn es eine Frau ist, wird sie bei den Blumen verweilen und Sträußchen machen; wenn es ein Mann ist, wird er nicht darauf achten. Dann gehen wir in die Waffenkammer, und dann werden wir sehen, ob sie Freude an den Waffen hat.«

Sie laden sie also zu Tisch, aber sie achtete nicht auf die Leckerbissen, sondern schnitt das Brot und verteilte das Fleisch wie ein Mann. »Na, siehst du«, sagte die Mama, »daß ich recht hatte?« Aber er antwortet:

> Er hat keine Söhne, hat der König gesagt?
> Und dann schickt er sie gegen mich in die Schlacht!
> Doch wenn ich es richtig gesehen habe,
> So ist es ein Mädchen und gar nicht ein Knabe.

Und im Garten achtete sie gar nicht auf die Blumen und machte es nicht so, wie es die Mädchen machen. »Wollt Ihr keine Rosen pflücken?« fragte sie der König von Spanien. »Ach was«, sagte sie, »das ist Frauenkram.« Und sie gingen in die Waffenkammer. »Was für schöne Waffen«, rief sie. »Diese Kanone muß ja gut schießen, die ist richtig!« – »Na, siehst du«, sagte die Mama, »es ist ein Mann und nicht eine Frau.« Aber er:

Er hat keine Söhne, hat der König gesagt?
Und dann schickt er sie gegen mich in die Schlacht!
Doch wenn ich es richtig gesehen habe,
So ist es ein Mädchen und gar nicht ein Knabe.

»Mit Frauen mach' ich keinen Krieg!« Und er schloß sofort Frieden. Und damit kehrte die Tochter des Königs von Frankreich in ihr Vaterland zurück.

Nach einiger Zeit bekam der König von Spanien Lust, den König von Frankreich zu besuchen, denn er war ganz schön verliebt in die französische Prinzessin. Als sie von seinem Kommen hört und daß er bald da ist, legt sie sich die Rüstung an und schneidet sich die Haare – so durchtrieben war sie!, aber nichtsdestoweniger hatte sie vergessen, sich die Ohrglöckchen abzunehmen. Und sie verließ ihren Vater, der auf seinem goldenen Sessel saß, stieg aufs Pferd und ritt dem König von Spanien entgegen. Und er, kaum hatte er sie erblickt, umarmte sie und sagte zu ihr: »Ich hatte recht: Du bist eine Frau, du trägst noch die Ohrringe!«, und er sagte ihr, wie sehr er sie liebte. Und sie hatte ihn auch sehr gern, weil er so schön war.

Sie feierten Hochzeit, es gab sehr gutes Essen,
Und mich haben sie ganz und gar vergessen.

41. Die Eselin der alten Frau

Ein altes Weiblein hat eine kleine Eselin und mag sie sehr gern. Sie geht zum Laubsammeln, zum Holzsammeln, und sie rackert sich immer zusammen mit dieser Eselin ab. Für jeden Tag gab sie dem Tier ein bißchen Lohn und legte den beiseite, um ihm Gutes zu tun, wenn es einmal sterben würde.

Diese Eselin stirbt also, und die Alte hat zehn Scudi und dreißig Lire beiseite gelegt. Und sie sagt: »Armes Tier, was soll ich jetzt bloß machen! Ich hatte sie so gerne!« Sie geht zum Prior von Casale und sagt zu ihm: »Herr Prior, ich habe eine Eselin, die ist mir jetzt gestorben...« – »Davon will ich nichts hören! Elendes Frauenzimmer! Für eine Eselin beten! Raus hier! Haltet bloß das Maul! Ihr kommt in die Hölle!« – »So ein Schuft, der Pfarrer«, sagt sie, »was soll ich bloß tun?«, und sie geht zum Prior von Monte Bagno hinüber. »Herr Prior...« – »Arme Frau, was habt Ihr?« – »Ich habe eine Eselin, die hat so viel gearbeitet, ich hab' sie so gern gehabt, und jetzt ist sie tot. Ich habe zehn Scudi und dreißig Lire beiseite gelegt, um ihr ein bißchen Gutes zukommen zu lassen. Könnten Sie nicht...« – »Aber gewiß kann ich Euch den Gefallen tun, ein bißchen Gutes, ja, ja!« Und er geht und holt das Weihrauchfäßchen und legt den Zucker auf die Glut, geht in die Kirche, läßt die Frau niederknien und sagt:

> Dies illa, dies ire,
> stiften wir dem armen Tiere
> Scudi zehn und dreißig Lire!
> Unser Prior von Casale
> Wollte sie in keinem Falle.
> Von Monte Bagno der Kollege
> nimmt sie gern in seine Pflege.

»Sie sind ein guter Pfarrer«, sagte das alte Weiblein. – »Jetzt ist die Eselin ins Paradies gekommen, ganz sicher, glaubt es mir!« sagt der Pfarrer, ist zufrieden, so einen schönen Gewinn gemacht zu haben, nimmt das Geld, geht weg und behält's für sich.

42. Die drei Wünsche

Wenn ich Der wäre, der da alles leitet und lenkt, würde ich mir ein Gelüste stillen, und so wahr, wie es die Luft gibt!, ich würde es mir gönnen! Ich möchte nämlich folgendes tun. Ich möchte allen Leuten auf der Welt sagen: »Ihr Leute, hört her! Dieses ganze Jahr soll Sabbat sein, das ganze Jahr ein Schlaraffenland! Wer etwas braucht: heraus mit den Wünschen! Er muß nur den Mund auftun: Bittet, und alles, was ihr wollt, sei euch gewährt!« Und das würde ich tun, um ein wenig zu sehen, wie es danach in der Welt zuginge, um zu schauen, ob sie besser oder schlechter dastünde, und um zu sehen, ob unter so viel Millionen Leuten wenigstens einer wäre, der mich um etwas Rechtes bäte. Wir alle wissen nämlich ganz und gar nicht, was für uns besser und was für uns schlechter ist. Immer wieder kommt es uns so vor, als sei ein Ding gut, und wir spüren in uns die Gier aufsteigen, es zu kriegen. Und dann merken wir oftmals, daß es, hätten wir es bekommen, unseren Ruin bedeutet hätte. Man sieht alle Augenblicke, wie die Leute um dieses und jenes beten, und dann packt einen die Versuchung, hinzugehen und sie tüchtig zu ohrfeigen. Aber hört einmal dieses Märchen an, es ist nämlich schön und erklärt gut, was ich gesagt habe.

Es waren einmal zwei alte Leute, Mann und Frau, zwei hagere alte Leutchen, zwei wahre kernige Steineichen; aber im übrigen waren sie arm, wirklich arm, zerlumpt, Würmer zum Gotterbarmen. Eines Abends, Mitte Januar, saßen sie in der Ecke am Feuer, eins hier und eins dort. Tagsüber war die Frau nach Holz ausgegangen und hatte ein schönes Bündelchen mitgebracht. Sie saßen also da am hübsch warmen Feuer, und dabei jammerten sie über ihr Schicksal: »Wenn wir nur ein bißchen was hätten, was wir aufs Feuer setzen könnten, aber da ist nichts, was heißt: nichts? Gar nichts! Arm sein ist ja schön und gut, aber doch nicht so. Da sind wir nun elend und verlassen, allein auf der Welt ohne irgend jemand, ohne Kinder, ja sogar ohne Verwandte in der Nähe. Und dann, was nützen die Verwandten! Wer nicht selbst etwas hat, kann sich in den Zähnen herumstochern! Die anderen Leute, sie geben heute, sie geben morgen, aber dann haben sie genug. Da hocken wir nun ohne Mittel, ohne auch nur einen Pfennig, wir müssen uns von einem Tag zum anderen durchbeißen mit dem Wenigen, was man sich erbettelt, und man muß sich sein Leben lang abmühen und abrackern und jeden Morgen, den Gott auf die Erde schickt, über diese Hügel ziehen um ein Stückchen Brot, und man kann schon von fetten Zeiten reden, wenn man einmal so viel zusammenbringt, daß es langt. Wie oft müssen wir sagen hören: ›Was, ihr lebt immer noch? Seid ihr Alten noch immer auf der Welt? Habt ihr noch nicht die Nase voll?‹ Und es scheint, als würden sie mit einer Scheibe Brot ihr Haus zugrunde richten. Wenn uns eine Krankheit erwischt, schon sind wir in einem Bett und leiden die größte Not oder in der Ecke eines Spitals in den Händen von bezahlten Leuten. Arme Arme! Nichts wie Unglück haben sie! Was ist das für ein Leben! Es wäre hunderttausendmal besser, schon in den Windeln zu sterben, als so alt zu werden und so viel in der Welt zu leiden. Hätten wir nur jemals in unseren Tagen ein halbes bißchen Glück gehabt! Ach, im Buch der Glücklichen stehen wir sicher nicht!« Und Heulen hier und Klagen dort, das nahm kein Ende mehr.

Aber plötzlich hören sie eine Stimme von oben, vom

Kamin herunter: »He, ihr Alten, ihr Alterchen!« Jessesgott, so ein Schrecken! Sie starben bald vor Angst, sie zitterten wie Laub. »Habt keine Angst, ihr Alterchen, ich bin nämlich einer von den guten Geistern, und ich bin hier, damit ich euch etwas Gutes tue, nichts Böses. Ich habe eure Klagen gehört, und bin sofort herbeigeeilt, um euch Hilfe zu gewähren.« Da kriegten die beiden Alten wieder Luft, und sie fingen an, sich zu bedanken. »Geist, guter Geist, seid willkommen, hier seid Ihr richtig, und Gott vergelte euch eure Barmherzigkeit. Ihr könnt sicher sein, daß es von den Armen und Unglücklichen noch mehr gibt, aber so etwas Elendes wie uns kann und wird man nicht noch einmal finden. Hilf uns bei der Liebe Gottes, denn wir stecken wirklich tief im Unglück.«

Da sagte diese Stimme: »Na gut, paßt auf, meine Hilfe ist diese: Überlegt euch, was ihr braucht, macht drei Wünsche, und was immer ihr mit diesen drei Bitten wünscht, das werdet ihr bekommen.« Und damit verschwand er.

Stellt euch diese beiden guten Alten vor, wie sie bei diesen Worten dastanden! Sie waren ganz verwirrt und fast außer sich vor großer Freude, und sie konnten es nicht fassen, daß so ein Glück Wirklichkeit sei. Gleich darauf fangen sie an zu überlegen, was sie sich wünschen könnten. Die beiden Köpfe wurden wie Windmühlen, hunderttausend Ideen wirbelten darin herum, und sie waren nie zufrieden und konnten zu keiner Einigung kommen. Ein Gedanke kommt, da gefällt er ihr nicht, ein anderer wird ausgeschwitzt, da paßt er ihm nicht. »Sollen wir ganz viele Landgüter wünschen, daß man einen Tag in der Kutsche reisen muß, immer auf eigenem Grund und Boden?« – »Nein, nein. Wie soll man denn auf soviel verstreuten Besitz achthaben, wir sind doch zwei Ignoranten und können nicht mal lesen. Da müßte man ja einen Pächter halten, und dann ade schöne Mitgift!« – »Sollen wir ganz viele Edelsteine wünschen, Diamanten, Perlen...?« – »Und was tun wir damit? Was denn? Jetzt sind wir alt, da sind die Messen gesagt, die Vespern gesungen! Und dann: Wie sollen wir sie verkaufen?« – »Also dann wünschen wir Kutschen und Pferde?« – »Ach was, wir könnten ja nicht mal aufsitzen. Ich hab' das einmal gemacht und du noch nie.« – »Ja, was sollen wir dann wünschen? Villa auf dem Land und Palast in der Stadt?« – »Was Stadt und nicht Stadt? Wenn ich schon nur ein Gemälde von einer Stadt hätte, würde ich es zerkratzen! Ich hab' noch nie in so einer stickigen Luft leben können.« Und während sie also ganz und gar ihre Köpfe mit Denken anstrengten, war das Feuer niedergebrannt, und der Mann nahm die Feuerzange, um es wieder anzufachen, da stocherte er in der Asche, und es gab eine schöne leuchtende Glut, daß schon das bloße Hineinschauen Freude machte. Zerstreut und ohne zu überlegen fuhr es aus ihm heraus: »Wenn doch jetzt ein schöner Schweinebraten da wäre!« Er hatte das letzte Wort kaum noch ausgesprochen, da – hopsala! – lag da ein wunderschöner Schweinebraten auf einem Dreifuß und alles.

Wie nun die Frau sah, daß einer der Wünsche auf diese Weise schon vergeudet war, geriet sie in helle Wut, und blind geworden von dieser Leidenschaft, konnte sie sich nicht zurückhalten und sagte: »Da soll dir doch die Hand abfallen!« Und schon lag die Hand auf der Erde, vom Puls abgetrennt, ohne Blut und ohne Wunde, wie wenn sie aus Pasta wäre! Und so steht denn unser armer Alter einarmig da. Jetzt, das war dir eine Verzweiflung! »O je, ich Ärmster, ohne eine Hand! Ach, ich Elender, mit einem Arm weniger! O Gott, was haben wir denn getan? Oje, meine Hand (und mit der anderen nahm er sie vom Boden auf und sah sie an), oje meine schöne Hand! Und wie mach ich das mit bloß einer Hand? Meine schöne Hand! Meine schöne Hand!« Auch die Frau weinte vor Schmerz, daß sie dem Mann so weh getan und einen zweiten Wunsch vergeudet hatte. Aber schon fing sie an zu reden: »Mein

232

Mann, wir haben nur noch einen Wunsch. Sicher, du hast eine Hand verloren, aber sie ist doch im Grunde gar nicht nötig, es gibt so viele Einarmige, und die leben doch auch ganz gut. Jetzt wünschen wir uns ganz viele Reichtümer und viele Goldschätze und Geld, und dann lassen wir uns mit allem bedienen, mit Kleidern und mit Essen und Trinken, und wir fahren aus mit Kutschen und Pferden. Mit Geld schafft man alles, und du wirst sehen, daß eine Hand weniger gar nicht so schlimm ist für dich.« – »Was nützen mir deine Reichtümer, wenn ich so ein Krüppel bin? Was bringt mir dein Geld? Du hast gut reden, du hast ja noch beide Hände! Ich hab' keine Lust, einarmig zu sein! Was nützen mir deine Diener? O Gott, siehst du, wie ich mit einer Hand dastehe? Ich bin gesund geboren, und gesund will ich sterben. Jetzt bin ich schon so viele Jahre arm gewesen, da kann ich auch weiter so leben, aber meine Hand will ich auf jeden Fall zurückhaben, und ich will sie um jeden Preis, ich will sie wieder, ich will sie wieder!« Die Frau redete dawider, sie suchte ihn auf alle Arten zu überreden, aber was!, es war sinnlos. Sie stritt sich lange und redete viel, aber der Alte hatte sich in den Kopf gesetzt, er wollte heil und ganz sterben, wie Gott ihn geschaffen, und er gab nicht nach. So zwischen Seufzern und Klagen verbrauchten sie auch den letzten Wunsch, indem sie darum baten, die Hand möge an ihre Stelle wie früher zurückkehren, und die Gnade wurde sofort gewährt. Und während Frau und Mann noch das Ja und Nein hin- und herwendeten, da war nicht nur die Glut ausgebrannt, auch der Braten war verkohlt, so daß ihn nicht einmal der Kater mehr wollte.

Da sieht man, was diese beiden armen Leute davon hatten, daß sie wünschen durften, was sie wollten! Und wenn es ihnen bis dahin nicht sehr gut gegangen war, so hatten sie von jetzt an keine Ruhe und keinen Frieden mehr, wenn sie daran dachten, wie sie das schöne Glück ins Unglück verkehrt hatten.

43. Das goldene Kalb

Da war einmal ein Vater, der hatte drei Töchter, und er war schon sehr alt. Eines Tages rief er alle drei zu sich und sagte zu ihnen: »Liebe Töchter, jetzt zeige ich euch drei Sessel und sage euch, wozu sie gut sind. Dieser hier ist aus Samt; wenn ich mich auf diesen Sessel setzen werde, so bedeutet es, daß es mir nicht allzu gutgeht. Der zweite Sessel ist aus Silber; wenn ich mich auf den setze, so bedeutet es, daß es mir sehr schlechtgeht und daß meine Stunde nicht mehr weit sein wird. Wenn ich jedoch zu dem dritten Sessel gehe, der aus Gold gemacht ist, dann bedeutet es, daß ich sterben muß.«

Die Töchter wurden traurig bei diesen Reden des Vaters und versuchten, ihn zu trösten: »Aber was sagt Ihr da, Papa? An so etwas dürft Ihr nicht denken. Zum Sterben ist doch immer noch Zeit genug.« – »Ach, liebe Töchter, älter als alt kann man doch nicht werden.«

Jetzt, eines Tages – es war einige Zeit vergangen, ein paar Monate, seit der Alte mit den Töchtern über die Sessel gesprochen hatte – sahen sie, wie der Vater auf dem Samtsessel saß. Besorgt gingen sie zu ihm hin und fragten, ob er sich schlecht fühle. Der Alte antwortete: »Meine Lieben, der Augenblick kommt näher. Regt euch nicht auf, da kann man nichts machen.« Ein paar Tage später saß der Vater auf dem Silbersessel, und die Töchter waren noch mehr beunruhigt. Und noch ein paar Tage später setzte sich der Alte auf den Goldsessel und rief nach seinen Töchtern: »Seht ihr? Jetzt muß ich sterben. Ich möchte euch alle drei bei mir haben, weil ich jeder etwas von meinem Besitz hinterlassen möchte.«

So wandte er sich an die älteste Tochter: »Was möchtest du lieber haben? Ich kann dir hundert Scudi hinterlassen oder dir meinen Segen geben. Wähle!« – »Um ehrlich zu sein: da hätte ich lieber die hundert Scudi.«

»Und du, was möchtest du? Hundert Scudi oder meinen Segen?« Die mittlere Tochter tat so, als sei sie unentschlossen; sie überlegte eine Weile, aber dann wählte sie die hundert Scudi.

Der Alte stellte dieselbe Frage auch der jüngsten Tochter, aber sie, welche die anständigste war und am meisten an ihrem Vater hing, wählte den väterlichen Segen. Der Vater segnete sie also, und kurz darauf gab er seinen Geist auf.

Nach dem Tode des Vaters lebten die Schwestern einige Monate beisammen, und alle liebten sich und verstanden sich gut. Aber dann fingen die älteren Schwestern an, die jüngere zu tadeln: »Aber überlege doch mal, wie dumm du gewesen bist. Du hast den Segen genommen statt Geld. So Dumme wie dich gibt's doch nicht noch einmal in der Welt. Aber auch wir sind wirklich blöd, daß wir dich durchfüttern. Du hast den Segen genommen – warum ernährst du dich nicht von dem?«

Das Mädchen, das Nicolina hieß, hörte solche Reden der Schwestern voller Bitterkeit, und oft zog sie sich zum Weinen in ein Zimmerchen zu ebener Erde zurück, wo ihre arme Mutter immer zum Nähen und Sticken hingegangen war. Dieses Zimmerchen hatte ein Fenster, das auf die Straße hinausging, und eines Tages kam auf dieser Straße ein altes Männlein vorbei, das hörte sie weinen und versuchte, durch das Fenster zu schauen, um zu sehen, wer das sei. Er sah Nicolina in Tränen aufgelöst und fragte sie, warum sie weine. »Ich weine, weil meine Schwestern mich nicht liebhaben und mich immer tadeln, weil ich mir von meinem Vater nicht hundert Scudi, sondern seinen Segen gewünscht habe. Und jetzt sagen sie mir, sie müßten mich durchfüttern.«

»Nimm es nicht so schwer; deine Wahl ist die richtige gewesen. Du wirst sehen: früher oder später bekommst du dafür deinen Lohn.« Und ab und zu kam das alte

235

Männlein wieder durch die Straße und hielt an, um mit Nicolina ein bißchen zu plaudern, und sie hatte sich immer wieder über ihre Schwestern zu beklagen. Diese Schwestern hatten in der Tat daran gedacht, sich ihrer zu entledigen. Sie hatte nichts zum Leben, und die beiden hatten nicht die Absicht, für sie aufzukommen. Eines Tages sagte die ältere Schwester: »Weißt du, was wir tun, um uns die Nicolina vom Halse zu schaffen? Wir gehen zum König und sagen ihm, daß unsere Schwester damit prahlt, sie sei fähig, dem Mago seinen goldenen Kanarienvogel wegzunehmen.« – »Das ist ein guter Gedanke«, sagte die Schwester, »du wirst sehen, der König schickt sie wirklich nach dem Kanarienvogel, und dann frißt der Mago sie auf, und wir sind sie los.«

So gingen sie zum Hof, ließen sich vom König empfangen und berichteten ihm, ihre Schwester laufe herum und prahle damit, daß sie fähig sei, dem Mago seinen goldenen Kanarienvogel wegzunehmen. »Wenn sie damit prahlt, dann soll sie es auch tun. Schickt sie zu mir her!«

Am nächsten Tag geht die Nicolina zum König und fragt ihn, wie sie ihm behilflich sein könne. »Du behauptest also, daß du den goldenen Kanarienvogel stehlen kannst«, sagte der König, »und ich befehle dir, daß du es tust. Wort eines Königs! Und wenn du es nicht schaffst – Kopf ab!«

Nicolina leugnete, daß sie je so etwas gesagt hätte, sie weinte und beschwor den König, aber da war nichts zu machen. Wenn der König etwas gesagt hat, dann muß man gehorchen. So kehrte sie denn ganz verzweifelt nach Hause zurück und ging in das gewohnte Zimmerchen zu ebener Erde, und sie weinte lange. Während sie so am Weinen war, kam wie üblich das alte Männlein vorbei, und die junge Frau schilderte ihm ihre traurige Lage.

»Reg dich nicht auf«, sagte der Alte, »ich will dir helfen, und ich werde dir sagen, was du tun mußt. Du besorgst dir jetzt ein paar Hirsekörner, und heute nacht, gegen Mitternacht, gehst du aus und hinüber in das Haus des Mago. Du wirst sehen, daß der Mago seinen goldenen Kanarienvogel in einem Käfig am Fenster hängen hat. Du mußt dem Tierchen sofort die Hirsekörner geben; es wird gleich zu picken anfangen. Dann nimmst du den Käfig vom Fenster weg und rennst los. Aber paß auf, daß du den Käfig nicht berührst, bevor der Kanarienvogel zu fressen angefangen hat, sonst fängt er an zu singen, weckt den Mago auf, und der kommt dann sofort heraus, um dich zu fressen.«

Nicolina besorgte sich die Hirsekörner, und um Mitternacht ging sie hinaus und hatte schreckliche Angst. Sie ging zum Haus des Mago und machte alles, was ihr der Alte geraten hatte. So gelang es ihr, den Käfig mit dem goldenen Kanarienvogel wegzunehmen.

Der Mago lag im Bett und schlief, und er merkte gar nichts. Morgens war er aber gewohnt, daß der Kanarienvogel ihn zu einer bestimmten Zeit aufweckte. An diesem Morgen nun wachte der Mago von selber auf; er sah, daß es schon heller Tag war, und da weckte er die Maga: »He, Kathrin«, rief er, »wie kommt es, daß heute früh der Kanarienvogel gar nicht gesungen hat?« – »Vielleicht hat er auch verschlafen.« – »Ist doch nicht möglich!«, sagte der Mago, »das ist doch noch nie passiert.«

Er stand auf, ging zum Fenster und sah, daß der Kanarienvogel weg war. Da sagte er zur Kathrin: »Jetzt weiß ich, wer ihn mir gestohlen hat: Das war die Nicolina. Die tut immer so scheinheilig, und dann geht sie stehlen.« Dann ging er ans Fenster und schrie aus vollem Hals:

Nicolina, paß nur auf,
erwisch' ich dich, dann zahlst du drauf!

Nicolina hatte den Käfig inzwischen am Fenster ihres Zimmers aufgehängt, und wie die Sonne darauf schien, da glänzte er auf: Auch der Käfig war nämlich aus Gold! Als sie nun den Mago so schreien hörte, da antwortete sie sofort, so laut sie konnte:

Wart nur, bis ein Jahr verronnen:
Du hast den Schaden, und ich hab' gewonnen!

Am nächsten Tag ging Nicolina zum König, und als der dieses Wunder sah, lobte er das Mädchen über die Maßen und sagte ihr, sie sei wirklich mutig gewesen, und er schenkte ihr eine wunderschöne Kutsche und ein Beutelchen mit Goldstücken.

Ganz glücklich kehrte sie nach Hause zurück. Als die Schwestern sie zurückkommen sahen und noch dazu die wunderschöne Kutsche, da platzten sie fast vor Neid.

Ein paar Monate gingen so vorüber; in dieser Zeit taten die Schwestern so, als hätten sie Nicolina lieb, denn jetzt besaß doch auch sie Geld, und sie konnten sie nicht mehr tadeln und ihr vorwerfen, sie müßten sie durchfüttern. Aber in ihrem Inneren nagte die Wut, und sie dachten nur daran, wie sie der Schwester etwas Böses antun könnten. Schließlich beschlossen sie, abermals zum König zu gehen und ihm zu sagen, daß die Nicolina, nachdem sie den goldenen Kanarienvogel des Mago gestohlen hatte, so hochmütig geworden war, daß sie herumlief und prahlte, sie könne sogar die goldene Decke stehlen, die der Mago auf seinem Bett liegen hatte.

Als der König von dieser Prahlerei hörte, ließ er Nicolina sofort rufen und befahl ihr, das zu tun, womit sie so geprahlt hatte. Und das arme Mädchen hatte die größte Mühe zu erklären, daß das gar nicht wahr sei. Sie weinte und beschwor den König, aber der blieb unerbittlich: »Was ich dir befohlen habe, das muß auch ausgeführt werden. Und wenn es dir nicht gelingt: Kopf ab! Das Wort eines Königs wird nicht zurückgenommen.«

Nicolina ging nach Hause und versteckte sich sofort in dem üblichen Zimmerchen zu ebener Erde. Sie weinte

238

und machte es so, daß man ihr Weinen gut von der Straße aus hören konnte: In ihrem Herzen hoffte sie, daß wie immer das alte Männlein vorbeikommen möchte, das ihr geholfen hatte, den goldenen Kanarienvogel zu stehlen. Sie weinte den ganzen Tag, aber der Alte ließ sich nicht blicken. Sie hatte drei Tage Zeit, um ihr Vorhaben durchzuführen.

Am zweiten Tag ging sie wieder in dieses Zimmer, und als sie eine Weile geweint und gejammert hatte, erschien das alte Männlein. Sie erzählte ihm sofort vom König und vom Mago. Der Mann sagte, dieses Mal sei das Unternehmen schwieriger und gefährlicher, aber er wolle ihr jedenfalls noch einmal helfen, und sie solle aufpassen: »Die Tage sind ja jetzt nicht so kalt, da kann es wohl sein, daß der Mago seine Decke nicht im Bett hält. Du mußt dir einen Sack Nüsse besorgen, dann steigst du auf das Dach von des Mago Haus und schüttest die Nüsse aus, so daß sie viel Krach machen. Der Mago glaubt dann, es handle sich um ein Gewitter mit Hagel und wird der Maga sagen, sie solle die goldene Decke holen, weil die Luft sich abkühlen würde. Wenn sie dann die Decke über das Bett gebreitet haben, werden sie einschlafen. Aber achte darauf, daß sie die Augen geöffnet haben! Du mußt nämlich wissen, daß diese Menschenfresser, wenn ihre Augen geschlossen sind, wachen, und daß sie schlafen, wenn die Augen offen sind. Sobald du sicher bist, daß sie alle beide eingeschlafen sind, gehst du in ihr Schlafzimmer und nimmst dir die Decke.«

Nicolina besorgte sich die Nüsse und machte alles so, wie es ihr das alte Männlein geraten hatte. Es gelang ihr so, die goldene Decke des Mago zu stehlen. Als der Mago morgens aufwachte, sagte er seiner Kathrin: »Aber hast du denn gestern abend die Decke nicht aufgelegt?« – »Doch, doch – ich habe sie aufs Bett gelegt.« – »Jetzt geht mir ein Licht auf: Die Nicolina hat mich abermals reingelegt!«

239

Vom Haus des Mago aus sah man weit in der Ferne den Ort, wo Nicolina wohnte. Der Mago ging ans Fenster und sah seine goldene Decke; sie lag im Fenster des Mädchens und leuchtete in der Sonne. Da schrie er aus Leibeskräften:

Nicolina, paß nur auf,
erwisch' ich dich, dann zahlst du drauf!

Und Nicolina antwortete, so laut sie konnte:

Wart nur, bis ein Jahr verronnen:
Du hast den Schaden, und ich hab' gewonnen!

Am folgenden Tag trug Nicolina die goldene Decke zum König. Der König sagte, im ganzen königlichen Schloß gebe es kein so herrliches Ding. Dann lobte er das Mädchen wegen seines Mutes und schenkte ihm drei wunderbare Kleider und zwei Beutelchen mit Goldmünzen.

Nicolina kam ganz glücklich nach Hause. Als ihre Schwestern sie ankommen sahen, stieg ihnen die Galle hoch; sie waren dieses Mal sicher gewesen, daß der Mago sie aufgefressen hatte. Aber sie taten gegenüber der Schwester ganz freundlich und sagten ihr, sie sei ja wirklich tüchtig. Aber in ihren Herzen dachten sie schon wieder daran, wie sie ihre Schwester abermals in Schwierigkeiten bringen könnten. »Wie hat sie es bloß gemacht«, sagten sie, »dem Mago seine Decke zu stehlen? Was können wir denn mal erfinden, um sie aus dem Weg zu räumen? Der Mago hat doch ein goldenes Kalb, das er gut verschlossen hält und niemanden sehen läßt. Jetzt sollten wir zum König gehen und ihm sagen, die Nicolina hätte damit geprahlt, sie könne es stehlen.«

So gingen sie denn abermals mit der Geschichte vom Kalb zum König. Der König ließ, wie üblich, die Nicolina holen und sagte ihr, wenn sie schon damit geprahlt hätte, sie könne dem Mago das goldene Kalb stehlen, dann müsse sie es auch tun. Drei Tage hätte sie Zeit, sonst würde er ihr den Kopf abschlagen lassen.

Das Mädchen weinte und flehte ihn an; sie versuchte, ihm zu erklären, daß sie nie mit einer solchen Sache geprahlt hätte: Es seien ihre Schwestern, die ihr Böses wollten und die alle diese Geschichten erfänden. Aber der König ließ sich zu nichts bewegen: »Du hast doch den Kanarienvogel und die Decke stehlen können, also wirst du auch das goldene Kalb stehlen. Und dann hab' ich dir doch schon einmal gesagt, daß du gehorchen mußt und daß ein König sein Wort nicht zurücknehmen kann: Wenn du es nicht tust, dann lasse ich dir den Kopf abhauen!«

Die arme Nicolina ging nach Hause und schloß sich in das übliche Zimmer ein. Sie wartete auf das alte Männlein, das ihr zu Hilfe kommen sollte. Sie weinte und jammerte und wartete den ersten Tag, und der Mann kam nicht; sie wartete den zweiten Tag, und es wurde Nacht, aber das alte Männlein war nicht zu sehen. Jetzt kam schon der letzte Tag heran; sie fühlte sich ganz verlassen und sah sich schon am Galgen, als sie plötzlich Schritte auf der Straße hörte und eine Stimme, die sagte: »Warum weinst du, Nicolina?« Sie ging ans Fenster, und als sie ihren Wohltäter sah, fühlte sie sich ganz erleichtert. Sie erzählte ihm ihr neues Unglück, das ihre niederträchtigen Schwestern verursacht hatten.

»Dieses Mal«, sagte das alte Männlein, »ist die Aufgabe noch schwieriger. Wer weiß, ob du es schaffst. Trotzdem will ich dir erklären, wie du es anpacken könntest. Das goldene Kalb ist dem Mago besonders viel wert, und deshalb bewacht er es mehr als alles andere mit der größten Aufmerksamkeit. Um zu dem Ort zu gelangen, wo der Mago das goldene Kalb hält, muß man durch zwei Gittertore hindurchgehen. Aber diese Gittertore sind mit zwei dicken Eisenketten verschlossen, und weil sie niemals auf-

241

gemacht werden, sind diese Ketten eingerostet und quietschen, wenn man versucht, sie auseinanderzubringen. Dann hört der Mago dieses Quietschen und rennt sofort los, um nachzusehen. Wenn er dich da findet, ist es für dich aus: Er frißt dich in einem Happen.

Also mußt du dir Fett besorgen, und du mußt die Ketten so gut einschmieren, daß sie ganz leicht und ohne Geräusch auseinandergehen. Aber das ist noch nicht alles. Auf der anderen Seite der Gittertore sind zwei Hunde; sobald die dich kommen sehen, bellen sie los. Wenn der Mago sie hört, kommt er sofort, um nachzusehen, und dann: wehe dir! Also mußt du ein paar Stücke Fleisch mitnehmen und sie sofort den Hunden hinwerfen, bevor sie zu bellen anfangen.

Und auch das Kalb wird losblöken, sobald es dich sieht, außer du hast ein paar zarte Kräuter bei dir, die du ihm gleich gibst. Paß gut auf, denn wenn du den Hunden und dem Kalb nicht flink zu fressen gibst, kommt der Mago und frißt dich auf.«

Nicolina dankte dem alten Männlein für seine Ratschläge und fing an, sich die Dinge zu besorgen, die ihr helfen sollten: das Fett, das Fleisch, die zarten Kräuter. Am Abend brach sie zu ihrer Unternehmung auf, aber dieses Mal zitterte sie vor Angst. Sie machte alles, wie das alte Männlein ihr geraten hatte: Sie schmierte die Ketten ein, und die Ketten quietschten nicht mehr; sie gab das Fleisch den Hunden, und die Hunde bellten nicht; dem Kalb brachte sie die zarten Kräuter, und das Kalb blökte nicht. Der Mago wachte nicht auf, und Nicolina konnte das goldene Kalb stehlen.

Der Mago und die Kathrin machten jeden Morgen, sobald sie aufgestanden waren, eine Runde durch ihr Anwesen und schauten nach, ob alles in Ordnung sei. Als sie zu dem Platz kamen, wo sie das goldene Kalb hielten, bemerkten sie, daß es fort war. Der Mago war noch wütender als zuvor und verfluchte die Nicolina; er wußte, daß es niemand anders hätte wagen können, so etwas zu unternehmen. Also ging er an das Fenster, von wo man das Haus der Nicolina sehen konnte, und er sah etwas im Garten des Mädchens glänzen: Das war sicher das goldene Kalb! So schrie er los:

Nicolina, paß nur auf,
erwisch' ich dich, dann zahlst du drauf!

Und Nicolina antwortete:

Wart nur, bis ein Jahr verronnen:
Du hast den Schaden, und ich hab' gewonnen!

Als Nicolina dann das goldene Kalb dem König brachte, wurde sie am Hofe mit tausend Knicksen und Bücklingen empfangen. Der König beglückwünschte sie und belud sie mit Juwelen, und dann gab er ihr auch noch drei Beutelchen mit Goldmünzen. So ging das Mädchen nach Hause und dachte, die Schwestern würden sie jetzt in Ruhe lassen. Und die Schwestern quälten sie wirklich ein paar Monate nicht weiter. Aber in ihren Herzen verzehrten sie sich vor Wut: »Nun guck doch mal diese gemeine Schwester an! Wir tun alles, damit sie umkommt, und sie, sie kommt jedesmal noch glücklicher und reicher zurück. Dieses Mal müssen wir etwas erfinden, was wirklich unmöglich ist; so lange sie lebt, kriegen wir keine Ruhe.«

Sie überlegten und überlegten, und dann wollten sie zum König gehen und ihm mitteilen, die Nicolina hätte mit einer unmöglichen Sache geprahlt: Sie laufe herum und behaupte, sie könne das goldene Kalb zum Sprechen bringen. Dieses Mal wollte es der König nicht glauben. »Aber das kann doch nicht wahr sein«, dachte er bei sich, »ein Tier, das sollte sprechen können?«

Er rief das Mädchen und sagte ihm, innerhalb von drei Tagen wolle er das Kalb sprechen hören. Sie hätte doch damit geprahlt, und jetzt solle sie zeigen, ob sie das auch fertigbringe. Wenn sie das nicht zustande brächte, dann würde er ihr den Kopf abhauen lassen, Ehrenwort des Königs! Aber wenn alles gutgehe, dann wolle er sie mit seinem Sohn, dem Erbprinzen, verheiraten. Er erließ auch einen Aufruf und lud alle Leute ein, sie sollten auf den Hauptplatz der Stadt kommen und dem Schauspiel von dem sprechenden Kalb beiwohnen.

Dieses Mal war Nicolina wirklich verzweifelt. Und die Verzweiflung wuchs mit jeder Stunde. Die Zeit verging, und das alte Männlein kam nicht. Es fehlten nur noch ein paar Minuten bis zur festgesetzten Zeit, als das Männlein erschien. Sie erzählte ihm weinend von dem, was passiert war.

»Dieses Mal kann ich dir nicht helfen«, sagte der Mann. »Aber du kannst mal das probieren, was ich dir jetzt sage. Wenn du vor dem Kalb stehst, sagst du zu ihm: ›Sprich, du Tier Gottes!‹ Und das sagst du dreimal. Wenn es dir beim drittenmal nicht antwortet, brauchst du es nicht noch einmal zu sagen, das bringt dann nichts mehr. Hoffen wir, daß es dir gelingt. Viel Glück!«

Nicolina ging eilig weg; fast hätte sie die festgesetzte Zeit verpaßt. Alle Leute der Stadt waren schon auf dem Platz. Auch aus den benachbarten Orten waren die Menschen gekommen. In der vordersten Reihe standen auch ihre Schwestern. Auf einem Podest, das für diesen Anlaß aufgebaut worden war, stand das goldene Kalb. Rechts neben dem Kalb stand der Erbprinz, jung und schön. Aber auf der linken Seite wartete schon der Henker mit der Axt und dem Holzblock.

Zitternd kniete das Mädchen dreimal nieder, und dann sagte sie: »Sprich, du Tier Gottes!«

Beim drittenmal sprach das Kalb und sagte:

> Durch den Segen, den dir der Vater gegeben,
> wird man dich jetzt auf den Thron erheben.

Alle Leute bejubelten lange die schöne junge Frau, die Königin werden sollte. Der Prinz ging auf sie zu und gab ihr einen Kuß. Die bösen Schwestern waren so wütend, daß sie auf der Stelle starben.

Und am Hofe feierte man ein großes Fest.

44. Campriano

Es gab einmal vor langer Zeit in dieser Gegend – aber das ist schon wirklich so lange her, daß sich selbst die armen Seelen im Fegefeuer nicht mehr dran erinnern – einen Kerl, der hieß Campriano, und der wohnte oben in den Bergen, aber wie alle, die oben leben, schien er ungehobelt, und er war schlau wie ein Fuchs. Er war arm, und in den Jahren der Teuerung tat er so, als lebte er im Elend, und sein Essen war ganz kümmerlich. Daher fand er immer, wenn zufällig Leute aus dem Tal kamen, um ihn zu prellen, tausend Arten, sie gerupfter nach Hause zu schicken, als sie gekommen waren. Für ihn war das so richtig eine Überlebenstechnik geworden, und als er ein paar weiße Bartstoppeln bekommen hatte, da legte er schon alle die Dummköpfe aufs Kreuz, die ihm in die Hände fielen.

Von Beruf war er Bauer auf einem Hof mit magerer und dürrer Erde; die war mühsam zu bearbeiten, weil die Felder an den abschüssigen Hängen der Berge lagen und weil es die Zugtiere oft nicht schafften, da den Pflug weiterzubringen. Er lebte mit seinem Weib, einer tüchtigen Hausfrau, und sechs Töchtern, die ihm der Himmel beschert hatte, ohne einen Jungen, der ihm bei den Arbeiten auf dem Hof hätte helfen können. Die fleißigen Mädchen spannen und webten, machten alle die kleinen Arbeiten der jeweiligen Jahreszeit, aber um allen eine Mitgift herzuschaffen, fehlte es doch weit.

245

Zur Erntezeit stiegen aus dem Tal und aus der Stadt die Händler herauf, um Waren einzukaufen, und dabei machten die Bauern stets nur magere Geschäfte: mal aus diesem Grund oder mal aus jenem mußten sie am Ende doch immer ihr Zeug für ein paar Münzen hergeben.

Einmal war es Campriano satt, so hereingelegt zu werden, und als es Zeit war, den Honig einzusammeln, stellte er doppelt so viele irdene Töpfe hin und füllte sie zuerst einmal halb mit Mist, und obendrauf schüttete er seinen Honig mit Kastanienblütenduft. Als nun die Lebensmittelhändler eintrafen, um die Waren abzuholen, da bot ihm der erste wenig, der zweite noch weniger und der dritte fast gar nichts. Da verkaufte Campriano alles dem ersten, ohne viel herumzuhandeln, und der zog ganz zufrieden und glücklich davon, weil er ein gutes Geschäft gemacht hatte. Dann kam der Winter, und der Händler fing an, seinen Honig zu verkaufen, und es brauchte nicht lange, bis der Bodensatz zum Vorschein kam.... Der Kaufmann geriet in Wut, aber so sehr er auch versuchte, sich zu erinnern: er konnte einfach nicht mehr herausfinden, woher diese Töpfe gekommen waren.

Im darauffolgenden Jahr war der Händler darauf bedacht, sich aufzuzeichnen, von wem er jeden Topf gekauft hatte, aber auch Campriano hatte sich vorgesehen: Er verkaufte seinen Honig einem anderen. Und so wurden sie, Jahr für Jahr, alle hereingelegt, bis es schließlich so weit kam, daß sie sich zusammensteckten und ihn als Täter herausfanden, und dann schwuren sie sich, sie wollten ihn zur nächsten Honigzeit, wenn sie wieder in die Berge zögen, tüchtig verprügeln.

Campriano, der immer die Ohren gespitzt hielt, vor allem, wenn er in die Stadt ging, bekam von einem Ladenjungen zu hören, was ihm bevorstand, und so konnte er seine Hauer wetzen. Als er dann erfuhr, daß die Handelsleute anrückten, ging er in den Stall und holte sich zwei

Kaninchen, die genau den gleichen weißen Fleck auf der Stirne hatten. Eins davon gab er seiner Frau und erklärte ihr, was sie zu sagen und zu tun hatte, und mit dem anderen Kaninchen versteckte er sich in einem Busch hinter dem Hause und wartete.

Es dauerte nicht lange, da kamen die Händler mit dicken Knüppeln und erkundigten sich bei der Frau nach ihrem Mann. »Ach, wenn Ihr wüßtet, wenn Ihr bloß wüßtet«, begann die Frau zu jammern, »was für einen Schurken wir als Knecht eingestellt hatten. Sicher hat er auch Euch einen Streich gespielt. Stellt Euch nur vor: Der schüttete Wasser in die Milch, die wir verkauft haben, und Kleie in das Kastanienmehl, er verdünnte den Wein! Kurzum, als er denn alle Händler reingelegt hatte, die zu uns kamen, hat er sich vor ein paar Tagen aus dem Staub gemacht und uns hier im Stich gelassen. Aber Ihr wolltet ja den Campriano. Der ist aufs Feld hinaus, aber ich lasse ihn jetzt gleich holen.«

Sie nahm einen Korb hoch, nahm das Kaninchen heraus und sagte: »Lauf schnell, Sternchen, und hol den Campriano, sag ihm, er solle nur gleich kommen, da sind Leute, die auf ihn warten!« Und dann setzte sie das Kaninchen auf den Boden, und das Tier hoppelte Hals über Kopf los und in die Felder hinein. Kurze Zeit später kam Campriano an und hielt das andere Kaninchen im Arm und streichelte es und sagte zu seiner Frau: »Du hast mich rufen lassen?« – »Ja hat dir denn Sternchen nicht gesagt, daß diese Herren gekommen sind?«

Als die Händler hörten, daß dieses Kaninchen verstand, was man ihm sagte, und selber sprechen konnte, vergaßen sie all ihren Unmut und wollten wissen, was es mit der Sache auf sich habe, und als sie hörten, es handle sich da um ein intelligentes Tier, fragten sie Campriano, ob er es nicht verkaufen wolle. Und Campriano sagte natürlich nein, nicht um alles Geld in der Welt, und sie sagten drauf: Aber ja doch, du kriegst alles, was wir dabei haben.« Schließlich wurde das Kaninchen um fünfhundert Scudi verkauft, und die Handelsmänner zogen zufrieden ab und schwätzten dem Kaninchen die Ohren voll.

Auch in diesem Falle sollte nicht viel Zeit vergehen, bevor die Wahrheit ans Licht kam. Und weil sich doch die Händler in Schulden gestürzt hatten, um das Tier zu kriegen, beschlossen sie, schnurstracks in die Berge zu gehen, um mit Campriano abzurechnen. Aber der wußte natürlich auch dieses Mal rechtzeitig Bescheid und konnte seine Vorkehrungen treffen.

Er ging in den Stall und holte sich so zehn von den Scudi, die er als Bezahlung für das Kaninchen bekommen hatte, und steckte sie Stück für Stück in den Hintern seines Esels. Als nun die Händler wutschnaubend hereinstürzten, ihm das Kaninchen vor die Füße warfen und ihr Geld zurückforderten, da blieb Campriano ganz ruhig. Er sagte, sie möchten doch ein paar Tage Geduld haben, dann wolle er alles mit Zinseszins zurückzahlen, denn mit ihrem Geld hätte er eine Erwerbung gemacht, die ihm in kurzer Frist ein Vermögen einbringen würde.

»Und was soll das sein?« fragten die Händler neugierig. »Eine Sache, die Euch nichts angeht.« – »Aber wir wollen es wissen. Wir wollen wissen, wie du es fertigbringen willst, uns fünfhundert Scudi in ein paar Tagen zurückzuzahlen.« – »Na gut, wenn Ihr unbedingt sicher gehen wollt, dann guckt Euch mal an, was ich im Stall habe.«

»Und wie sie bei dem Esel standen, stocherte Campriano mit einem Stöckchen in dem Mist des Esels herum, und da kamen einige Goldmünzen zum Vorschein, und weil die Esel sich gerne ihren Leib erleichtern, sobald sie Menschen sehen, verrichtete der Esel abermals sein Geschäft, und es kamen noch mehr Münzen zum Vorschein.

Die Händler trauten ihren Augen nicht, und als sie erfuhren, es handle sich da um ein Wundervieh, das bis zu

248

seinem Lebensende dergleichen verrichten könnte, wollten sie es sofort kaufen, koste es, was es wolle. Und sie mußten noch einmal tausend Scudi hinlegen, um den armen Esel zu kriegen, den sie dann mit größtmöglicher Vorsicht in die Stadt führten, weil Campriano ihnen, als er den Esel übergab, empfohlen hatte: »Und paßt ja auf, daß es Euch nicht so geht, wie bei meinem armen Kaninchen; das habt Ihr so schlecht behandelt, daß es alle seine Kräfte verloren hat!«

Die Händler brauchten nicht lange, bis sie begriffen, daß ihr Esel nur das tat, was alle anderen Esel auch tun, und dieses Mal, wo sie doch ihr Vermögen hatten einsetzen müssen, um den Kauf zu tätigen, kamen sie ziemlich eilig zu Camprianos Haus in den Bergen zurück; aber der hatte schon wieder seine Vorsichtsmaßnahmen getroffen. Er besaß nämlich einen hübschen Topf, aus dickem Ton gebrannt, der behielt lange Zeit die Wärme bei sich, und wenn man ihn vom Feuer nahm, so blieb doch für eine gute Weile das Wasser am Kochen, und so sagte er seiner Frau, sie solle den Topf immer voll Wasser auf dem Herd stehen lassen und ihn erst dann auf den Küchentisch stellen, wenn die Herren Händler das Haus beträten.

Gesagt, getan. Campriano empfing draußen auf der Tenne die wütenden Leute und beruhigte sie: Die Stadtluft, sagte er, sei dem Esel vielleicht nicht bekommen; der habe hier draußen doch immer Münzen produziert und hätte sie also auch weiterhin gemacht; aber er, Campriano, sei gewißlich durchaus bereit, den Esel zurückzunehmen und ihnen ihre Auslagen zurückzuerstatten, sobald er untersucht hätte, ob dem Esel nicht etwas Schlimmes zugestoßen sei. Und wo sie jetzt schon zur Mittagszeit gekommen seien, sollten sie doch, warum denn nicht?, mit ihnen einen Bissen in Frieden zu sich nehmen, wie das bei einfachen Leute so gang und gäbe sei.

So kamen denn die Händler in die Küche und sahen,

daß da ein kochender Topf auf dem Tisch stand; sie staunten nicht wenig und fragten deswegen, was das für ein seltsamer Topf sei? »Ach, das ist ein Familienstück, das hab' ich von meinem Onkel gekriegt«, antwortete Campriano, ohne von der Sache viel Aufhebens zu machen, »man muß ihn bloß mit Wasser auf den Tisch stellen, und das kocht dann von alleine, ohne daß man erst Feuer zu machen braucht.«

»Ja ist denn das die Möglichkeit?« fragte einer aus der Gesellschaft.

»Na, schaut doch selbst: Das Feuer ist aus – seine Frau hatte in der Tat die Glut im Ofen beiseite geschoben, und der Topf kocht trotzdem. Glaubt mir, der Topf hat mir schon immer viel Geld erspart. Jetzt muß man halt nur ein bißchen warten, dann ist die Suppe gar gekocht, und dann können wir uns setzen.«

Der Topf auf dem Tisch dampfte und kochte, kochte und dampfte, und ringsherum schauten die Händler mit offenen Mündern zu. Als es Zeit war, nahm die Hausfrau eine Kelle und schöpfte die Suppe in die Schüsseln hinein, und die war noch so heiß, daß man sie nicht zum Mund führen konnte. Die Händler tauschten vielsagende Blicke, und noch bevor die Mahlzeit beendet war, sagte einer von ihnen: »Hört mal, Campriano, wir wollen gern alle unsere Forderungen beiseite legen, aber Ihr müßt uns diesen Topf zu einem vernünftigen Preis verkaufen.«

»Ja, aber nein, das geht wirklich nicht, ich habe Euch doch schon gesagt, daß es sich um ein Familienstück handelt, das mir schon viel eingespart hat. Und überhaupt, wenn ich ihn – mal angenommen – verkaufe, dann würde ich doch das Andenken meines armen Onkels besudeln. Gott hab ihn selig im Kreis seiner Heiligen! Das Kaninchen – meinetwegen, meinetwegen auch der Esel, das waren gekaufte Sachen, aber der Topf, der muß in unserer Familie bleiben!«

Aber die Kerle ließen ihn nicht in Ruhe: Den müßt Ihr uns trotzdem geben, hieß es, denn Ihr seid schuld, daß wir schon in zwei schmutzige Geschäfte reingezogen worden sind, und Ihr müßt doch begreifen, daß der Topf bei unserer Arbeit von großem Nutzen sein wird, und wir sind doch auch bereit, einen angemessenen Preis zu zahlen! Kurzum, am frühen Nachmittag war der Handel um zweitausend Scudi abgeschlossen.

Zu Hause angekommen, erzählten die Händler ihren Frauen überglücklich, was für einen tollen Handel sie abgeschlossen hatten. Und die Frauen, die doch wußten, wie die anderen Affären ausgegangen waren, kriegten einen Wutanfall nach dem anderen; schließlich standen ihre Familien wegen dieser Erwerbungen am Rande des Ruins. Aber die Ehemänner brachten sie zum Schweigen und meinten, sie sollten nur abwarten und dann über das Wunderding urteilen, das sie mitgebracht hatten. Am darauffolgenden Tage fanden sie sich alle zu einem gemeinsamen Essen ein, und sie hatten den Frauen gesagt, sie müßten nichts mitbringen und auch nichts vorbereiten. Als es auf zwölf Uhr mittags zuging, füllten sie den Topf mit Wasser, behandelten ihn wie ein rohes Ei, damit er nicht in Stücke ginge, stellten ihn mitten auf den gedeckten Tisch und warteten, daß er kochen solle. Es wurde Mittag, es wurde ein Uhr, und es wurde zwei Uhr: Im Topf kochte nichts. Sie drehten ihn, sie wendeten ihn, sie gossen frisches Wasser hinein, stellten ihn auf die Erde, dann auf einen Stuhl: Der Topf kochte nicht, und in den Bäuchen wuchs der Hunger ebenso wie die Wut. Schließlich stürzten sich die Frauen wie Furien auf ihre armen Männer und jagten sie mit Besenstielen hinaus und holten sich ein paar Ecken Brot aus der Speisekammer.

Die Händler rannten mit dem Topf zu Campriano. Der erwartete sie schon. Er hatte seiner Frau gesagt, sie solle sich eine mit Tomatensauce gefüllte Saublase in den Busen stecken. Sobald er sie dann mit einem Prügel schlagen würde, sollte sie ein bißchen schreien und sich dann wie tot auf den Boden schmeißen, und dabei solle sie die Blase mit der Sauce platzen lassen und sich, so gut sie könne, mit dem Zeug vollspritzen.

Die Händler klopften gar nicht erst an; schon standen sie in Camprianos Stube und brüllten: »Ha, du verfluchter Drache! Noch einmal wirst du uns nicht hereinlegen! Du hast uns ins Elend gestürzt, du hast uns so lächerlich gemacht, daß uns die Frauen mit Besen aus dem Haus gejagt haben! Wo steckst du, Kerl? Komm heraus, du giftiger Skorpion, dich wollen wir subito ins Jenseits befördern!«

Campriano suchte sie mit der ihm eigenen Höflichkeit zu beruhigen, warf einen Blick auf den Topf und rief rasch: »Aber ja, Ihr habt recht! Das ist ja gar nicht der Topf, den mir der Onkel vermacht hat! Wer hat den ausgetauscht, wer? Ha, das bist du gewesen«, brüllte er dann in Richtung auf seine Frau, »du hast den Topf ausgetauscht gegen den andren, den wir auf dem Markt gekauft haben! Du wolltest ihn nicht hergeben, was? Für dich war es bequem, du scheußliches Faultier, immer heißes Wasser bei der Hand zu haben, wie? Jetzt siehst du, wie du mich vor diesen Herren bloßgestellt hast. Aber so kommst du mir nicht davon, nein, so nicht!«

Und damit packte er einen Bengel, den er schon bereitgestellt hatte, und tat so, als wolle er das arme Ding durchprügeln, und die Frau schrie und jammerte so laut, daß die Händler schon sagten: »Aber laßt sie doch, hört auf, Ihr bringt sie ja um!«

Aber Campriano drosch unbarmherzig weiter drauflos und brüllte: »Raus mit dem Topf, du widerwärtige Giftschlange!«

An dieser Stelle ließ sich die Frau auf die Erde fallen, und der Tomatensaft floß bei ihr überall herum.

»Jetzt habt Ihr sie umgebracht«, sagte einer der Händler entsetzt.

»Und wegen so 'ner Geschichte bringt Ihr die Frau um?« fragte ein anderer.

»Nur keine Bange«, sagte Campriano, »das mach' ich immer mal wieder.«

»Das macht Ihr immer mal wieder?«

»Aber ja. Immer, wenn sie's braucht, lege ich sie um.«

»Ja seid Ihr denn total verrückt geworden?«

»Nein, nein, wartet nur ab, Ihr werdet sehen, das hat doch nichts zu bedeuten. Nur einen Moment bitte, ich hole mal das Posaunchen vom Jüngsten Gericht.«

Die Händler wußten gar nicht mehr, woran sie waren, und sie wußten es noch weniger, als Campriano kurz darauf mit einer Trompete zurückkam und sagte: »Hier hab' ich eine der Posaunen des Jüngsten Gerichts; sie wurden schon bei der Erschaffung der Welt hergestellt und in Reserve gelegt. Aber ein Kaufmann, den ich gut kenne, der hat eine davon kriegen können und hat sie mir zu einem honorigen Preis verkauft. Sie hat folgende Eigenschaft: Bläst man hinein, dann wacht ein Toter auf, auch wenn er schon stocksteif ist. Also mal aufgepaßt!«

Er ging mit der Trompete an den Kopf der Frau und blies ihr mal ins rechte Ohr und dann ins linke und zwar so stark, daß die Frau zuerst mit den Augenlidern zuckte, sie dann aufmachte und schließlich zu sich kam, so als sei sie aus einem Schlaf erwacht. Dann stand sie auf und sagte: »O Campriano, jetzt hast du mich schon wieder umgebracht. Aber heute hast du lange gebraucht, bis du mich erweckt hast! Weißt du, ich war nämlich schon fast im Fegefeuer!«

Die Händler sahen sie entgeistert an und brachten kein Wort hervor. Aber als dann die Frau gegangen war, um sich zu waschen, erholten sie sich langsam von ihrer Betäubung, und einer nach dem anderen ging zu dem

Bauern und sagte: »Campriano, ich geb' Euch alles, was Ihr wollt, aber diese Trompete müßt Ihr mir verkaufen, koste es, was es wolle.« Campriano wollte sie nicht hergeben, um keinen Preis, aber dann sah er, wie diese Dummköpfe sich, wie schon zuvor, zusammentaten, um das Ding mitzunehmen; da gab er sie für dreitausend Scudi in klingender und rollender Münze her. So wurde er mit seinem Weib reich und sah zu, wie sie zur Stadt zurückrannten, weil sie es nicht erwarten konnten, das Instrument auszuprobieren.

Und eine Gelegenheit dazu ergab sich eher, als sie es vermutet hatten, denn die Ehefrauen hatten wegen der Verspätung schon Verdacht geschöpft und erwarteten die Männer gemeinsam; und von Zeit zu Zeit sagte die eine zur anderen: »Wetten, daß diese dummen Kerle sich schon wieder haben reinlegen lassen?«

Und in der Tat, als die Männer triumphierend zurückkamen und die Trompete vorzeigten, wie wenn sie das kostbarste Juwel der Welt wäre, da zweifelten sie nicht länger und legten gleich Hand an ihre Besenstiele. Aber dieses Mal rissen ihnen die Männer, völlig überzeugt, sie könnten sie nachher wieder zum Leben erwecken, die Stöcke aus den Händen und schlugen blindlings auf die armen Dinger ein, und die schrien: »Halt, ihr bringt uns ja um!« Und die Männer antworteten: »Nur keine Angst, hinterher erwecken wir euch wieder!«

Und sie prügelten so tüchtig los, daß es nicht lange dauerte, bis sie die unglückseligen Frauen im Handumdrehen ins Jenseits befördert hatten. Aber sie verloren deswegen nicht den Mut, sondern nahmen die Trompete, der erste fing an, seiner Frau in die Ohren zu tuten: zuerst ins rechte, dann ins linke, und dann noch einmal ins rechte und dann wieder ins linke, aber die Tote war tot und blieb tot.

Dann probierte es der zweite, dann der dritte und dann die anderen, und schließlich kamen die Polizisten und sahen, wie die Kerle unter all den Leichen herumtrompeteten. Sie dachten, die seien alle verrückt geworden und hörten sich nicht lange die Geschichte von Campriano an, und als die dann von einem selbstkochenden Topf redeten, da hielt man sie erst recht für wahnsinnig, und als die von einem geldscheißenden Esel daherschwätzten, da legten sie ihnen Zwangsjacken an, und als dann die Geschichte kam von einem Kaninchen, das verstehen und reden konnte, da warf man sie in Eiswasser. Und ganz zuletzt verurteilte sie der Richter auf die Galeeren, lebenslänglich. Und da blieben sie auch. Campriano konnte seinen Töchtern eine Mitgift schenken und brachte sie alle an einem Tage unter die Haube, und dann feierten sie ein Fest, wie man es in der Gegend noch nie gesehen hatte. Und sie aßen und aßen, und wenn sie noch leben, dann sitzen sie noch alle da und sind glücklich und zufrieden.

45. Meister Prospero und die drei Gaben des Herrn

In den Zeiten, als unser Herrgott noch mit dem heiligen Petrus auf Erden wandelte, um das Land zu segnen und den Dingen ihre Namen zu geben, geschah es zuweilen, daß die beiden, weil es noch keine Gasthäuser und keine Schenken gab, Leute um Gastfreundschaft bitten mußten, und die schickten sie oft genug mit bösen Worten weiter, wenn sie die Männer so barfuß und ärmlich gekleidet daherkommen sahen.

Einmal passierte es, daß sie bei Einbruch der Nacht zu ein paar Häusern gelangten, wo sie niemand aufnehmen wollte, und als sie aus dem Weiler herauskamen, da sahen sie ein letztes Haus zwischen den Bäumen, und da gingen sie hin und baten um Herberge.

In einer Schmiedewerkstatt fanden sie einen Mann namens Prospero, der nahm sie gleich großzügig und liebevoll auf: Er ließ sie an seinem Tische essen, und am späten Abend zeigte er ihnen das Gärtchen, das er angelegt hatte, und brachte sie für die Nacht in seinem ärmlichen Hause unter.

Um diese Großherzigkeit und den Fleiß des Mannes zu belohnen, sagte der heilige Petrus am Morgen: »Ihr wißt nicht, wen Ihr unter Eurem Dach beherbergt habt. Der hier ist der Herrgott, und ich bin Petrus, und der Herrgott ist so glücklich über Eure Liebenswürdigkeit, daß er Euch irgendeinen Wunsch gewähren möchte. Geht zu ihm und bittet ihn um etwas.«

Meister Prospero wollte seine Gäste nicht allzusehr in Anspruch nehmen. Er überlegte sich, daß er in seinem Garten einen Birnbaum stehen hatte, und jedes Jahr hatte man ihm die Früchte gestohlen, als sie noch sauer waren; so war er nie dazu gekommen, sie selbst einmal zu genießen. Und so bat er denn den Herrgott um folgendes: Wer immer auf den Baum steige, der solle nicht wieder heruntersteigen können, außer wenn er es befehle.

»Der Wunsch sei dir gewährt«, sagte der Herr.

Als Petrus erfuhr, was der Schmied erbeten und genehmigt bekommen hatte, da wurde er fast ärgerlich, weil der Mann die einmalige Gelegenheit verpaßt hatte, um sein ewiges Seelenheil zu bitten. »Geht und bittet noch einmal um etwas, etwas Beständigeres, und bedenkt doch dabei, wen Ihr vor Euch habt!« sagte er barsch.

Meister Prospero ging ein bißchen zerknirscht zum Herrgott zurück und sagte: »Als zweites möchte ich, lieber Gott, um folgendes bitten: Abends habe ich doch immer so große Lust, mit meinen Freunden zu spielen, und wenn ich anfange zu gewinnen, dann laufen die weg. So möchte ich denn, wenn sich einer auf die Bank in der Ecke beim Feuer setzt, daß der nicht mehr aufstehen kann, außer wenn ich es erlaube.«

»Auch diese Bitte sei dir gewährt«, antwortete der Herr großmütig.

Wenn dem heiligen Petrus schon die erste Bitte nicht gefallen hatte, so wurde er bei der zweiten erst richtig wütend: »Aber denkt Ihr denn gar nicht an Eure Seele, nichtsnutziger Dummkopf? Ihr habt den Herrgott in Person vor Euch stehen und bittet um solche Nichtigkeiten! Zurück, geht noch einmal zu ihm zurück und bittet in meinem Namen um etwas Wichtigeres für Euer ewiges Seelenheil.«

Also ging Meister Prospero noch einmal zurück und bat: »Lieber Herrgott, Petrus sagt mir, ich solle Euch doch um eine Gnade für mein Seelenheil bitten. Also gut: Immer wenn ich beim Kartenspiel verliere, dann stoße ich einen Fluch aus. Ihr könntet es doch so einrichten, daß ich mit dem Packen Karten, die Ihr da auf der Bank liegen seht, immer gewinne.«

»Auch das sei so, wie du es willst«, sagte der Herrgott. Und dabei blieb es.

Der heilige Petrus wurde fuchsteufelswild. »Ist denn das zu glauben, daß einer den Allmächtigen um so dumme Gnaden bittet? Aber denkt Ihr denn gar nicht an die Ewigkeit und das Jüngste Gericht und die Hölle, wie? Aber Ihr sollt noch daran denken, Ihr sollt schon noch daran denken! Und es wird Euch einfallen, wenn Ihr dermaleinst zur Himmelspforte kommt, denn da müßt Ihr vorbei, und da stehe dann ich!«

Die beiden Pilger gingen weiter, und Meister Prospero blieb in seinem Haus und tat dort das, was er immer getan hatte. Und er schnappte die Obstdiebe, konnte endlich seine Birnen selbst essen, spielte Karten, wann immer es ihm Spaß machte, und hatte auch noch die Befriedigung zu gewinnen, wenn er es wollte, ohne daß er sich aufregen mußte.

Dann kam die Zeit, daß die Frau Tödin näher kam, und Meister Prospero erwartete sie ruhig – im Sommer in seinem Garten, und im Winter bei seinem Feuer. Und just an einem Septemberabend kam die Tödin, um ihn mitzunehmen, und fand ihn im Freien unter seinem Birnbaum. Da sagte sie zu ihm: »Komm, steh auf, Eisenschmied – es ist Zeit zu gehen.«

»Ja, auf dich hab' ich schon gewartet, aber wo willst du denn so eilig hin? Schau, du kannst mich doch nicht gerade jetzt mitnehmen, wo ich noch nicht einmal von den Birnen gekostet habe, die gerade reif werden.« – »Soll ich vielleicht warten, bis sie alle reif sind?« – »Nein, das meine ich ja gar nicht. Aber wenigstens probieren darf ich sie doch? Da, nimm die Leiter, du bist schlank und rank, steig hinauf und pflück mir eine. Oder iß sie gleich selbst, du kannst es brauchen.«

Die Tödin wollte voranmachen; sie nahm einen Anlauf und sprang auf den Birnbaum, pflückte gleich die reifsten Früchte und reichte sie dem Prospero, der ihre Schalen blankputzte, so daß es eine Freude war. Als aber die Tödin, dieser Schrecken aller Menschen, wieder von dem Baum heruntersteigen wollte, da sah sie bald wie ein Hampelmann aus: Als sie nämlich zum Sprung ansetzte, da blieb sie mit den Füßen kleben, und wie sie sich herunterbaumeln ließ, da blieb sie mit den Händen hängen. Eine Weile drehte und wendete sie sich wie ein Vogel auf der Leimrute. Als sie dann den Prospero sah, wie er sich vor Lachen bog, da merkte sie, daß irgendein Trick dabei war, und sie fragte ihn, was denn nur los sei? Meister Prospero sagte ihr, mit göttlicher Bewilligung könne sie nun von da oben nicht mehr herunter ohne seine Anweisung. Er forderte von ihr noch einmal vierhundert Jahre Lebenszeit, sonst würde er sie nicht loslassen. Und weil die Tödin davon nichts hören wollte, ließ er sie auf dem Birnbaum und legte sich schlafen.

Es gingen fast drei Tage vorbei, und Prospero begab sich jeden Tag an die frische Luft unter dem Birnbaum,

258

und die Tödin zappelte da oben herum wie eine Äffin im Käfig und versuchte, ihn mit allen Mitteln zu überreden. Aber der Alte blieb hart.

In der Zwischenzeit kamen in der Hölle überhaupt keine Seelen mehr an und im Paradies auch nicht; die Leute, die im Sterben lagen, konnten sich nicht entscheiden, ob sie fortgehen oder hierbleiben wollten, und von allen Seiten liefen Boten herbei, um der Tödin nahezulegen, sie solle die Angelegenheit endlich einer Lösung zuführen und ihre geregelte Arbeit wieder aufnehmen, denn sonst würde nicht nur die Welt, sondern auch das Jenseits zusammenkrachen. So mußte denn die Tödin nachgeben, und sie unterzeichnete für Meister Prospero einen Vertrag des Inhalts, sie wolle sich mindestens vierhundert Jahre nicht mehr blicken lassen. Und so geschah es auch.

Aber die Märchenzeit geht eben schnell vorbei, und so waren auch diese vierhundert Jahre bald vorüber, ja sogar ein paar Jahre mehr, denn die Tödin konnte sich schon gar nicht mehr erinnern, wo der Meister Prospero wohnte. Aber eines Tages stellte der Teufel, der gerade die Zahl der Verdammten zusammenzählte, fest, daß da eine Seele fehlte, und das war eben der alte Eisenschmied. Deswegen schickte er unverzüglich die Tödin los: Sie solle ihn holen.

Es war ein kalter Winter; den Hunden fielen vor Kälte die Schwänze ab, und Meister Prospero machte in der Ecke am Kamin ein Nickerchen, als die Tödin hereinkam. »Ja da schau her«, sagte Meister Prospero, als er sie sah, »gerade wollte ich mir ein paar Kastanien in der Asche rösten; na, die müßten jetzt schon gar sein. Jetzt setz dich doch ein bißchen her und iß sie mit mir, dann können wir gleich gehen.« Na was wollt ihr: Ein alter Mann von fast fünfhundert Jahren bittet um ein bißchen Geduld, und so setzte sich die Tödin hin, aber das war ihr Pech. Meister Prospero legte Holz im Kamin nach, und dann noch mehr Holz und dann noch mehr, bis das Feuer hell aufloderte, durch den Kaminabzug tobte und die Lumpen der Tödin versengte. Wie sie nun aufspringen wollte, mußte sie feststellen, daß sie ein zweites Mal in die Falle gegangen war.

Dieses Mal genügte es, noch mehr Holz nachzulegen und ein klein wenig zu warten. Da hatte sich die Tödin, halb geröstet, bereits entschieden, dem Meister Prospero noch einmal vierhundert Jahre zu gewähren und zwar ohne jedes Gebrechen.

Weil nun im Märchen vierhundert Jahre schneller als ein Tag vorübergehen, kam auch wieder der Augenblick, wo der Teufel, als er wie üblich seine Abrechnungen machte, feststellte, daß jemand fehlte, und die Tödin mußte gehen und unseren Meister Prospero holen, der noch immer in seinem Häuschen wohnte. Dahinter hatte er eine Laube wachsen lassen, und dort wartete er auf seine alte Freundin, indem er mit einem Gevatter Karten spielte. Als dieser sah, wer da zu Besuch kam, überlegte er nicht lange, sondern warf die Karten auf den Tisch und sprang, obwohl er doch schon recht alt war, über die Bank und rannte wie ein junger Hase davon.

»Dieses Mal kommst du ganz recht«, sagte Prospero, »und so können wir die Sache in aller Ruhe angehen. Nimm doch die Karten des Gevatters, daß wir das Spielchen zu Ende bringen, und dann können wir gehen!«

Die Tödin nahm die Karten auf, sah, daß sie ganz besonders gut waren, und war mit einem Spielchen einverstanden. Doch Meister Prospero gewann und sagte: »Jetzt brauchst du eine Revanche. Die Tödin kann doch nicht als Verliererin dastehen. Spielen wir um etwas, sagen wir um einen weiteren Tag Leben für mich, dann kannst du die Revanche haben.«

Und dann gewann Meister Prospero abermals. Die Tödin war ärgerlich, weil sie diesen Tag verlor und noch einmal kommen mußte, und so war sie gern bereit, den Einsatz zu verdoppeln. Meister Prospero gewann noch einmal, und so mußte es ja auch sein. So ging es dann noch ein paarmal, weil die Tödin, die wenigstens einmal gewinnen wollte, den Einsatz auf Jahre, ja sogar auf Jahrhunderte erhöhte. Schließlich war Meister Prospero so weit, daß er die runde Zahl von vierhundert Jahren gewann. Und dann hörten sie auf.

Die Tödin zog mit eingeklemmtem Schwanz ab und verfluchte den Tag, an welchem sie den Kerl nicht schon geholt hatte, als er noch in den Windeln lag; sie mußte jetzt noch einmal vier Jahrhunderte diesem Hause fernbleiben. Aber als dann schließlich abermals die Stunde kam – weil es in den Märchen in einem Augenblick Nacht wird, da hatte Meister Prospero auch längst die Lust verloren, noch länger leben zu wollen; es war ihm recht, daß jetzt die Tödin kam, die sein Haus auf ihren Reisen so lange gemieden hatte. Er packte ein paar Sachen zusammen, die er brauchen konnte, steckte sich das Päckchen Karten in die Tasche und ging fort und lief in Richtung auf das Ende der Welt. Und als er lange so gelaufen war, da kam er schließlich an die Pforten des Paradieses. Er hatte noch kaum mit dem Glöckchen geklingelt, als schon der heilige Petrus mit düsterem Gesicht erschien, und das wurde um so schwärzer, je mehr er sich an den damaligen Besuch auf der Erde erinnerte.

»Ah, da ist er ja«, sagte er und machte dabei eine Art von Verbeugung, »da ist ja der Kerl, der sich mehr um seine Birnen kümmert, mehr um seine Gesellen und seine Karten als um sein Seelenheil! Guck sich das einer an: Jetzt hat er die Erde satt und kommt mal ein bißchen rauf, um den Himmel zu genießen! Und du erinnerst dich wohl nicht, was ich dir versprochen hatte, wie? Daß du hier vorbei mußt? Und jetzt, was machst du jetzt? Läßt du mich auf den Birnbaum klettern, he? Soll ich mich auf die Bank setzen, was? Soll ich mit dir Karten spielen, daß du gewinnen kannst?«

»Aber ich dachte, ich...«

»Nichts da ich, gar nichts ich! Raus hier! Raus, ein für allemal, so wahr es den Herrgott gibt: So lange ich hier Torwächter im Himmel bin, kommst du mir nicht herein!« Und er schlug ihm das Tor vor der Nase zu. Meister Prospero zog noch einmal an der Glocke, er fragte eine Seele, die vorbeikam, ob sie nicht den Pförtner besänftigen könne, aber alles war vergebens.

So machte er sich denn auf den Weg zum Fegefeuer und stieß auch da auf die strengsten Anweisungen, ihn nicht aufzunehmen. So blieb ihm denn nichts anderes übrig, als sich beim Hölleneingang zu melden, wo ihn der Teufel sofort fragte, wie er dazu komme, so lange auf sich warten zu lassen.

»Ja weißt du«, antwortete Meister Prospero, »ich hab' die Tödin reinlegen können!« – »Das kann man wohl sagen«, antwortete der Teufel. »Und nicht nur einmal!« – »Ja, schon gut, das wissen wir alle.« – »Stell dir vor, bei der hab' ich sogar im Kartenspiel gewonnen!« – »Ja, ich glaub's, da gehört nicht viel dazu.« – »Und dich könnte ich auch noch schlagen.« – »Ganz zu deiner Verfügung!« – »Na, dann wollen wir mal...«

Kurzum, Meister Prospero überredete auch den Teufel, daß er sich hinsetzte und mit Prosperos Karten spielte, und wir brauchen nicht lange zu raten, wer gewann: immer nur Prospero. Zuerst gewann er die eigene Seele und rettete sie vor dem Höllenfeuer. Dann fing er an, um die Seelen seiner Freunde zu spielen, die er im Laufe seines langen Lebens kennengelernt hatte, und das waren nicht wenige. Den Teufel packte die Spielleidenschaft, denn er hielt sich für den Bürgermeister von Schafskopfingen, und er konnte nicht zulassen, daß er nicht wenigstens einmal die Oberhand behielt. So wollte er schließlich Tag und Nacht, immer verbissener, immer zornwütiger, weiterspielen.

Meister Prospero hingegen hätte nun gerne aufgehört, denn er mußte jetzt schon um Seelen von Personen spielen, die er nie gesehen und nie kennengelernt hatte, aber der Teufel lachte höhnisch: »Nee, nee, aufstehen, wenn man gewonnen hat, das kann jeder. Jetzt gibt's Revanche, jetzt zeig' ich dir, was 'ne Harke ist.«

»Aber ich gewinne doch schon seit Tagen!«

»Erstes Spiel ist Kinderspiel, aber dann spielen die Kenner«, knurrte der Teufel und ließ die Karten langsam durch die Finger blättern, »spiele, spiele, jetzt geht's rund.«

Inzwischen hatte sich der Platz vor der Hölle mit verdammten Seelen gefüllt, die aus den Wartesälen der Vorhölle kamen, und diese Menge wurde immer dichter.

Alle Verwaltungsämter des Jenseits waren schon aufgebracht, weil sich hier etwas abspielte, was noch nie vorgekommen war, und weil die ehernen Gesetze der Ewigkeit Risse bekamen. Die Hölle leerte sich zusehends, weil die Spieleinsätze so hoch gestiegen waren und weil Meister Prospero, der offenbar die Macht übernommen hatte, des Teufels Kasse im Eiltempo ausräumte.

Und dann kamen Boten des Himmels, die dem Teufel befahlen, Schluß zu machen mit dem Spielen, denn da oben wußte man ja recht gut, mit welcher Art von Karten er sich ruinierte: Meister Prospero, hieß es, und alle diejenigen, die er im Spiel gewonnen hatte, sollten nur gleich ins Paradies einmarschieren.

Angesichts dieser Anordnungen fraß der geprellte Teufel im Zorn die besagten Karten auf und stürzte sich in die Tiefen seines Höllenreiches. Aber auch Sankt Peter mußte sich dem höchsten Willen fügen und seine Tore für eine Schar von Leuten öffnen, deren Gesichter wahrhaftig wenig vertrauenerweckend ausschauten. Und mitten unter ihnen schritt Meister Prospero wie in einem Triumphzug einher. Als er einzog, wollte er eben auch nicht unhöflich zu dem Pförtner sein und sagte deshalb:

»Jetzt habt Euch doch nicht so; ich war doch auch nicht so streng, als Ihr in mein Haus gekommen seid.«

»Aber ich hab' auch nicht so viele Leute mitgebracht«, antwortete Sankt Peter.

»Das kommt daher, weil Ihr mich allein nicht haben wolltet.«

»Nun ja, sei es, wie der Herrgott es will.«

»Amen«, sagte Meister Prospero. Und so ging er für alle Zeiten ins Paradies hinein.

46. Die Ziege hat Junge gekriegt

Da war mal ein Bauer, der hatte 'ne Ziege, und die kriegt Junge und macht ihm drei Zicklein. Er geht zum Patron, morgens. Der Patron sitzt grade beim Frühstück. Er klopft an die Tür, sagt: »Herr Patron?« sagt er. – »Kommen Sie, kommen Sie«, sagt er, »was ist passiert?« – »Ah, Herr Patron, wissen Sie, sagt er, die Ziege hat geworfen, hat drei Zicklein gekriegt, hehehe, hat drei Zicklein gekriegt.« – »So, sagt er, hat drei Zicklein gekriegt? So eine brave, liebe Ziege, hat also drei Zicklein gekriegt!« – »Huhuuu, Herr Patron, hat drei Zicklein gekriegt... – zwei saugen, heheee, Herr Patron, zweie saugen...« – »Aber hör mal, die liebe Ziege hat doch drei Zicklein gekriegt...« – »Heheee, Herr Patron, hat drei Zicklein gekriegt... – und zweie saugen... – heheee, Herr Patron, zweie saugen.« – Sagt er: »Und was macht das dritte?« – »Äh, das eine macht wie ich: guckt zu.« – Sagt er: »Na dann kommen Sie. Kommen Sie, Bauer, kommen Sie her und essen Sie mit mir zusammen.« Da hört es auf.

47. Gosto und Mea

Gosto und Mea waren zwei Alterchen – allein; Kinder hatten sie keine. So leben sie denn den ganzen Tag im Hause, sitzen am Feuer...

Na, und dann eines Abends, das war in einem Dörfchen, eines Abends gehen sie zu Bett, und als sie beide ins Bett gegangen waren, fällt ihnen ein, daß sie die Haustüre nicht zugesperrt hatten.

»He, Gosto!« sagt sie, »die Haustür hast du doch zugesperrt?«

»Ich? Nee. Hast du sie zugesperrt?«

Und Mea sagt: »Ich? Nein!«

»Ja dann geh und mach sie zu!«

»Ich?« sagt Mea, »ich gehe nicht.«

Und Gosto sagt: »Ich geh' auch nicht.«

»Ja wie, sollen wir vielleicht bei offener Türe schlafen?«

»Kurz und gut: »Jetzt geh schon« – »Geh doch selber« – das eine wollte nicht gehen, das andere auch nicht, und so ging keines von beiden.

Da sagten sie: »Also, wer jetzt zuerst redet, der muß die Tür zusperren. Zur Strafe!«

Sie liegen im Bett, sie schlafen ein... – Am Morgen wachen sie auf: Keiner redete, weil der, der zuerst redete, der mußte ja die Tür zusperren.

Tja, dann war es Tag. Die Nachbarn stehen auf, und der eine oder andere geht da vorbei. Man sieht, daß die Tür offensteht – aber kein Mensch draußen auf der Straße.

»He Gosto!« Einer sagt: »Was machen die bloß? Sind die krank?«

»He Gosto!«

Aber die sind ganz still. Hätte einer geredet, dann hätte er die Tür zusperren müssen.

»He Mea!«

Mea hält sich still.

265

»Gosto!« und »Mea!« – aber es kommt keine Antwort.

Schließlich sagt einer: »Da muß man mal nachsehen, da ist doch was passiert!«

Die Leute gehen ins Haus und kommen ins Schlafzimmer. Da lagen beide im Bett und rührten sich nicht, aber die Augen hatten sie offen.

»Gosto! Mea!«

Stille. Keiner wollte zuerst antworten – sonst hätte er die Tür zusperren müssen.

Schließlich meinen sie: »Die sind tot! Antworten tun sie jedenfalls nicht, und dann liegen sie stocksteif da im Bett. Man ruft sie, sie geben keine Antwort, also sind beide tot.«

Und dann sagt einer: »Da muß man jetzt wohl zupacken und sie fürs Begräbnis herrichten.« – »Und dann das Zeug, wo sie doch keine Kinder haben und auch keine Verwandten, ja da kann sich ja dann jeder was nehmen, oder?« meinen die Frauen, die herbeigelaufen waren.

Die eine sagt: »Ich nehm' die Kommode.«

Die andere: »Ich nehm' den Schrank.«

Die nächste: »Ich nehm' das Bett.«

Und noch eine: »Ich die Bettücher.«

Jede wollte was von dem Zeug haben, was.

Und dann meint eine, sagt sie: »Jetzt nehm' ich die Matratze.«

Aber jetzt konnte die Mea nicht länger an sich halten und schrie: »Aber laßt mir doch wenigstens den Überzug!«

Und da sagt er: »Du hast geredet. Jetzt steh auf und sperr die Tür zu!«

48. Die Ziege Mangolla

Duilia: Die Ziege Mangolla, das war die... – Also da war einmal ein Mann, der hatte drei Söhne, dann starb ihm seine Frau, und er blieb mit diesen drei Söhnen zurück, und so sagte er: »Was sollen wir bloß tun? Tja, sagt er, was geb' ich denn mal diesen Jungen zu tun, sagt er. Na, ich kaufe ihnen eine Ziege.«

»Schau her«, sagt er zu dem Ältesten, »morgen nimmst du sie und bringst sie zur... in den Wald, da soll sie fressen, aber sie soll sich ja sattfressen, hörst du?«

»Jaja.« Also der Junge führt sie in den Wald, und diese Ziege, die frißt und frißt und frißt und frißt, schließlich waren sie da den ganzen Tag im Wald, und da sagt er zu ihr: »He, Ziege Mangolla, bist du satt?« – »Ja, ich hab' gut gefressen und getrunken, komm, steig auf, ich bring' dich nach Hause.« Na, der ist zufrieden, der Junge reitet los und kommt nach Hause, nicht, und dann bringt er die Ziege in den Stall, und dann geht er spielen mit seinen Brüdern.

Jetzt kommt sein Papa vom Acker zurück und sagt: »Na, was hast du gemacht?« – »Schau, Papa, die hab' ich satt gefüttert, aber wirklich satt, und sie hat auch zu mir gesagt, sie hätte genügend gefressen und getrunken, und dann hat sie mich aufsitzen lassen und hat mich bis nach Hause getragen.« Und wie jetzt die Ziege hört, daß der Vater vom Acker zurückgekommen ist, legt sie los: »Mäh, mäh«, und meckert und meckert.

»Warum meckert denn die Ziege so?«

»Was weiß ich, geh doch mal und schau nach!« Der ging also in den Stall: »Aber was hast du denn, Ziege, bist du nicht satt?«

»Nee, nee, ich hab' nichts gefressen und nichts getrunken, und der Spitzbube von Eurem Jungen hat sich bis nach Hause reiten lassen.«

So eine Schweinerei! Der Vater brüllt los: »Ha, du elender Mistkerl, dir werd' ich's zeigen!« Und er gab dem Burschen so viel Prügel, daß er ihn umbrachte. Am nächsten Tag sagte er zu dem... – Mittleren: »Hier, heute führst du mal die Ziege aus... – läßt sie fressen, aber paß ja auf, daß du sie gut behandelst, weil sonst geht's dir wie dem anderen, verstanden?« Na ja, und dann passiert die gleiche Geschichte: Der bringt sie zuerst in den Wald, dann bringt er sie an einen Feldrain, da läßt er sie fressen, bis sie fast platzt, und am Ende sagt sie zu ihm: »Schau, ich hab' mich sattgefressen und gut getrunken, jetzt steig mir auf den Rücken und ich bring' dich nach Hause.« Der kleine Junge steigt also auf und los.

Er kommt nach Hause, also das übliche. Wie der Papa nach Hause kommt: »Mäh, mäh, mäh.«

»Aber was hast du gemacht, hast du die Ziege gefüttert?« – »Ja, Papa, hab' ich gemacht, mehr konnte sie nicht fressen.« – »Na, da will ich mal gucken.« Er geht in den Stall: »Aber was hast du denn, Ziege Mangolla?«

»Hee, Hunger hab' ich, ich bin weder... – ich hab' weder zu fressen gekriegt noch hab' ich was getrunken, und dieser Spitzbube da, Euer Junge, ist mir auf den Rücken gesprungen, und ich mußte ihn nach Hause schaffen.«

»Jetzt kriegst du's mit mir zu tun!« Prügel auch für den zweiten Jungen. Er kriegte mehr als genug, und er war dann auch tot.

Am dritten Tag war da dieses Kind, der Jüngste von denen, na ja, die gleiche Geschichte. Er führt die Ziege aufs Feld, er läßt sie den ganzen Tag auf dem Feld fressen, dann bringt er sie zum Brunnen zum Trinken, na, und dann bringt er sie nach Haus, das übliche. Nach kurzer Zeit fängt sie wieder zu meckern an.

»Ja, aber jetzt«, sagt der Papa, »aber was hast du denn zu meckern, was ist denn los?«

»Hee, ich hab' Hunger, ich hab' nicht genug zu fressen gekriegt und nichts zu trinken, und dieser Spitzbube, Euer Junge da, ist mir auf den Rücken gesprungen, und ich mußte ihn nach Hause schaffen.«

»Na, den bring ich auch um«, aber dieser Junge war der schlaueste von denen, er nahm Reißaus und war weg, sein Papa konnte ihn nicht mehr finden, so daß er ihn gar nicht totprügeln konnte. Aber am nächsten Tag hatte er dann niemand mehr, um ihn mit der Ziege loszuschicken... – sie auf die Weide zu bringen. Sagt er: »Jetzt, heute abend... – heute gehe ich selbst mit ihr. Er nahm sie und brachte sie aufs Feld, also er brachte sie auf die Weide, da ließ er sie ein bißchen fressen, dann ging er mit ihr nach Hause und brachte sie in den Stall. Eine Weile war sie ruhig, dann ging's wieder los: Mäh, mäh, mäh. Na, da geht er zu ihr: »Was hast du denn?«

»Hee, ich hab' nichts zu fressen gekriegt und nichts zu trinken...«

»Aha, jetzt hab' ich kapiert, du bist eine Meckerziege, ein bösartiges Vieh, aber paß auf, jetzt hab' ich deinetwegen alle meine Jungen umgebracht, und jetzt kriegst du es von mir, dir werd' ich's aber zeigen!« So packte er sie und schlug drauf, dann bindet er sie an eine Eiche und sagt: »Dich schinde ich bei lebendigem Leibe«, und er drischt auf sie los, und, was willst du, er hat ihr das Fell schon fast halb vom Leib geschlagen, da macht sie einen Satz, also da reißt der Strick, und weg wie ein Blitz, und häßlich sah sie aus zum Umfallen.

Schließlich versteckte sie sich in einem Loch... sie fand ein Loch und versteckte sich dadrin, und das war die Höhle der Malvecchina, siehst du, jetzt bin ich ganz durcheinander, jetzt weiß ich nicht mehr, wie's geht! War also die Höhle der Malvecchina, das soll eine ganz ganz ganz alte Füchsin gewesen sein, na ja, und dann konnte die Füchsin nicht mehr in ihre Höhle, weil da dieses häß-

269

liche Vieh drin war. Jetzt kam da grad ein Hund vorbei, da sagt sie: »He Hund, kannst du mir nicht dieses Biest in meiner Höhle da vom Halse schaffen, ich kann da nicht mehr rein, und mir ist kalt, ich bin so alt...« Und der geht also hin.

»Wer ist denn da in der Höhle von der Malvecchina?«

Hier ist ein scheußlich böses Viech,
ein Horn ist grad, und eins ist schiech,
na komm doch ran, wenne willst, wenne kannst,
kriegst eins in den Arsch und eins in den Wanst!

»Aber wirklich«, sagte der Hund, »da geh' ich doch nicht ran«, und weg war er. Und dann kam ein Esel vorbei, und die Füchsin sagt: »He Esel, schick mir doch mal dieses Vieh aus meiner Höhle raus, ich komm' ja nicht ins Bett, da hab' ich Angst.« Also jetzt geht der Esel dahin:

»Tutuut – wer ist denn da in der Höhle von der Malvecchina?«

Hier ist ein scheußlich böses Viech,
ein Horn ist grad, und eins ist schiech,
na komm doch ran, wenne willst, wenne kannst,
kriegst eins in den Arsch und eins in den Wanst.

»Huch«, sagte der Esel, »aber hör mal, da geh' ich doch nicht ran«, und auch der rannte weg, so schnell er konnte.

Und der armen Alten ging es immer schlechter, sie fror immer mehr, es wurde immer dunkler. Da kommt ein Vöglein vorbei und sagt: »Ja was hat denn die arme Malvecchina, daß sie so heulen muß?«

»Ja ich heule, weil ein häßliches Vieh in mein Häuschen eingedrungen ist, und ich krieg's nicht wieder raus!«

»Na, laß mich mal ran.« Es fliegt hin und sagt: »Wer ist denn da in der Höhle von der Malvecchina?«

Hier ist ein scheußlich böses Viech,
ein Horn ist grad, und eins ist schiech,

na komm doch ran, wenne willst, wenne kannst,
kriegst eins in den Arsch und eins in den Wanst.
– Dann setz' ich mich jetzt auf dein Stirnchen
und pick' dir raus dein ganzes Hirnchen! –

Und schon flog es auf die Ziege los und pickedipickedi-
pick stach es drauflos und brachte sie um.

So hat sie rasch den Tod gefunden,
sie war ja auch schon halb geschunden.

49. Die hundert Hasen

Interviewer: Erinnert Ihr Euch denn nicht mehr an die
Geschichte von den hundert Hasen, vielleicht könnt
Ihr sie mir erzählen?

Maria: Ein bißchen, ein Stückchen hier oder da fällt mir
vielleicht ein, aber... – Hör mal, ich kann sie jetzt wirklich nicht erzählen. Also gut, paß auf.

Da waren drei Söhne, da waren Mann und Frau, die
hatten drei Söhne, und es war so, der König hatte einen
Aufruf erlassen, wer ein Rätsel rätseln würde, dem würde
er seine Tochter zur Frau geben. Und da zieht also der Älteste los, der Größte, und los, er bringt ihr das Rätsel. Er
bringt ihr das Rätsel, und sie errät es, und dann mußte er
sterben, denen wurde der Kopf abgeschlagen, weil, wenn
sie es erraten konnte, weißt du... – Und dann zieht der
zweite los, und dem geht es genauso. Der kommt also an
und sagt:

»Ich habe hier ein Rätsel mitgebracht«, sagt er zu der
Prinzessin.

Und dann setzte sie ihm Flausen in den Kopf, so, also
man ließ ihn bei ihr schlafen, verstehst, und sie erzählte
ihm dummes Zeug, und er erzählte auch, was er so wußte,
und da kriegte sie es schon raus, das Rätsel, nicht, und

auch der nahm dasselbe Ende. Und jetzt blieb da noch der Jüngste, nicht. Sagt er:

»Mamma, da geh' ich auch hin.«

»Nein, nein, sagt sie, da darfst du nicht hin.«

»Mamma, ich geh', Mamma, ich geh' doch...«

Und da machte ihm seine Mamma einen Fladen, so ein Flädchen, weißt du, wenn man Brot macht, da machte man auch so Fladen, und da tat sie ihm Gift hinein, damit er nicht ankommen sollte, weil sie ihn umgebracht hätten. Also er nimmt diesen Fladen und steckt ihn in die Tasche, nimmt sich die kleine Eselin, und schon ist er weg, dieser Sohn. Jetzt auf dem Weg, da kriegte dieser Sohn ein bißchen Hunger, er wollte diesen Fladen essen, aber vorher gab er ein Stückchen davon der Eselin, und die fiel gleich tot um.

Sie war tot, und da sagt er: »Schau mal«, sagt er, »hier«, sagt er, »kann man«, sagt er, »schön ein Rätsel draus machen«, sagt er:

> Mamma hat mich reingelegt,
> der Fladen Paola umgelegt,

und dann warf er ihn weg, in den Wald, also den Fladen hat er nicht gegessen. »Und jetzt, sagt er, wirst sehen, mein Rätsel bringt sie nicht heraus, sagt er, weil, sagt er, so ein Rätsel...« Und er sagt es auf:

> Mamma hat mich reingelegt,
> der Fladen Paola umgelegt.
> Auf Paola saßen drei Lebende,
> Ich schoß, auf was ich gesehn,
> und traf, was ich nicht gesehn.

Auf der Eselin saßen nämlich drei Raben, die fraßen, die fraßen von dem Eselchen, und deswegen sagte er:

> Mamma hat mich reingelegt,
> der Fladen Paola umgelegt.

Auf Paola saßen drei Lebende,
Ich schoß, auf was ich gesehn,
und traf, was ich nicht gesehn.

Also er schoß auf diese Raben und fing einen Hasen,
schoß auf die Raben, die das Eselchen fressen wollten,
und traf einen Hasen. Er fing einen Hasen, und dingens,
und zog ihn ab [und in seinem Leib war ein ungeborenes
Häslein], und da war ein Kapellchen in der Nähe, und er
ging in das Kapellchen, um den Hasen zu braten mit Zeitungen, und dabei sagte er immer wieder: »Tja,

Mamma hat mich reingelegt,
der Fladen Paola umgelegt.
Auf Paola saßen drei Lebende,
Ich schoß, auf was ich gesehn,
und traf, was ich nicht gesehn.
Fleisch geschaffen, nicht geboren,
gebraten mit dem Rauch von Worten,

sagt er,

gegessen nicht im Himmel noch auf Erden.«

»Ha, sagt er, das kann sie mir nicht rausbringen. So'n Rätsel«, meint er, was, wie er weitergeht, »das kann sie mir
nicht erraten.«

Und also brachte er ihr das Rätsel. Er kommt zum
königlichen Schloß und klopft, und die lassen ihn rein,
und dann schicken sie ihn schlafen mit dieser Prinzessin,
aber er dachte, da sei noch ein zweiter [Bewerber], der ihr
auch ein Rätsel mitgebracht hatte, verstanden?, also, daß
da zwei seien. Und man schickt ihn schlafen, aber da lag
eben die Prinzessin.

»He du, sagt sie, was für ein Rätsel, sagt sie, hast du
denn mitgebracht, ja was hast du denn für ein Rätsel?«
Und dann erzählte ihm auch die Prinzessin eines, um seines rauszukriegen. »Hör zu, sagt er, das meine errätst du

273

mir nicht, weißt du. Aber du kannst ja mal hören, sagt er, wie es geht, sagt er, paß auf!«

»O ja, sag's mir, sag mir doch, wie es geht.«

»Also paß auf, sagt er, der Fladen hat . . .

Mamma hat mich reingelegt,
der Fladen Paola umgelegt.
Auf Paola saßen drei Lebende,
Ich schoß, auf was ich gesehn,
und traf, was ich nicht gesehn.
Fleisch geschaffen, nicht geboren,
gebraten mit dem Rauch von Worten,
gegessen nicht im Himmel noch auf Erden.«

»Hm, nun ja, oh, sagt sie, ist ja wirklich hübsch, weißt du, sagt sie, ist ja hübsch, ja ja.« Und jetzt bekam er, also unser Junge kriegte jetzt doch ein bißchen Angst, jetzt, und da lag er im Bett, der Arme, aber sie schlief schon, verstehst, sie war schon eingeschlafen, schlief schon, und der Arme denkt: »Ich wette, das ist eine List, will doch wetten, daß da was nicht stimmt.« Also jetzt tastet er ganz vorsichtig und fühlt nach den Haaren, den Ohren, und jetzt fühlt er auch noch Ohrringe! »So 'ne Schweinerei! sagt er, die haben mich reingelegt, reingelegt haben die mich, das ist doch sie selbst, sagt er, was mach' ich jetzt da bloß?« Aber er hatte eine Sicherheitsnadel bei sich, so eine muß ich auch hier stecken haben, so eine Sicherheitsnadel, hier, und er nimmt die Nadel und so eine Ecke von seinem Hemd, und nimmt das und heftet das zusammen mit ihren Kleidern, mit ihrer Jacke oder so. Oder er machte so einen Knoten hinein, so daß, wenn man dran zog, dann ging er nicht auf, verstehst, und dann, morgens, sie ist schlau und will wegrennen, da hängt sie fest und muß das ganze Gewand dortlassen, und sie rennt nackt weg und nach Hause. Und dann lassen sie ihn kommen:

»Jetzt, sagt er, also, sagt er, wie geht jetzt dieses Rätsel?«
sagte der König.

»Passen Sie auf, sagt er:

Mamma hat mich reingelegt,
der Fladen Paola umgelegt.
Auf Paola saßen drei Lebende,
Ich schoß, auf was ich gesehn,
und traf, was ich nicht gesehn.
Fleisch geschaffen, nicht geboren,
gebraten mit dem Rauch von Worten,
gegessen nicht im Himmel noch auf Erden.«

»Ist das alles?«
»Nein, sagt er:

Auf das Rebhuhn hab' ich geschossen,
und ich hab' es gut getroffen.
Das Fleisch, das ist mir weggerannt,
das Hemd hab' ich noch in der Hand.

Und hier ist es!«

Aber jetzt wird's dann lang, siehst du, weil...

Interviewer: Ja, eine Zusammenfassung...

Maria: Genau, sonst brauche ich zu lange. Und da sagt
er zu ihm, sagt er: »Schau, sagt er, hier, ich hab' da hundert
Hasen im Wald, da hinten, sagt er, wenn du mir einen
davon verlierst, sagt er, gibt's Kopf ab!« Aber jetzt hab'
ich ein bißchen was ausgelassen... Da zieht er los. Sagt er:
»Nun ja, sagt er, das mach' ich noch, und ade, auf geht's!«
Er geht also dahinten hin, da stand ein Häuschen, und da
geht er mit den Hasen hin. Sagt er: »Schau, sagt er, wie viel
es sind, es sind hundert«, sagt der König zu ihm.

»Na gut, sagt er, ich will mein Bestes tun«, sagt er.

»In acht Tagen komm' ich zurück und sehe nach, ob du
sie noch alle hast, wenn dir nur einer fehlt, sagt er, gibt's
Kopf ab.«

Und nach acht Tagen kam er dann auch zurück. Sagt er: »Na, sagt er, wie geht's, wie steht's, wie?«

»Gut, sagt er, geht's.«

»Und die Hasen?«

»Die sind noch alle da.« Er hatte ein Pfeifchen, damit konnte er pfeifen, und dann kamen alle Hasen zu ihm, und da kamen hundert und einer. Sagt er: »Schau, sagt er, es sind hundert und einer.«

Und der war zufrieden, aber doch unzufrieden, und da sagt er: »Wie hat er das gemacht? Wie hat er das gemacht?« Und jetzt die Prinzessin, die, die hätte er doch heiraten sollen, die sollte jetzt einen anderen heiraten, hm, und da brauchten sie jetzt dafür einen Hasen. »Jetzt, sagt er, weißt du was wir da machen, man geht da hinten hin, sagt er, da gehst jetzt du«, sagt er zu der Magd.

Hm, sagt sie: »Der König schickt mich, er braucht einen Hasen, es gibt eine Hochzeit.« Sagt er: »Aber nein, einen Hasen kann ich dir nicht geben.«

»Aber was denn, sagt sie, er hat gesagt, du sollst mir einen Hasen geben, er braucht ihn dringend.«

»Hör zu, sagt er, den Hasen kannst du kriegen, wenn wir einen Tausch machen, sagt er, dann kriegst du einen Hasen.«

Interviewer: Wenn sie einen Tausch machen?

Maria: Ja, er will die andere Sorte Häschen, verstehst? Und da sagt sie: »Tja, also, sagt sie, dann geb' ich's ihm und ade, sagt sie, dann tauschen wir eben.« Und na ja, da macht er sein, da macht er's ihr und gibt ihr den Hasen. Gibt ihr den Hasen, die nimmt ihn unter den Arm, so, und dann macht sie sich auf den Weg mit dem Hasen. Und er mit diesem Pfei..., dem Trompetchen, einmal gepfiffen und der Hase: prrrr, der entwischt ihr, kommt zur Herde zurück. Und da geht sie nach Hause, diese Frau, ist ganz traurig und sagt: »Was soll ich jetzt bloß tun, was soll ich denen erzählen...?« Und dann schickt er [der König] die

Prinzessin hin, die seine Frau hätte sein sollen, und die geht da hinten hin und verlangt den Hasen.

»Aber, sagt er, hören Sie, sagt er, den Hasen kann ich Ihnen nicht geben.«

»Aber was, sagt sie, jetzt, sagt sie, wie können wir denn heiraten, wenn du mir nicht den Hasen gibst?«

»Den kann ich Ihnen nicht geben, den Hasen.«

»Aber was, sagt sie, den brauch' ich dringend.«

»Na gut, ich geb' ihn her, wenn Sie mir Ihr Häschen geben, dann kriegen Sie meinen Hasen.« Und auch sie spielte dieselbe Musik. Und dann ging sie nach Hause und sagt: »Er wollt' ihn mir nicht geben, er wollt' ihn mir nicht geben, er wollt' ihn mir nicht geben.« Sie nahm den Hasen, aber er machte es wie bei der anderen, und der Hase entwischt ihr. Jetzt geht der Alte selber hin. Der Alte geht selber hin, und dem spielt er dieselbe Musik, und dem gab er [...], sagt er, »Also gut, ich geb Ihnen den Hasen«, und spielt dieselbe Musik, gibt ihm den Hasen, und wie er weggegangen war, durch dieses Pfeifchen entwischt er ihm wieder, rennt ihm weg. »Madonna, sagt er [der König], jetzt hab' ich verstanden, sagt er, das heißt doch, daß – so ist das also, was«, sagt er. Und dann ging auch er [der Hasenhirte] nach Hause [in das Schloß].

»Hör zu, sagt er [der König], den Hasen, sagt er, hast du uns nicht geben wollen. Jetzt geb' ich dir eine andere Aufgabe, das ist dann die letzte. Du mußt mir, sagt er, drei Säcke mit Worten füllen.« Ja? Es waren drei Säcke, was denn.

Giuseppe: Wenn ich dich hören würde, könnt ich mich noch an so vieles erinnern, aber... – ich hör dich nicht.

Maria: Aber du hörst mich nicht. Und jetzt diese Frauen, weißt du: »Wirst sehen, sagen sie, daß er jetzt, sagen sie, seinen Kopf verliert, was denn.« Sie nehmen Bettücher, legen sie zusammen, vernähen sie, machen ein paar riesige Säcke, und dann holt man ihn.

Giuseppe: Ist es nicht so ausgegangen, daß er drei Säcke mit Worten füllen mußte?

Maria: Jaja... – und sie legen Leintücher zusammen, daß es ja ganz große Säcke gibt, und dann ruft er auch die Frauen herbei, und er war auch da, alle, und sie... – Zuerst kam die Magd dran [einen Sack zu halten].

»Sie, sagt er, erinnern sich doch, als Sie da nach hinten kamen, da wollten Sie den Hasen, und ich wollt' ihn Ihnen nicht geben, und da haben Sie mir Ihres gegeben, und ich Ihnen meines?«

»Schweiner..., genug, genug, sagt sie, er ist schon voll!« Und jetzt kommt die zwei... die die Braut dran.

»Erinnern Sie sich, wie Sie da nach hinten kamen, um den Hasen zu holen, den ich Ihnen nicht geben wollte, und Sie gaben mir meinen [Ihren], und ich gab Ihnen Ihren [meinen]?«

»Genug, genug, basta, basta«, schrie sie. Und dann kam der Alte dran.

»Sie, sagt er, Sie erinnern sich doch, sagt er...«

»Hoho, sagt der, jetzt hab' ich verstanden, erst hast du mir die Magd geschnappt, dann hast du mir die Tochter geschnappt, da – steck ihn mir auch rein!«

Giuseppe: »Meine Frau hast du mir gepufft, meine Tochter hast du mir gepufft – na, dann juck ihn auch mir in den Arsch, und ade!«

50. Mazzasprunìgliola – Mäusedornzweiglein

*A*nnina: – Da war eine Mann mit drei Töchtern, verstehste, und der sagte zu ihnen: »Mädchen, ich muß jetzt in den Krieg ziehen, sagt er, äh – also die Mutter die war ihnen gestorben, ich muß jetzt in den Krieg ziehen, sagt er, jetzt, sagt er, muß ich euch alleine lassen, sagt er, ja wie sollen wir das machen, könnt ihr denn allein auf eure Ehre aufpassen?«

»Aber ja, Papa, das wißt Ihr doch«, platzte das Mäusedornzweiglein heraus, das war die Jüngste, aber die war schlau, schlau war die, mehr als die anderen, verstehste. Die war schlauer als die anderen. Und sie sagt zu ihm: »Hör zu, sagt sie, Papa, was du machen mußt, sagt sie, du stellst jeder eine kleine Vase mit Freesien hin, und wenn die Freesien frisch bleiben, dann haben wir auch noch unsere Ehre, und wenn sie bei einer welk werden, verwelken, dann ist die Ehre weg.«

»Gut«, sagt ihr Papa und gibt ihr für jedes Mädchen ein Väschen mit Freesien. Und morgens, ein paar Tage später, als ihr Vater in den Krieg gezogen war, also bei denen gegenüber, da wohnte der König, und der hatte einen Garten, verstehste, schön war der. Ja, und dann ging die Größte, also die Älteste ans Fenster und sagt: »Aber schau doch mal, sagt sie, der König, sagt sie, was der für Rosen hat in seinem Garten«, sagt sie.

Das Mäusedornzweiglein, die hatte den König gern, verstehste, die hatte ihn gern. Aber sie ließ ihn zappeln, sie wollte das nicht, die ließ ihn zappeln. Hm.

»Ja, geh nur rüber«, sagt das Mäusedornzweiglein, dieses Mädchen, verstehste, ihre jüngste Schwester, »er wird dir schon nichts sagen, da kannst du ruhig gehen, er ist sehr freundlich«, sagt sie ihr, die...

»Was denkst du wohl..., was er mit mir macht, sagt sie, aber was, sagt sie, ich geh' jetzt mal hin und hol' mir eine oder zwei, oder so viel ich nehmen kann.«

»Ja geh nur rüber, er wird dir schon nichts sagen.«

Und die also, kaum hatte sie eine gepflückt, da stand er schon da, nicht, der hatte ihr aufgelauert, sie gefiel ihm ganz gut, eigentlich gefielen ihm alle, na ja, hm, also sie geht hin, und er kommt dazu, sobald sie in den Garten, in den Blumengarten gekommen ist.

»Was machst du?« sagt er.

»Ach, hören Sie, Herr König, sagt sie, ich nehm' ja nur eine, sagt sie, und dann geh' ich wieder.«

»Nein, nein, sagt er, hier, sagt er, ja nimm dir nur, so viele du willst, aber, sagt er, hinterher kommst du zu mir zum Kaffee in mein Haus.«

»Nein, Herr König, ich brauche keinen«, sagt sie, nicht.

»Nein, nein, du mußt kommen.«

»Ja, wenn das so ist, dann komm' ich.«

Verstehst du? Sie ging also zu ihm, und da trank sie Kaffee, und dann ging sie wieder – mit den Rosen. Und wie sie nach oben kommt: »Mäusedornzweiglein!« – »Ja?« sagt die. – »Der König läßt dich grüßen.« – »Und dich läßt deine Freesie grüßen – die ist schon längst verwelkt!«

Schöne Schweinerei! Die war wirklich verwelkt, und sie, nicht, erwartete ein Kind. Hm, jetzt, also jetzt ein paar Tage später geht die Mittlere ans Fenster: »Aber schau mal, was der König für schöne Zitronen in seinem Garten hat«, sagt sie.

»Ja, geh nur rüber«, sagt die Älteste zu ihr, die mit der so schön verwelkten Freesie. »Geh nur, geh«, sagt sie; »der König ist so freundlich, der sagt sicher nichts, geh nur, geh!«

Und die ging. Kaum hatte sie eine gepflückt, da lauerte er ihr auf, er lauerte auch auf die Kleine, verstehste, aber die war schlau! Wirst gleich hören, wie schlau die war. Und jetzt der König: »Tja, weißt du, sagt er, du kannst dir nehmen, so viele du willst, aber dann trinkst du eine Schokolade mit mir im Haus, was?«

»Aber wo denken Sie hin, Herr König, ich komme nicht, nein, nein.«

»Du mußt!«

Na ja, da ging sie, sie ging auch. Das gleiche. Wie sie fortging, sagte sie noch: »Habt Ihr noch einen

280

Wunsch, Herr König?« – »Ja, grüße mir das Mäusedornzweiglein!«, nicht.

»Mäusedornzweiglein«, ruft sie auf der Treppe, »der König läßt dich grüßen.« – »Ja, und dich grüßt deine Freesie. Die ist schon längst verwelkt.«

»Madonna, sagt die, was mach' ich bloß, sagt sie, wenn jetzt der Papa nach Hause kommt, sagt sie, und sieht bei uns die Freesien verwelkt, und das Mäusedornzweiglein hat sie noch immer frisch! Was machen wir bloß?«

»Ach was, sagt die andere Schwester, es wird schon gutgehen, wir zeigen ihm einfach die vom Mäusedornzweiglein.«

»Ja, sagt sie, wir zeigen ihm die meine«, sagt das Mäusedornzweiglein zu ihr, verstehste, »wenn Papa zurückkommt, zeigen wir ihm meine, sagt sie, und dann denkt er, alle seien noch frisch, sagt sie, und dann sehen wir weiter.«

Hm. Also jetzt paß auf, was sie anstellte, was. Nach drei oder vier Tagen geht sie ans Fenster, aber paß auf, wie schlau die war!, und sie sagt: »Schau, was der König für schöne Orangen in seinem Garten hat.« Sagt sie, verstehste, aber das war nur ein Trick, verstehst du!

»Ja geh doch, Mädchen«, sagten die Schwestern, und die freuten sich!

»Tja, sagt sie, ich geh' schon, ich geh' schon, ich hab' keine Angst«, sagt sie.

Hm, sie nahm einen Strick, verstehste, und steckte den in die Tasche, und kaum ist sie drüben: »Hoho«, sagt der König, »jetzt hab' ich dich erwischt, sagt er, Himmelarschund..., sagt er, nimm dir ruhig, soviel du möchtest, aber dann kommst du zu mir ins Haus!«

»Hören Sie, Herr König, sagt sie, ich, sagt sie, ich komme nicht ins Haus, weil ich brauche nichts«, sagt sie, verstehste.

»Dann laß mich wenigstens ein Nickerchen auf deinen Knien machen.«

»Ja, kommen Sie«, sagt sie.

Als er eingeschlafen war, band sie ihn an einen Apfelbaum, da standen Apfelbäume, verstehste, schöne, band ihn an einen Apfelbaum und ging weg, verstehste, band ihn an einen Apfelbaum und weg. Hm.

»Na und«, sagen die – jetzt kam sie nach Hause , »na, Mäusedornzweiglein, wie ist es gegangen?«

»Ja, sagt sie, ist alles gutgegangen, sagt sie, er wollte, daß ich eine Schokolade mit ihm trinke, aber ich bin nicht gegangen, wißt ihr, was ich gemacht habe? Er hat auf meinen Knien schlafen wollen, und da hab' ich ihn schlafen lassen, und dann hab' ich ihn angebunden, sagt sie, und dann bin ich weggelaufen.«

Und die Freesie, die war noch immer frisch, nicht.

»Na, hast du das gesehen, was sollen wir bloß tun, ihre ist noch immer frisch, und was wird dann der Papa sagen!«

Aber was Papa!, es ging doch gar nicht um den Papa, es ging darum, daß die beiden dicker wurden.

Und jetzt aber, aber jetzt, jetzt wacht der König auf. »Ja guck dir das an, sagt er, jetzt hat die mich angebunden, sagt er, an einen... « Weil er so verliebt war, wußte er nicht mal, wann sie ihn angebunden hatte, verstehste, ja Kruzitürken, sagt er: »Na, der werd' ich's heimzahlen, das soll sie mir büßen, eines Tages soll sie mir das büßen, sagt er, die führt mich an der Nase herum, aber das kriegt sie zurück!«

Und dann kam ihr Vater zurück vom Dingens, von...

»Na, Mädchen, wie ist es euch ergangen, wie geht's?«

»Ist alles gutgegangen, Papa!« Und sie zeigen ihm die eine Freesie, verstehste, die von Mäusedornzweiglein. Und da war der Kerl ganz glücklich, wie er das Blumenväschen sah, alle drei wollte er gar nicht sehen, aber dann sah er doch, daß die beiden Mädchen dicker geworden waren, he he, was ist das denn, da ist doch ein Unglück

282

passiert, die sind ja dicker geworden! verstehste! Tja, und da sagt sie:

»Na hör zu, Papa«, sagt jetzt das Mäusedornzweiglein zu ihm, »hier, sagt sie, ja ihre Freesien, die sind verwelkt, aber hab mal keine Angst«, sagt sie zu ihrem Papa, »ich krieg' das schon wieder hin, laß mich mal machen.«

Also dann kriegten sie das Kind, jede kriegte eins. Und der König war so in sie verliebt, daß er krank im Bett lag. Sterbenskrank war er, verstehste, und sie wußte, daß der König krank im Bett lag, weil er so verliebt war. »Jetzt, sagt sie, hört mal zu, was ich mache; die Kinder sind doch seine, sagt sie, dann soll er sie auch nehmen.«

Sie nimmt sich einen Korb, also so einen für Wäsche, früher, da hatten die noch solche Henkel, und da legt sie unten zuerst die beiden Kinder hinein, nicht, und oben hat sie die dann mit Blumen zugedeckt, also mit wunderschönen Blumen, verstehste, und dann geht sie unter die Fenster und fängt an zu rufen: »Wer will Rosen kaufen und Blumen gegen Liebesschmerz«, und »Wer will Rosen kaufen und Blumen gegen Liebesschmerz!«

Jetzt der König, der hatte Diener, nicht, und er fragt sie: »Wer schreit da so?« Antwortet der Diener: »Ja, da ist, sagt er, da ist ein Mädchen, sagt er, die ist sehr schön. Aber Sie können sich gar nicht vorstellen, sagt er, wie schön, wie wunderschön die ist.« – »Tja, dann laßt sie doch hochkommen, sagt er, los, sagt er, wenn sie Liebesschmerz heilen kann, sagt er, na, sagt er, dann kommt sie grad recht, sagt er, sie soll reinkommen.«

Und sie kommt rein mit dieser schönen Rose, mit all diesen Rosen in dem Wäschekorb. »Hören Sie, meine Herren«, sagt sie, »ich muß eben in die Stadt gehen und Zeug kaufen; nehmen Sie sich, was Sie brauchen, und wenn ich zurückkomme, hole ich den Korb ab.«

Na, was sagst du, die ziehen alle Rosen raus, und dann finden sie diese Kinder.

283

»Du liebe Madonna, sagt er, hast du das gesehen, was die mit mir macht, sagt er, jetzt hat die mich reingelegt! Das sind doch die Kinder, sagt er, von ihren Schwestern, sagt er, die sind zum Kaffeetrinken hergekommen, sagt er, jetzt hat sie die genommen und mir hierher gebracht! Jetzt, sagt er, er sagt das zu dem Diener, jetzt nimmst du die und bringst sie ins Spital.« Haste das gesehen, ha, der hatte sie ja auch nicht geheiratet. Früher, da hat man nämlich solche Kinder ins Spital gebracht, die Mädchen, die so Kinder kriegten, die brachten sie ins Spital, und so wurden sie nicht bekannt. Ja, und dann brachte man sie auch in die Kinderheime, da wurden sie dann wohl aufgezogen, man weiß ja nicht genau. Nun ja, siehst du, hier geht's ja um ein Märchen, und da weiß man nicht wie – ob das jetzt wahr sein soll oder nicht.

Also weiter mit dem Prinzen. »Ha, jetzt ist sie aber zu weit gegangen«, sagte der immer wieder, »das soll sie mir bezahlen«, sagte der König, »das zahlt sie mir, das zahlt sie mir doppelt und dreifach«, ha.

Und sie ging nie mehr zum Spaziergang, verstehste, abends ging der Vater immer mit ihnen spazieren, und dann sagte er zu ihr: »Mäusedornzweiglein, he, warum kommst du nicht mit?« sagte er. Sie hatte immer Angst, weil sie dem die Kinder hingebracht hatte, verstehste, Junge, Junge!

»Ach Papa, mir macht das keinen Spaß, ich bleib' zu Hause.«

Und sie blieb zu Hause, und die beiden Schwestern gingen immer mit dem Vater auf den Abendspaziergang. Eines Tages kam der König auf ihn zu und sagte: »Hört mal, ich muß Euch was sagen.«

»Was gibt es mir zu sagen?«

»Ich, sagt er, möchte mich mit Eurem Töchterlein verheiraten, mit dem Mäusedornzweiglein, sagt er. Wenn Ihr sie mir gebt, wenn Ihr mich sie heiraten laßt und ihr sagt,

284

sie soll mich heiraten, dann gut, und wenn nicht, dann bringe ich Euch um!«

Umbringen wollte er ihren Vater, verstehse, der wollte sie umbringen! Der kommt nach Hause und sagt das dem Mäusedornzweiglein, und die sagt: »Aber was, sagt sie, Ihr solltet meinetwegen sterben? sagt sie. Nein, sagt sie, bevor er dich umbringt, sagt sie, heirate ich ihn. Meinetwegen brauchst du nicht zu sterben.«

Und dann, und dann, paß auf, wie's weitergeht, der hat sie genommen und geheiratet, aber sie dachte sich: »Wirst sehen, sagt sie, der will mich umbringen, ich hab' ihn doch so geärgert, aber ich weiß schon, wie ich's mache.« Die war eine ganz gerissene Frau, verstehse, paß gut auf, daß du auch mal so eine schlaue Frau findest! Hör zu, hör zu, wie sie das hingedreht hat!

Also jetzt, Junge, Junge!, wie soll die Hochzeit des Königs gewesen sein? Schön, schön, schön schön schön – der war ein König, jawohl! Und sie, weißt du, was sie macht? Sie macht eine große Puppe aus Zucker und Honig, ganz süß und so groß wie eine Frau, soo lang, und mit so einer Vorrichtung konnte sie die, verstehse!, im Bett sprechen lassen, und sie legt sich darunter. Sagt er, wie's dunkel ist, sagt er: »Jetzt, sagt er, sollst du, sagt er, was erleben! Du hast mich so oft geärgert, aber jetzt will ich dich auch mal ärgern!«

»Ja, sagt sie, aber, sagt sie, du kommst im Dunkeln ins Bett«, sagt sie, hörst?

»Ha, sagt er, dich werd' ich auch im Dunkeln finden, was denn!«, sagt er zu ihr.

»Dann komm doch im Dunkeln ins Bett!«

Dann ließ sie, also, wie er ins Bett gestiegen war, und sie war unterm Bett, verstehste, und die Puppe, die lag im Bett, da ließ sie die sprechen. Er sagte: »Weißt du noch, weißt du denn nicht mehr, wie ich in dich verliebt war, und du wolltest nicht mal mit mir sprechen?«

»Jaaa«, sagte sie, verstehste, die Puppe sprach so wie sie,

es war ja dunkel, und so konnte er nicht erkennen, was da war, er dachte, das sei sie, verstehste? Also, sie machte, daß die Puppe »Jaaa« sagte, verstehste.

»Weißt du noch, weißt du denn nicht mehr, wie du mich an den Apfelbaum gebunden hast?«

»Jaaa«, sagte sie, verstehste, mit der Puppe. Und da sagt er:

»Weißt du noch, weißt du denn nicht mehr, wie du mir die beiden Kinder deiner Schwestern gebracht hast?«

»Jaaa«, sagte sie.

»Na, dann nimm das!«, sagt er zu ihr und sticht sie mit einem Dolch, was.

Da brach die Puppe auseinander, sie ging kaputt, und ein Stück flog ihm in den Mund.

»Hoho, mein Frauchen, sagt er, war aus Zucker und Honig so süß, wär' sie noch ganz, dann hätt' ich sie lieb!« Da sprang sie unter dem Bett hervor und sagte: »Willst du mich? Ich lebe noch!«

> Da nahmen sie sich für's ganze Leben,
> und mir, mir haben sie nichts gegeben.
> Sie gaben mit ein Stückchen Konfekt,
> das hab' ich ins Schlüsselloch gesteckt.

Und da wird's wohl noch sein.

Verstehste?

Schöne Geschichte, was?

Nachwort

Reisen mit Augen und Ohren

»Märchen aus der Toskana?« Eine solche Frage hätte viele der englischen, deutschen oder französischen Reisenden des späten 18. und frühen 19. Jahrhunderts, welche Florenz oder Arezzo, Siena oder Pisa, Lucca oder Livorno gesehen hatten, verwirrt. Sie hatten auf ihren Touren mit der üblichen Lohnkutsche und ihrem obligaten ›vetturino‹, meist in Eile auf dem Weg nach Rom, Neapel und vielleicht Sizilien, in einigen berühmten Städten des damaligen Großherzogtums – ehemals (bis 1737) weitgehend der Machtbereich der Familie Medici – haltgemacht, um Kirchen, Klöster und Museen aufzusuchen und dort mit den Augen die Kunst der Fresken, Tafelbilder und Statuen zu genießen. Der italienischen Sprache – ganz zu schweigen von den Dialekten – waren nur wenige von ihnen mächtig, so kam es nur selten zum Gebrauch von Zunge und Ohren bei ausführlichen Gesprächen mit den Einheimischen, und schon gar nicht zur Mitwirkung an einer volkstümlichen italienischen Erzählrunde in einem der Gasthäuser, wo sie abgestiegen waren. Fußreisen durch die hügelige Landschaft mit Übernachtungen in den Dörfern (wobei die Wanderer auf eine abendliche Erzählrunde in der ›stalla‹ oder bei einer ›veglia‹ hätten stoßen können) waren ganz undenkbar. Nur wenige Reisende berichten daher in ihren Briefen an die Lieben daheim oder in ihren Tagebuchnotizen von kommunikativen Akten, und von Märchen ist dabei ganz und gar nicht die Rede.

So schreibt Johann Gottfried Herder, der sich auf der Reise nach Neapel als Begleiter des Trierer Domherrn Johann Friedrich von Dalberg im Mai 1789 kurze Zeit in Florenz aufhielt, an seine Frau Caroline in Weimar von den Grabmälern der Michelangelo, Galilei und Machiavelli in der Kirche Santa Croce, von den Bildwerken in der Annunziata oder von der Kunst der Giotto und Cimabue, und er meint, er sei »fleißig gewesen, sofern man mit dem bloßen Sehen fleißig sein kann«. Eine ausführliche Unterhaltung von zwei Stunden Dauer pflegte er (in deutscher Sprache, versteht sich!) lediglich mit dem Großherzog (›Granduca‹) der Toskana, Leopold I. (dem Sohn des Herzogs Franz Stephan von Lothringen, nachmaligen Kaisers Franz I., und der Maria Theresia) über allgemeine politische Fragen. Von den »Stimmen der Völker« (so im Titel seiner ›Volkslieder‹ von 1778/79) hat er in der Toskana offenbar wenig vernommen. Doch eine Generation später (in der Toskana regieren inzwischen, nach mancherlei napoleonischen Wirren, die Großherzöge Ferdinand III. [bis 1824] und Leopold II.) achteten die Italienreisenden, durch die deutschen Romantiker auf die Erzeugnisse der »Volksdichtung« aufmerksam gemacht, bereits auf Lieder-Drucke – fliegende Blätter und Heftchen –, die auf den südländischen Märkten feilgeboten wurden. Oskar Ludwig Bernhard Wolf veröffentlicht 1829 seine *Egeria. Sammlung italienischer Volkslieder,* August Kopisch bringt 1837 seine *Volkstümlichen Poesien aus allen Mundarten Italiens* unter dem Titel *Agrumi* heraus (sie enthalten allerdings nur ein in Florenz gedrucktes Spottlied), ein Jahr später erscheint, besorgt von J. M. Braun, eine ganze Serie von italienischen Liebesliedern im dritten Bändchen der *Volksharfe, Sammlung der schönsten Volkslieder aller Nationen.* Mit der vierbändigen Sammlung italienischer Volkslieder, die Niccolò Tommaseo 1841/42 in Venedig vorlegt, wird dann der ganzen europäischen Welt ins Bewußtsein gerufen, daß auch Italien seine Schätze an (auch mündlich tradierten!) Volkspoesien besitzt und im Sog des Risorgimento zum Zwecke einer nationalen Identitätsfindung ans Licht der Öffentlichkeit zu bringen gewillt ist.

Wieviel mehr achten dann die Reisenden der zweiten Jahrhunderthälfte bereits auf das Singen und Sagen der Italiener und Italienerinnen im Hause, auf der Straße oder auf dem Marktplatz! Mehr und mehr benutzen sie, neben den fleißigen Augen, auch ihre schwach geschulten Ohren und versuchen, mit dem fremden »Völkchen«, das ihnen immer weniger exotisch und niedrig erscheint, ins Gespräch zu kommen! Wieviel mehr fällt ihnen dann schon auf, daß die Toskaner (sie zählten damals rund zwei Millionen Menschen) beredte, sprachgewandte Leute sind, mit einem besonderen Witz und Verstand begabt, mit Kenntnissen von ihrer reichen Literaturtradition ausgestattet und fähig, epische Stoffe in Poesie oder Prosa zu rezitieren! Ja, der französische Literatur- und Philosophie-Professor Hippolyte Taine, ein politisch wacher Beobachter der revolutionären, antiklerikalen und nationalen Stimmungen in der Toskana des Jahres 1864 (die Florentiner hatten inzwischen, im Frühjahr 1859, ihren Großherzog Leopold verjagt, die Toskana schloß sich dem Königreich Italien unter Vittorio Emanuele an), behauptete in seinem *Voyage en Italie* (1865) sogar, in dieser Phase des Umbruchs und der Neuorientierung werde im Lande der bildenden Künste nicht nur mit »lebhafter und vollständiger Intelligenz« geredet, da zeigten selbst unscheinbare Leute »Leichtigkeit der Auffassungen und Fertigkeit im Ausdruck«; die Cafés überraschten den Besucher mit ihrer »verve« und mit »überquellenden Diskussionen«, selbst sein Kellner »rede, urteile, vernünftele wie ein gebildeter Mann«, ja man finde nicht selten liberale französische Zeitungen neben französischen Romanen und in einer Buchhandlung in Siena sogar *Das Leben Jesu* (1835) des (auf den Index gesetzten) David Friedrich Strauß! Die Alphabetisierung der italienischen Stadt- und Landbewohner hatte eben um die Jahrhundertmitte rasche Fortschritte gemacht, und insbesondere die bürgerlichen Florentiner oder Aretiner, Sienesen oder Pisaner waren – seit der Renaissance übrigens – mehrheitlich lesende Leute. Zu Taines Zeiten arbeiteten Verleger von populären Lesestoffen wie Salani in Firenze, Baroni oder Marescandoli in Lucca mit ungemein starkem Erfolg.

Wenn es einer Bekräftigung dieses Lobes toskanischer Belesenheit und Beredsamkeit bedarf, läßt sich noch die Schwäbin Isolde Kurz heranziehen, eine Frau, die nicht eine rasche Reisende war, sondern lange in Italien ihr Domizil hatte. Sie schreibt 1910 in ihren *Florentinischen Erinnerungen*, die Sprache sei dem Florentiner »eine andere und höchste Form des Daseins«, sie webt ihm ein leuchtendes Festgewand über den Alltag, sie stellt sich zwischen den Bettler und sein Elend, sie hebt den Gefallenen aus dem Schmutze; durch sie kann der Unwissende zum Lehrmeister des Gelehrten werden«. Die Sprache von Florenz erscheint Isolde Kurz als »ein ewiges Blühen, sie gefriert nicht zu stehenden Wendungen, sie verblaßt nicht zu Abstraktionen, ihre Fülle und Bildkraft ist unerschöpflich. Der

Mann aus dem Volke ist dem Gebildeten noch überlegen; überall drückt sich ja die [feine] Gesellschaft verwaschener aus«. Der Toskaner nenne dieses bilderreiche Reden ›ragionare‹, also ›vernünfteln‹ oder ›denkend sprechen‹. Das »schöne Toskanisch« (in der Renaissance hieß es das ›bel parlare‹), insbesondere also das der unteren sozialen Schichten, ist für die Dichterin wie eine »Feenmitgift, die Kohlen in Gold verwandelt und jede andere Mitgift überflüssig macht«.

Novellentraditionen

Zu dieser Sprach-Mitgift einer Zauberfee gehört auch der Novellen- und Märchenschatz der Toskana. Die hier vorgelegte Sammlung von Volkserzählungen aus dieser Region gibt einen Einblick in das hohe Alter geschriebener und gedruckter Überlieferungen solcher Geschichten, in die breite Fülle der in dem ehemaligen Großherzogtum versammelten Erzähltexte, in die Vielfalt der dort phantasievoll tradierten Märchen und Schwänke sowie in den Reichtum der einzelnen Erzähltypen und -motive.

Allzuwenig ist in der bisherigen Erforschung der Märchen- und Schwanküberlieferungen beachtet worden, daß die Aufzeichnungen der Sammler des 19. Jahrhunderts mehrfach auf Novellenbücher des 14. bis 17. Jahrhunderts zurückgehen, auf Sammlungen von ernsten und heiteren Geschichten mit moralisierender Tendenz, die ihrerseits wiederum auf den Kompilationen von Beispielgeschichten (›Exempla‹) des späten Mittelalters beruhen. Giovanni Boccaccio (1313–1375), dessen Decamerone hier aus guten Gründen nicht herangezogen wird, ist ja nur einer, wenngleich der literarisch bedeutendste, aus der Schar toskanischer Novellensammler, welche durch ihre Textvorlagen (die nicht nur von einzelnen gelesen, sondern auch vor größeren Zuhörerscharen laut vorgelesen wurden) nachhaltig auf die mündliche Überlieferung von Erzählstoffen gewirkt haben.

Von den toskanischen Novellen-, Schwank- und Fabelsammlungen sollen hier insbesondere sieben mit Textbeispielen vorgestellt werden: die Cento novelle antiche und der Esopo toscano, ferner drei bedeutende Novellisten des späten 14. Jahrhunderts: Giovanni Sercambi, Giovanni Fiorentino und Franco Sacchetti, und schließlich je ein Erzähler des 15. und des 16. Jahrhunderts: der Pfarrer Arlotto Mainardi und ein anderer sehr weltlich lebender Geistlicher, Anton Francesco Doni. Andere aus der Toskana stammende Novellisten, Nachahmer zumeist des Giovanni Boccaccio, so etwa Gentile Sermini aus Siena, Agnolo Firenzuola aus Florenz oder Pietro Fortini aus Siena blieben unberücksichtigt. Zu den Quellen der toskanischen Märchenströme des 19. Jahrhunderts gehören dann freilich auch Geschichtensammlungen, die anderen Regionen zuzurechnen sind: so insbesondere die *Ergötzlichen Nächte (Piacevoli notti*, Venezia 1550–1553) des aus Caravaggio stammenden Giovan Francesco Straparola und das *Pentamerone* (Napoli 1634/36) des in der Umgebung von Neapel geborenen Giambattista Basile.

Die *Cento novelle antiche (Hundert alte Erzählungen)* stammen aus der zweiten Hälfte des 13. Jahrhunderts. Sie dürfen als die älteste italienische Novellensammlung gelten, doch geht ihnen eine lateinische Sammlung *(Liber ystoriarum Romanorum)* aus dem 12. Jahrhundert voraus. Der Autor der *Cento novelle*, wahrscheinlich ein Florentiner, ist unbekannt; der erste Druck der Sammlung, herausgegeben von Carlo Gualteruzzi, erschien 1525 in Bologna unter dem Titel *Le ciento Novelle Antiche*; die Bezeichnung ›Novellino‹ stammt aus dem 19. Jahrhundert. Die italienische Ausgabe Florenz 1572 mit dem Titel *Libro di Novelle et di bel Parlar Gentile* wurde schon um 1624 am Hofe von Anhalt-Köthen von mehreren Angehörigen der Anhalter Fürstenfamilie ins Deutsche übersetzt. Es handelt sich bei diesem *Novellino* um eine in verschiedenen Fassungen überlieferte Zusammenstellung von Anekdoten, die teils aus älteren Sammlungen von Beispielgeschichten (so etwa der *Disciplina clericalis* des 1062 geborenen Petrus Alphonsus), teils aus Episoden beliebter antiker und mittelalterlicher Romanstoffe besteht; so finden sich dort Erzählungen über den orientalischen Priester Johannes, den Kaiser Alexander den Großen und den deutschen Kaiser Friedrich, über Narziß und sein Spiegelbild, über die Matrone von Ephesus (siehe unsere Nr. 7), Tristan und Isolde, Sultan Saladin und die drei Ringe oder die Dame von Schalott.

Das von Vittore Branca kürzlich herausgegebene toskanische

291

Fabelbuch *Esopo toscano*, das auf einer Handschrift (MS 1645 der Riccardiana in Florenz) aus dem späten 14. Jahrhundert beruht, zeigt, wie sehr wir im Bereich klösterlichen, höfischen und stadtbürgerlichen Erzählens auch mit der Gattung der Tierfabeln alter äsopischer Tradition zu tun haben. Der unbekannte Autor, der mit den florentinischen Dominikanern engen Kontakt gehabt haben muß, ist sozialgeschichtlich in die Kulturkreise von Predigerorden und stadtbürgerlichem Kaufmannswesen zu stellen, denn diese Fabeln bieten in ihren munteren Diskursen zahlreiche Anspielungen auf das Alltagsleben dieser Gruppen. Die 63 Tiergeschichten haben jeweils eine »temporale« (auf diese Realität bezogene) und eine »spirituale« (auf das Jenseits gerichtete) Moral. Die ausgewählten Geschichten von *Stadt- und Landmaus* und vom *Löwen und den Mäusen* (hier Nr. 2 und 3) erzählen witzig und plastisch von Tisch und Tafel, Tollkühnheit und Todesangst, vom Leben der Armen und der Macht der Reichen, von Dienstbarkeit und Protektion; im Spiegel des Tierlebens erblicken wir unsere eigenen törichten Tugenden und liebenswerten Laster.

Im letzten Viertel des 14. Jahrhunderts entwickelt sich in den toskanischen Städten auf der Basis einer vielfältigen, nicht zuletzt von den Klöstern getragenen literarischen Tradition und einer reichen mündlichen Erzählkultur in höfischen Salons, städtischen Stuben und vielleicht auch ländlichen ›Ställen‹ die Novellistik zu höchster Blüte. In dieser Zeit währt im westlichen Europa der Hundertjährige Krieg um den französischen Königstitel zwischen England und Frankreich; im Heiligen Römischen Reich Deutscher Nation regiert der Prager Kaiser Karl IV. (der Begründer der Prager Universität) bis 1378 und wird durch seinen Sohn Wenzel abgelöst; in Siena stirbt 1380 die Dominikanerin und Asketin Catarina, die 1461 heiliggesprochen wird. Drei bedeutende Novellensammlungen entstehen zu dieser Zeit kurz hintereinander: der *Novelliere* des Giovanni Sercambi nach 1374, der *Pecorone* des Ser Giovanni um 1380 und die *Trecento Novelle* des Franco Sacchetti zwischen 1388 und 1395. In England erscheinen übrigens in derselben Zeit die Bibelübersetzung des John Wiclif und die *Canterbury Tales* des Geoffrey Chaucer. Die toskanische Novellen-Mode der damaligen Zeit ist jedoch nicht ohne das Vorbild des *Decamerone* des Giovanni Boccaccio aus Certaldo zu denken, dieses ganz und gar toskanischen Humanisten und Dichters, der seine hundert ›neuen‹ Geschichten (neu im Gegensatz zu den ›antiken‹ Novellen) zwischen 1349 und 1351 komponiert hatte.

Stadtbürgerliches Erzählen

GIOVANNI SERCAMBI wurde 1347 als Sohn eines Apothekers zu Lucca geboren, er besuchte verschiedene Schulen in seiner Vaterstadt, heiratete in jungen Jahren eine Frau aus reicher Familie und stieg als Gefolgsmann der Familie Guinigi rasch ins politische Leben ein und 1397 zum Amt des ›Gonfaloniere‹ auf. Er starb 1424. Literarisch ist er mehr durch seine Chroniken der Stadt Lucca als durch seine Novellen bekannt geworden. Sercambi beschreibt im Rahmen zu seinem *Novelliere* die Schrecken der Pest von 1374; eine Gruppe von Frauen und Männern habe sich damals in einer Kirche von Lucca zusammengefunden, um eine Reise durch Italien zu unternehmen; auf ihrem Weg und in verschiedenen Städten seien dann diese Geschichten erzählt worden. Diese 155 Novellen lesen sich spröder als die eines Sacchetti, doch enthalten sie nicht wenige saftige Ehebruchschwänke, wobei die Frauen mehr mit Verachtung als mit Liebenswürdigkeit behandelt werden, oder Diebsgeschichten mit trefflichen Beobachtungen aus dem Volksleben sowie einige traditionelle Erzählstoffe, wie etwa eine Variante des auch von Boccaccio (VII, 4) bearbeiteten *Puteus* aus der *Disciplina clericalis* (AaTh 1377: Eine Frau betrügt ihren Ehemann; er versperrt ihr die Türe; sie macht ihn glauben, sie habe sich in den Brunnen gestürzt; als er nachsieht, sperrt sie ihn ihrerseits aus = Sercambi, Exemplo CXLII: *De gelozo et muliere malisiosa*). Auf Boccaccio (X, 10) beruht auch das Exempel CLII: *De muliere costante*, das ist die Geschichte der geduldigen Griseldis, die später auch Charles Perrault für seine Märchensammlung heranziehen sollte. Zu nennen sind auch die *Inclusa* (AaTh 1419 E: Der liebende Ritter gelangt durch einen unterirdischen Gang zu der in einem Turm eingesperrten Geliebten = Ex. CXLIII: *De placibili furto unius mulieris*), eine Variante der Freundschaftsnovelle *Amicus und Amelius* (Ex. XXXVIII: *De vera amicitia et caritate*), der Schwank vom Schneekind (Ex.

293

CXXVI: *De malitia mulieris adultera*), die Liebesgeschichte von *Pyramus und Thisbe* (Ex. CXXX: *De iuvano suttili in amore*) oder die hier (Nr. 7 und Nr. 8) wiedergegebenen Varianten der *Witwe von Ephesus* und des *Salomonischen Urteils*. Ältere Kritiker haben sich an gewissen dabei unterlaufenden Obszönitäten gestoßen, auch mögen manche Männer für die vielen gehörnten Geschlechtsgenossen, die hier herumlaufen, wenig Verständnis aufgebracht haben, doch bieten diese Geschichten gerade für den Folkloristen gute Einblicke in die Tradierungswege von schwankhaften Volkserzählungen. Wahrscheinlich hat die Schwierigkeit der Texte bisher verhindert, daß Sercambis Novellen, die in der guten Ausgabe von Luciano Rossi vorliegen, ins Deutsche übersetzt worden sind.

Über den SER GIOVANNI, der seit der ersten Druckausgabe seiner Geschichten (Milano 1558) den Beinamen ›Fiorentino‹ erhält, ist leider nur allzuwenig bekannt, und die Spekulationen über seine Identität füllen ein gutes Dutzend von wissenschaftlichen Arbeiten. Der Titel ›Ser‹ läßt auf einen juristischen Beruf schließen, die Lokalisierung mehrerer Novellen in Florenz auf seine Herkunft aus der Toskana; doch ist von Pasquale Stoppelli auch die Meinung vorgetragen worden, es handle sich bei Giovanni um einen gebildeten Spielmann namens Malizia Barattone aus Neapel. Die Sammlung von 50 Novellen ist jedenfalls zwischen 1378 und 1385 entstanden. Den Titel *Il Pecorone (Der Hammel)* erklärt der Autor in seinem Vorwort so: Er wolle gerne, blökend wie ein Hammel, Bücher schreiben, obwohl er doch nichts von diesem Geschäft verstehe. Der Rahmen erzählt von einer Nonne namens Saturnina, die in einem Kloster in Forlì lebt. Auretto (ein Anagramm zu ›auttore‹, also ›Verfasser‹), ein junger Mann aus Florenz (!), verliebt sich in sie und wird, um ihr näherzukommen, Mönch und Kaplan im Kloster der jungen Frau. Die beiden treffen sich an 25 Tagen im Parlatorium des Klosters und tauschen dabei je zwei Geschichten und nicht wenige Zärtlichkeiten aus: Zunächst halten sie sich sanft die Hände, doch am zehnten Tage tauschen sie auch Küsse »mit viel süßen Empfindungen«, bis sie sich dann am letzten Tag mehrfach umarmen und mit liebevollen Worten küssen.

Ihre Erzählungen, die manchmal von beträchtlicher Länge und nicht immer von besonderer literarischer Qualität sind, handeln jedoch nicht nur von Liebesabenteuern; 32 von ihnen sind der berühmten Chronik *(Nuova Cronica)* des Florentiners Giovanni Villani (um 1275–1348) entnommen und reden von bedeutenden Philosophen wie Boëtius, Alanus von Lille oder Peter Abälard (der dann in späteren Sagen als Pietro Baliardo auftritt), von Tyrannen wie Attila, Barnabò Visconti oder Galeotto Malatesta, von Gestalten der römischen Sage wie Romulus und Remus oder Lucretia. Ehebruchsgeschichten nehmen bei Ser Giovanni einen breiten Raum ein, und die Volksliteraturforscher finden einige bekannte Erzählungstypen und -motive, welche nicht ohne Einfluß auf das spätere Märchen- und Sagen-Erzählen geblieben sind: die Geschichte vom Fleischpfand, also William Shakespeares Stoff zu seinem *Kaufmann von Venedig* (Novelle IV, 1), die vom Hemd der fröhlichsten Frau, die aber in Wirklichkeit die allerunglücklichste ist (II, 1), eine Variante der Meisterdiebs-Geschichte (IX, 1), das Märchen vom Liebhaber im Goldenen Vogel (IX, 2), den Schwank von der Widerspenstigen Zähmung (V, 2) und nicht zuletzt die hier wiedergegebene Geschichte (Nr. 6) von der verleumdeten Königin (X, 1), welche mit dem Märchen von dem ›Mädchen ohne Hände‹, mit Chaucers Verserzählung von der Constance *(The Man of Law's Tale)*, mit dem französischen Volksbuch von der *Belle Hélène* und mit den weitverbreiteten italienischen Volksbüchlein von der Königin Oliva oder der Königin Stella verwandt ist.

FRANCO SACCHETTI ist zwischen 1332 und 1334 in Ragusa (Dubrovnik/Dalmatien) oder in Florenz als Sohn eines Händlers geboren und als Kaufmann ausgebildet worden; er heiratete 1354 die Florentinerin Maria Felice Strozzi und hatte mit ihr zwei Kinder, doch sie starb 1377 an der Pest. Sein Bruder Giannozzo wurde 1379 als Verschwörer gegen die Republik hingerichtet. In Florenz übte Sacchetti, Anhänger der guelfischen Partei, nicht ohne politische Anfeindungen, verschiedene öffentliche Ämter aus und war insbesondere Bürgermeister mehrerer Städtchen in der Toskana. Nebenbei arbeitete er ständig an einer großen Sammlung von Gedichten zu historischen und aktuellen, stadtpolitischen Themen. Zwischen 1388 und 1395 sammelte Sacchetti, auch er vom *Decamerone* des Giovanni Boccaccio angeregt, dreihundert Geschichten *(Trecento Novelle)*, das heißt vor allem Anekdoten und Schwänke, von denen nur noch rund 230 erhalten sind. Sie zeugen von einem lebhaften Erzähltalent und munterem Humor, sie zeigen gut beobachtete Alltagstypen und unerhört ›neue‹ Situationen (die zu den Wesensmerkmalen der ›novella‹ gehören), doch geht die Zeichnung der Charaktere nicht immer in die Tiefe. Neben traditionellen Erzählstoffen bringt Sacchetti mancherlei Überraschendes aus dem Alltagsleben, Geschichten, die ihm wahrscheinlich direkt erzählt worden sind. Um das Jahr 1400 wurde Sacchetti ein Opfer der immer noch wütenden Pest.

Über den Pfarrer (›il Piovano‹) ARLOTTO MAINARDI (1396–1484) wissen wir nur wenig. Er stammt aus San Cresci a Maciuoli in der Diözese Fiesole bei Florenz und ist dort als Geistlicher des Ortes gestorben; hie und da soll er als Schiffskaplan Reisen nach Frankreich und London gemacht haben. Wir müssen ihn als eine Art Kristallisationsfigur (vergleichbar mit unserem Pfaffen von Kalenberg und seinen ›calembourgs‹) betrachten, der zwar zu seinen Lebzeiten eine Fülle von witzigen und sozialkritischen Sprüchen von sich gegeben hat und der sicher ein weitbekannter Erzähler von zupackenden Scherzen war. Doch viele der in einem Schwankbuch mit dem Titel *Motti e fecezie del Piovano Arlotto* (Witze und Schwänke des Pfarrers Arlotto) von einem anonymen Herausgeber (Firenze, um 1514) zusammengetragenen Eulenspiegeleien stammen aus der älteren Tradition europäischer Spaßmacher (wie der lateinisch schreibenden Poggio Bracciolini und Heinrich Bebel) und werden dem lustigen und listigen Arlotto nur zugeschrieben. Das zeigt sich auch bei den für diese Edition ausgewählten Schwänken (Nr. 10–12) von der Scheinbuße, vom zur Mahlzeit geforderten Malvasierwein und von der Katze, der man eine Schelle umhängen will.

ANTON FRANCESCO DONI (1513–1574) schließlich, der mit der weitverbreiteten Novelle von den *Drei Buckligen* (Nr. 13) zu Wort kommen soll, wurde, nach einer ersten Periode im Kloster der Annunziata, in Florenz als Drucker (nicht zuletzt seiner eigenen Sammelwerke) ebenso bekannt wie als Übersetzer, Briefeschreiber, Kompilator von Kuriositäten und Geschichtenerzähler, der die ganze Welt begreifen und beschreiben will; eine seiner Anthologien betitelt er geradezu als *Libreria*, also als

›Buchhandlung‹ oder Büchersammlung; ein anderes Sammel-
werk nennt er *Mondi*, also ›Welten‹. Man darf diesen literarischen Tausendsassa als einen der ersten freien Schriftsteller
Europas betrachten; seine erotischen oder schwankhaften Novellen, seine Kriminalgeschichten und historischen Helden-Er-
zählungen sind über sein ganzes Werk verstreut und bis heute
nicht in einer kritischen Gesamtausgabe greifbar.

Märchenbücher, Märchensammlungen

In der ersten Hälfte des 17. Jahrhunderts kommt es zu einer
Blüte der italienischen Märchenliteratur, die sich allerdings im
Königreich Neapel konzentriert und vor allem an die Sammlungen von Giambattista Basile (1634) und Pompeo Sarnelli (1684)
geknüpft ist. Zwischen der Mitte des 17. Jahrhunderts und der
des 19. Jahrhunderts scheint in der italienischen Märchenliteratur eine eigentümliche Lücke zu klaffen; sie könnte freilich
auf einer mangelnden Beschäftigung der Volksforschung in
bezug auf diese Epoche beruhen. Von einem vollständigen Fehlen italienischer Märchen im 18. Jahrhundert kann allerdings
keine Rede sein, denn auch in Italien (etwa bei Carlo Gozzi) zei-
tigte die französische Feenmode (Charles Perrault, Madame
d'Aulnoy, Mademoiselle Leprince de Beaumont) ihre Auswir-
kungen. Doch war das Zeitalter der Aufklärung der phan-
tastischen Literatur nicht wohlgesonnen, und ein Interesse für
das Volksleben ist erst durch die Napoleonischen Umfragen an-
gestoßen und durch das erstarkende Nationalgefühl italienischer Intellektueller im Risorgimento wieder gefördert worden.
Über diese neue Feenmode haben die Märchenforscher viel
geschrieben, und trotzdem bleibt dazu noch im Zusammenhang
der italienischen Märchentraditionen einiges zu sagen. Die
Kenntnis von antiken Schicksalsfrauen, den drei Parzen (Klo-
tho, Lachesis, Atropos) etwa mit Rocken, Spindel und Schere,
den drei furchterregenden Gorgonen (Medusa, Stheno, Euryale)
oder den drei zürnenden oder auch wohlwollenden Erinnyen
(auch Eumeniden oder Furien: Tisiphone, Alekto, Megära) war
durch die Gelehrten des Humanismus den Ependichtern der
Renaissance und den Epensängern des 16. Jahrhunderts mehrfach vermittelt worden; auch sind die Feen der altfranzösischen

Lais (Marie de France und anonyme Dichter und Sänger) den italienischen Intellektuellen nicht unbekannt geblieben. So finden wir etwa im *Rasenden Roland* des Ludovico Ariosto (1516) die Zauberfee Alcina, welche Menschen in Bäume, Tiere oder Quellen verwandeln kann, und ihre Gegnerin Melissa; die Fee Manto wird jeden siebten Tag zu einer Schlange, kann aber auch zu einem Hündchen werden, das Geld aus dem Pelz schüttelt. Giambattista Basile hat diese Glücks- und Unglücksbringerinnen konsequent, und lange vor den französischen Feen-Dichterinnen vom Ende des 17. Jahrhunderts, in die italienische Märchenliteratur eingeführt.

Die Erscheinungsformen solcher Schicksalsgestalten sind durch ihn und mehr noch in den populären Vorstellungen des 19. Jahrhunderts ungemein vielfältig geworden: Auf der weiblichen Seite finden wir die ›fata‹ (Fee) und die ›sorte‹ (Los-Frau, Schicksalsfrau), die ›draga‹ (Drachin), die ›orca‹ (Ogerin), die ›maga‹ (Zauberin) und die ›vecchia, vecchietta‹ (Alte, Weiblein); auf der männlichen Seite den ›orco‹ (Oger), den ›drago‹ (Drachenmann), den ›mago‹ (Zauberer) und den ›vecchio, vecchietto‹ (Alten, altes Männlein), der, christianisiert, auch zum ›eremita‹ (Einsiedler) mutieren kann. Die deutschen Übersetzungen können jeweils nur schlecht den schillernden, changierenden Charakter dieser numinosen Erscheinungen wiedergeben, denn dieses Feengeschlecht ist gleichzeitig hell und dunkel, gut und böse, verführerisch schön und mißgestaltet häßlich, jung und alt, gebend und nehmend, Leben spendend und Leben raubend, seßhaft und mobil, groß und klein, dick und dünn, faul und fleißig, hungrig und satt, fest greifbar und luftig unberührbar, witzig überlegen und dumm unterwerfbar.

Doch immer kommen ›fata‹ und ›fatus‹ (das lateinische Wort gehört zum Verb ›fari‹, ›sprechen‹), ›fée‹ und ›fé‹, unserer Märchen-Heldin oder dem -Helden wie aus dem Nichts und wie selbstverständlich entgegen, sie sind einfach da und bieten ihnen, redend und voraussagend, gefahrvolle Situationen und gleichzeitig glückliche Errettung an. Sie wissen mehr als die tumben Prinzen und Prinzessinnen und wissen doch nicht alles. Vor allem aber kennen sie die Zaubermittel und als Antwort auf diese wiederum Gegenkräfte (denn die Feenleute sind untereinander nur selten befreundet): hilfreiche Wundertiere und

298

nicht zuletzt Gefäße mit geheimnisvollen Inhalten, die im Notfall dienlich sein können. Wenn es schließlich unseren Helden nützt, greifen diese Feen, so als seien sie am Ende ihrer Zauberkunst, sogar zum Mittel der Selbstvernichtung, um dem Glück der Suchenden nicht im Wege zu stehen.

Es war kein guter Gedanke deutscher romantischer Märchendichter, diese bunten, variablen Feen-Gestalten mit düsteren Hexen und Zauberern aus der unseligen Geschichte der Hexenverfolgungen und mit blutrünstigen Menschenfressern und Menschenfresserinnen zu verwechseln und ihnen zumeist lange Nasen, krumme Zähne, rote Augen und ausschließlich böse Machenschaften anzudichten; antike Schicksalsfrauen und christliche Inquisition passen nicht recht zusammen. Die Grimmschen KHM-Vorstellungen von bösen Hexen verstellen den Kindern ein wenig den Blick auf die Tatsache, daß wir alle auf unserem Lebensweg Schicksalsfiguren und -ereignissen (sogenannten ›Schicksalsschlägen‹) mit ambivalenten Qualitäten begegnen und daß wir die Bewertungsoffenheit solcher Ereignisse (Wie soll ich eine Notsituation einschätzen; kann ich etwas tun, um damit zurechtzukommen?) und unsere gleichzeitige Unsicherheit gegenüber solchen Begegnungen brauchen, um uns bei unserem jeweiligen ›Los‹ möglichst positiv zu bewähren. Aber, um es mit den italienischen Märchenerzählerinnen zu sagen: »Lassen wir die und kommen wir zurück zu...«, nämlich zur Geschichte der toskanischen Märchenliteratur.

Die Hinwendung zur Volksliteratur vollzog sich bei den Italienern zunächst auf dem Gebiet der lyrischen und epischen Volkslieder; 1856 erschienen die *Canti popolari toscani* des Abtes Giuseppe Tigri. Die Hochachtung vor der Volksprosa wurde ihnen einerseits durch eine notwendige Distanzierung von den Okkupanten ihres Landes und deren Sprache – deutsch oder französisch –, anderseits durch die Sammeltätigkeit ebendieser Ausländer: Besatzungsbeamten oder Touristen, nahegelegt. Bei der Herausgabe italienischer Volkserzählungen im 19. Jahrhundert ist es gleichsam zu einem Wettstreit um die italienische Volkspoesie zwischen ausländischen Sammlern, nämlich Österreichern und Deutschen, Engländern und Schweizern, und den einheimischen Forschern gekommen. Die nordeuropäischen intellektuellen Italienreisenden waren durch *Des Knaben*

Wunderhorn (1806/08) der Achim von Arnim und Clemens Brentano, durch *Die teutschen Volksbücher* (1807) des Joseph von Görres und durch den starken Erfolg der Märchen und Sagensammlungen der Brüder Grimm (1812/15, 1818) für die Erzeugnisse der italienischen ›Volksseele‹ ein wenig früher sensibilisiert worden als die mit den Problemen ihres nationalpolitischen Erwachens absorbierten geistigen Führungskräfte Italiens.

Im September 1860 schrieb allerdings der Universitätsdozent und Direktor der Florentiner Tageszeitung *La Nazione*, Alessandro D'Ancona, einen Aufruf zur Sammlung italienischer Volkserzählungen nach dem Vorbild der Brüder Grimm, und nicht zu übersehen ist auch, daß der Lehrer Temistocle Gradi (1824-1887) aus Siena schon 1865 in Turin ein Schullesebuch herausgab, das neben 143 erläuterten Sprichwörtern und sieben literarisierten toskanischen Volkserzählungen vier von den Brüdern Grimm übernommene Märchen *(Dornröschen, Die zwölf Brüder, Schneeweißchen und Rosenrot, Brüderchen und Schwesterchen)* enthielt. In diesem Zusammenhang der norditalienischen Grimm-Rezeption bleibt noch zu erwähnen, daß eine größere Sammlung von KHM-Übersetzungen durch Filippo Paoletti aus den siebziger Jahren *(Favole scelte dei fratelli Grimm)* heute offenbar nicht mehr auffindbar ist.

Doch gilt auch für die Toskana, daß die erste halbwegs erzählgetreue Volksmärchensammlung dieser Region (und dieser zweiten Blüte italienischer Märchenliteratur) von einem deutschsprachigen Ausländer, nämlich dem Romanisten HERMANN KNUST (1866 im *Jahrbuch für Romanische und Englische Literatur*, in welchem kurz zuvor die *Volksmärchen aus Venetien* von Georg Widter und Adam Wolf abgedruckt worden waren), veröffentlicht worden ist; er hatte anläßlich einer dreitägigen Quarantäne im Hafen von Genua seine zwölf knappen Texte von einem alten Hafenwächter aus Livorno in aller Eile aufgezeichnet und, bis auf eine Ausnahme, in deutscher Sprache zusammengefaßt. »Allabendlich«, berichtet Knust, »sammelte sich unter dem Zelte, dessen kleine Lampe nur spärliches Licht gab, ein buntgemischter Kreis von Zuhörern [...], die ganz Aug' und Ohr zum Alten emporblickten, standen oder saßen [...]. Mochten auch einige der Ansicht sein, die ›Storie‹ seien insofern etwas einförmig, als man immer vorherwisse, ›daß er sie kriege‹, so kehrten sie doch stets zum Erzähler zurück, dem sie, wie allen Toskanern, die Gabe der Rede willig zuerkannten.« Drei dieser Märchen sind in unserer Sammlung (Nr. 13–15) vertreten, das erste aus Knusts italienischem Original übersetzt, die beiden anderen so konzentriert und trocken übernommen, wie er sie seinerzeit geboten hat. Die Mängel des Stils werden hierbei ausgeglichen durch die Tatsache, daß es sich zweimal um wenig bekannte Märchentypen handelt.

Wenige Jahre später (1869) veröffentlichte der Indologe Angelo De Gubernatis (1840–1913), der in Berlin studiert hatte und in Florenz seit 1863 den Lehrstuhl für Sanskrit und vergleichende Sprachwissenschaft innehatte, eine Sammlung von 35 Märchen aus Santo Stefano in der Toskana, die er Adalbert Kuhn und Max Müller, »den Begründern der vergleichenden Mythologie«, widmete und von der Meta Benfey, Tochter des Göttinger Indologen, im *Magazin für die Literatur des Auslandes* (1871) schrieb, in De Gubernatis' Kommentaren sei manches indologische Element »doch gar zu unhaltbar und zu gesucht« und: »Die Darstellung ist freilich sehr gedrängt und giebt eigentlich nur das Thatsächliche wieder«. Die vorliegende Sammlung verzichtet auf die Wiedergabe eines De-Gubernatis-Textes.

1871 (ein Jahr nach den großartigen *Sicilianischen Märchen* der Schweizerin in Messina, Laura Gonzenbach), rückte dann VITTORIO IMBRIANI (1840–1886), Professor für deutsche Literatur an der Universität Neapel – auch er hatte in der Schweiz und in Deutschland studiert –, die doppelseitige, ausländisch/italienische Liebe zu Märchentexten ins Gleichgewicht mit seiner zum Teil auf genauen Aufzeichnungen beruhenden und mit vergleichenden Kommentaren bereicherten Sammlung *La novellaja fiorentina*, welcher sich ein Jahr später eine Sammlung mailändischer Märchen *(La novellaja milanese)* zugesellte. Früher als andere Sammler bestand Imbriani auf dem Prinzip, mündlich vorgetragene Texte seien stenographisch aufzuzeichnen und ohne Veränderungen wiederzugeben. Sein hohes Ideal hat er freilich nicht immer verwirklichen können; auch er greift gerne auf schriftliche Vorlagen zurück, doch hat er in einigen seiner Märchen den mündlichen Vortragston nicht schlecht getroffen. So ist es wohl gerechtfertigt, daß hier sieben der bemerkenswerten Texte Imbrianis übersetzt vorliegen (Nr. 17–23). Sie übertreffen die nachfolgenden Texte von Comparetti, Marzocchi oder Pitrè an mündlicher Texttreue. Zu erwähnen ist hier übrigens, daß die Engländerin Rachel Harriette Busk, eine hervorragende Kennerin romanischer Sprachen und bedeutende Folkloristin, die seit 1862 in Rom lebte, im Jahre 1874 ihre Sammlung *The Folk-Lore of Rome* herausbrachte, die neben Legenden, Sagen und Schwänken 25 mit ausführlichen Anmerkungen bereicherte, in verschiedenen Städtchen des Römischen Staates (Loreto, Palestrina, Sinigaglia, Viterbo) und in Rom selbst gesammelte Märchentexte enthält. Ihre Vorbilder waren dabei, neben den Brüdern Grimm und dem Schotten John Francis Campbell, der schon genannte Mythologe Angelo De Gubernatis und der lombardische Historiker Cesare Cantù mit seinen *Novelle lombarde*; die Märchensammlung der Laura Gonzenbach (1870) war ihr unbekannt geblieben.

Kurze Zeit später folgte DOMENICO COMPARETTI (1835–1927), Professor für griechische Literatur an den Universitäten von Pisa und Florenz, ein Philologe mit internationalem Weitblick und komparatistischen Interessen. Zu seinen *Novelline popolari italiane* von 1875, denen allerdings genaue Nachweise und vergleichende Anmerkungen fehlen, steuerte er selbst 14 in Pisa gesammelte Texte bei; im übrigen bediente er sich, was die Toskana anbetrifft, der Einsendungen des Professors Giuseppe Ferraro (aus Monferrato), des Rechtsanwalts Gherardo Nerucci (Montale/Pistoia – von ihm wird noch zu reden sein) und des Cavaliere Raffaello Nocchi (Mugello). »Die Märchen wurden von mir und anderen aus dem Munde des Volkes gesammelt«, heißt es da im Vorwort, und: »Hier werden sie so treu wiedergegeben, wie sie erzählt wurden«, aber sie seien, mit wenigen Ausnahmen, in die Hochsprache übersetzt worden.

Trotz dieser Beteuerungen dürfen wir aus dem Sprachduktus der Märchen schließen, daß sie von den Herren Lehrern ein wenig zurechtgeschönt und wohl auch gekürzt wurden; manche der Texte erwecken den Eindruck, als seien sie nur die Kurzfassungen dessen, was wirklich erzählt wurde – es fehlt ihnen der Gusto des Mündlichen, den Giuseppe Pitrè in Sizilien und Vittorio Imbriani in der Toskana einzufangen verstanden hatten. Später hat Comparetti seine ganz Italien abdeckende Sammeltätigkeit fortgesetzt; zahlreiche unveröffentlichte Manuskripte von Märchen-Aufzeichnungen befinden sich heute im Museo Nazionale delle Arti e Tradizioni Popolari in Rom. Aus Comparettis Sammlung von 1875 hat Lisa Rüdiger 1959 (Nr. 34–46) 13 Märchen in der Manier Italo Calvinos frei übertragen und ihnen damit eine gewisse Poesie verliehen, die sie aber im Original nicht aufweisen; auch Thomas Crane hatte sie bereits 1885 (Nr. 6, 42, 108) ein paarmal herangezogen. In der vorliegenden Ausgabe (Nr. 24–26) sind drei bisher unübersetzt gebliebene Märchen einer leider ungenannten Frau aus Pisa wiedergegeben (Comparetti Nr. 11: *Die Granatäpfel*, 32: *Die Düstere Wolke* und 37: *Die Königin Angelica*).

Zu Comparettis Einflußbereich gehört auch der 1856 geborene CIRO MARZOCCHI, der Medizin und Jurisprudenz studierte und sich nebenbei, wie so mancher andere Jungakademiker in dieser national bewegten Zeit es tat, mit der Aufzeichnung von Volkserzählungen beschäftigte. Im Alter von nur 25 Jahren kam er durch einen höchst tragischen Unfall ums Leben: Im Jahre 1881 tötete ihn ein Schuß, der sich unglücklicherweise aus der Pistole eines Freundes löste. Zwei Jahre zuvor hatte er ein Manuskript mit 130 Märchen und Schwänken aus Siena und Umgebung abgeschlossen; dieses gelangte später in den Besitz von Domenico Comparetti und damit in das Museo Nazionale delle Arti e Tradizioni Popolari in Rom. Durch die Bemühungen vor allem von Aurora Milillo sind diese Texte 1992 herausgegeben worden. Die einzelnen Umstände von Marzocchis Feldforschungen bleiben dabei allerdings im dunkeln, vor allem fehlen die Namen der Gewährspersonen, die wahrscheinlich (wie später bei dem Deutschen Carl Weber) Dienstboten in Häusern des lokalen Kleinadels waren. Einmal (bei der Nr. 18) heißt es in einer Anmerkung Marzocchis »ripresa quasi a dettura« – »beinahe nach Diktat aufgenommen«; doch die meisten Märchen sind offenbar nacherzählt und geschönt. Wir haben hier für unsere Sammlung drei repräsentative Texte ausgewählt (Nr. 27: *Christina und das Ungeheuer*, 28: *Petersilchen* und 29: *Die Puppe*).

GHERARDO NERUCCI (1828–1906), ein promovierter Jurist und Altphilologe, Übersetzer, Dialektforscher und Gymnasiallehrer aus Pistoia, bewies seinen Patriotismus nicht nur im

Unabhängigkeitskrieg von 1848, sondern auch als Sammler der heimatlichen Traditionen. Er liefert uns in dem knappen Vorwort zu seiner Sammlung von 60 Märchen aus Montale im Kreis Pistoia (in der nördlichen Toskana) bemerkenswerte Hinweise zu seiner Sammel- und Publikationstätigkeit: Die kindliche Lust am Volksmärchen habe zu seiner Zeit im Gefolge der Brüder Grimm die Gelehrtenwelt erfaßt, und auch er, Nerucci, habe seit dem Herbst 1868 »zum Zeitvertreib« Märchen aufgeschrieben, freilich ohne damals Daten über die Erzähler notiert zu haben – die habe er inzwischen vergessen. Einige dieser Texte seien schon von Vittorio Imbriani 1871 und 1877 und von Domenico Comparetti 1875 veröffentlicht worden. In den nun, 1880, vorgelegten Märchen gebe er nicht den reinen Dialekt wieder, sondern eine Sprache, »die zwischen Dialekt und dem Anspruch [der Erzähler und Erzählerinnen] einer geglätteten Redeweise« stehe, und man bemerke daran den Einfluß des Florentinischen und der Volksschulkultur. Die schon früher veröffentlichten Geschichten habe er dann sprachlich den neu gedruckten anpassen müssen. Kurzum: Der Sammler hat die Aussagen seiner Erzähler literarisiert, dabei eine Reihe von dialektalen Formen und Ausdrücken bewahrt, Lücken und Löcher nach älteren Märchenvorlagen geflickt und gestopft und alle Texte stilistisch vereinheitlicht; sie sind daher von mündlicher Redeweise ein gutes Stück entfernt.

Nerucci ist ohnehin der Meinung, seine Märchen seien zumindest teilweise literarischen Vorlagen – Volksbüchlein und Novellen, Ritterepen und Heiligenviten – verpflichtet; eine genaue Analyse dieser Abhängigkeiten überläßt er jedoch gerne anderen. Wir bedauern heute, daß die Angaben zu seinen Gewährspersonen höchst spärlich ausgefallen sind; nicht zuletzt fehlen Altersangaben und Erzählumstände. Nerucci verrät uns zwar, daß er selbst durchaus in der Lage gewesen sei, am Kaminfeuer auf einem hölzernen Sessel sitzend, Dialektmärchen reihenweise zu erzählen; er sagt uns jedoch nicht, wie oft er solche Märchensitzungen praktiziert und dadurch das Erzählen unter den Leuten gefördert habe. Festhalten läßt sich allerdings dies: 58 seiner Texte sind mit den Namen seiner Gewährspersonen versehen; 42 stammen von Frauen. Unter diesen ragt die Witwe Luisa Ginanni mit 34 Märchen hervor; daneben erscheinen drei »Mädchen« (wahrscheinlich Schülerinnen), die dem Sammler insgesamt acht Märchen erzählt haben. Von den vier Männern stammen insgesamt 16 Texte: An der Spitze steht der Schneider Ferdinando Giovannini mit sieben Märchen; dazu kommen ein Bauer mit fünf, ein »Operateur« mit drei und ein Steinhauer mit einem Märchen. In unserer Sammlung finden die Leser nun ein furchtloses, aber todbringendes Märchen der Luisa Ginanni (hier die Nr. 30), ein weiteres, affenteuerliches von F. Giovannini (Nr. 31) und ein drittes, ungemein phantasiereiches von dem gebildeten Bauernmädchen (einer tüchtigen Schülerin, wie man sehen wird!) Giuditta Diddi (Nr. 32).

Eine der bemerkenswertesten Sammlungen toskanischer Volksmärchen verdanken die Italiener den Bemühungen des sizilianischen Arztes GIUSEPPE PITRÈ (1841–1916), einem ehrgeizigen Volkskundler aus Palermo, von dessen vorbildlich herausgegebenen *Fiabe, Novelle e Racconti popolari siciliani* (1–4, Palermo 1875) fünfzig ins Deutsche übersetzte und kommentierte Stücke in der Sammlung *Märchen aus Sizilien* in der Reihe »Die Märchen der Weltliteratur« (1991) vorliegen. In der Einführung zu seinen *Novelle popolari toscane* (1–2, Palermo 1885) verweist Pitrè auf »Hunderte von Märchenausgaben«, die im Laufe des 19. Jahrhunderts in ganz Europa und darüber hinaus erschienen waren, und auf zahlreiche Gründungen von Folklore-Gesellschaften in den siebziger und achtziger Jahren seiner Gegenwart. In der Tat kann man bei den im letzten Drittel des vergangenen Jahrhunderts aufgezeichneten Märchen davon ausgehen, daß sie in der einen oder anderen Weise, durch Lese- oder Vorleseakte, direkt oder indirekt nicht nur von solchen literarischen Vorlagen, wie Nerucci sie im Sinne hatte, beeinflußt oder abhängig sind: Auch die von Pitrè gemeinten mehr oder weniger wissenschaftlichen Ausgaben seiner beiden Dezennien müssen wiederum in einem Feedback (Rückkopplungsprozeß) auf die mündlichen Erzählungen des Volkes eingewirkt haben. Leicht vorstellbar ist doch etwa, daß die Kollegen des Advokaten oder Gymnasialprofessors Nerucci dessen Sammlung vor 1880 in ihren eigenen Heimatstädtchen zum Vortrag brachten; zu überprüfen ist dann etwa, ob sich in Pitrès toskanischer Sammlung von 1885 Spuren von Neruccis Texten finden und so fort.

CARL WEBER, ein Romanist aus Halle an der Saale, hat 1884 sechzehn Märchen in der Gegend von Vicchio im Mugello (dem Tal der Sieve), einem zwischen Dicomano und Borgo San Lorenzo gelegenen Marktflecken, im Hause einer adligen Dame aufgezeichnet. Einer dieser Texte wurde ihm von dem dort tätigen Hausdiener, Carlo Azzoboni, die restlichen von Angiola, der Frau des dortigen Feldhüters, erzählt; beide Gewährspersonen waren Analphabeten. Diese Märchen bieten nicht immer eine abgerundete oder vollkommene Form, sie zeigen unverschämt ihre Lücken und Sprünge. Das provoziert allerdings die Frage, ob nicht eine Mehrheit von Märchenperformanzen des 19. Jahrhunderts durch solche Mängel in Form und Inhalt ausgezeichnet war und ob nicht, anders gesehen, eine Mehrheit von Märchenaufzeichnern, ähnlich wie bei G. Nerucci gezeigt, solche Unvollkommenheiten nach besserem Vorauswissen mit den ›notwendigen‹ und ›nützlichen‹ Zutaten und Besserungen auf- und ausgefüllt haben. Wir wären dann Carl Weber zu besonderem Dank verpflichtet, daß er uns diese Texte (hier die Nr. 37–41) so schlicht und schlecht, wie sie erzählt wurden, mitgeteilt hat.

IDELFONSO NIERI, Altphilologe und Mittelschullehrer aus Lucca (1853-1920) schließlich, hat mit seinen einhundert Volkserzählungen aus Lucca sicherlich eine muntere und geistreiche Sammlung von Schwänken zusammengetragen, aber seine Texte sind literarisch überhöht, allenthalben mit einrahmenden moralischen Bemerkungen beschwert und zumeist unnötig in die Länge gezogen. So mag hier ein einziges Beispiel (Nr. 42: *Die drei Wünsche*) genügen, um von seiner Sprachkunst Zeugnis zu geben.

Neue Märchenforschungen und eine veränderte Welt von Erzählungen

Eine dritte, abermals sehr fruchtbare Phase italienischer Beschäftigungen mit ihren Märchenschätzen hat ohne Zweifel mit einer Sammlung zu tun, die der Schriftsteller Italo Calvino (1923–1985) im Jahre 1956 erstmals veröffentlichte. Calvino hatte sich zunächst einen gründlichen Überblick über die Märchenliteratur aller Provinzen Italiens verschafft; er faßte dann den genialen Plan, eine repräsentative Auswahl dieser Märchen in die Hochsprache zu übersetzen und/oder zu bearbeiten, die Texte in einem einheitlichen (aber durchaus phantasievollen und abwechslungsreichen) Sprachduktus abzufassen und den Italienern mit dieser ganzen Sammlung von 200 Stücken (darunter 36 aus der Toskana) so etwas zu schenken wie eine italienische Sammlung von Grimms *Kinder- und Hausmärchen.* Die *Fiabe italiane* fanden ein starkes Echo, wurden mehrfach (auch als Schulausgabe und auch in einer deutschen Teilübersetzung) nachgedruckt und regten nun ihrerseits jüngere Feldforscher zu einer nationalen Bestandsaufnahme der noch lebenden Märchenerinnerungen an (siehe den vorbildlichen Katalog von Alberto Mario Cirese und Liliana Serafini, 1975), förderten die theoretische Reflexion über die spezifisch italienischen Volkserzählungen und Erzähl-Akte (siehe etwa Aurora Milillo, 1977 und 1983) und ermunterten andere Folkloristen, Sammlungen von frisch aufgenommenen Texten zu veröffentlichen. Vier von den Feldforschern und Feldforscherinnen der neuesten Zeit seien hier genannt:

GASTONE VENTURELLI, 1942 in Brucciana in Garfagnana in der Provinz Lucca geboren, unterrichtete lange das Fach Volkskunde an der Universität Urbino. Er leitet seit 1978 das Centro Tradizioni Popolari der Provinz Lucca und organisiert jährlich ein Festival der Maispiele und der Volkskomödien. Venturelli hat mehrere Bücher über die Volkslieder der Provinz Lucca, über das profane und das religiöse Volkstheater und über das populäre Lustspiel geschrieben. In der hier benutzten, ein breites Publikum ansprechenden Anthologie veröffentlichte er 1983 viele neue, von ihm selbst aufgenommene Sagen, Legenden, Märchen und Schwänke von Erzählerinnen und Erzählern aus der Provinz Lucca. Leider ließ sich Venturelli durch den ›neuen Stil‹ literarisierter Märchen im Sinne des Dichters Italo Calvino dazu bewegen, auch die Volkserzählungstexte literarisch zu bearbeiten, die er zum Teil sogar mit dem Tonband aufgenommen, aber nicht entsprechend transkribiert hat. Wir wählen daher aus seinen insgesamt acht, zum Teil sehr langen Texten einen einzigen als Beispiel für seine Arbeitstechnik aus: Das Märchen von dem Mädchen, das dem Mago sein goldenes Kalb stiehlt und es auch noch zum Sprechen bringt (Nr. 43).

»Die hier erscheinenden, im Feld (›dal vivo‹) gesammelten Märchen«, schreibt CARLO LAPUCCI 1984 im Vorwort zu seiner Sammlung, »sind nicht stenographisch aufgenommene Wiedergaben einiger von einer einzelnen Person vorgetragenen Erzählungen, sondern, manchmal aus zeitlicher Distanz vorgenommene, Rekonstruktionen von Erzählweisen, wie sie uns in einem bestimmten familiären oder sozialen Rahmen begegnen.« Gewiß nennt auch Lapucci einige Gewährspersonen, mit denen er in den siebziger Jahren unseres Jahrhunderts zu tun hatte, so etwa seinen 1898 geborenen Vater aus Vicchio di Mugello und dessen Erinnerungen an die 1851 ebendort geborene Tante Enrichetta Lapucci, dann Mutter und Tochter Ida und Assunta Chimenti aus Florenz und deren Bekanntenkreis, ferner aus Montepulciano die Großmutter Angiolina Rossi Rosignoli (1887–1979) und deren Freundin Rosa Paulucci. Lapucci möchte darauf hinweisen, daß das Erzählen von Märchen jeweils ein Gruppenphänomen ist, und er zieht aus dieser Tatsache die Berechtigung, sich selbst in die Rekonstruktion eines Textes einzubringen und ihn nach seinem Gusto neu zu erzählen. Die Authentizität eines bestimmten Erzählvorgangs und seiner Textkonstitution wird damit sicherlich verwischt, doch läßt sich nicht leugnen, daß Lapucci auf seine Weise ein herausragender Traditionsträger ist: Wir lassen ihn daher gern mit der munteren Nacherzählung des alten Volksbuchstoffes vom Bauern Campriano (Nr. 44) und mit der nicht weniger alten Geschichte von dem Kerl, der Tod und Teufel überlistet (Nr. 45), zu Wort kommen.

Die Feldforscherin MARIA LUIGIA ROSSI hat 1987 mit ihrer vorbildlich dokumentierten Sammlung von saftigen Schwänken aus der Gemeinde Subbiano am Arno (nördlich von Arezzo) gezeigt, daß sich nach all den Umwälzungen eines modernen Italien in den achtziger Jahren unseres Jahrhunderts kaum noch irgendwelche Reste von Zaubermärchen in der Toskana auffinden ließen. Rossi fand elf Frauen und 16 Männer, die ihr insgesamt 157 Schwänke (›aneddoti‹) und Witze (›barzellette‹) ins Mikrophon erzählen konnten: Geschichten zumeist von den Listen der Schwachen gegen die Mächtigeren. Die 67 Jahre alte Fidalma Lusini zum Beispiel, Heimstrickerin von Beruf, hatte ein Repertoire von 26 lustigen Geschichten. Lieblingsthemen der Leute von Subbiano waren einmal die Schildbürger (das dortige Schilda ist die Gemeinde Gello), dann aber auch der Spott über die Geistlichen und lustige Ereignisse aus dem Bereich populärer Frömmigkeitsübungen: dem Beten und dem Beichten, Themen also, die von einer Dechristianisierung auch der italienischen Provinz zeugen. Die Texte wurden von der Forscherin wörtlich und ungeschönt wiedergegeben. In unserer Sammlung finden sich zwei Beispiele für die heitere Erzählkunst aus der heutigen Toskana: der Schwank von dem hungrigen Hirten, der mit listiger Anspielung auf die Tiere seinen Herrn dazu bringt, ihn zu einer Mahlzeit einzuladen (Nr. 46), und die Geschichte von den griesgrämigen Eheleuten, die um die Wette schweigen, weil sie zu träge sind, ihre Haustüre zuzumachen (Nr. 47). Diese Beispiele zeigen, daß es nicht der literarischen Retuschen eines Herausgebers bedarf, um aus gesprochenen Texten Musterstückchen populärer Erzählkunst herzustellen.

Mit FABIO MUGNAINI kommen wir schließlich zu einem Feldforscher der jüngeren Generation, der sich, an der Universität Siena als europäischer Ethnologe arbeitend, 1983 und 1984 mit der Veränderung der Sozialstrukturen und insbesondere mit der Geschichte der Abendversammlungen (›veglie‹) der Bauern (zumeist Halbpächter, ›mezzadri‹) seiner toskanischen Heimat, der Kirchgemeinde San Leonino in Conio im Gebiet des Chianti, 15 Kilometer von Siena entfernt, auseinandergesetzt hat. Die Bevölkerung dieser Gegend hat sich, anderen Land- und Randzonen der modernen Toskana (und anderer Provinzen Südeuropas) vergleichbar, in den letzten dreißig Jahren um nahezu zwei Drittel vermindert, und sie ist durchschnittlich stark gealtert; die Großfamilien von einst sind von rund neun Personen auf drei geschrumpft, die landwirtschaftlichen Techniken haben sich ebenso wie die Wohnverhältnisse, die Ausdrucksformen populärer Frömmigkeit und die sozialen Verkehrsweisen stark verändert. In einer solchen Epoche rapider Neuorientierungen ist die Welt von Gestern vor allem noch in Form einer ›Ethnohistorie‹ oder als ›oral history‹ auffindbar: Der Textarchäologe sucht nach Erinnerungen an das Leben auf dem und um den Gutshof (›fattoria‹) von damals, deckt die ›Lebzeiten‹ in Form von mannigfach geschönten, aber auch enthüllenden Berichten auf, vergleicht diese Aussagen mit den

Daten, die sich in den Gemeinde- und Regionalarchiven finden, und versucht so, zu einer Rekonstruktion der Lebensweisen von einst zu gelangen. Er fragt aber nicht nur nach den materiellen Lebensbedingungen, sondern ebensosehr nach den Resten einer ehemals starken und phantasievollen Kultur mündlicher Ausdrucksweisen, die auf einem reichen sprachlichen und – wie hier gezeigt werden konnte – literarischen Erbe beruhen.

Es ist Fabio Mugnaini in besonders eindrucksvoller Weise gelungen, die Kommunikationskultur des Chianti in der ersten Hälfte unseres Jahrhunderts anhand von Erinnerungen an die Abendversammlungen in Stall oder Stube mit ihrem einheimischen und von außen kommenden Personal und mit einer reichen Sammlung von Erzähltexten aus dem Munde älterer Gewährspersonen, die ›damals‹ anerkannte Unterhalter waren, zu dokumentieren. Mit freundlicher Einwilligung des Autors veröffentlichen wir hier aus seiner noch ungedruckten Studie drei in besonderem Maße fesselnde Texte: das Märchen von der verlogenen und heimtückischen Ziege Mangolla (Nr. 48), den derben Schwank vom Rätselmacher und Hasenhüter und seinen sexuellen Abenteuern (Nr. 49) und schließlich das reizvolle Märchen von einem spröden Mädchen, daß sich von einem lüsternen Verführer nicht so einfach hereinlegen läßt (Nr. 50).

Das italienische Märchen, begründet von Novellisten der frühen Neuzeit, zu literarischer Kunstform erhoben durch den Neapolitaner Giambattista Basile, im späten 18. und frühen 19. Jahrhundert mündlich weitervermittelt durch das Vorlesen einheimischer und aus Frankreich und Deutschland stammender Märchensammlungen, wurde im späteren 19. Jahrhundert zu einem beliebten Erzählstoff bei den Gesprächsrunden oder Abendversammlungen der Landbevölkerung, und es bewahrte seinen hohen Unterhaltungswert bis in die ersten Jahrzehnte nach dem Zweiten Weltkrieg. Andere Kommunikationstechniken, Freizeitangebote und Phantasievorlagen haben es heute weitgehend aus dem mündlichen Verkehr verdrängt, doch haben es die italienischen Feldforscher verstanden, in den siebziger und achtziger Jahren noch ein reiches textarchäologisches Material aufzuspüren, aufzuzeichnen und der Öffentlichkeit zur Verfügung zu stellen. Es ist reizvoll, diese alte Welt des Märchen- und Schwankerzählens wiederzuentdecken. Anderseits besteht kein Anlaß, den Verlust der Märchenwelt zu beklagen und ihm mit pflegerischen Maßnahmen entgegenzuwirken. Es gibt genügend zeitgemäße Erzählformen voller Wunderlichkeiten, überraschender Abenteuer und tiefer menschlicher Wahrheiten, und die modernen Erzählforscher und Erzählforscherinnen sind, auch in der Toskana, schon dabei, sich diesen modernen Formen der Folklore zuzuwenden.

Danksagungen

Aurora Milillo schickte mir freundlicherweise ihre neue Marzocchi-Edition; Fabio Mugnaini stellte mir selbstlos das Typoskript zu seinem neuesten Werk über das Erzählen in der Toskana und weitere einschlägige Informationen zur Verfügung; Simone Mühlemann hat hilfsbereit in den Zürcher Bibliotheken versteckte Bücher gesucht und herbeigeschafft; Regula Näf ist wieder einmal beim Korrekturenlesen von größtem Nutzen gewesen; Luisa Rubini trug mir mancherlei Nachrichten und Texte aus Italien zu; Ingrid Tomkowiak war mit seltenen Märchenmaterialien aus Göttingen dienlich; Hans-Jörg Uther und der Verlag schließlich haben diesen Band angeregt und sorgfältig betreut. Allen diesen (männlichen und weiblichen) Feen möchte ich ganz herzlich für ihre freundlichen Gaben danken.

Ich widme diese *Märchen aus der Toskana* den Studierenden der Europäischen Volksliteratur in Zürich als Dank und zum Abschied.

Zürich und Jona / SG, im Herbst 1995   Rudolf Schenda

311

Anmerkungen

Die Anmerkungen möchten den Leserinnen und Lesern Auskünfte über die Herkunft der Texte, Informationen zu ihrer literarischen Überlieferung und erste Hilfen zu ihrer Interpretation liefern. Sie sind daher, soweit möglich, nach folgendem Schema geordnet: 1. Quellennachweise, 2. Verweise auf die Typen- und Motivkataloge (die Auflösung der Siglen findet sich in der Bibliographie); 3. Kommentare, Erklärungshilfen; 4. Hinweise auf weiterführende Sekundärliteratur (abgekürzte Titel werden in der Bibliographie vollständig zitiert).

1. Der Erzähler des Herrn Azzolino. Le cento novelle antiche *(Novellino)*, Nr. 31: *Qui conta d'uno novellatore ch'avea messere Azzolino di Romano.* In der Ausgabe von Sebastiano Lo Nigro, 1989, S. 114–115. Die erste deutsche Übersetzung entstand um 1622/24 im Umkreis der ›Fruchtbringenden Gesellschaft‹ am Hofe von Anhalt-Köthen; eine erste moderne Fassung lieferte (nach Adelbert von Keller, 1851) Jakob Ulrich, 1905, S. 35–36.
AaTh 2300: Man rechnet diese Geschichte innerhalb der ›Formelmärchen‹ zu den ›endlosen Märchen‹ (Mot. Z 11).
Mit dem »Messere Azzolino« ist der berüchtigte Tyrann der Mark Treviso und Ghibellinen-Führer Ezzelin (1194–1259), der Schwiegersohn Kaiser Friedrichs II., gemeint. Der *Novellino* schreibt ihm weitere Anekdoten in seinem 84. Kapitel zu. Schon um 1100 erzählt der bekehrte spanische Jude Petrus Alphonsus unsere Anekdote von einem ungenannten Herrscher als 12. Exemplum in seinem Erziehungsbüchlein *Disciplina clericalis.* Dort geht es gar um zweitausend Schafe, und in den Kahn passen jeweils neben dem Naukler nur zwei davon. Miguel de Cervantes Saavedra baut diese Geschichte in das 20. Kapitel des 1. Teils seines *Don Quijote* (1605) ein: Sancho erzählt sie da seinem Herrn in aller Ausführlichkeit und fordert von Don Quijote, er müsse jede der dreihundert einzeln überzusetzenden Ziegen mitzählen. Da aber der Ritter bei solcher Rechnerei nicht mitkommt, erklärt Sancho seine Geschichte für »so sehr aus, daß sie nicht weitergehen kann«, denn wenn er nicht wisse, welche Ziege jetzt dran sei, falle ihm der Rest der Geschichte nicht mehr ein. Max Lüthi hat

eine Variante unserer Geschichte in einem Brief des jungen Mozart aufgespürt. Hunderte von unruhigen Schafen einzeln über einen Fluß zu setzen galt (ähnlich dem ›Hasenhüten‹ [vgl. unten Nr. 49]) als eine schwierig zu lösende Aufgabe (Mot. H 1111). Die Phantasievorstellung, Schafe zu zählen, wird noch heute als Rezept zum Einschlafen empfohlen.

Lit.: R. Besthorn: Ursprung und Eigenart, 1935, S. 70–71; Max Lüthi: Cervantes', Avellanedas und Mozarts Spiel mit einer Volkserzählung. In: Ders.: Volksliteratur und Hochliteratur. Menschenbild, Thematik, Formstreben. Bern / München: A. Francke 1970, 147–161; Hans-Jörg Uther: Endlose Erzählungen. In: EM 3 (1981), Sp. 1409–1413 (mit weiterführender Literatur); Ulrich Seelbach (Hg.): Die Erzählungen aus den mittlern Zeiten. Die erste deutsche Übersetzung des »Novellino« aus den Kreisen der Fruchtbringenden Gesellschaft und der Tugentlichen Gesellschaft. Stuttgart 1985, S. 96–97, Nr. 30: *Hie wird von einem des Herrn Azzolini Mehrleinerzehler geredet;* Giovanni Battista Bronzini: L'andar novellando: Dal *Novellino* al *Decameron.* In: Narodna umjetnost 30 (1993 [Festschrift für Maja Bošković-Stulli]), S. 83–102.

2. *Von der Stadtmaus und von der Landmaus.* V. Branca: Esopo toscano, 1989, S. 97–100: *Del topo della città e del topo della villa.*
AaTh 112: *Country Mouse visits Town Mouse.* – C/S, S. 22–23 (11 Nachweise, beruhend auf einer Sammlung von 11 000 Tonband-Texten aller italienischen Regionen aus den Jahren 1968/72, archiviert in der Discoteca di Stato, Roma).
Die novellenhaft ausgestaltete Tierfabel (in der Tradition des antiken Äsop = Halm Nr. 297; siehe W. Wienert: Die Typen, 1925, S. 59, Nr. 208 und Anm. 4) stammt aus dem Kodex 1645 der Biblioteca Riccardiana in Firenze, einem Manuskript vom Ende des 14. Jahrhunderts. Die Maus ist im Italienischen männlich (›il topo‹), im Originaltext geht es also um zwei höflich miteinander umgehende Männer. Der ›Autor‹ ist die Autorität der schriftlichen Quelle, also einer mittelalterlichen Äsop-Bearbeitung. Mit Sankt Jakob ist die schon seinerzeit viel besuchte Wallfahrt zu Santiago di Compostela in Galizien gemeint.
Lit.: I. Calvino: Fiabe italiane (1956), 1971, S. 485 f., Nr. 120: *Il sorcio di palazzo e il sorcio d'orto* und Anm. S. 857 f.; Bengt Holbek (Hg.): Æsops levned og fabler, 2. København 1962, S. 162, Nr. 45: *Husmusen og skovmusen;* Joachim Kühn: Feldmaus und

Stadtmaus. In: EM 4 (1984), Sp. 1005–1010 (mit weiterführender Literatur).

3. *Von dem Löwen und den Mäusen*. V. Branca: Esopo toscano, 1989, S. 118–120: *Del lione e de' topi*.
AaTh 75: *The Help of the Weak*. W. Wienert: Die Typen, 1925, S. 59, Nr. 215; vgl. auch S. 113 und 127. – C/S, S. 19 (nur ein Nachweis aus der Valle d'Aosta).
Zu ›Maus‹ vgl. den Kommentar zu Nr. 2, ebenso zu ›Autor‹. Auch dieser Fabel ist im Originaltext eine ›geistliche‹ und eine ›weltliche‹ Auslegung beigefügt: Der Löwe bedeute Christus und seine verzeihende Liebe oder den gerechten Herrscher; die Maus den Sünder, der gottgefällige Werke verrichte, oder aber den Untertan, der in Treue seinem Herrn nütze.
Lit.: Bengt Holbek (Hg.): Æsops levned og fabler, 2. København 1962, S. 164, Nr. 51: *Musen og løven*; Jurjen van der Kooi: Hilfe des Schwachen. In: EM 6 (1990), Sp. 1023–1029; R. Schenda: Das ABC der Tiere. München 1995, S. 198–204: *Löwe*; 216–220: *Maus*.

4. *Von der flatterhaften Frau*. G. Sercambi: Il Novelliere, exemplo XII: *De muliere volubili*; in der Ausgabe L. Rossi, I, S. 96–99; die Ausgabe von Giovanni Sinicropi, Bari 1972, I, S. 72–74 bietet einige unwesentliche Varianten; zu beachten ist jedoch, daß ältere Ausgaben allzu offensichtliche sexuelle Anspielungen mit Rücksicht auf Schullektüren weggelassen haben.
AaTh 1510: *The Matron of Ephesus*. – Rotunda Mot. K 2213.1. – C/S, S. 322 (keine modernen Varianten).
Die hier vorliegende, grob erzählte Variante der seit der Antike (Petronius: *Satiricon*, CX–CXIII; Phaedrus: Fabeln) in misogyner Absicht tradierten Geschichte von der *Vidua*, der *Witwe* (oder der *Matrone*) *von Ephesus* findet sich auch im *Novellino* (Nr. 59), wo das Geschehen in den Umkreis des »Kaisers Friedrich« gestellt wird. Sercambis direkte Vorlage war jedoch eine italienische Bearbeitung des *Esope* (Nr. 25: *De la femme ki fist pendre sun mari*) der Marie de France (2. Hälfte des 12. Jh.s); vgl. auch V. Branca: Esopo toscano, 1989, Nr. 49, S. 209–211. Über die spätmittelalterlichen Beispielsammlungen ist die Geschichte mannigfach literarisch (Jean de La Fontaine, François-Marie Arouet-Voltaire, Christian Felix Weiße, Johann Karl August Musäus bis hin zu Christopher Fry) überliefert worden und dabei auch in die Volksüberlieferungen gelangt. In der bei Sercambi folgenden Novelle Nr. 13: *De*

mulieri adultera tritt übrigens derselbe Held Cola da Spoleti als mehrfach gehörnter Ehemann auf: Der Pfarrer mit dem sprechenden Namen ›Pistello‹ (›Stößel‹) bearbeitet mehrfach den ›Mörser‹ von Colas Frau Matelda.

Lit.: Eduard Grisebach: Die Wanderung der Novelle von der treulosen Witwe durch die Weltliteratur. Berlin 1886; R. Köhler: Kleinere Schriften 2 (1900), S. 564 und 583f.; Otto Weinreich: Fabel, Aretalogie, Novelle. Heidelberg 1931, S. 53–73; R. Besthorn: Ursprung und Eigenart, 1935, S. 139–142; Elisabeth Frenzel: Stoffe der Weltliteratur. Stuttgart ³1970, S. 781–784; Elizabeth Brandon: Le sort d'un conte: AT 1510. In: IV International Congress for Folk-Narrative Research in Athens. Athen 1965, S. 37–41; Gerlinde Huber: Das Motiv der »Witwe von Ephesus« in lateinischen Texten der Antike und des Mittelalters. Tübingen 1990.

5. *Von Salomon und den beiden Dirnen und ihren Söhnlein.* G. Sercambi: Il Novelliere, exemplo LXIII: *De meretricis et justo judicio*; in der Ausgabe L. Rossi, II, S. 32–34.

AaTh 926: *Judgment of Solomon.* Bei dem dort angegebenen Nachweis L. Gonzenbach: Sicilianische Märchen, Nr. 56 handelt es sich um ein anderes Motiv: Eine (einzelne) Mutter gibt sich zu erkennen, als ihr Kind verbrannt werden soll. Mot. J 1171.1: *Solomon's judgment: the divided child*, mit zahlreichen Nachweisen. – C/S, S. 237 (keine modernen Varianten).

Die älteste Fassung ist die des Alten Testaments (1. Könige 3, 16–28); eine frühe italienische Variante findet sich als 2. Stück in dem sogenannten Kodex (Manuskript) ›Panciatichiano 32‹ aus der Zeit um 1330, das mit seinen 20 Geschichten eine Art von Ergänzung zum *Novellino* darstellt (S. Lo Nigro: Novellino, 1989, S. 349–351). Die Episode von den tüchtigen, wenngleich nicht tugendhaften Liebhabern und von dem sinnenfrohen Fest ist Sercambis Zutat; sie motiviert den unachtsamen, kindstötenden Schlaf der Mutter, der im *Buch der Könige* wenig glaubhaft bleibt. Belluccia und Divitia sollen bekannte Dirnen im Lucca des 14. Jh.s gewesen sein. Die auf chinesische Quellen zurückgehende Geschichte vom *Kreidekreis* variiert (bis zur Bert Brechts Postulat einer sozial bestimmten Mütterlichkeit) die Umstände der Mutterschaftserkennung und des Verzichts auf das Baby aus wahrer Mutterliebe. Das Motiv *Mutter gibt sich zu erkennen, als ihr Kind Schaden erleiden soll* findet sich im 19. Jahrhundert bei L. Gonzenbach: Sicilianische Märchen, 1, 1870, S. 366–368, Nr. 56: *Vom Grafen und seiner Schwester.*

Lit.: Matthias Abele von Lilienberg: Metamorphosis telae judiciariae, Das ist: Seltsame Gerichtshändel. Nürnberg ⁸1705/1712, S. 1–9; E. F. C. Ludowyk: The Chalk Circle. A Legend in Four Cultures. In: Werner P. Friederich (Hg.): Comparative Literature, 1. Chapel Hill 1959, S. 249–256; E. Frenzel: Stoffe, 1962, S. 372; B. Kerber: Salomo. In: Lexikon der christlichen Ikonographie 4 (1972, 1990), S. 15–24; Wolfgang Harms: Die Sammlung der Herzog August Bibliothek in Wolfenbüttel, 2: Historica. München 1980, S. 130–131 (Kupferstich von Hendrik Goltz mit Kommentar); U. Mattejiet/R. Schmitz/N. H. Ott u. a.: Salomo (Salomon). In: Lexikon des Mittelalters 7/6 (1995), Sp. 1310–1314.

6. *Die verleumdete Königin.* Ser Giovanni: *Il Pecorone*, hg. von. E. Esposito, 1974, S. 240–250, Nr. X, 1 (ohne Titel; Incipit: »Tornati i detti amanti il decimo giorno all'usato parlatoro [...]«). Eine andere deutsche Übertragung findet sich bei Walter Keller: Die schönsten Novellen, 1918, S. 18–25: *Das Königstöchterlein.* AaTh 706: *The Girl without Hands.* – D'Aronco, S. 87–88. – C/S, S. 151 (13 Varianten; vgl. dazu den Hinweis bei Nr. 2). Basile III, 2: *La Penta Manomozza* und dazu die Anmerkungen in der Ausgabe von N. M. Penzer, New York 1932, I, S. 241. – Gonzenbach Nr. 24: *Von der schönen Wirthstochter* und Anmerkungen R. Köhlers in Bd. II, S. 220–221.
Diese Geschichte gehört in den großen Umkreis von geduldigen, verfolgten und verleumdeten Ehefrauen (und ihren unschuldigen Kindern), von denen *Griseldis* (Boccaccio: Decamerone X,10, Geoffrey Chaucer, Charles Perrault) und *Genovefa* (René de Cériziers, Martin von Cochem, Christoph von Schmid) die berühmtesten sind. In unserer Variante fehlt das sonst häufig vorkommende Motiv vom Inzestbegehren des Vaters (oder Bruders), und das bedrängte Mädchen begnügt sich hier, anstatt sich die Hände abzuschneiden, mit einer Entstellung und Verkleidung (wie sie später wieder Charles Perrault in seiner *Peau d'Ane* verwendet; vgl. auch hier die Nr. 34: *Das Goldpantöffelchen*). Doch werden die Motive von der bösen Schwiegermutter, den vertauschten (Todes-)Briefen (Mot. K 2117) und der Tiergeburt-Verleumdung (Mot. K 2115) breit ausgemalt. Die Episode vom Klosteraufenthalt der jungen Frau hat Ser Giovanni geschickt in Parallele gesetzt zu dem Klosterdasein seiner Erzählerin (hier: Zuhörerin) Saturnina. Der Herausgeber des Textes, Enzo Esposito, hat Dionysia mit Alice, der Tochter Ludwigs VII. von

Frankreich und Schwester Philipps II. August, den König von England mit dem abenteuerreichen Richard I. ›Löwenherz‹ identifizieren wollen, welcher mit Alice verheiratet war; der Sarazenenkrieg, von dem die Rede ist, wäre dann der dritte Kreuzzug (1189–1192) gewesen. Bei der internationalen Verbreitung unserer Erzählung ist diese historische Festlegung nicht unbedingt nötig, aber es fällt doch auf, daß bei Ser Giovanni eines der Söhnlein ›Lionetto‹, also ›Kleiner Löwe‹ heißt; wenn zweimal von einem Friedensschluß gesprochen wird, so könnte das eine Anspielung auf den zeitgenössischen ›Hundertjährigen Krieg‹ zwischen England und Frankreich (1337–1453) und insbesondere seine zweite Hauptphase (1369–1388) beinhalten. Ser Giovanni hat die alte Geschichte also aktualisieren und lokalisieren wollen. Zum Weiterleben dieses ungemein beliebten Erzählstoffes vgl. auch unsere Nr. 35: *Die Mutter Oliva.*
Lit.: Margaret Schlauch: Chaucer's *Constance* and Accused Queens. New York 1927; Hélène Bernier: La Fille aux mains coupées (conte-type 706). Laval 1971; E. Frenzel: Motive, 1976, S. 239–254: *Gattin, die verleumdete;* Ilana Dan: The Innocent Persecuted Heroine: An attempt at a model [...]. In: Heda Jason/ Dimitri Segal (Hg.): Patterns in Oral Literature. The Hague/ Paris 1977, S. 13–30; Elfriede Moser-Rath: *Frau.* In: EM 5 (1987), Sp. 100–137 (bes. 113–115); Christine Shojaei Kawan: *Gang zum Eisenhammer.* Ebenda Sp. 662–671; Antonio Lanza: Firenze contro Milano. Gli intellettuali fiorentini nelle guerre con i Visconti (1390–1440). Anzio (Roma) 1991, S. 81–85 (zur Identität des Ser Giovanni); R. Schenda/Ingrid Tomkowiak: Istorie bellissime, 1993, Nr. 139–139 C: *Regina Oliva.*

7. *Fürst und Abt.* F. Sacchetti, ed. A. Lanza, 1984, S. 7–11, Nr. 4: *Messer Bernabò, signore de Melano [...].* Englische Übersetzung von Mary G. Steegmann [1908] 1978, 8–12. Unvollständige und freie deutsche Übersetzung von W. Keller: Die schönsten Novellen, 1918, S. 15–17.
AaTh 922: *The Shepherd Substituting for the Priest Answers the King's Questions.* – D'Aronco S. 192, Nr. [1757] (mit Hinweis auf G. Nerucci). – C/S, S. 234 (nur zwei moderne Varianten).
Die Grundstruktur dieser nahezu weltweit erzählten Rätselgeschichte ist folgende: Ein mächtiger Herr stellt einem Untertan von hohem Rang unter Androhung von Strafe einige schwierige Fragen. Diese können nur mit Hilfe eines Dritten von niedrigem Stand auf witzige und listige Weise beantwortet werden. Der zu-

erst Gefragte verliert dabei sein Amt an den klugen Antwortge-
ber; der Niedrige hingegen wird erhöht. In ihren ältesten früh-
mittelalterlichen Fassungen beinhaltete unsere Erzählung eine
theologische Problemstellung; die Schicksalsfrage: »Was tut
Gott?« hatte zur Antwort: »Er erniedrigt die Hohen und erhöht
die Niedrigen.« In späteren Fassungen wird der Typus *Kaiser und
Abt* angereichert mit Elementen wie: Anlaß zu der Weisheits-
probe (hier: Abt hat Hunde des Herrn vernachlässigt), Formulie-
rung der Rätselfragen, Setzen einer Frist und Strafandrohung,
Rollen- (Kleider-)tausch des ratlosen Amtsinhabers mit einer
klugen Person aus niedrigem Stand (hier: Müller), unwiderleg-
bare Beantwortung der Rätselfragen, Einsetzen des Niedrigen in
das Amt des Unwissenden (oder auch des Fragestellers selbst). In
KHM 152: *Das Hirtenbüblein* sind diese Elemente zugunsten
einer anspruchslosen Märchenstruktur weitgehend verlorengegangen.
Lit.: Walter Anderson: Kaiser und Abt. Die Geschichte eines
Schwanks. Helsinki 1923 (FFC 42); Lutz Röhrich: Erzählungen
des späten Mittelalters und ihr Weiterleben in Literatur und
Volksdichtung bis zur Gegenwart, 1. Bern/München 1962, S.
146–172 und Anm.en S. 281–288; Antonio Lanza: Firenze contro
Milano. Gli intellettuali fiorentini nelle guerre con i Visconti
(1390–1440). Anzio (Roma) 1991, S. 45–50: *L'impegno etico-poli-
tico di Franco Sacchetti;* Wilhelm F. H. Nicolaisen: Kaiser und
Abt. In: EM 7 (1993), Sp. 845–852.

8. *Der Bursche und der Wolf.* F. Sacchetti, ed. A. Lanza, 1984,
S. 35–39, Nr. 17: *Piero Brandani piatisce, e dà certe carte al figliuolo [...].*
AaTh 1875: *The Boy on the Wolf's Tail.* Der Typus ist in Europa
weit verbreitet; AaTh hat jedoch keinen Hinweis auf Italien. –
C/S ohne Nachweis. – Mot. X 1133.3: *Man in barrel grabs wolf
by the tail and is drawn out of danger;* ohne Hinweis auf
Sacchetti. – Rotunda Mot. X 911: *Small boy outwits wolf.*
Diese Geschichte vom Burschen und dem Wolf gilt als die ältest
erhaltene Fassung des Typus *Junge am Wolfsschwanz.* Sacchetti
selbst nennt seine Novelle einen Kasus, einen (bisher nicht dage-
wesenen) Fall; sie ähnelt einem vorweggenommenen Kapitel aus
einem pikaresken Roman des 17. Jahrhunderts: Ein verarmter
oder von zu Hause weggelaufener Junge verlumpt zusehends und
besteht die seltsamsten, geradezu lebensgefährlichen Abenteuer,
gelangt aber schließlich wie ein Märchenheld zu einem beschei-

denen Glück, einerseits durch seinen persönlichen Mut, anderseits aber auch durch Zufall (das Faß rollt den Wolf zu Tode) und durch herbeigeeilte Helfer (die Bauern, die Rat wissen). *Lit.: R. Köhler:* Kleinere Schriften 1 (1898), S. 410 f. (In einem serbischen Märchen liegt der Held in einem Sarg, den der am Schwanz gepackte Wolf dann zertrümmert); Christine Shojaei Kawan: Junge am Bären(Wolfs)schwanz. In: EM 7 (1993), Sp. 751–757.

9. *Der bestohlene Blinde.* F. Sacchetti, ed. A. Lanza, 1984, S. 457–463, Nr. 198: *Un cieco da Orvieto con gli occhi mentali, essendoli furato cento fiorini, fa tanto col suo senno, che chi gli ha tolti gli rimette donde gli ha levati.* Englische Übersetzung von Mary G. Steegmann [1908] 1978, 244–251.
AaTh 1617: *Unjust Banker Deceived into Delivering Deposits.* Mot. K 1667.1: *Blind man gets back stolen treasure by making thief expect a larger one.* – Rotunda Mot. K 1667.1.1.1.*
Unsere Erzählung ist unter dem Titel *Schatz des Blinden* bekannt; sie findet sich in den Novellensammlungen von Girolamo Morlini (1520) und Nicolas de Troyes (1537), ist in zahlreichen älteren Werken der Kuriositäten- und der Schwankliteratur verbreitet und gelangte auch in die mündliche Überlieferung. Sacchetti könnte den Stoff der lateinischen Sammlung *Mensa philosophica* (4. Teil, Kap. 21; um 1300) entnommen haben. Wenn unser Käsehändler zum hl. Johannes Goldmund (Chrysostomus) betet, soll seine Geldgier sinnfällig gemacht werden.
Lit.: Albert Wesselski: Die Novellen Girolamo Morlinis. München 1908, S. 149–151 und 294–297; Krystyna Kasprzyk: Nicolas de Troyes et le genre narratif en France au XVIe siècle. Warschau / Paris 1963, S. 75–80; Fabula 20 (1979) 163, Nr. 14 (Kurt Ranke); Hartmut Breitkreuz: Die getäuschten Blinden. In: EM 2 (1979), Sp. 462–467; Hans-Jörg Uther: Behinderte in populären Erzählungen. Berlin/New York 1981, S. 46–49.

10. *Mit dem Klang des Geldes bezahlt.* Piovano Arlotto, ed. G. Folena, 1953, S. 20–21, Nr. 7: *Facezia settima fatta dal piovano nella Nunziata di Firenze contra a uno frate.* Ältere deutsche Übersetzung bei A. Wesselski: Arlotto I, S. 23–25, Nr. 6: *Wie es sich ein frecher Mönchswanst von der Nunziatakirche in Florenz hat gefallen lassen müssen, vom Pfarrer Arlotto gefoppt zu werden.*

AaTh 1804 B: *Payment With the Clink of Money.* – Rotunda
Mot. J 1172.2. – C/S, S. 401 (nur zwei Varianten).
Die Erzählung von einem betrogenen Betrüger und von der so-
genannten ›Scheinbuße‹ oder ›Scheinzahlung für Scheinleistung‹
(Mot. J 1172. 2) erscheint schon im *Novellino* (Nr. 9) in der Va-
riante, daß ein armer Sarazene den Koch Fabrat für sein in den
Bratendunst gehaltenes Brot nicht bezahlen kann und will. Der
Sultan fällt das Urteil, daß sich der Koch mit dem Klang von
Geldmünzen zufrieden geben muß. In Deutschland ist die Geschichte, schon von dem elsässischen Prediger Johannes Pauli
(um 1450 vor 1533) erzählt, aus dem Volksbuch vom *Eulenspiegel* bekannt: »Die 80. Historie sagt, wie Ulenspiegel den
Wirt mit dem Klang von dem Geld bezahlt.« In der dem Arlotto
zugeschriebenen Variante geht es darum, den wucherischen
Handel mancher Mönche mit Devotionalien und Votivgaben
(hier einem Wachsbild der heiligen Jungfrau vielleicht, zur An-
nunziata-Kirche passend, einer Verkündigungsszene) anzu-
prangern.
Lit.: Matthias Abele von Lilienberg: Seltsame Gerichts-Händel.
Nürnberg ⁷1705, S. 30–36 (casus 9); Albert Wesselski: Die
Schwänke und Schnurren des Pfarrers Arlotto, 1. Berlin 1910, S.
186–187; R. Besthorn: Ursprung und Eigenart, Halle 1935, S.
33–36; Elfriede Moser-Rath: »Calembourg«. Zur Mobilität populärer Lesestoffe. In: Beitl, Klaus (Hg.): Volkskunde. Fakten
und Analysen. Festgabe für Leopold Schmid. Wien 1972, S.
470–481; Dieselbe: »Lustige Gesellschaft«. Schwank und Witz
des 17. und 18. Jahrhunderts in kultur- und sozialgeschichtli-
chem Kontext. Stuttgart 1984, S. 216 f.

11. Vorher oder nachher? Piovano Arlotto, ed. G. Folena, 1953, S.
61, Nr. 34: *Facezia XXXIIII detta in casa Francesco Dini sopra
alla malvagia per parabola.* Ältere deutsche Übersetzung bei A.
Wesselski: Arlotto I, S. 89–90, Nr. 33: *Wie der Pfarrer durch ein
Gleichnis zu verstehen gibt, daß er keinen andern Wein als Malvasier will.*
Mot. J 1343.2: Before, during, and after.
Der Schwank findet sich später auch in den beliebten *Detti e
fatti piacevoli e gravi* (1565 und öfter) des Florentiners Lodovico Guicciardini und, nach diesem übersetzt, in den *Erquick-
stunden* des Daniel Federmann (Basel 1575) und bei anderen
Kompilatoren von Fazetien. Die Geschichte wurde jedoch
schon 1508/12 von dem Tübinger Humanisten Heinrich Bebel

320

(II, Nr. 44) erzählt. Sie verweltlicht und verspottet, so darf man vermuten, das (auf populärer Ebene erweiterte) katholische Dogma, Maria sei vor, während und nach der Schwangerschaft und/oder Niederkunft eine Jungfrau gewesen.

Lit.: Albert Wesselski: Die Schwänke und Schnurren des Pfarrers Arlotto, 1. Berlin 1910, 202–203; Elfriede Moser-Rath: Bebel, Heinrich. In: EM 2 (1979), Sp. 6–15; Enza Gini: Guicciardini, Lodovico. In: EM 6 (1990), Sp. 293–295.

12. *Wer hängt der Katze die Glocke um?* Piovano Arlotto, ed. G. Folena, 1953, S. 155, Nr. 96: *D'uno grande consiglio che feciono i topi con le gatte.* Ältere deutsche Übersetzung bei A. Wesselski: Arlotto, 2, S. 64–65, Nr. 93: *Wie der Pfarrer auf dem Alten Markte einigen Freunden die Geschichte von dem Ratschlag der Mäuse erzählt.*
AaTh 110: *Belling the Cat.* – C/S, S. 22 (keine modernen Varianten).
Die seit der Antike im Vorderen Orient und in Europa weit verbreitete Fabel ist auch als (seit dem 14. Jh. überlieferte) Redensart bekannt: ›Der Katze die Schelle umhängen‹ bedeutet einmal ›etwas unerhört Gewagtes tun‹, dann aber auch ›jemandem Übles nachreden‹. Der Pfarrer Arlotto will mit seiner Redensart vor den Schwierigkeiten eines mörderischen Unternehmers warnen; mit der erklärenden Geschichte lenkt er die aufgestauten aggressiven Gefühle seiner Zuhörer geschickt ab.
Lit.: Albert Wesselski: Die Schwänke und Schnurren des Pfarrers Arlotto, 2. Berlin 1910, S. 226–228; Paul Franklin Baum: The Fable of Belling the Cat [1919]. In: Pack Carnes (Hg.): Proverbia in Fabula. Bern u. a. 1988, S. 37–46; Archer Taylor: An Index to »The Proverb«. Helsinki 1934 (FFC, 113), S. 19–20; Lutz Röhrich: Lexikon der sprichwörtlichen Redensarten, 2. Freiburg 1977, Sp. 495–496; Ulrich Marzolph: Katze mit der Schelle. In: EM 7 (1993), Sp. 117–121.

13. *Die drei Buckligen.* Anton Francesco Doni (um 1550), 1863, S. 6–11: *Novella de' gobbi [...].*
AaTh 621: *The Louse-Skin* + AaTh 1536 B: *The Three Hunchback Brothers Drowned.* – Rotunda Mot. K 2322; C/S, S. 331 (10 Varianten).
Donis Novelle verknüpft in geschickter Weise ein Märchen vom Typus *Lausfell erraten* mit dem Schwank von den *Drei Buckligen*, der schon im 13. Jh. in einem Fabliau des Bänkelsängers

Durand erzählt wird. Vor Doni hat schon Giovanni Sercambi (Exemplo X: *De visio [vizio] lusurie [luxuriae] in prelatis)* und kurz nach ihm Gianfrancesco Straparola (V, 3: *Bertoldo de Valsabbia*, in bergamaskischem Dialekt) den Stoff bearbeitet. Die Koppelung (Kontamination) der beiden Märchentypen (sie war wahrscheinlich beliebter als die beiden Einzelteile) findet sich in Italien bis in unser Jahrhundert; eine römische Variante wurde literarisch gestaltet von Italo Calvino: Fiabe italiane (1956), 1971, S. 442–444, Nr. 104: *La pelle di pidocchio*. In Frankreich hielt sich die Erzähltradtion bis ins 19. Jahrhundert nicht zuletzt durch das Volksbüchlein von den *Trois bossus de Besançon*. Die hier brutal ausgespielte Mißachtung einer körperbehinderten Minderheit von Mitmenschen erscheint uns allerdings heute nicht mehr hinnehmbar; auch gelten im heutigen Italien Bucklige nicht mehr als Bösewichter, sondern als Glücksbringer.
Lit.: Cecilia Ricottini Marsili-Libelli: Anton Francesco Doni. Scrittore e stampatore. Firenze 1960; R. Schenda: Tausend französische Volksbüchlein. In: Archiv für Geschichte des Buchwesens 9 (1968), Nr. 920; Klaus Roth: Die drei Buckligen. In: EM 2 (1979), Sp. 980–987; Michel Olsen: Doni, Anton Francesco. In: EM 3 (1981), Sp. 759–761; Albert Gier: Fabliaux. Französische Schwankerzählungen des Hochmittelalters. Stuttgart 1985, S. 74–91 (zweisprachig) und Anm. S. 265–267; Ines Köhler-Zülch: Lausfell erraten. In: EM 8/2–3 (1995) Sp. 795–801.

14. Das Kind der Geschwister. H. Knust, 1866, Nr. 7, S. 391–392 (deutscher Kurztext) und 398–401 (italienischer Text = Vorlage für unsere Übersetzung: *Il figliuolo di germani).* Erzählt 1866 von einem alten, namentlich nicht genannten, nicht alphabetisierten Hafenwächter aus Livorno. Knust behauptet, diese Legende »im Original« wiedergegeben zu haben, doch merkt man dem Text die Kürzungen an, die er beim raschen Mitschreiben erfahren mußte.
AaTh 933: *Gregory on the Stone.* – D'Aronco, S. 107, Nr. 933; keine weiteren Varianten. – Keine modernen Belege bei C/S.
Die Geschichte von einem doppelten Inzest (Bruder/Schwester und Mutter/Sohn) ist unter dem Namen des *Gregorius (auf dem Stein)* in ganz Europa verbreitet, seit etwa 1160 in dem altfranzösischen Epos *Vie de saint Grégoire* literarisch belegt und in der deutschen Literaturgeschichte vor allem durch das Epos des Hartmann von Aue (Ende des 12. Jh.s) und durch ein ›Volksbuch‹ vom Beginn des 19. Jahrhunderts bekannt. Zum

Motiv der Aussetzung (Mot. R 131) vgl. die Anmerkung zur Nr. 17.

Lit.: Gesta Romanorum, Nr. 81; L. Gonzenbach: Sicilianische Märchen, 2, S. 159–162, Nr. 85: *Vom Crivòliu*; E. Frenzel: Stoffe, ³1970, S. 255–257; Volker Mertens: Gregorius. In: Die deutsche Literatur des Mittelalters: Verfasserlexikon 3 (1981), Sp. 244–248; Yoav Elstein: The Gregorius Legend: Its Christian versions and its metamorphosis in the Hassidic tale. In: Fabula 27 (1986), S. 195–215; Ulrich Mölk: Bemerkungen über die französische Gregoriuslegende. In: Wilfried Floeck u. a. (Hg.): Formen innerliterarischer Rezeption. Wiesbaden 1987, S. 91–98; Anita Guerreau-Jalabert: Grégoire ou le double inceste. In: Michel Zink/Xavier Ravier (Hg.): Réception et identification du conte depuis le Moyen Age. Toulouse 1987, S. 21–38; Siegfried Grosse/Ursula Rautenberg: Die Rezeption mittelalterlicher deutscher Dichtung. Tübingen 1989, S. 49–51, Nr. 445–460; Ulrich Mölk: Gregorius. In: EM 6 (1990), Sp. 125–132.

15. Die vier Königskinder. H. Knust, 1866, Nr. 2, S. 384–386 (deutscher Kurztext, hier wörtlich wiedergegeben, Rechtschreibung der heutigen Orthographie angepaßt). Erzählt 1866 von demselben Hafenwächter aus Livorno.

AaTh 552 A: *Three Animals as Brothers-in-law* + 554: *The Grateful Animals.* D'Aronco, S. 160, Nr. [891 quater], bezieht sich (ohne Hinweis auf Knust) auf Marzocchi 2, 1992, Nr. 78: *La figlia di Margheritone.* – D'Aronco, S. 81, Nr. 554 b, bezieht sich auf G. Pitrè: Novelle popolari toscane, 1, S. 81–88: *La bella del mondo.* – C/S, S. 128 (nur drei moderne Varianten).

Die italienischen Märchen von den Tierschwägern sind zunächst einem barocken neapolitanischen Cunto des G. B. Basile (IV, 3: *Li tre rre animale;* die drei Tierkönige sind Falke, Hirsch und Delphin) verpflichtet; in Deutschland wurde dieses Märchen vor allem durch J. K. A. Musäus (Volksmärchen der Deutschen [1782/86], München 1976, S. 19–35: *Die Bücher der Chronika der drei Schwestern [Erstes Buch])* bekannt. Italo Calvino: Fiabe italiane (1956) 1971, S. 532–535, Nr. 133: *Le Principesse maritate al primo che passa* benützt eine Variante aus der Basilicata (die Schwäger sind verzaubert in Schweinehirt, Vogelsteller und Totengräber, die verwünschende Frau ist Wäscherin, zu suchen ist die Bella Fiorita, als Zaubermittel dienen Schweinsborsten, Federn und ein Knöchelchen, zu Hilfe eilen Schweine und Vögel, und aus dem Knöchelchen des Totengrä-

bers wächst das in der dritten Aufgabe erforderte Kind, das schon Mamma und Papa sagen kann) und verweist in seiner Anmerkung (S. 860) auf mehrere italienische Fassungen, darunter die toskanische bei G. Pitrè: Novelle popolari toscane (1885) 1941, S. 81–88: *La bella del mondo.* Hier ist der erste verzauberte Schwager ein Obervogel, der zweite eine Obertaube, der dritte ein Oberschwein. Die beleidigte Eierfrau verwünscht den Bruder und schickt ihn auf die Suche nach der *Bella del mondo.* Bei der Lösung von drei schwierigen Aufgaben (zweimal verschiedene Getreidearten trennen, ein Zimmer voller Backwaren essen) helfen ihm die Schwäger mit ihren Vögeln, Tauben und Schweinen. Pitrè bringt seinerseits (S. 87–88) eine Reihe von weiteren Hinweisen auf nord- und süditalienische Parallelen.
Lit.: Lutz Röhrich: Märchen und Wirklichkeit. Wiesbaden ³1974, S. 81–102: Mensch und Tier Verwandlung und Erlösung; Carl Lindahl: Dankbare (hilfreiche) Tiere. In: EM 3 (1981), Sp. 287–299; James M. McGlathery: Fairy Tale Romance. The Grimms, Basile and Perrault. Urbana/Chicago 1991, S. 55–86: Beauties and Beasts (I.: Animal Suitors; II.: Beastly Bridegrooms).

16. Der Kaufmannssohn aus Genua. H. Knust, 1866, Nr. 6, S. 390–391 (deutscher Kurztext, hier wörtlich wiedergegeben, Rechtschreibung angepaßt). Erzählt 1866 von demselben Hafenwächter aus Livorno.
Die Geschichte läßt sich vergleichen mit AaTh 560: *The Magic Ring. The grateful animals recover it for the Hero.* D'Aronco, S. 132f., Nr. [314 a]. Mot. C 611: *Forbidden chamber;* D 812: *Magic object received from supernatural being;* D 1470.1.42: *Magic wishing-jewel;* D 861: *Magic object stolen;* D 1131.1: *Castle produced by magic;* B 422: *Helpful Cat;* D 882.1.1: *Stolen magic object stolen back by helpful cat.*
Da Knust das Märchen vom Zauberring (hier: Zauberdiamanten) nur in dieser unvollkommenen Weise aufgezeichnet hat, lassen sich Fragen zu den fehlenden Details (zum Beispiel, ob der »Fischer« eine Art von Mago oder Orco ist, wie sich der Held den Diamanten verdient oder die Kraft des Steins erkennt, warum die [treulose?, verräterische?] Prinzessin die Kleider ihres Mannes hergibt, warum sich die Katze [und ein Hund?] so hilfreich erweist?) nur schwierig beantworten. Offenbar fehlt die wesentliche Episode, daß der Kaufmannssohn dem Zauberer und/oder einem oder mehreren Tieren einen bedeutenden

324

Dienst erweist. Völlig unbefriedigend bleibt daher die Moral, daß der Kaufmannssohn in dieser Fassung den Diamanten stehlen darf, der rechtmäßige Besitzer aber bestraft wird, wenn er sich sein Eigentum zurückholt.

17. Das sprechende Vöglein. V. Imbriani: Novellaja fiorentina, 1877, S. 81–93, Nr. 6: *L'uccellino che parla.*
AaTh 707: *The Three Golden Sons.* – D'Aronco S. 89, Nr. 707 d. – C/S, S. 152–154 nennen 55 neuere italienische Varianten.
Eine erste Version dieses Märchens von drei Schwestern, die sich einen hochgestellten Mann wünschen, und von drei Kindern (der jüngsten Schwester und des Königs) mit goldenen Haaren und vom sprechenden Vogel, singenden Baum und tanzenden (Lebens-)Wasser findet sich 1550/53 bei Giovan Francesco Straparola IV, 3: *Anzilotto.* Eine deutsche Fassung dieser alten Novelle bringen W. Keller/L. Rüdiger: Italienische Märchen, 1959, S. 138–153, Nr. 16 unter dem Titel *Das tanzende Wasser, der singende Apfel und der leuchtend grüne Vogel.* Auf Straparola greift Madame d'Aulnoy mit ihrem umfangreichen Feenmärchen *La Princesse Belle-Etoile et le Prince Chéri* zurück (vgl. den Text in E. Lemirre: Cabinet des Fées 1 [1994], S. 155–211). Carlo Gozzi hat 1765 den Stoff für sein Theatermärchen *L'Augellin Belverde* abermals bearbeitet. Eine Inhaltsangabe dieses Märchentypus findet sich im handschriftlichen Nachlaß der Brüder Grimm unter dem Titel *Der König von England.* Die Geschichte war, nicht zuletzt durch die genannten literarischen Vorlagen und Vorlesetexte in Italien ungemein beliebt, zumal sie wiederum die Motive der vorgetäuschten Tiergeburt (Mot. K 2115) und der verstoßenen Ehefrau (Mot. S 430; vgl. hier die Nr. 6 und 35) enthält. Zum Vergleich heranziehen läßt sich das plattdeutsche KHM 96: *De drei Vügelkens.* Italo Calvino hat seinem Märchen Nr. 87: *L'Uccel bel-verde* »nach Imbriani Nr. 6 und nach anderen Fassungen« eine Idealfassung zu geben versucht. P. Heyse: Italienische Volksmärchen, 1914, S. 25–35, erzählt seine Variante *Die drei Schwestern* nach Domenico Comparetti, 1870. Vgl. auch G. Pitrè (1875)/Schenda/ Senn: Märchen aus Sizilien, 1991, S. 16–25, Nr. 2: *König Schlaf.* Das hier dreimal auf eindringliche Weise verwendete Motiv der Aussetzung war schon in der Antike und vor allem im Mittelmeerraum in Mythen und Sagen weit verbreitet; am bekanntesten ist wohl die Geschichte des in das »Wasser« (den Nil?) gesetzten, von der Tochter des Pharao gefundenen (Mot. R

131.11.1) und von einer Amme gesäugten kleinen Moses (2. Mos. 2. 3–9). Nicht zu übersehen ist jedoch auch, daß in der Realität der frühen Neuzeit das Aussetzen von unerwünschten Kindern und insbesondere das Ertränken (etwa im Tiber-Fluß) nicht selten praktiziert und als ein soziales Problem empfunden wurde, wie Ingeborg Walter am Beispiel von Rom gezeigt hat. Die hier immer wieder (auch in Nr. 23) von den Mädchen, die im ersten Stockwerk wohnen, gezogene »Kordel« dient dazu, den Riegel hinter der Haustüre im Erdgeschoß zu lösen. Die oftmals gebrauchte Schlußformel dieses Märchens heißt im Original: »Stretta la foglia e larga la via, / Dite la vostra, ch'io ho detto la mia.« Glauco Sanga hat plausibel gemacht, daß das bis dahin unerklärte ›foglia‹ im Rotwelschen ›gergo‹ ›Börse, Geldbeutel‹ bedeutet.

Lit.: Heinz Rölleke: Die älteste Märchensammlung der Brüder Grimm. Cologny-Genève 1975, S. 286–288; Gerhard Binder: Aussetzung. In: EM 1 (1977), Sp. 1048–1045; Glauco Sanga: Dialettologia lombarda. Lingue e culture popolari. Pavia 1984, S. 277–282; Ingeborg Walter: Die Sage der Gründung von Santo Spirito in Rom und das Problem des Kindesmordes. In: Mélanges de l'Ecole française de Rome 97 (1985), S. 819–879.

18. König Schwein. V. Imbriani: Novellaja fiorentina, 1877, S. 168–175, Nr. 12: *Il Re Porco.* Eine deutsche Fassung (nach Straparola) findet sich bei W. Keller/L. Rüdiger: Italienische Märchen, 1959, S. 153–161, Nr. 17: *König Porco.*

AaTh 425: *The Search for the Lost Husband;* 425 A: *The Monster as Bridegroom* (Amor und Psyche); 425 B: *The Disenchanted Husband.* Die Erzählforscher unterscheiden diese drei Typen von dem Typus AaTh 425 C: *Beauty and the Beast,* das ohne die Motive der Suche und der zu lösenden Aufgaben auskommt; doch sind in der Erzählpraxis des 19. Jahrhunderts AaTh 425–425 P nur schwer voneinander zu trennen. Dieser Märchenstoff gehört in Italien zu den beliebtesten: Cirese/Serafini, S. 96–102, nennen für den gesamten Komplex rund 120 in der Zeit von 1968/72 in ganz Italien gesammelte Varianten mit Titeln wie *Il Re serpe* (König Schlange), *La bella e la bestia* (Die Schöne und das Tier), *Belinda* (auch: *Berlinda, Bellindia, Zelinda, Cristina) e il mostro* (Das Schönchen und das Ungeheuer), Il Re Porco (König Schwein) oder *Oimè* (O weh!) und so fort. D'Aronco, S. 69–75 analysiert 25 toskanische Varianten dieses Märchens. Als Beispiel sei die Fassung *Zelinda e il mostro* bei G.

326

Nerucci: Sessanta novelle, 1880, S. 1–9, Nr. 1, genannt, ein Text, der sich dann auch, in gekürzter englischer Übersetzung, bei Th. Crane: Italian Popular Tales, 1885, S. 7–11, Nr. 2: *Belinda and the Monster* wiederfindet.

Unter dem Titel vom König Schwein erschien diese Variante des Märchens von der ›Schönen und dem Untier‹ zum ersten Mal 1550/53 bei Giovan Francesco Straparola (II, 1): *Galeotto, König von Anglia, hat einen als Schwein geborenen Sohn, der dreimal heiratet; als er die Schweinshaut abgeworfen hat und zu einem wunderschönen jungen Mann geworden ist, nennt man ihn Re Porco.* Ein ins Deutsche übersetztes Märchen aus dem Veneto mit dem Titel *Der Prinz mit der Schweinshaut* findet sich bei G. Widter/A. Wolf: Volksmärchen aus Venetien, 1866, S. 249–257, Nr. 12. Auch bei Laura Gonzenbach: Sicilianische Märchen, 1, S. 285–293, Nr. 42 wird dieses Märchen *Vom Re Porco* betitelt.

Lit.: Georgios A. Megas: Amor und Psyche. In: EM 1 (1977), Sp. 464–472; Brigitte Furche: Sinnschaffende Verfahren in italienischen Volksmärchen. Vom Re Porco und anderen italienischen Volksmärchen. Eine textlinguistische Interpretation. Frankfurt/M. 1994.

19. Der Hecht. V. Imbriani: Novellaja fiorentina, 1877, S. 183–190, Nr. 13: *Il luccio.*

AaTh 403: *The Black and the White Bride.* KHM 135: *Die weiße und die schwarze Braut.* – D'Aronco, S. 63, Nr. 403 A [e]. – C/S, S. 88–91 (62 Varianten aus ganz Italien).

Dieses episodenreiche Märchen von einem ›schönen und guten‹ und einem ›häßlichen und schlechten‹ Mädchen oder von der ›weißen und schwarzen‹ Braut (man/frau beachte die stereotypen Kopplungen!) ist ohne Zweifel verwandt mit dem Basile-Märchen von den *Drei Feen* (III, 10: *Le tre fate*); es enthält aber auch Elemente des Straparola-Märchens von *Biancabella* (III, 3), erinnert ferner in einzelnen Episoden an volkstümliche italienische Erzählungen aus dem Umkreis der Berta-Sage, und zudem lohnt sich ein Vergleich mit dem von den Brüdern Grimm nicht (wohl aber von Heinz Rölleke) veröffentlichten Märchen *Die goldne Ente* sowie mit Pitrès sizilianischem Märchen von der Drachenmutter (Pitrè [1875]/Schenda/Senn, 1991, S. 30–32, Nr. 4: *Die Mammadràa*, und dazu die Anm. S. 325 f.). Wenig motiviert erscheint die augenausreißende Brutalität der Stiefmutter gegenüber der Schönen, doch nicht zu übersehen ist bei dieser (wenigstens nicht grausam ausgemalten) Episode die Parallele zu der Vita der hl. Lucia von Catania, die ihrer Augen beraubt wurde; nicht zu vergessen ist dabei auch, daß unser Hecht, im Italienischen ›luccio‹ und hier manchmal liebevoll ›luccino‹ genannt, im Lateinischen ›lucius‹ heißt und damit der Bruder der Lucia genannt werden kann; zu erwähnen ist freilich auch das Motiv ›Fisch heilt Augen‹ aus der mehrfach literarisch bearbeiteten apokryph-biblischen Geschichte von dem jungen Tobias, dem Sohn des durch Schwalbenkot erblindeten Tobit: Der Engel Raphael rät dem Knaben, mit der Galle eines Fisches die Blindheit des Vaters zu heilen.

Bemerkenswert am Ablauf unseres Märchens ist die gänzliche Abwesenheit des Vaters der Schönen, der doch immerhin auch der Mann der Stiefmutter ist und hie und da in die Handlung hätte eingreifen können. Auch der Prinz zeichnet sich eher durch harmloses und argloses Herumlaufen, höchstens noch durch gelegentliches Erteilen von königlichen Befehlen aus, doch kaum durch selbständiges, tatkräftiges Handeln. Und was wäre unsere Heldin, die sich fast alles vorsagen und zumuten läßt, ohne ihren lieben Hecht und seine miauenden Katzen? Die böse Schwiegermutter scheint alle Handlungsfäden in ihren Fingern zu halten und die Puppen nach ihrem Willen tanzen zu lassen; nur die Wesen der jenseitigen Welt – die weiblich-häuslichen Feen hier und der männlich-vagierende Fisch dort – sind in der Lage, ihrer Mißgunst und Ichsucht zu trotzen. Bleibt zu hoffen, daß die junge Königin nicht nur mit ihrem Fisch unter dem Glassturz, sondern auch mit ihrem Prinzen glücklich wird! *Lit.:* Adolf Memmer: Die altfranzösische Bertasage und das Volksmärchen. Halle 1935, S. 9–12; Warren E. Roberts: The Tale of the Kind and the Unkind Girls. AA–TH 480 and Related Tales. Berlin 1958 (Fabula Supplement B 1), S. 9 f. (Beziehungen zwischen AaTh 480 und 403), 54–56 und 110 f.; Heinz Rölleke: Die älteste Märchensammlung der Brüder Grimm. Cologny-Genève 1975, S. 122–126; Marianne Rumpf: Die schwarze und die weiße Braut. In: EM 2 (1979), Sp. 730–738.

20. *Prezzemolina – Petersilchen (1).* V. Imbriani: Novellaja fiorentina, 1877, S. 209–215, Nr. 16: *La Prezzemolina.* Ohne Angabe der Erzählerin.
AaTh 310: *The Maiden in the Tower* und 313: *The Girl as Helper in the Hero's Flight* (II, III). – D'Aronco, S. 152, Nr. [858]. – C/S, S. 310 f. (37 Varianten aus ganz Italien). Basile II, 1: *Petro-*

sinella, und dazu die Anm. in der Ausgabe N. M. Penzer 1932, I, S. 140. – L. Gonzenbach: Sicilianische Märchen, 1870, Nr. 53: *Von der schönen Angiola*, und dazu die Anm.en R. Köhlers in Band II, S. 236. – R. H. Busk: The Folk-Lore of Rome, 1874, S. 3–12, Nr. 1: *Filigranata* und dazu die Anm.en S. 12–15. – I. Calvino: Fiabe italiane (1956), 1971, S. 361–365, Nr. 86: *Prezzemolina*. Pitrè [1875] / Schenda/Senn, Nr. 16: *Die Alte vom Garten* und dazu die Anm. S. 336–337. Eine Variante aus neuester Zeit bringt F. Mugnaini: Mazzasprunìgliola, 1995, Ms. p. 101–104, Nr. 65: *Prezzemolina*.

Der Titel der weitverbreiteten Varianten des *Petersilchen*-Märchens (vgl. hier auch die Nr. 28) geht zurück auf das genannte neapolitanische Märchen des Giambattista Basile und auf ein Feenmärchen (vom Typus AaTh 310: *Die Jungfrau im Turm*) der Madame Charlotte-Rose de Caumont de la Force (um 1646–1724) mit dem Titel *Persinette* (1697; vgl. den Text in E. Lemirre: Cabinet des Fées 2 [1994], S. 32–40). Erzählt wird dort von einer schwangeren Frau, die ein Gelüste bekommt, von der Petersilie aus dem Garten einer Fee zu essen. Ihr Mann stiehlt dort von dem Kraut, wird erwischt und muß der Fee das zu erwartende Kind versprechen. Die Fee nennt dieses Mädchen Persinette, verleiht ihm Schönheit und schließt es im Alter von 12 Jahren in einen Turm ein, wo es sich künstlerisch bildet. Die Fee steigt an ihren 30 Ellen langen blonden Haaren (im hier vorliegenden Text erinnert noch die Strickleiter an dieses Motiv!) zu ihrem Turmzimmer hinauf. Ein Prinz verschafft sich auf dieselbe Weise Einlaß bei der jungen Frau, »heiratet« und schwängert sie. Die Fee schneidet ihr die Haare ab und versetzt sie an einen abgelegenen Ort, wo sie einen Knaben und ein Mädchen zur Welt bringt; den Prinzen stürzt die Fee aus dem Turm, und er erblindet. Er findet trotzdem Persinette und ihre Kinder; die Tränen der jungen Frau machen ihn wieder sehend. Doch die Speisen werden in ihren Händen zu Steinen und giftigen Tieren. Schließlich rettet die Fee doch die junge Familie aus ihrer Hungersnot und dem Unglück.

In den italienischen Varianten dient dieser Typus zumeist nur als Erweiterung des Märchens durch Kontamination mit einem anderen Märchentypus (wie *Hänsel und Gretel* [so bei Pitrè oder bei Gonzenbach) oder *Basilikummädchen* (so in unserer Nr 28); hier also mit einer abermals mehrfach kontaminierten Variante von *Amor und Psyche* (oder: *La Belle et la bête*). Bemerkenswert ist dabei, daß sich das Motiv: ›Verwandter der Feen hilft der Heldin bei der Bewältigung unlösbarer Aufgaben‹ wiederum in einem alten französischen Feenmärchen findet. Charlotte-Rose de la Force führt in ihrem *Plus Belle que Fée* (vgl. den Text in E. Lemirre: Cabinet des Fées 2 [1994] 7–31) den Feensohn Phraates als Gegenspieler der eifersüchtigen Feenkönigin Nabote ein: Die böse Fee stellt den Heldinnen Plus-belle-que-fée und Désirs je drei unlösbare Aufgaben, ihr Sohn hilft ihnen, seiner Mutter entgegenarbeitend, bei der Bewältigung der Probleme und gewinnt dabei nach und nach die wunderschöne Prinzessin. Zwei der Aufgaben ähneln entfernt denen in unserem Märchen: Plus-belle-que-fée muß eine schwarze Kammer säubern und das Wasser des Lebens auf dem Berg der Abenteuer suchen.

Lit.: Max Lüthi: *Die Herkunft des Grimmschen Rapunzelmärchens*, in: Fabula 3 (1960), S. 95–118, hat den Weg dieses Textes aus der französichen Feen- in die deutsche Märchenliteratur verfolgt; Ders.: Rapunzel. Das Märchen als Darstellung eines Reifungsvorgangs. In: M. Lüthi: Es war einmal, 1983, S. 79–89. Vgl. auch Hans-Jörg Uther: Zur Ikonographie des Rapunzel-Märchens (KHM 12). In: Maria Raciti Mangari (Hg.): Scritti in memoria di Sebastiano Lo Nigro. Catania 1994, S. 291–319, 17 Abb.en. Zur abschließenden Hinrichtung böser alter Frauen (hier: der Feen mit Hilfe von kochendem Wasser) vgl. Ruth B. Bottigheimer: Grimms' Bad Girls and Bold Boys. The Moral and Social Vision of the Tales. New Haven/London 1987, S. 95–100: *Death and Executions.*

21. *Der geizige König.* V. Imbriani: Novellaja fiorentina, 1877, S. 217–227, Nr. 17: Il Re avaro.
AaTh 955: *The Robber Bridegroom.* – D'Aronco, S. 108, Nr. 955 d. – C/S, S. 245 (nur ein Nachweis aus neuerer Zeit). Vgl. KHM 40: *Der Räuberbräutigam.*
Die Brüder Grimm schicken ihre Müllerstochter in den düsteren Wald auf den Weg zu einem unheimlichen Freier. Ein Vöglein («Kehr um, kehr um du junge Braut,/du bist in einem Mörderhaus») und eine Alte warnen das Mädchen. Nachts wird die hinter einem Fasse versteckte Heldin Zeugin eines »kannibalistischen Freßfestes« (Ruth Bottigheimer) und einer abscheulichen (für Kinder kaum geeigneten), an einer Jungfrau verübten sadistischen Metzelei (« [...] rissen sie ihr die feinen Kleider ab, legten sie auf einen Tisch, zerhackten ihren schönen Leib

[...]« !). Nach gelungener Flucht erzählt die Räuberbraut ihre Erfahrungen als einen Traum, kann aber als Beweis den abgehackten Finger des ermordeten Mädchens vorweisen; so wird die Räuberbande überführt und gerichtet.

Das hier vorliegende Märchen, dem man bei Laura Gonzenbach die Nr. 10: *Die jüngste, kluge Kaufmannstochter* an die Seite stellen kann, ist ein noch besseres Musterbeispiel spannungsgeladener Erzählkunst, nicht ganz so grobschlächtig brutal wie die Grimmsche Fassung, aber doch voll von gewalttätigen Details und lüsternen Männerphantasien, gleichsam ein verkürzter Abenteuerroman in der Tradition eines Alexandre Dumas oder Francesco Mastriani. Es lebt von unheimlichen, atemlosen, herzklopfen- und angsterfüllten Szenen und zwingt die ZuhörerInnen oder LeserInnen zu ständigem Bangen und Hoffen auf eine Errettung der unschuldigen Prinzessin (die ruhig ein bißchen entschlossener, handlungbestimmender auftreten könnte!) und auf eine Bestrafung der männlichen Bösewichter: Der geldgierige, rücksichtslose Vater stürzt seine Tochter in die schändlichsten und verletzendsten, vor allem aber eingeschlossene (Dachkammer, Wald, Schiff, Haus des Schiffers, Versteck unter dem Bett, Königsschloß) Lebenslagen, und der ungemein listige und lüsterne Räuber hat nichts als Verstellungen und Nachstellungen, Unheil und eigenen Vorteil im Sinn. Italo Calvino: Fiabe italiane (1956), 1971, S. 380–384, Nr. 89 hat diesen Text bearbeitet unter dem Titel: *L'assassino senza mano (Der Mörder ohne Hand).* Dabei fügt er die Episode von einer abgeschnittenen Hand (siehe Grimms Finger!) nach einer pisanischen Variante und die im Handtuch versteckte Pistole nach eigener Eingebung ein; die abschließende Reue des Vaters hat er weggelassen. Calvino schreibt: »Dies ist eins der romantisch-romanhaftesten unter den in Italien verbreiteten Märchen, und die florentinische Version hüllt es in einen Dunstkreis zwanghafter Angstvorstellungen, ohne daß es irgendwie auf Übernatürliches zurückgreifen müßte.« (S. 850). Zur Beliebtheit der italienischen Räuber-Märchen vgl. unten Nr. 23: *Die Mörder.*

Lit.: Maria Tatar: The Hard Facts of the Grimms' Fairy Tales. Princeton/N. J. 1987, 156–178: Taming the Beast. *Bluebird and Other Monsters*; Ruth B. Bottigheimer: Grimms' Bad Girls and Bold Boys (wie bei Anm. 20), S. 101–111: *Towers, Forests, and Trees*; dieselbe: The Face of Evil. In: Fabula 29 (1988), S. 326–341, bes. 332. Vgl. die Literatur bei Nr. 23.

22. *Die drei Brüder*. V. Imbriani: Novellaja fiorentina, 1877, S. 266–270, Nr. 20: *I tre fratelli*. W. Keller/L. Rüdiger: Italienische Märchen, 1959, S. 283–285, Nr. 35 *(Der Königssohn, der seine Frau durch eine Schleuder findet)* haben eine Variante dieses Märchens nach D. Comparetti: Novelline popolari, 1875, Nr. IV, S. 16–18 *(La moglie trovata colla frombola)*, wiedergegeben. Vgl. auch unten die Nr. 31: *Das Märchen von den Affen*.

AaTh 402: *The Mouse (Cat, Frog, etc.) as Bride*. – D'Aronco, S. 60 (402 d). – C/S, S. 87 (21 Nachweise mit Tierbräuten wie Anguilla [Aalin], Rospa [Kröte], Rana [Fröschin], Lucertola [Eidechse]).

Diese Geschichte von der Begegnung eines Helden mit einem Froschmädchen (Mot. F 234.1.6) ist sicherlich nicht die am besten gelungene in Imbrianis Sammlung – die ungenannte Erzählerin wiederholt sich zu oft und kommt mit ihrem Stoff nicht ganz zurecht –, doch bringt sie uns Details aus der Alltagswelt, wie sie sonst in Märchen nur selten erscheinen: Szenen aus dem Leben in einem Landstädtchen, Arbeitsverrichtungen aus dem Alltag der Land(bürger)frauen des 19. Jahrhunderts, Gefühle aus dem Leben einer Dienst- oder einer Kindsmagd (vielleicht war die Erzählerin eine solche gewesen). Der Märchentypus ist nur entfernt mit dem *Froschkönig* der Brüder Grimm (KHM 1) vergleichbar; aus dem deutschen verwunschenen Prinzen wird hier notwendigerweise eine italienische Prinzessin, weil der Frosch im Italienischen weiblich ist (›la rana‹); auch die in die Luft geworfene und in das Wasser gefallene Kugel erinnert ein wenig an den deutschen Text. Näher verwandt ist hingegen das Dummlings-Märchen KHM 63: *Die drei Federn*, in welchem die Feder des dritten Jungen bei der Türe einer Itsche (Kröte) zu Boden fällt. Ganz außerhalb der Märchenlogik liegt die der italienischen Variante angehängte Episode vom Verkauf der kleinen Königstochter; sie erinnert eher an einen schlecht zusammengefaßten Hintertreppenroman einer Carolina Invernizio denn an einen glücklichen Märchenschluß. Aus der Toskana läßt sich zum Vergleich heranziehen C. Marzocchi: Novelle popolari senesi (1879) 1992, 1, S. 4–6, Nr. 2: *La rana*. Hier erhält Michelino von einer Fee eine Mandel; er wirft sie in die Luft und findet seine Braut als Frosch. Seine Verse und die Antwort darauf entsprechen bei Marzocchi unserem Text.

Lit.: BP 2 (1914, 1982), S. 30–38: *Die drei Federn*; Venetia Newall: Frosch. In: EM 5 (1987), Sp. 393–401.

23. Die Mörder. V. Imbriani: Novellaja fiorentina, 1877, S. 281–288, Nr. 22: *Gli assassini.* Die Erzählerin bleibt ungenannt.

AaTh 311: *Rescue by the Sister* und 312: *The Giant-killer and his Dog (Bluebeard).* vgl. auch AaTh 955: *The Robber Bridegroom.* – D'Aronco, S. 109 (955 e); vgl. auch S. 54 (311 a–d), 154 ([863]) und 165 ([917 a]). – C/S, S. 59–61 (24 Varianten zu AaTh 311/312). – KHM 40: *Der Räuberbräutigam* und 46: *Fitchers Vogel.* – Vgl. oben Nr. 21: *Der geizige König.*

Die populäre Literatur über berühmte und zumeist edle Räuber und ihre guten und bösen Heldentaten ist in Italien (wie in anderen Ländern auch) seit dem 16., vor allem aber im 19. Jahrhundert ungemein verbreitet gewesen und hat in den mündlichen Überlieferungen tiefe Spuren hinterlassen. Bandenführer und Teufelskerle wie Antonio Crocco, Angelo del Duca, Titta Grieco, Bruno Grillo, Giuseppe Mastrilli, Giuseppe Musolino, Enrico Stoppa oder Domenico Tiburzi wurden mit ihren tapferen Taten und wohltätigen Werken, mit ihren Listen und Lüsten durch die Bänkelsänger und mit Hilfe von unzähligen Marktdrucken dem Volke bekannt gemacht; diese Geschichten (die deutschen Italienreisenden haben mehrfach darüber berichtet) erzeugten Angst ebenso wie Bewunderung, befriedigten Sensationslust ebenso wie Gerechtigkeitsgefühle. Auf der Basis dieser weitverbreiteten Lust an Räubergeschichten ist es nicht verwunderlich, daß sich auch Märchen aus dem Umkreis des *Blaubart*-Typus großer Beliebtheit erfreuten.

Der hier vorliegende Text hat Ähnlichkeit mit *Fitchers Vogel* (KHM 46): Dort geraten ebenfalls drei Schwestern in die Hände eines blutrünstigen Diebes und Zaubermeisters; die jüngste überlistet den Mörder, rettet ihre Schwestern in einem Korb, verkleidet sich als Vogel, lockt den Bösen in eine Falle und verbrennt ihn mit seinen Helfershelfern. Imbrianis Variante zeigt indes viele toskanische Eigentümlichkeiten: Der familiäre Rahmen, ja sogar die städtischen Wohnverhältnisse werden breit ausgemalt, auch die Lebensweise der Räuber erscheint bunt vor unseren Augen. Die jungen Frauen, unschuldige Opfer des Räuberbräutigams (Mot. K 1916: *Robber bridegroom)* müssen nicht ein Tabu beachten, sondern eine Hilfestellung pünktlich erledigen. Die dritte Räuberbraut rettet keineswegs ihre Schwestern, sondern findet einen Prinzen, dem sie ihre ganze Aufmerksamkeit widmet: Die Toten bleiben tot; wichtig ist die Fortsetzung und Fortpflanzung des Lebens. Der raffinierte Räuber hüllt sich trügerisch (Mot. K 1810: *Deception by disguise*) in eine Bärenhaut (Mot. F 821.1.3.1; in der bei Nr. 19 genannten Variante Gonzenbach [Nr. 10] verbirgt er sich in einem Adler aus Silberblech), doch die junge Königin wittert die Gefahr und läßt den Bärenhäuter doppelt töten; zuletzt wird die Räuberbande (die aus 33 Kerlen bestand) erledigt, und der bis dahin vergessene Vater bekommt sogar seine Alterspension. Die mutige junge Frau weiß jeweils zur rechten Zeit, was das Beste zu tun sei, sie kennt alles »durch und durch«; der Prinz hingegen erscheint – wie so oft im Märchen – als ein passiver und naiver Tropf, dem man höchstens seine Liebe zu Tanzbären positiv anrechnen möchte.

Lit.: R. Schenda: Italienische Volkslesestoffe im 19. Jahrhundert. In: Archiv für Geschichte des Buchwesens 7 (1966), Sp. 209–300, bes. Sp. 238–242: *Räuber und Mörder*; Eric J. Hobsbawm: Die Banditen. (Bandits. London 1969). Frankfurt/M. 1972; Giorgio Batini: O la borsa o la vita! Storie e leggende dei briganti toscani. Firenze 1975; Aurora Milillo: La vita e il suo racconto. Tra favola e memoria storica. Roma 1983, 226–244: *Storie di briganti*; Sergio Riccio (Hg.): Brigantaggio, lealismo, repressione nel Mezzogiorno, 1860–1870. [Katalog zur Ausstellung im Museo Diego Aragona Pignatelli Cortes, Napoli, giugno–novembre 1984]. Napoli 1984; Hans-Jörg Uther: Der Frauenmörder Blaubart und seine Artverwandten. In: Schweizerisches Archiv für Volkskunde 84 (1988), S. 35–54; Alfio Cavoli: I briganti italiani nella storia e nei versi dei cantastorie. Roma 1990; Giorgio Morelli: Bibliografia dei poemetti e canti popolari sui briganti (Secc. XVI–XX). In: Lares 60 (1994), S. 503–560; vgl. die Literatur bei Nr. 21.

24. *Die Granatäpfel.* D. Comparetti: Novelline popolari italiane, 1875, S. 43–45, Nr. 11: *I Melagrani.* Comparetti gibt im Vorwort zu seiner Sammlung an, das Märchen sei ihm in Pisa von »einer alten Frau aus dem Volke« erzählt worden. Weitere Angaben liefert er nicht.
AaTh 408: *The Three Oranges.* – D'Aronco, S. 67 f., Nr. 408 e. – C/S S. 93–95 mit nicht weniger als 58 italienischen Varianten. Der Märchentypus wird manchmal kontaminiert mit AaTh 310: *The Maiden in the Tower* und/oder (wie in unserem Falle) AaTh 313: *The Girl as Helper in the Hero's Flight;* D'Aronco S. 66–69 (Die drei Früchte heißen bald Äpfel, bald Orangen oder Zitronen, auch ›melarance‹ [Apfelsinen].) Der vorliegende Text ist

keineswegs breit ausgemalt, sondern geradezu karg in seinen Einzelheiten, jedoch eindeutig beeinflußt von der Rahmenerzählung zu G. B. Basiles *Pentamerone* (wo allerdings eine melancholische Prinzessin über das Öl-Unglück der Alten lacht und dann bestraft wird). Vgl. andere Fassungen z. B. bei L. Gonzenbach, 1870, Nr. 13: *Die Schöne mit den sieben Schleiern* und dazu die Anmerkungen von Reinhold Köhler/Johannes Bolte in der *Zeitschrift des Vereins für Volkskunde* 6 (1896), S. 63f.; R. H. Busk, 1874, S. 15–18: *The Three Love-Oranges*; Paul Heyse: Italienische Volksmärchen, 1914, S. 112–114: *Die drei Orangen*, übersetzt seinen Text nach V. Imbriani: La novellaja fiorentina, 1877, S. 395–397, Nr. 24: *Le tre melarance*; vgl. auch: I. Calvino: Fiabe italiane (1956), 1971, S. 28–30, Nr. 8: *I. pastore che non cresceva mai* und S. 449–453, Nr. 107: *L'amore delle tre melagrane*. In der neuesten großen italienischen Märchensammlung, den *Fiabe campane* von Roberto De Simone (1994), erscheint dieses Märchen als die Nr. 1 unter dem Titel *La bella Infinita* (Bd. 1, S. 2–21).

Den Zusammenhang zwischen einem aufgesprungenen Granatapfel und dem Gesicht eines rotwangigen Mädchens stellt schon das *Hohelied Salomos* 4,3 her; daß sich in einem Granatapfel gute und böse Menschen-Kerne finden können, wird in zahlreichen geistlichen Traktaten des 16. und 17. Jh.s ausgeführt; die Vorstellung findet sich, bildlich dargestellt, auch in einem Augsburger illustrierten Flugblatt aus der Zeit um 1620. Das Bild von einem Fluß, der mit Messern gespickt ist und die Bösen vernichtet (während die Guten über eine Brücke ins Jenseits gelangen), findet sich mehrfach in der spätmittelalterlichen Literatur, so z. B. in der *Visio Godescalci*, einer norddeutschen Jenseitsvision des 12. Jh.s. Vgl. auch das Märchen Nr. 11: *Weiß-wie-Schnee-rot-wie-Feuer* in Pitrè (1875)/Schenda/Senn 1991, 70–76, wo die Mamma-dráa in einer »Ebene voll mit Rasierklingen« zerfetzt wird und in einem Fluß ertrinkt. Nicht geklärt ist freilich die Frage, wie solche Vor-Bilder in die Erzählvorstellungen des 19. Jh.s gelangt sind; doch ist es nicht abwegig, in beiden Fällen an Wirkungen von Beispielerzählungen literarisch gebildeter Prediger zu denken.

Lit.: Antti Aarne: Die Magische Flucht. Eine Märchenstudie. Helsinki 1930; Edmund Mudrak: Wechselbeziehungen zwischen Literatur und Volksüberlieferung. In: Internationaler Kongreß der Volkserzählungsforscher in Kiel und Kopenhagen,

1959. Berlin 1961, 214–228, bes. 216–217; Enrica Delitala: Gli studi sulla narrativa tradizionale sarda. Cagliari 1970, Nr. 50, 78, 154 und 302 (mit Hinweisen auf sardische Varianten); Walther Lammers: Gottschalks Wanderung im Jenseits. Zur Volksfrömmigkeit im 12. Jahrhundert nördlich der Elbe. In: Sitzungsberichte der Wissenschaftlichen Gesellschaft an der J. W. Goethe Universität Frankfurt/M. 2 (1982) 139–162; Wolfgang Harms/ Michael Schilling: Die Sammlung der Herzog August Bibliothek in Wolfenbüttel, 1: Ethica. Tübingen 1985, 30–31.

25. *Die Düstere Wolke.* D. Comparetti: Novelline popolari italiane, 1875, S. 126–133, Nr. 32: *La Nuvolaccia.* Wie die Nr. 24 in Pisa von »einer alten Frau aus dem Volke« erzählt. Eine englische Übersetzung findet sich bei T. F. Crane: Italian Popular Tales, 1885, S. 30–35, Nr. 6: *The Cloud.*
AaTh 300: *The Dragon Slayer;* AaTh 302: *The Ogre's Heart in the Egg;* AaTh 303: *The Twins or Blood-Brothers.* Der Erzähltypus *Drachentöter* gehört zu den am weitest verbreiteten Geschichten der Märchenliteratur. – C/S, S. 47–50 führen nicht weniger als 78 italienische Varianten auf. Nicht zu vergessen ist eine toskanische Fassung, die sich bei Carl Weber, 1900 unter dem Titel *Das Tier mit den sieben Köpfen* (Nr. 37) findet. Vgl. auch unsere Nr. 33: *Die Maga.*
In der vorliegenden, komplexen und durchaus eigenwilligen Fassung ist dieser Typus mit dem Zwei-Brüder-Märchen kontaminiert; es wird dabei von der Einwirkung eines Fisches auf wunderbare Empfängnisse erzählt (Mot. B 375.1), und es erscheinen insbesondere die Motive der hilfreichen Tiere (Mot. B 350), denen der Held ihre Beute zuteilt (Mot. B 392), und der jährliche Tribut (Mot. S 262) an ein zerstörerisches Ungeheuer (Mot. G 346), das hier ungewöhnlicherweise als eine »Fee«, das heißt als eine Schicksalsfrau, in Gestalt einer dicken, dunklen Wolke (›nuvolaccia‹) auftritt. Die Wetter-Unholdin (ihre Feen-Schwestern erscheinen als Nebel), die wesensgleich ist mit der siebenköpfigen Tigerin, hat ihr Herz an einem schwer zugänglichen Ort in einem Ei versteckt; mit der Zerstörung dieses Zentrums ihrer Lebenskraft muß sie sterben. Vgl. auch unser Märchen Nr. 38: *Die zwölf Söhne.* In dieser Variante des Drachentöter-Märchens fehlt hingegen die Episode der ausgeschnittenen Drachenzungen, die später den Beweis für die Rettungstat des Helden erbringen. An ihre Stelle tritt (wie auch bei C. Weber) als retardierendes Element die Episode von der Ver-

336

führung der beiden ersten Brüder an einem fremden Ort (dabei wird hier schamhaft verschwiegen, daß Bruder zwei und drei, dem ersten zum Verwechseln ähnlich, bei der Schwägerin geschlafen haben könnten) und von der Verwandlung in Statuen (Mot. D 1268). Vor allem in seinem dritten Teil macht das Märchen den Eindruck, daß es von seinem Sammler in einer Kurzfassung notiert worden ist.

Lit.: Kurt Ranke: Die zwei Brüder. Eine Studie. Helsinki 1934 (FFC, 114); Max Lüthi: Der Drachentöter. Vom Stil des Märchens. In: Ders.: Es war einmal, 1983, S. 31–41; Lutz Röhrich: Drache, Drachenkampf, Drachentöter. In: EM 3 (1981) 787–820; Mette Rubow: Un essai d'interprétation du conte-type AaTh 303: Le roi des poissons ou La bête à sept têtes. In: Fabula 25 (1984), S. 18–34; Catherine Geninasca: La Bête à sept têtes et le Roi des Poissons. Essai d'analyse sémiotique de deux contes français. Zürich [Typoskript] 1985; Christa Tuczay: Herz des Unholds im Ei. In: EM 6 (1990), Sp. 929–933.

26. *Die Königin Angelica.* D. Comparetti: Novelline popolari italiane, 1875, S. 151–156, Nr. 37: *La Regina Angelica.* Wie die Nr. 24 in Pisa von »einer alten Frau aus dem Volke« erzählt.

AaTh 551: *The Sons on a Quest for a Wonderful Remedy for their Father.* – D'Aronco S. 50, Nr. 301 d. – C/S, S. 127 (15 Varianten).

Das gesuchte Heilmittel für den alten, kranken (oder blinden) Vater ist das legendäre Lebenselixier (zum Zwecke der Verjüngung findet es sich in einem ›Jungbrunnen‹) oder *Wasser des Lebens* (Mot. E 80: *Water of Life* und H 1321.1: *Quest for Water of Life*), von dem die Brüder Grimm in ihrem KHM 97 erzählen: Dort scheitern die beiden älteren Brüder, weil sie zu einem Zwerg unhöflich sind; der dritte hingegen erhält die notwendigen Zaubergaben (eine Rute und zwei Brote, um das Tor zu öffnen und die Löwen zu besänftigen). Der Jüngste gewinnt nicht ohne mancherlei Gefahren bei einer schönen Jungfrau das begehrte Heilmittel, doch die von ihm erretteten Brüder tauschen es gegen Meerwasser aus, das den König nur noch kränker macht; dann wird der Alte von den beiden älteren Brüdern mit dem Lebenswasser geheilt. Der Jüngste entgeht allen Nachstellungen der Brüder und des Vaters und gelangt schließlich auf goldener Straße zu seiner Prinzessin. Das Motiv ›Suche nach einem Heilmittel für den kranken Vater‹ findet sich aber schon in der spätmittelalterlichen Exempelliteratur; in dem Feenmär-

337

chen *La Belle aux cheveux d'or* der Madame d'Aulnoy ist eine der dem Prinzen Avenant von der schönen Prinzessin gestellten Aufgaben, Wasser »aus der Quelle der Schönheit [Jugend] und Gesundheit« zu holen; eine Eule hilft ihm bei dieser schwierigen Suche, und auch hier wird die Phiole mit einer anderen verwechselt.

In unserer toskanischen Variante vertrödeln die älteren Brüder ihre Zeit mit schönen, aber todbringenden Frauen; aus dem Zwerg ist ein braver Oger geworden, der seine Zaubermittel gegen Geld (statt als Belohnung für die deutsche bürgerliche Tugendhaftigkeit) hergibt. Die schöne Angelica schläft wie ein zweites Dornröschen in ihrem Schloß, sie bekommt auch einen kräftigen Kuß, doch braucht sie nicht den Helden, um aufzuerstehen und als tatkräftige Strategin und Richterin die Lösung des Bruderzwistes in die Hand zu nehmen; sie bestimmt den Fortgang der Aktionen, bis sie endlich ihren Prinzen in die Arme schließen kann.

Paul Heyse brachte 1914 dieses Märchen unter dem Titel *Königin Angelica* in seinen Italienischen Volksmärchen (München 1914, S. 69–74). Eine weitere deutsche Übersetzung findet sich bei Silvia Studer-Frangi (Hg.): Märchen aus Italien. Frankfurt/M. 1992, 100–105. Italo Calvino hat das Märchen in seinen Fiabe italiane (1956) 1971, S. 241–247, Nr. 61: *La regina Marmotta*, nach der Variante bei Gherardo Nerucci (1880) Nr. 46 mit vielen Ausschmückungen bearbeitet. Dieser Fassung kann man entnehmen, daß die Sammler des 19. Jahrhunderts ein erotisches Detail des Märchens unterdrückt haben könnten: Der junge Mann schläft eine Nacht bei der Prinzessin Marmotta (›Murmeltierchen‹) und erlöst sie damit (psychologisch betrachtet) aus ihrem jungfräulich und winterlich unbewußten Schlafzustand: er macht sie zur Frau; diese Episode erklärt auch, warum die Königin Angelica den Verursacher ihrer Initiation (und ihrer Schwangerschaft) heiraten will.

Lit.: Anna Rapp: Der Jungbrunnen in Literatur und bildender Kunst des Mittelalters. Zürich 1977; Hans-Jörg Uther: Behinderte in populären Erzählungen. Berlin/New York 1981, 106–108; Jacques Berlioz u. a. (Hg.): Formes médiévales du conte merveilleux. Paris 1989, S. 99–105: La Quête du remède merveilleux pour le père; R. Schenda: Heilen, Heiler, Heilmittel. In: EM 6 (1990), Sp. 655–665; E. Lemirre: Le Cabinet des fées, 1, 1994, S. 287–301; Evelyne Sorlin: La verte jeunesse et la vieillesse mélancolique dans des variantes roumano-hongroises de AaTh 551. In: Fabula 36 (1995), S. 79–97.

27. *Christina und das Ungeheuer.* C. Marzocchi [1879], 1 (1992) 113–117, Nr. 33: *Cristina e il Mostro.*
AaTh 425: *The Search for the Lost Husband,* 425 A: *The Monster as Bridegroom* (Amor und Psyche); 425B: *The Disenchanted Husband.* Vgl. oben unsere Nr. 18: *König Schwein.* In der hier vorliegenden Variante dominieren die Motive T 111: Verbindung einer Sterblichen mit einem übernatürlichen Wesen; C 32.1: Frau darf übernatürlichen Gatten nicht anschauen; C 991: Reise und Aufgaben als Strafe für gebrochenes Tabu; H 1233.1.1: Alte Frau als Helferin bei Suche; D 859.2: Reise in die Hölle, um Zaubergegenstand zu holen; C 321: Schachtel (die »Büchse der Pandora«) darf nicht geöffnet werden; E 743.1: Seele als Rauch; D 735.1: Entzauberung des Partners durch Kuß. Die Erzählerin erklärt uns allerdings nicht, warum die Heldin unter großen Schwierigkeiten ein Ei ausgraben muß: Es könnte in einer älteren Fassung, wie in unserer Nr. 25 und 37, die Seele des verzauberten Gatten enthalten haben. Das Motiv der Tigerjagd mit Spiegeln, welche die wilden Tiere ablenken sollen, findet sich in Naturbüchern des Spätmittelalters (z. B. bei Konrad von Megenberg im 14. Jh.); vgl. auch Tubach Nr. 4865: *Tigress and mirror.*
Das »Monstrum« unserer Fassung ist ganz offenbar der Liebesgott aus dem antiken Märchen von *Amor und Psyche,* denn er wird hier direkt »Cupido« genannt und gar mit Flügeln ausgestattet. G. B. Basile behandelt diese ungemein beliebte Erzählung variantenreich unter den Titeln *Lo serpe* (Die Schlange, II, 5) und *Lo catenaccio* (Das Hängeschloß, II, 9) und noch einmal V, 3: *Pinto smauto* (Zuckerpuppe) und V, 4: *Lo turzo d'oro* (Die goldene Wurzel). Die schon in Nr. 17 der vorliegenden Sammlung erwähnte französische Feenmärchen-Dichterin Madame D'Aulnoy bringt diesen Stoff zum Beispiel in ihrem *Serpentin vert*: Das Monstrum, das die Prinzessin Laidronette liebt, gleicht dort einem grünen geflügelten Drachen; die junge Frau heiratet ihn nach langem Zögern, weil ihr der unsichtbare Partner durch seine liebenswürdigen Aufmerksamkeiten behagt. Doch auf Anraten der Verwandten und nach der verderblichen Lektüre des Buches von *Amor und Psyche* (wohl einer französischen Übersetzung des Apuleius-Textes [im *Goldenen Esel*]) beleuchtet sie eines Nachts den Gatten mit einer Lampe. Die Er-

lösung des Ungeheuers kann erst erfolgen, nachdem die Prinzessin ihre »fatale Neugierde« büßt und zu einer neuen Griseldis wird, welche geduldig die übelsten Strafen (und auch, wie hier, eine Höllenreise) auf sich nimmt.

Lit.: Jan-Öjvind Swahn: The Tale of Cupid and Psyche (AaTh 425 + 428). Lund 1955; Georgios A. Megas: Amor und Psyche. In: EM 1 (1977) 464–472; Detlev Fehling: Amor und Psyche. Die Schöpfung des Apulejus und ihre Einwirkung auf das Märchen. Eine Kritik der romantischen Märchentheorie. Mainz 1977.

28. *Pitursellina – Petersilchen (2).* C. Marzocchi [1879], 1 (1992) S. 203-206, Nr. 53: *Pitursellina.*

AaTh 310: *The Maiden in the Tower* + AaTh 879: *The Basil Maiden (The Sugar Puppet, Viola).* – D'Aronco, S. 167, Nr. [920 c]. – C/S, S. 58 f. (37 Varianten des Mädchens im Turm) und 214 (35 Varianten des Basilikummädchens).

Der auf Giambattista Basile (1634, II, 1: *Petrosinella*) zurückgehende Titel und der Eingang des Märchens entsprechen dem Anfang von AaTh 310: *The Maiden in the Tower* (Rapunzel): Eine schwangere Frau hat ein Gelüste auf die Petersilie im Garten einer Fee; als sie beim Stehlen erwischt wird, muß sie der Fee ihr Neugeborenes versprechen. Vgl. hier die Nr. 23: *Prezzemolina, Petersilchen.* Das darauf folgende Märchen vom Basilikumtopf baut auf dem »wachsenden Dialog« von Held und Heldin auf; der Austausch von Hänseleien ist ein Vorspiel zum ehelichen Herrschaftskampf, er ist gewöhnlich gespickt mit erotischen Handlungen und Anspielungen. Zur Schande des Mauleselleckens vgl. eine seit dem Hochmittelalter verbreitete Anekdote über Friedrich Barbarossa: Aus Rache dafür, daß »die Mailänder seine Gemahlin [...] verkehrt auf einen Esel gesetzt [...]«, mußten »alle Gefangenen [...] dem Esel eine unter den Schwanz geklemmte Feige mit den Zähnen herausziehen« (F. H. von der Hagen: Briefe in die Heimat aus Deutschland, der Schweiz und Italien. Breslau 1818, S. 293). Zum heutigen Zuckerpuppen-Brauch vgl. R. und Susanne Schenda: Eine sizilianische Straße; volkskundliche Beobachtungen aus Monreale. Tübingen 1965, S. 28–29.

Lit.: Maria Raciti: La diffusion en Sicile du conte qui a pour titre »Le vase de basilic« ou bien »La poupée en sucre et en miel«. In: Laographia 22 (Athen 1965) 391–398; Michael Meraklis: Basilikummädchen. In: EM 1 (1977), Sp. 1308-1311; Pitrè (1875)/

Schenda/Senn: Märchen aus Sizilien, 1992, S. 48-55, Nr. 8: *Der Basilikumtopf*, und dazu weitere Anmerkungen S. 329-330.

29. *Die Puppe.* C. Marzocchi [1879], 2 (1992), S. 25-27, Nr. 71: *La popa.*
AaTh 571 C: The Biting Doll. D'Aronco, S. 84 Nr. 563 h und S. 159, Nr. [887]. – C/S, S. 138 ohne moderne Varianten.
Das Märchen beruht auf alter literarischer Tradition. G. F. Straparola behandelt es 1550/53 (V, 2) in der Geschichte von Adamamantina und ihrer ›paovola‹; G. B. Basile (V,1) unter dem Titel *La Papara* (Die Gans). Es hat sich seine Beliebtheit außerhalb Italiens bis heute bewahrt: In den achtziger Jahren unseres Jahrhunderts konnte J. Camarena Laucirica in Zentralspanien Varianten dieses Märchens aufzeichen, die zweierlei zeigen: Ciro Marzocchi hat seinen Text offenbar zu einer literarischen Vollform ergänzt und sehr wahrscheinlich von Anstößigkeiten gereinigt. Die modernen spanischen Erzähler scheuen sich jedenfalls nicht, das »Scheißen« der Puppe breit auszumalen; besondere Freude macht es auch ihnen, sich vorzustellen, wie sich die Puppe im königlichen Arsch verbeißt.
Lit.: Max Lüthi: Die lebende Puppe. Sage und Märchen. In: Ders.: Es war einmal, 1983, S. 54-65; Julio Camarena Laucirica: Cuentos tradicionales recopilados en la Provincia de Ciudad Real. Ciudad Real 1984, S. 289-290: *La Muñeca que cagaba dinero.*

30. *Giovannino ohne Furcht* G. Nerucci: Sessanta novelle, 1830, S. 363-366, Nr. 44: *Giovannino insenza paura.* »Erzählt von Luisa, verwitweter Ginanni.« I. Calvino bringt in seinen Fiabe italiane das Märchen *Giovannin senza paura* (aus unterschiedlichen italienischen Varianten neu erzählt) an allererster Stelle. Eine Variante aus neuester Zeit bringt F. Mugnaini: Mazzasprunìgliola, 1995, Ms. p. 50-53, Nr. 1: *Beppino della paura.*
AaTh 326: *The Youth Who Wanted to Learn What Fear Is.* AaTh 774 A: *Peter Wants to Create a Man.* – D'Aronco, S. 56, Nr. 326 a–d. – Rotunda Mot. E 12.2*. – C/S, S. 70-71 (35 Nachweise).
In diesem Schwank macht sich eine Frau über falschen Mut und männliches Imponiergehabe lustig; auch geht es darum, die Schreinerkunst ad absurdum zu führen und den Angeber Giovannino wegen seiner Hybris in den Tod stolpern zu lassen. Der erste Teil der Geschichte erinnert an eine Episode (Mot. H 1411.1: *Fear test: staying in haunted house where corpse drops*

piecemeal down chimney) in Grimms KHM Nr. 4: *Märchen von einem, der auszog, das Fürchten zu lernen*; in diesem Märchen finden sich in einer anderen Episode auch sechs Männer, die eine Totenlade mit einer Leiche hereintragen; auch ist von einer Drechselbank die Rede, auf welcher der Held Köpfe zu Kugeln dreht. Es ist also nicht ausgeschlossen, daß dieser erste Teil unseres Märchens auf die Grimmsche Sammlung (oder eine italienische Übersetzung dieses Textes) zurückgeht. Herbeigezogen werden auch Elemente eines Schatzsucher-Abenteuers und das Motiv des Ariadne-Fadens, der dem Helden den Weg aus einer verzwickten Lage zeigt (Mot. R 121.5).

Im zweiten Teil wird von einem Zauberwerk erzählt (Mot. E 783.1: *Head cut off and successfully replaced*), das schon in ähnlicher Form vor allem im 16. und 17. Jahrhundert als teuflisches Illusionskunststück von sich reden machte: In Deutschland erzählen unter anderen Augustin Lercheimer (Christlich Erinnerung und Bedenken von Zauberei, 1585 und öfter) und nach ihm die Historia von D. Johann Fausten (1587) von Zauberern, die Köpfe abschneiden und wieder anheilen konnten. In Frankreich karikiert Philippe D'Alcripe (Le Picard) 1579 (und in Deutschland wiederum Hans Wilhelm Kirchhof in seinem *Wendunmuth*) das Thema: Ein von Räubern überfallener Kerl heftet sich bei starkem Frost den abgeschnittenen Kopf mit einer Nadel an, doch als er sich zu Hause schneuzt, reißt er sich sein aufgetautes Haupt wieder ab, wirft es ungewollt in das Kaminfeuer und stirbt, ohne es selbst zu merken. Doch hatten schon lange vorher die spätmittelalterlichen Heiligenlegenden so viele Geschichten von lebendigen Köpfen und kopflos Lebenden erzählt, daß in der kollektiven populären Phantasie solche makabren Vorstellungen lebhaft weiterrollen konnten.

Das Motiv des umgekehrt aufgesetzten Kopfes (Mot. E 12.2; Mot. E 34), von der älteren Forschung (S. Singer, 1940) germanisch-einäugig auf »nordische Sagas« zurückgeführt, ist schon in der (auch in Italien wohlbekannten) mittelalterlichen lateinischen Exempelliteratur (z. B. der *Compilatio singularis exemplorum*) nachweisbar und taucht in der italienischen Märchenliteratur erstmals (und das schon 1550/53!) bei G. F. Straparola (IV, 5) auf: Flamminio zieht aus, den Tod (›la morte‹ = ›die Tödin‹) zu suchen, und findet schließlich eine alte, hagere, häßliche Frau, die sich ›la vita‹ (›das Leben‹) nennt und bereit ist, ihm den Kopf abzuschneiden und diesen mit Hilfe von Salben wieder aufzusetzen – aber falsch herum. Als nun der Junge seinen scheußlichen Hintern sieht, bittet er, völlig verstört, die Alte, ihn noch einmal zu köpfen, aber hernach in seinen ursprünglichen Zustand zu versetzen. Tod und Angst hat er nach seiner Wiederherstellung zur Genüge kennengelernt, und er kehrt, auch von seiner Todessucht geheilt, nach Hause zurück. *Lit.:* Albert Wesselski: Märchen des Mittelalters. Berlin 1925, 142 f., Nr. 50: *Der Zorn Gottes*, und Anm. S. 240 f.; Samuel Singer: Fürchtenlernen. In: Handwörterbuch des Deutschen Märchens 2 (1940), Sp. 300–302; Heinz Rölleke: Märchen von einem, der auszog, das Fürchten zu lernen. Zu Überlieferung und Bedeutung des KHM 4. In: Fabula 20 (1979), S. 193–204; Philippe d'Alcripe: La nouvelle Fabrique des excellents traicts de vérité. Ed. Françoise Joukovsky. Paris/Genève 1983, S. 185 f.; Nr. 94; Heinz Rölleke: Fürchten lernen. In: EM 5 (1987), Sp. 584-593; Historia von D. Johann Fausten. Kritische Ausgabe hg. von Stephan Füssel und Hans Joachim Kreutzer. Stuttgart 1988 (RUB 1516), S. 100 f. und 265 f.; Rolf Wilhelm Brednich: Köpfe vertauscht. In: EM 8/1 (1995), Sp. 264–268.

31. Das Märchen von den Affen. G. Nerucci: Sessanta novelle, 1880. S. 81–85, Nr. 10: *La Novella delle Scimmie.* Zuerst erschienen in: D. Comparetti: Novelline, 1875, S. 254–259, Nr. 58. Erzähler war der Schneider Ferdinando Giovannini aus Montale Pistoiese. I. Calvino hat Neruccis Text bearbeitet in seinen Fiabe italiane (1956), 1971, S. 258–261, Nr. 63: *Il palazzo delle scimmie.* Paul Heyse brachte 1914 das Märchen *Die Affen* in seiner Italienischen Volksmärchen (München 1914, S. 95–100). Eine weitere deutsche Übertragung (nach Comparettis Ausgabe) findet sich bei W. Keller/L. Rüdiger: Italienische Märchen, 1959, S. 342–347, Nr. 45: *Die verwunschenen Affen.*
AaTh 402: *The Mouse (Cat, Frog etc.) as Bride.* Vgl. auch oben Nr. 22: *Die drei Brüder.* – D'Aronco, S. 59 (402 b). – C/S, S. 87 (21 Varianten).
S. Thompsons Motif-Index scheint das Motiv der Heirat mit einem Affen (›monkey‹) oder einer Affen-Fee nur aus indischen oder ostasiatischen Erzählungen zu kennen (Mot. B 601.7, B 641.7, F 302.11). Ganz so ungewöhnlich für Europa, wie die früheren Herausgeber dieses Textes meinten, ist das Motiv des Affenstaates keineswegs. Es taucht in den Bild-*Singerien* des 18. und 19. Jahrhunderts mehrfach auf, und es könnte wohl sein, daß der Erzähler einen oder mehrere populäre Bilderbogen mit

solchen Affen-Alltagswelten gekannt hat. Durch unseren Wilhelm Hauff und seinen *Zwerg Nase* kennen wir im übrigen einen Feenhaushalt mit Meerschweinchen und Eichhörnchen als Bediensteten. Die Leser unseres Märchens werden bemerken, daß sein Stil ein literarischer ist (Häufigkeit von Nebensätzen, Mangel an Dialogen, indirekte Rede, breiter Wortschatz), so daß sich annehmen läßt, Neruccis Schneider sei eine nicht ungebildete Person gewesen. Und selbstverständlich zieht dieser Verarbeiter von Stoffen einen großen Ballen von handlichem Leintuch dem Gezwitscher eines flatterhaften Vögleins vor: Das Handwerk, nicht die Kunst hat goldenen Boden.

Lit.: Paolo Toschi: Populäre Druckgraphik Europas. Italien vom 15. bis zum 20. Jahrhundert. München 1967, Abb. 130–131; R. und Susanne Schenda: Affe. In: EM 1 (1977), Sp. 137–146. Der Artikel ›Maus als Braut‹ (von Sigrid Führmann)wird voraussichtlich 1997 in der EM erscheinen.

32. *Caterina.* G. Nerucci: Sessanta novelle, 1880, S. 421–429, Nr. 51: *Caterina.* »Erzählt von dem Bauernmädchen Giuditta Diddi«.
Das eigenwillige Märchen, das abermals zum weiten Kreis der Geschichten von verleumdeten Frauen gehört (vgl. unsere Nr. 6 und 35), enthält einige wenige Motive aus AaTh 709: *Snow-White* und wurde daher von D'Aronco, S. 96, unter Nr. 709 (n) aufgelistet. In Betracht zu ziehen sind jedoch auch AaTh 881: *Oft-proved Fidelity* und 883 A: *The Innocent Slandered Maiden.* Ein Weiterwirken von Episoden aus Straparola I, 4: *Tebaldo principe di Salerno* (zum Beispiel die sexuellen Nachstellungen [durch Tebaldo, den Vater der Heldin!] oder der Mord an zwei Kindern in der Wiege) ist denkbar.
Das Motiv des Kleidertausches, welcher die schöne (oftmals von Inzest-Gelüsten bedrängte) Frau zu einer unansehnlichen macht, ist nicht zuletzt aus dem Volksbuch von der *Schönen Magelone* bekannt. Zum Vergleich mit unserer Caterina kann man eine sizilianische Variante zitieren (I. Calvino: Fiabe italiane [1956], 1971, S. 733–735, Nr. 176: *Il Gran Narbone*), in welcher statt des bösen »maestro« ein »ministro« als Schurke auftritt. Die junge Frau verkleidet sich, nach der Verleumdung durch den Minister und der Verschonung durch die Soldaten, als Mann und wird Anführerin einer Räuberbande. Der junge König, der, aus dem Kriege heimgekehrt, seine Frau nicht mehr findet, stößt bei der Jagd auf die Räuber. Der Minister wird zu einem großen Essen eingeladen und dabei von der Heldin ge-

344

zwungen, seine Missetaten selbst zu erzählen; sie köpft ihn an Ort und Stelle. In Laura Gonzenbachs sizilianischem Märchen Nr. 25: *Von dem Kinde der Mutter Gottes* finden wir einen »Geistlichen« (auch so läßt sich ›ministro‹ mißverstehen) als der Bösewicht, der die beiden Knäblein der Königin ermordet und das blutige Messer in die Tasche der Mutter schiebt; auch dieser Schurke wird in einem Wirtshaus entlarvt. Die junge Erzählerin des hier vorliegenden Textes verarbeitet offenbar Schulerinnerungen in ihrem (von Nerucci tüchtig aufpolierten) Märchen, vielleicht sogar das Erlebnis sexueller Belästigungen durch einen Lehrer. Es ist nicht ausgeschlossen, daß sie die Figur eines »ministro«, von dem sie hatte erzählen hören, ihrerseits mit der eines »maestro« verwechselt hat. Es läßt sich auch nicht ausschließen, daß Giuditta irgendwann Auszüge aus den Mystères de Paris von Eugène Sue (1842; mehrfach ins Italienische übersetzt) hatte vorlesen hören, in welchem ein »maître d'école« die Rolle des verbrecherischen Oberschurken spielt. Jedenfalls ist es ihr gelungen, diese Geschichte eher als ein Abenteuerstückchen denn als ein Zaubermärchen zu erzählen und das zweimal: Das »Märchen im Märchen« wird hier von der Heldin selber vorgetragen (in anderen Märchen, wie bei unserer Nr. 17, von plaudernden Vögeln), um den Bösewicht zu überführen.
Lit.: Vgl. die Anmerkungen Reinhold Köhlers zu L. Gonzenbach: Sicilianische Märchen, 1870, Nr. 25, S. 221 f.

33. *Die Maga.* G. Pitrè: *Novelle* 1 (1885) 1941, S. 1–9, Nr. 1: *La Maga.* Zuerst erschienen im Archivio per lo Studio delle Tradizioni Popolari 1 (1882), S. 51–57. Dem Herrn Advokaten Giovanni Siciliano (Pitrès Freund) um 1876 erzählt von Beppa Pierazzoli aus Pratovecchio im oberen Arnotal; sie lebte seit vielen Jahren in Firenze. Eine deutsche Übertragung in I. Calvinos Manier findet sich bei W. Keller/L. Rüdiger: Italienische Märchen, 1959, S. 227–235, Nr. 27: *Die Hexe Maga.*
AaTh 300: *The Dragon Slayer.* – D'Aronco, S. 48, Nr. 300 e und S. 151, Nr. [852] (Perseo). – C/S, S. 47–49 (67 Varianten aus neuerer Zeit).
Abermals wird hier eine junge Frau ausgegrenzt und eingesperrt, um ihr das Ausbrechen oder Eingehen (die ›In-itiation‹) in die Welt zu verwehren. Die Liebe (und damit die Schwangerschaft) kommt zu ihr von außen; ihr Sohn macht dann gleichsam an ihrer Stelle Reise- und damit Lebenserfahrungen, er bleibt jedoch für den Großvater ein unerwünschter Balg. Doch

der Junge wagt es, der Gorgo-Medusa mit dem versteinernden Blick (Mot. D 581), dem man nur mit Hilfe eines Spiegels entrinnen kann, entgegenzuziehen; er hat Mut, wenn auch (wie viele junge Märchen-Männer) nicht die nötigen Mittel zu einem heldenhaften Auf- und Auszug. Die in solchen Fällen nützlichen Feen (eine von ihnen ist hier männlichen Geschlechts, die andern beiden relativ blind: sie teilen sich, wie die drei Graien in der Perseus-Sage, ihr einziges Auge, Mot. G 121.1) halten indes ihre Zaubergaben mehr oder weniger gerne bereit: das fliegende Pferd (den Pegasus; Hesiod erzählt im 7. vorchristlichen Jahrhundert, er sei dem Rumpf der von Perseus enthaupteten Medusa entsprungen; Bellerophon bezwingt, auf seinem Rücken reitend, die Chimäre) und den Spiegel (der nach heute noch gültigem süditalienischem Glauben den ›Bösen Blick‹ [›malocchio‹] abwendet). Unser neuer Perseus oder Bellerophon köpft also, ohne ritterliche Vorwarnung, die zwar schöne, aber offenbar ungemein gefährliche Maga-Medusa, muß aber dann auch noch in die Rolle des drachentötenden Jungfrauen-Befreiers Perseus oder Sankt Georg schlüpfen. Von diesem Punkt an folgt Pitrès (mythologiekundige?) Gewährsfrau dem üblichen Drachentöter-Märchen (vgl. unsere Nr. 25: *Die Düstere Wolke*); der Held setzt seine sieben Drachenzungen selbständig als Beweismittel ein und packt noch einmal das Gorgonen- oder Medusenhaupt aus dem Sack, um den Großvater zu versteinern. Das Märchen zeigt somit eine komplexe Struktur, auch läßt sein Sprachduktus ganz und gar nicht auf die direkte Niederschrift einer mündlichen Erzählung schließen.

Bei L. Gonzenbach, 1870 erscheint dieses Märchen (Bd. 1, S. 299–304, Nr. 44) unter dem Titel *Von dem, der den Lindwurm mit sieben Köpfen tödtete*, und auch in der Nr. 40: *Von den zwei Brüdern* wird einem »Lindwurm« der Garaus gemacht; der sizilianische ›drago‹, der ja auch ein ›mago‹: böse männliche Fee, Zauberer oder Menschenfresser sein kann, wird also in einen typisch deutschen Sagen-Drachen verwandelt. Italo Calvino erzählt (1956) 1971, S. 220–228 sein Drachentöter-Märchen (Nr. 58: *Il Drago dalle sette teste*) nach G. Nerucci, 1880, Nr. 8: *Il Mago dalle sette teste*; zu einem Vergleich heranziehen läßt sich auch Calvinos Märchen Nr. 48: *I tre cani*; für weiterführende vergleichende Studien sind seine Anmerkungen S. 839f. und 841f. hilfreich.

346

Lit.: Max Lüthi: Die Gabe im Märchen und in der Sage. Diss. Bern 1943; Lutz Röhrich: Drache, Drachenkampf, Drachentöter. In: EM 3 (1981), Sp. 787–820; Helmut Fischer: Georg, Hl In: EM 5 (1987), Sp. 1030–1039; Gertrud Werber: Gorgo, Gorgonen. Ebenda, Sp. 1404–1409.

34. *Das Goldpantöffelchen.* G. Pitrè: *Novelle* 2 (1885) 1941, S. 87–94, Nr. 11: *La ciabattina d'oro.* Zuerst erschienen im Archivic per lo Studio delle Tradizioni Popolari 1 (1882), S. 190–195. Demselben G. Siciliano erzählt »von einer gewissen Maria aus Monte Mignaio im Casentino«.

Das Märchen gehört im weitesten Sinne zum *Cinderella*-Zyklus (AaTh 510 und 510 A). So stammt schon das Eingangsmotiv unseres Textes, nämlich vom Pantöffelchen, das der Auserwählten passen muß (Mot. H 36.1), aus diesem Zusammenhang; es findet sich speziell schon in Basiles Märchen I, 6: *La gatta cennerentola (Die Aschenkatze).* Doch zeigt die ganze Erzählung weitgehende Übereinstimmungen mit dem ›conte‹ *Peau d'âne* des französischen Märchendichters Charles Perrault (1694), das zum Märchentypus AaTh 510 B *(Cap o' Rushes)* gehört und durch das Inzestmotiv am Anfang (Mot. T 411.1: *Lüsterner Vater),* durch das Verkleidungsmotiv F 821.1.3: *Kleid aus Tierhaut* und durch das Motiv H 151.6: *Heldin in ärmlichem Gewand wird an ihrem schönen Kleid erkannt* gekennzeichnet ist. Die schönen Kleider und ihre Ornamente deuten nicht nur auf die drei Elemente Erde/Blumen, Wasser/Wellen und Luft/-Sterne, sondern auch auf drei Lebensphasen: blühende Kindheit/Jugend, bewegtes Erwachsen-Sein, geläutertes, strahlendes Alter; alle drei gehören (nach Auffassungen, die noch nichts von der Eigenwertigkeit der Tiere wissen wollen) zur sauberen Welt (mundus) des Menschen, die Esels- oder Schweinehaut zur schmutzigen Un-Welt (immundus) der Tiere. Zum Motiv ›Prinz fragt dreimal nach der Herkunft seiner Balldame und erhält verschlüsselte Antworten‹ vgl. Pitrès sizilianisches Märchen Nr. 1: *Grattelein, schön Dattelein* (Pitrè [1875]/ Schenda / Senn 1991, S. 7–16). Das Kästchen, »das sehen kann und nicht gesehen wird«, bleibt als ein ›stumpfes Motiv‹ (Max Lüthi) liegen und wird nicht weiter benützt. Es fehlt zudem das Perraultsche Motiv vom goldscheißenden Esel und seiner Haut, welche die junge Frau überwirft, bevor sie in die Welt zieht.

Lit.: Rainer Wehse: Cinderella. In: EM 3 (1981), Sp. 39–57.

35. Die Mutter Oliva. G. Pitrè: *Novelle* 2 (1885) 1941, S. 111–115, Nr. 13: *La madre Oliva.* Zuerst erschienen im Archivio per lo Studio delle Tradizioni Popolari 1 (1882), S. 520–523. Erzählt von Maria Pierazzoli in Pratovecchio (der Schwester von Maria P.?; keine weiteren Sozialdaten).

AaTh 706: *Das Mädchen ohne Hände.* – D'Aronco, S. 87, Nr. 706 b. – C/S, S. 151 (mit 13 Varianten).

Zur literarischen Vorgeschichte vgl. unsere Nr. 6: *Die verleumdete Königin.* Die Märchendichter Straparola (IV, 3: *Ancilotto*) und Basile haben das Thema der verleumdeten und gedemütigten Ehefrau keineswegs verschmäht: In des Neapolitaners ›cunto‹ von der *Penta manomozza* (III, 2) finden sich ebenfalls das Inzest-Motiv (Bruder begehrt Schwester), die abgeschnittenen Hände (die in eine »Schale aus Faenza« gelegt werden), der Kasten (der mit dem Mädchen auf dem Meer schwimmt), die vertauschten Briefe, das Verbrennen der Betrügerin und, selbstverständlich, die glückliche Wiedervereinigung. Pitrè weist in seinen Anmerkungen zahlreiche italienische Varianten aus dem 19. Jahrhundert nach; daß die ›mündlichen‹ Fassungen alle auf dieser oder jener literarischen Überlieferung beruhen, läßt sich nicht bezweifeln.

Der Titel *Die Mutter Oliva* beruht zudem auf einem weitverbreiteten italienischen Volksbüchlein mit dem Titel *Istoria della Regina Oliva*, welches sich bis ins 15. Jahrhundert (also lange vor Basile) zurückverfolgen läßt und das in 97 oder in 77 Oktaven erzählt, wie der Kaiser Julian seine Tochter Oliva (oder Uliva) wegen ihrer schönen Hände begehrt, wie sie sich ihre Hände abschneidet, verstoßen wird und durch einen wilden Wald zum König von Katalonien gelangt. Von einem ruchlosen Beamten verleumdet und des Kindsmordes angeklagt, wird sie in einer Kiste aufs Meer gesetzt. Nach vielen Abenteuern wird sie Frau des kastilischen Königs und gebiert während dessen Feldzug ein Söhnlein, das in gefälschten Briefen der bösen Schwiegermutter als Mißgeburt bezeichnet wird. Uliva, mit ihrem Kind abermals ausgesetzt, gelangt nach Rom. Als der König den Betrug seiner Mutter erkennt, läßt er sie verbrennen; um dafür Buße zu tun, pilgert auch er nach Rom und findet dort glücklich seine Oliva und seinen Sohn. Ihre Hände erhält Oliva von der Gottesmutter zurück.

Der Text unserer Märchenfassung hat aber auch gewisse Ähnlichkeiten mit dem Inhalt des ebenso verbreiteten Volks-

büchleins *Istoria della Regina Stella e Mattabruna*; die Druckgeschichte auch dieses Büchleins geht bis ins 16. Jahrhundert zurück: In Florenz erschien 1558 auch ein frommes Theaterstück mit dem Titel *La rappresentazione di Stella*, bei welchem man annehmen darf, daß Tausende von Zuschauern vom Schicksal dieser Frau Kenntnis erhielten. Stella ist mit dem König Oriano von Spanien verheiratet. Als sie vier Kindlein gebiert (als Erkennungszeichen tragen sie silberne Kettchen), werden diese von Olivas Schwiegermutter Mattabruna fortgeschafft; der gute Diener Guido setzt sie in einen Fluß. Der Stella im Kindbett werden vier Hündchen untergeschoben; sie muß darauf, der Unzucht mit einem Hund beschuldigt, im Gefängnis schmachten. Ein Einsiedler, eine Hirschkuh und ein Engel nehmen sich inzwischen der Kinder an. Der Einsiedler enthüllt, nach mancherlei weiteren Abenteuern der Kinder, die wahren Sachverhalte just in dem Augenblick, da Stella auf dem Scheiterhaufen steht; Tasso, der älteste Sohn, erschlägt zum Unschuldsbeweis einen Riesen. Die Schwiegermutter wird hingerichtet; die Familie ist glücklich vereint. Kurzum: die Grundelemente der Geschichten von unschuldig verleumdeten und verfolgten Frauen und Kindern waren durch die Volksbuchliteratur allgemein bekannt und regten geschickte Vortragskünstler zu immer neuen Nacherzählungen an. I. Calvino: Fiabe italiane (1956), 1971, S. 297–303, Nr. 71, bringt seine *Uliva* nach der Vorlage von G. Nerucci: Sessanta novelle, 1880. S. 324–334, Nr. 39 (erzählt von Luisa Ginanni).
Lit.: Erhard Lommatzsch: Beiträge zur älteren italienischen Volksdichtung, 4: Ein vierter Wolfenbütteler Sammelband, 2. Teil: Sacre Rappresentazioni. Berlin 1963, S. 574–609: *La rappresentazione di Stella nuovamente ristampata* [vollständiger Text]; Caterina Santoro: Stampe popolari della Biblioteca Trivulziana. Milano 1964, S. 4–6, Nr. 5–6: Istoria della Regina Oliva; Hélène Bernier: La Fille aux mains coupées (Conte type 706). Quebec 1971; I. Calvino: Fiabe italiane (1956) 1971, S. 845f. (Anm.en zu Nr. 71); R. Schenda/I. Tomkowiak: Istorie bellissime, 1993, Nr. 139-139 c: *Regina Oliva*; Nr. 155-155 b: *Stella e Mattabruna.*

36. *Die drei Hunde.* G. Pitrè: *Novelle* 1(1885) 1941, S. 9–21, Nr. 2: *I tre Cani.* Eine deutsche Übertragung findet sich bei W. Keller/L. Rüdiger: Italienische Märchen, 1959, S. 235–245, Nr. 28: *Die drei Hunde.*

349

AaTh 300: *The Dragon-Slayer.* – D'Aronco, S. 48, Nr. 300f. – C/S, S. 47–49 (67 Varianten).

Erzählt von Frau Umiltà Minucci aus Siena, »welche, wie immer, mehr als es die anderen Erzählerinnen dieser Sammlung tun, ihrer Geschichte einen literarischen Ausdruck verleiht. Die Umiltà ist seit vielen Jahren Schneiderin in Firenze; die Kinder drängen sich dort nach ihren Märchen, und sie erzählt in der echten Redeweise der Bürger von Siena.« (S. 21). Frau Minucci muß, das sehen wir deutlich aus ihrer Erzählung, eine Hundeliebhaberin gewesen sein: An einer Stelle des Märchens vergißt sie gar, daß die Tiere auch einen Menschen bei sich hatten: abends »kehrten die Hunde nach Hause zurück, sie schliefen, und am nächsten Tag fingen sie wieder von vorne an«. Auch stellt sie sich mit großem Behagen vor, was für ein seliges Leben (»vita beata«) es in so einem Schlaraffenland wie dem des Bauern sein müsse, allezeit einen gedeckten Tisch und ein gemachtes Bett vorzufinden, lange schlafen und spazierengehen zu können. Solche Märchenseligkeit wird wohlgemerkt dem Manne und den Hunden gegönnt, nicht aber einer Frau, der Schwester nämlich, die gleich nach ihrer Ankunft in die Küche geschickt wird. Selbstverständlich gehört zur Struktur dieser Geschichte ein schurkischer Usurpator, der die Prinzessin für sich fordert. Doch ist bei der vorliegenden Fassung nicht zu übersehen, daß die Erzählerin gegen Schwarze eine besonders tiefe Abneigung hegt; sie billigt auch die Todesstrafe für solche Menschen. Ganz ungewöhnlich ist der aufgesetzte Schluß, daß die Hunde als zurückverwandelte Fürsten erscheinen; so endet das Märchen nicht mit dem üblichen Liebesglück, sondern mit einem Übermaß von Männerfreundschaft.

Ein Märchen mit dem Titel *Der Königssohn mit den drei Hunden* wurde durch Hermann Knust bei seinem Hafenwächter aus Livorno verkürzt aufgezeichnet und im *Jahrbuch für Romanische und Englische Literatur* veröffentlicht (H. Knust: Italienische Märchen, 1866, S. 397–398). In demselben Zeitschriftenband findet sich eine Erzählung aus dem Veneto, aufgezeichnet und kommentiert von Georg Widter und Adam Wolf (Volksmärchen aus Venetien, 1866, S. 128–134, Nr. 8) unter dem Titel *Der Drachentödter.* Fast alle Sammlungen der Pitrè-Zeit kennen Varianten dieser Erzählung, so V. Imbriani: Novellaja, 1877, S. 375–387, Nr. 28: *Il Mago dalle sette teste.* Italo Calvino zählt in den Anmerkungen zu seiner Fassung von den *Tre cani* (1956,

350

1971, S. 174–178 und 839 f.) weitere italienische Varianten auf Aber schon Giovan Francesco Straparola hatte das Drachentöter-Märchen 1550/53 in seinen *Piacevoli notti* (X, 3: *Cesarino de' Berni*) erzählt; der Held hat dort allerdings nicht drei Hunde, sondern einen Löwen, einen Bären und einen Wolf bei sich. Vgl. auch das Märchen Nr. 44 *(Die drei Hunde)* in Pitrè (1875) / Schenda / Senn 1991, S. 257–270. Dort verliert der Junge seine Schafe an einen Riesen; der gibt ihm dafür drei Hunde, die den Helden auch mit Geld versorgen. Dieser Peppi gelangt zusammen mit seiner Schwester in einen Feenpalast. Ein Müller (also ein Bösewicht!) nimmt sich dieses Mädchen und plant mit ihr die Ermordung des Bruders; die Hunde helfen ihm, die Übeltäter zu erledigen. Diese jeweils in anderen phantasievollen Varianten erzählte Episode mit den drei hilfreichen Hunden (Mot. B 421), die zum Beispiel im Elsaß ›Stahlbricheisen‹, ›Merkauf‹ und ›Geschwindwiederwind‹ heißen und die manchmal gleichzeitig mit dem Helden geboren wurden, ist aber nur der Vorspann zu dem Haupt-Märchen von der Erlösung einer Jungfrau aus der Gewalt eines Drachens (vgl. in der Antike den Mythos von *Perseus und Andromeda*; im frühen Christentum die Legende vom Drachentöter St. Georg); dieses gehört mit seinem charakteristischen Motiv von dem Betrüger, der den Lohn der guten Tat für sich beansprucht (Mot. K 1932), in der ganzen Romania zu den beliebtesten Themen der Abendunterhaltungen; in Frankreich trägt es oft den Titel *La bête à sept têtes.*

Lit.: Paul Delarue: Le Conte populaire français. Catalogue raisonné [...]. Bd. 1. Paris 1957, S. 101–108; Alan R. Velie: The Dragon Killer, The Wild Man and Hal. In: Fabula 17 (1976), S. 269–274; Aurora Milillo: Narrativa di tradizione orale. Studi e ricerche. Roma 1977, S. 35–38; Lutz Röhrich: Drache, Drachenkampf, Drachentöter. In: EM 3 (1981) 787–820; vgl. auch die Literatur zu unserer Nr. 25: *Die Düstere Wolke.*

37. *Die zwölf Söhne* C. Weber, 1900, Nr. 2, S. 314–317: *I dodici Figlioli.* Erzählt 1884 von Angiola, der Frau eines Feldhüters in Casole bei Vicchio di Mugello. Auch dieser Text wurde, wie der vorhergehende, in Schnellschrift aufgezeichnet und nach dem Erzählakt noch einmal geschrieben.

AaTh 302: *The Ogre's Heart in the Egg.* – Nicht bei D'Aronco. – C/S, S. 53f. (21 Varianten). V. Imbriani: Novellaja fiorentina, 1877, S. 7–11, Nr. 1: *L'orco* und S. 319–327, Nr. 26: *Zelinda e il*

mostro; bearbeitet nach einer Vorlage von G. Nerucci. Vgl. dessen Sessanta novelle, 1880, S. 1–9, Nr. 1: *Zelinda e il Mostro.* Das Märchen gehört zum Typus *Herz des Unholds im Ei* (vgl. unsere Nr. 25: *Die Düstere Wolke*) und enthält als Hauptmotiv das von der ›nach außen verlegten Seele‹ (Mot. E 710: *External soul*). Das Motiv der Verwandlung in Salzsäulen (Mot. C 961.1) ist bekanntlich biblischer Herkunft (Genesis 19, 26). Die (heilige) Zahl Zwölf, ihre Unvollständigkeit (elf) und Vollkommenheit (12 Schläge in einem Schlag) spielt hier mehrfach eine Rolle. Die Erzählerin läßt einige Elemente, die das Märchen schlüssiger machen würden, beiseite: Das Schiff als Aufenthaltsort des Mago bleibt unerklärt; den drei Tieren (zu Erde, Luft und Wasser gehörig) müßte, wie in AaTh 554: *The Grateful Animals*, zunächst eine Wohltat erwiesen werden, damit sie sich durch das Lösen schwieriger Aufgaben dankbar erweisen; von den zwölf Mädchen bleiben elf völlig passiv; die Maurer verschwinden ohne ihren gerechten Lohn. Doch gelingt es der Erzählerin, die ineinander verschachtelten Elemente der Mago-Beseitigung zusammenzuhalten. Zu der Schlußformel »Breit ist der Weg…« vgl. unsere Nr. 17.
Lit.: Christa Tuczay: Herz des Unholds im Ei. In: EM 6 (1990), Sp. 929–933.

38. *Der kleine Elf.* C. Weber, 1900, S. 317–320, Nr. 3: *Undicino.* Erzählt 1884 von Angiola (wie beim vorhergehenden Märchen). AaTh 328: *The Boy Steals the Giant's Treasure.* – D'Aronco, S. 136, Nr. [317 c bis]. – C/S, S. 77 (mit 28 Varianten). Das Märchen wird eingeleitet mit Elementen aus AaTh 327: *The Children and the Ogre* (verwandt mit *Hänsel und Gretel,* AaTh327 A und *Däumling und Menschenfresser,* AaTh 327 B). Vgl. auch die schöne sizilianische Variante in Pitrè (1875)/ Schenda/Senn, Nr. 22, S. 141–145: *Der kleine Dreizehn.* Zentral sind die drei von eifersüchtigen Rivalen veranlaßten und unlösbar erscheinenden Aufgaben (Mot. H 911), welche der jüngste der Brüder, der gewöhnlich Tredicino, der kleine Dreizehn, heißt, mit listigem, aber auch brutalem Vorgehen löst. Das Märchen (vgl. unten unsere Nr. 43: *Das goldene Kalb*) wird hier zum Teil in geraffter Form erzählt: Das Schicksal des eingeklemmten Unholds (vgl. EM 3 [1981], Sp. 1261–1271: *Einklemmen unholder Wesen* [Hartmut Breitkreuz]) bleibt offen; auch werden die beiden (nicht zwölf!) Brüder keineswegs aus den Klauen des Ogers errettet. Der Text lebt vor allem durch die häufigen

Reden und Gegenreden; allein das Verb ›dire, sagen‹ (›dice‹, ›disse‹, ›detto‹ etc.) erscheint nicht weniger als 35 Male; dazu kommen andere Verben des Redens. Insgesamt wird die direkte Rede 68 Male eingesetzt (im *Petit Poucet* des Charles Perrault zum Beispiel nur 24 Male).

Lit.: Kurt Ranke: Corvetto [nach dem Titelhelden des gleichnamigen Märchens bei Giambattista Basile III, 7]. In: EM 3 (1981), Sp. 149–156.

39. Die sieben Brüder. C. Weber, 1900, S. 322–324, Nr. 5: *I sette Fratelli.* Erzählt 1884 von Angiola (vgl. die Anmerkung zu Nr. 37). AaTh 450: *Little Brother and Little Sister.* – D'Aronco, S. 77 (451 i). – C/S, S. 105 (mit 26 Varianten).

Das Märchen von dem/den verwandelten Brüderchen und dem verschluckten Schwesterchen (KHM Nr. 11 und 141) war auch in Italien vor 1884 schon mehrfach gedruckt erschienen. Vgl. G. B. Basile, Nr. V, 8: *Nennillo e Nennella*; L. Gonzenbach, Nr. 48: *Von Sabedda und ihrem Brüderchen* (und R. Köhlers Anmerkungen im Bd. 2, S. 233) sowie Pitrè (1875)/Schenda/ Senn 1991, Nr. 40: *Die Stiefmutter* (und den dortigen Kommentar S. 354f.). Der Eingang erinnert an Motive aus unserem *Schneewittchen* (KHM Nr. 53); insbesondere die Mützen an die der sieben Zwerge. Die Alte ist, wie so oft in unserer Sozialgeschichte und auch im Märchen, ein böses Wesen, das beiseite geschafft (hier: wie eine Hexe verbrannt) werden darf. Der Menschen verschlingende große Fisch (hier: ›pescecane‹) tritt in der italienischen Literatur von Ludovico Ariosto bis zu Carlo Collodis *Pinocchio* häufig in Aktion.

Lit.: R. Schenda: Walfisch-Lore und Walfisch-Literatur. In: IV International Congress for Folk-Narrative Research in Athens, 1964. Lectures and Reports. Athen 1965, S. 431–448; R. Schenda: Alte Leute. In: EM 1 (1977), Sp. 373–389; Ines Köhler: Brüderchen und Schwesterchen. In: EM 2 (1979), Sp. 919–925.

40. Die Tochter des Königs von Frankreich. C. Weber, 1900, Nr. 8, S. 336–338: *La Figliola del re di Francia.* Erzählt 1884 von Angiola (vgl. die Anmerkung zu Nr. 37). AaTh 514: *The Shift of Sex*; AaTh 884: *The Forsaken Fiancée.* – D'Aronco, S. 79 f., Nr. 514 d. – C/S, S. 121 (3 Varianten) und 218 (15 Varianten).

Das liebenswürdige Märchen gehört zum großen europäischen Märchenkreis von der *Frau in Männerkleidern* oder vom *Mäd-*

chen als Soldat. Es lebt aber nicht so sehr von der Spannung, welche die Männer-Abenteuer der jungen Frauen mit sich bringen, als von den wiederholten *Geschlechtsproben* (Mot. H. 1578.1; vgl. Basile III, 6: *La serva d'aglie* (Der Knofelwald), und Reinhold Köhlers Anmerkungen zu Gonzenbach Nr. 17 im Band 2, S. 216 sowie EM 5 [1987], Sp. 1134–1138 [Anna Bihari-Andersson]), denen die Prinzessinnen, und vor allem die jüngste, unterworfen werden. Erst die letzte versteht es, Turnierstangen und eiserne Waffen *männlich* zu verwenden, so darf sie zu den schwierigeren Aufgaben weiterziehen. Letztendlich verrät sich die Transvestitin durch eine Eigenschaft, welche man den Frauen (bis heute!) als ›typisch‹ geschlechtsspezifisch zuschreibt: die Eitelkeit. Das junge Paar wird durch die ›Tugend‹ der Schönheit zusammengeführt, die nur das Märchen so ausschließlich positiv bewertet (vgl. Max Lüthi: Das Volksmärchen als Dichtung. Göttingen ²1990, S. 46–52: Das Schöne als Movens und als Absolutum).

Das Motiv der drei verschiedenen Sessel (die richtigen Farbzuweisungen wären golden: Glück; rot: Krieg; schwarz: Tod) findet sich bereits bei der Gonzenbach Nr. 9: *Zafarana* (Bd. 1, S. 49–54) und hier noch einmal in der Nr. 43: *Das goldene Kalb*; die Geschlechtsproben bei Tisch und im Garten auch in Pitrè (1875)/Schenda/Senn 1991, S. 247–251, Nr. 41: *Das treue Pferdchen.* Bemerkenswerte toskanische Varianten unseres Märchens stehen bei V. Imbriani: Novellaja fiorentina, 1877, S. 537–544, Nr. 37: *Fanta-Ghirò, persona bella,* und bei G. Pitrè: Novelle popolari toscane, 1885, S. 107–111, Nr. 14: *Il Re Pollacca;* eine kürzere Variante findet sich bei C. Marzocchi (1879) 1993, Band 1, S. 107f., Nr. 31: *La donna soldato.* Die literarische Bearbeitung bei I. Calvino: Fiabe italiane (1956), 1971, S. 290–293, Nr. 69: *Fanta-Ghirò, persona bella,* basiert auf der Variante von G. Nerucci, 1880, S. 248–253, Nr. 28 aus Montale Pistoiese.

Lit.: Sebastiano Lo Nigro: La canzone della »Fanciulla guerriera« nella poesia popolare europea. Catania 1966; Rainer Wehse: Frau in Männerkleidung. In: EM 5 (1987), Sp. 168–186; Carmen Bravo-Villasante: La mujer vestida de hombre en el teatro español (Siglos XVI-XVII). Madrid 1988; Rudolf M. Dekker/Lotte C. van de Pol: The Tradition of Female Transvestism in Early Modern Europe. London 1989.

41. Die Eselin der alten Frau. C. Weber, 1900, Nr. XVI, S. 348: *La Ciuca della Vecchina.* Erzählt 1884 von Angiola (vgl. die Anmerkung zu Nr. 37).

AaTh 1842: *The Testament of the Dog.* – Rotunda, S. 67, Mot. J 1607. – C/S, S. 410 ohne modernen Beleg.

Der Schwank vom *Testament des Esels* wurde schon von dem französischen Fabliaudichter Rutebeuf in der zweiten Hälfte des 13. Jahrhunderts gestaltet und vorgetragen; Johannes Pauli (um 1455–nach 1530) hat ihn (neben vielen anderen Erzählern der Renaissance) in seinem *Schimpf und Ernst* Anfang des 16. Jahrhunderts abermals herangezogen. Bei Rutebeuf hat ein reicher Priester seinen Esel in geweihtem Boden begraben lassen, und als der Bischof ihn deswegen tadelt, sagt der Priester, sein Esel hätte für seine Arbeit gut verdient und schließlich ein Testament hinterlassen, das der Kirche eine beträchtliche Geldsumme vermache. Daraufhin gibt sich der Bischof zufrieden. In unserem toskanischen Schwank wird die Geschichte aktualisiert, nämlich auf einheimische Lebensverhältnisse bezogen, bei den Klöstern von Casale und Monte Bagno lokalisiert und einer Kritik am Krämergeist der Priester dienstbar gemacht, wie wir sie schon beim Piovano Arlotto (unsere Nr. 9) kennengelernt haben. Zum Vergleich heranziehen läßt sich bei G. Widter/A. Wolf: Volksmärchen aus Venetien, 1866, S. 288–290 die Nr. 21: *Die Eselsleiche.* Ein Silber-Scudo (Münze mit einem ›Wappen‹) hatte den Wert von fünf Lire; die Lira wiederum wurde in 20 Soldi (zu je 12 Denari) eingeteilt. »Dies irae, dies illa solvet saeclum in favilla« («Tag des Zornes, Tag der Zähren«) ist der Beginn eines mittelalterlichen Begräbnisliedes (Thomas von Celano zugeschrieben) über das Jüngste Gericht. Im Originaltext sagt die Erzählerin »Dies illa, dies illa«, findet aber kein Reimwort dazu; die Korrektur ist die des Übersetzers.

Lit.: Paul Lehmann: Die Parodie im Mittelalter. Stuttgart (1922) ¹1963, S. 170–172; Johannes Pauli: Schimpf und Ernst. Hg. von Johannes Bolte, 1. Berlin 1924, S. 51 f., Nr. 72: *Man vergrub ein Hund an das Geweicht* [in geweihter Erde]; dazu die Anmerkungen im Bd. 2, S. 275 f.; Joan Amades: El testamento de animales en la tradición catalana. In: Revista de Dialectología y Tradiciones Populares 18 (1962), S. 339–394; Nora Scott: Contes pour rire. Fabliaux des XIIIe et XIVe siècles. Paris 1977, S. 215–218, Nr. 32; Albert Gier (Hg.): Fabliaux. Französische

Schwankerzählungen des Hochmittelalters. Stuttgart 1985 (RUB 8058), S. 222–231, Nr. 14.

42. *Die drei Wünsche.* I. Nieri: Cento racconti (1906), 1977, S. 39–45, Nr. 13: *Le tre domande.*
AaTh 750 A: *The Wishes*; Mot J 2071: *Three foolish wishes.* – D'Aronco, S. 82, Nr. 555 a. – C/S, S. 164 (6 Varianten).
Der Schwank von den drei unbedacht vertanen Wünschen, heutzutage nicht zuletzt mit sexuellen Requisiten weitererzählt, ist aus der älteren französischen Novellistik (Nicolas de Troyes, Philippe Le Picard) und der klassischen Märchenliteratur (Charles Perrault: *Les souhaits;* KHM 87: *Der Arme und der Reiche*) wohlbekannt; sie geht jedoch, wie Lutz Röhrich gezeigt hat, auf weit ältere Fabeldichtungen zurück. Der Dichter Nieri läßt statt der sonst gern gesehenen Christus und/oder Petrus (vgl. unsere Nr. 45: *Meister Prospero*), welche für eine freundlich angebotene Unterkunft die drei Wünsche gewähren (Mot. Q 1.1: *Gods in disguise reward hospitality*), einen säkularisierten Geist aus dem Kamin auftreten, welcher mit den Alten Mitleid zeigt, deren Armut und Einsamkeit von Nieri in einer Senioren-Klage eindrücklich geschildert werden.
Lit.: Lutz Röhrich: Erzählungen des späten Mittelalters und ihr Weiterleben in Literatur und Volksdichtung bis zur Gegenwart, 1. Bern/München 1962, S. 62–79 und Anm.en S. 253–258; Gershon Legman: Rationale of the Dirty Joke. Second series. New York 1975, S. 619–627; Max Lüthi: Drei, Dreizahl; Dreigliedrigkeit. In: EM 3 (1981), Sp. 851–868 und 879–886; Marie-Louise Tenèze: Le Conte populaire français. Catalogue raisonné [...], 4/1. Paris 1985, S. 122–127; Siegfried Grosse/Ursula Rautenberg: Die Rezeption mittelalterlicher deutscher Dichtung. Eine Bibliographie [...]. Tübingen 1989, S. 262 f., Nr. 2174–2181 (zu Der Stricker: *Die drei Wünsche*, seinen Übersetzungen und Bearbeitungen).

43. *Das goldene Kalb.* G. Venturelli: Leggende e racconti, 1983, S. 269–277: *Il vitello d'oro.* Das Märchen wurde nach Angaben des Herausgebers »erzählt in Buriano (Castiglione della Pescaia), Provinz Grosseto, am 5. Dezember 1976 von der 1919 geborenen Bäurin Isella Settepassi und aufgenommen von Roberto Ferretti«, doch ist von dem damals spontan Gesprochenen kaum noch etwas zu spüren, und der runde und glatte Text ist eindeutig literarisch umgestaltet worden – schade!

AaTh 328: *The Boy Steals the Giant's Treasure.* – D'Aronco, S. 136, Nr. [317 b, c-bis, g und h].– C/S, S. 77 (mit 28 Varianten). Das Märchen von dem Jungen, der den menschenfressenden Oger (hier ›Mago‹, also ›Zauberer‹ genannt) dreifach überlistet, wird in Italien zumeist unter dem Titel *Tredicino* (Der kleine Dreizehn) erzählt (so bei Pitrè [1875]/Schenda/Senn 1991, Nr. 22). I. Calvino: Fiabe italiane (1956), 1971, S. 184–189, Nr. 51, bringt eine bearbeitete bolognesische Variante unter dem Titel *Il gobbo Tabagnino.* Der Ruf des ›Waldschratts‹ lautet dort: »He, Tabagnino, dreizehn Monate alt, / wann kommst du wieder in meinen Wald? / Ich will dich fressen noch vor einem Jahr! / Wenn nicht, dann hab' ich verloren gar.« Die Erzählerin schafft es hier, aus dem männlichen klugen Kleinen (dem jüngsten Sohn: Mot. L 10) ein Mädchen zu machen; allerdings gelingt der jungen Heldin nichts aus eigenem Antrieb und Willen; sie ist von den Ratschlägen eines ›vecchietto‹, also einer Art männlicher Fee, abhängig, der sich im Umgang mit Mago und Maga besser auskennt als sie. Zum Motiv der drei Sessel (in falscher Reihenfolge und mit unverstandener Bedeutung verwendet) vgl. hier Nr. 40: *Die Tochter des Königs von Frankreich.* Das goldene Kalb auf dem Marktplatz erinnert an das Götzenbild, welches das sündige Volk Israels (nach dem 2. Buch Moses, 32) anbetete und umtanzte; es erhebt hier, nicht als teuflisches, sondern als göttliches Tier seine Stimme (Mot. B 211.1.5.5), um eine banale Moral zu verkünden: Der Segen des Vaters trägt letztlich bessere Früchte als sein Geld.

Lit.: R. Köhler: Kleinere Schriften, 1 (1898), S. 307 f., 383 und 547; Kurt Ranke: Corvetto. In: EM 3 (1981), Sp. 149–156.

44. *Campriano.* C. Lapucci: Fiabe toscane, 1984, S. 125–133: *Campriano.* Erzählt vom 1898 geborenen Vater des Sammlers, Enrico Lapucci aus Vicchio di Mugello, der sich seinerseits auf eine alte Tante, Enrichetta Lapucci (1851–1933), »eine unvergleichliche Erzählerin«, als Traditionsträgerin berief. Umschlagplatz zahlreicher Erzählungen der Familie und ihrer Nachbarn war die Mühle von Rimaggio. Doch hat C. Lapucci diesen Text selbst als »Rekonstruktion aus gewisser zeitlicher Distanz heraus« bezeichnet; er setzt damit die Literarisierungen der toskanischen mündlichen Überlieferungen fort.

AaTh 1539: *Cleverness and Gullibility.* – D'Aronco, S. 117f., Nr. 1539 [a und c-i]. – C/S, S. 333–335 (26 Varianten). Der Stoff selbst kann sich einer nahezu tausendjährigen Geschichte rühmen. Episoden des Campriano tauchen erstmals literarisch fixiert in dem vielleicht aus dem niederländischen Raum stammenden mittellateinischen Märchenepos vom *Unibos*, dem Bauern Einochs (11. Jh.; AaTh 1535: *The Rich and the Poor Peasant*), auf. Der Typus des gewitzten und pfiffigen Mannes aus der Unterschicht, der die Mächtigen oder Reichen mehrfach hinters Licht führt (ein Eulenspiegel so recht nach dem Geschmack der Kleinen Leute) findet sich unter anderem auch in G. F. Straparolas Novelle von einem listigen Priester mit seiner sprachintelligenten Ziege und einem Pfeifchen, das (angeblich!) Tote aufwecken kann (I, 3: *Pre' Scarpacifico*), oder in Giulio Cesare Croces ebenso beliebtem Tausendsassa *Bertoldo*. Diesen grobschlächtigen Narren wurden, gleichsam als Kristallisationskernen, immer wieder alte und neue Streiche und Tricks (vor allem: Tier als Nachrichtenüberbringer, goldscheißender Esel, selbstkochender Kessel, Scheinmord mit blutgefüllter Blase, Totenerweckung mit Flöte, Befreiung aus einem Sack) in oftmals neuartigen Konfigurationen angeheftet. Derbheiten, Gewaltstreiche und makabre Züge tun dabei der Beliebtheit keinerlei Abbruch. Zum Vergleich mit der Lapucci-Fassung lassen sich etwa heranziehen: L. Gonzenbach: Sicilianische Märchen 2 (1870), S. 78–84, Nr. 70: *Von dem listigen Schuster;* S. 84–89, Nr. 71: *Von Sciauranciovi*; G. Pitrè: Novelle popolari toscane, 2 (1885), 1941, S. 103–108: *Lo speziale*, sowie eine weitere toskanische Variante bei I. Calvino: Fiabe italiane (1956) 1971, S. 347–350, Nr. 82: *La storia di Campriano*; deutsche Übersetzung dieser Fassung in I. Calvino: Die Braut, die von Luft lebte, 1991, S. 228–232, Nr. 31: *Die Geschichte von Campriano*.

Lit.: Storia di Campriano Contadino, a cura di Albino Zenatti. Bologna: G. Romagnoli 1884. (Scelta di curiosità letterarie inedite o rare, 200); G. Pitrè: Novelle popolari toscane, 2 (1885), 1941, Anm.en S. 108–110; Reinhold Köhler: Kleinere Schriften, 1 (1898), S. 230–255, Nr. 39: *List und Leichtgläubigkeit;* J. Ulrich: Volkstümliche Dichtungen, 1906, S. XVII–XVIII und 63–75: Übersetzung des *Campriano*); Josef Müller: Das Märchen vom Unibos. Jena 1934 (Analyse der einzelnen Motive); Karl Langosch: Waltharius – Ruodlieb – Märchenepen. Lateinische Epik des Mittelalters mit deutschen Versen. Darmstadt 1956, S. 251–305: *Der Bauer Einoch*s, und Anm. S. 379–382; W. Keller/L. Rüdiger: Italienische Märchen, 1959, S. 71–81, Nr. 10: *Der kluge Bauersmann* (Nacherzählung des Volksbuchtextes von 1572) und die Anm. S. 379 f.; Caterina Santoro: Stampe popolari della Biblioteca Trivulziana. Milano 1964, S. 102–104, Nr. 225–229: *Historia di Campriano contadino* (ältester Druck: Anfang 16. Jh.); R. Schenda: Bertoldo, Bertoldino. In: EM 2 (1979), Sp. 165–171; R. Schenda/I. Tomkowiak: Istorie bellissime, 1993, S. 43–44, Nr. 30: *Campriano contadino*; Anja Schöne: List und Leichtgläubigkeit. In: EM 8, 4–5 (1996) (im Druck).

45. *Meister Prospero und die drei Gaben des Herrn.* C. Lapucci: Fiabe toscane, 1984, S. 80–87: *Mastro Prospero e i tre doni del Signore.* Erzählt von Ida Chimenti, »die am Ende der fünfziger Jahre über 90 Jahre alt war«, und ihrer Tochter Assunta, welche die Gedächtnislücken der Haupterzählerin füllen half. Die beiden Damen hatten früher in Florenz in der Osteria Parri »am Anfang der Via Bolognese« verkehrt, wo viel erzählt wurde, und wohnten in der Nummer 10 derselben Straße. Der Text ist, wie der vorhergehende, von Lapucci literarisch bearbeitet.
AaTh 330–330 D (und 332): *The Smith Outwits the Devil; The Smith and the Devil; The Devil in the Knapsack; The Winning Cards; Bonhomme Misère; (Godfather Death).* – D'Aronco, S. 58, Nr. 333 [a–h]. – C/S, S. 78–82 (41 Varianten zu Schmied und Teufel; 16 Varianten zu Gevatter Tod).
Der alte Geschichten-Komplex vom ›Tod im Apfel- (oder auch im Birn-)baum‹, vom ›Spielhansl‹ (KHM 82), vom ›Schmied und dem Teufel‹ oder entfernt verwandt vom ›Gevatter Tod‹ (KHM 44) hat in Europa, je nach dem Personal der Erzählung, unterschiedliche Namen: Die Franzosen haben ihren ›Bonhomme Misère‹ (Gevatter Elend), die Spanier ihre ›Tía miseria‹ (Tante Armut) und die Bayern, durch Franz von Kobell, ihren ›Boandlkramer‹ (Knöchleinhändler), der vom *Brandner-Kasper* (1871) hereingelegt wird. Immer geht es dabei um die drängende Frage, ob es einem Menschen jemals gelingen könne, den jenseitigen Mächten – Christus und Petrus, Tod und Teufel – Glück und/oder Leben abzulisten und, vor allem, die Lebensfrist hinauszuzögern. In Italien geht die erste literarische Fassung auf Aloise Cinzio delli Fabrizi, einen Venezianer der ersten Hälfte des 16. Jahrhunderts, zurück: Er erzählt in seinem Sprichwörter-Traktat *Libro della origine delli volgari proverbi* (1526) von Invidia, welcher Jupiter, den sie bewirtet hat, die Gabe verleiht, daß ihr Apfelbaum alle diejenigen, die ihn besteigen, und also auch die Tödin, festzuhalten vermag. Schon 1866 brachten Georg Widter und Adam Wolf eine Erzählung aus dem Veneto

(Volksmärchen aus Venetien, 1866, S. 16–19, Nr. 3) unter dem Titel *Gevatter Tod*; 1874 folgte die Engländerin Rachel Harriette Busk mit einer römischen Variante *(Pret' Olivo)* in ihrem Folk-Lore of Rome (S. 183–186, Nr. 7). Aus der Toskana lassen sich zum Vergleich heranziehen eine Variante bei G. Pitrè: Novelle popolari toscane, 1 (1885), 1941, S. 181–189, Nr. 28: *Pierone* und eine andere, von C. Weber, 1900 mitgeteilte (S. 340f., Nr. 10: *Il Padre Olivo*), welche deutlich macht, wie sehr Lapucci eine wahrscheinlich schlichte Erzählung zu einem zugegeben wohlgelungenen literarischen Stücklein ausgearbeitet hat. Paul Heyse brachte 1914 das Märchen *Der genarrte Tod* in seinen Italienischen Volksmärchen (München 1914, S. 67–68) auf der Basis des Textes aus Monferrato bei D. Comparetti, 1870.

Lit.: R. Köhler: Kleinere Schriften, 1 (1898), S. 102–105; R. Schenda: Tausend französische Volksbüchlein. In: Archiv für Geschichte des Buchwesens 9 (1968), Sp. 809 f., Nr. 147–147 b: *Bonhomme Misère*; Ulrich Bubenheimer: Gevatter Tod. Gott und Tod in einem religionskritischen Märchen. In: Jürgen Janning u. a. (Hg.): Gott im Märchen. Kassel 1982, S. 76–91; Dieter Richter: Das Land, wo man nicht stirbt. Märchen vom Leben und vom Tod. Frankfurt/M.: Fischer TB 1982; François Flahault: L'ogre et les limites de l'échange. In: Jean-Baptiste Martin (Hg.): Le Conte. Tradition orale et identité culturelle. Saint-Fons 1988, S. 209–218; Giovanni Dotoli: Letteratura per il popolo in Francia (1600–1750). Fassano 1991, S. 127–139 und Abb. 76–77; D. Richter: La luce azzurra, 1995, S. 32–38: *La figura della morte nella fiaba*.

46. *Die Ziege hat Junge gekriegt.* M. L. Rossi: L'aneddoto, 1987, S. 182. Erzählt von Danilo Cutini aus Spedaletto. Der Lastwagenfahrer Cutini war als Knabe fünf Jahre zur Schule gegangen; zur Zeit der Aufnahme (Jan./Feb. 1983) war er 41 Jahre alt; er lebte in Subbiano und war nie über seine engere Umgebung hinausgekommen.

AaTh 1567 F und Mot. J 1341.6: *Hungry Shepherd Attracts Attention.* – Nicht bei C/S aufgeführt.

Der Schwank vom hungrigen Hirten (einer Art von Lazarus im Haus des Prassers), hier ohne große Worte knapp und treffend auf den sozialkritischen Punkt und zu einem satten Ende gebracht, wurde in Spanien in bezug auf einen Hirten und eine Kuh erzählt: Das Muttertier habe für seine Fünflinge nur vier Zitzen gehabt; das fünfte Kalb habe, so wie der Hirte jetzt beim

Bauern, zusehen müssen. In einem plattdeutschen Schwank geht es um eine Stute, die drei Fohlen geworfen hat, aber »se kann doch man twee sögen«. Muttertier und Zahl der Jungen sind also austauschbar; es bleibt aber jeweils ein überzähliges Jungtier, mit welchem sich der hungrige Mann am Tisch des Reichen vergleichen kann.

Lit.: Vgl. Gustav Friedrich Meyer: Plattdeutsche Volksmärchen. Neumünster 1925, S. 282, Nr. 198: *De drüdd Fahl*; Ralph S. Boggs: Index of Spanish Folktales. Helsinki 1930 (FFC 9c), S. 135, Nr. *1555.

47. *Gosto und Mea.* M. L. Rossi: L'aneddoto, 1987, S. 112–114. Erzählt im Juni 1983 von Aurelia Bigi, einer damals 65jährigen, in Poggio d'Ancona wohnenden Hausfrau, Tochter eines Waldarbeiters, die als Kind drei Jahre lang die Schule besucht und später ein paar Jahre als Hausangestellte in Rom und Arezzo verbracht hatte.

AaTh 1351: *The Silence Wager.* – D'Aronco, S. 177, Nr. ([1365]). – C/S, S. 293 (7 Varianten).

Der Schwank von der Schweigewette wurde in Nord- und Süd-italien vielfach erzählt, nicht nur, weil er sich schon in Giovanni Sercambis Novellen (Nr. 77: *De simplicitate viri et uxoris*) und 1550/53 in den *Piacevoli notti* des G. F. Straparola (VIII, 1: *Tre forfanti*; die Protagonisten der letzten Episode sind Sennuccio und Bedovina; ein Dritter macht sich das Schweigen der Eheleute im Bett zunutze, um die Liebe der Frau zu genießen) findet, sondern vor allem wegen eines im 19. Jahrhundert verbreiteten Volksbüchleins mit dem Titel *Gosto e Mea*, das den Satirendichter Antonio Guadagnoli aus Arezzo (1798–1858) zum Verfasser hat. Die hier vorgelegte Variante, wörtlich wiedergegeben, zeichnet sich durch einen lebhaften Dialog und durch realistische Szenen aus dem dörflichen Leben (Einsamkeit der Alten, Einfachheit der Einrichtung, soziale Kontrolle, gemeinsames Entscheiden und Handeln, Gaffen und Raffen der Nachbarinnen) aus. M. L. Rossi bietet in ihrer Schwanksammlung S. 92–93, Nr. 16: *Gosto e Mea* eine zweite Variante dieses Typus, erzählt von der 52jährigen Landwirtin Rita Necci.

Lit.: Cristoforo Grisanti: Folklore di Isnello. [1899]. Introduzione e note di R. Schenda. Palermo 1981, S. 130; R. Köhler: Kleinere Schriften 2 (1900), S. 576–578; W. N. Brown: The Silence Wager Stories, their Origin and their Diffusion. In: American Journal of Philology 43 (1922), S. 289–317; Giovanni

Giannini: La poesia popolare a stampa nel secolo XIX, 1. Udine 1938, S. 269 f.; Elfriede Moser-Rath: »Lustige Gesellschaft«. Stuttgart 1984, S. 315, Anm. 66; Jurjen van der Kooi / Babs A. Gezelle Meerburg: Friesische Märchen. München 1990 (MdW), S. 222 f., Nr. 87 und Anm. S. 369 f.; R. Schenda/I. Tomkowiak: Istorie bellissime, 1993, S. 73 und 75, Nr. 81.

48. *Die Ziege Mangolla.* F. Mugnaini: Mazzaspruniìgliola, 1995, Typoskript S. 108–110, Nr. 69: *La capra Mangolla.* Erzählt von der 1926 geborenen Duilia Mugnaini, der Mutter des Sammlers, welche sich nach ihrem Grundschulabschluß selbst weiterbildete (und folglich auch literarische Kenntnisse besaß). Sie konnte Fabio Mugnaini in fünf verschiedenen Interviews ein Repertoire von insgesamt 40 Märchen und Schwänken, die sie in den dreißiger Jahren von ihrem Vater gehört hatte, weitergeben. AaTh 212 und Mot. K 1151: *The Lying Goat* + AaTh 2015: *The Goat who would not go home.* – D'Aronco, S. 125 f., Nr. [200 a] und S. 121, Nr. 2015. – C/S, S. 35 (fünf Varianten). Diese Tiererzählung riecht ganz nach einem spätmittelalterlichen Exemplum mit der Moral, daß eine gewitzte Lügnerin auch einen klugen Hausvater hinters Licht führen und zu unbedachtem Handeln verleiten kann. In KHM 36: *Tischleindeck-dich* dient die Geschichte von der verlogenen Ziege als Rahmen: Der Schuster jagt ihretwegen seine drei Söhne aus dem Hause; die Ziege wird, kahlgeschoren, in eine Fuchshöhle verbannt. Nicht auszuschließen ist, daß die Grimmsche Vorlage die italienischen Versionen (über Erzähl- oder Vorleseakte deutscher Italienreisender) generiert hat. Eine toskanische Variante (Pratovecchio) findet sich bei G. Pitrè: Novelle popolari toscane 1 (1941), S. 272–276, Nr. 49: *La capra Margolla*, in welcher sich der Name des Tieres auf ›satolla‹ (›satt‹) reimt, etwa so:
    Meine liebe Ziege Margoll,
    hast du getrunken und bist du voll?
Diese (und andere) Verse der älteren Fassung sind offenbar der Erzählerin nicht mehr präsent. Es ist lehrreich zu beobachten, daß Mugnainis Gewährsfrau Gedächtnislücken hat oder über ihren eigenen Redefluß stolpert: So, und nicht anders, haben auch die Frauen und Männer der vorangegangenen Generationen erzählt; doch haben die Sammler geglaubt, diese Unsicherheiten und Unvollkommenheiten der lebendigen Sprache ausbessern zu müssen.
Zum Vergleich heranziehen läßt sich die »eiserne« gefährliche

362

Ziege bei V. Imbriani: Novellaja fiorentina, 1877, S. 556–558, Nr. 42: *La capra ferrata*. Wenn dem bösartigen Ungeheuer am Ende der Geschichte von einem Vöglein das Hirn oder die Augen ausgepickt werden, darf man an Madame d'Aulnoy und ihre *Belle aux cheveux d'or* erinnern: Avenant besiegt dort den Riesen Galifron mit Hilfe eines Raben, der dem mächtigen Gegner auf den Kopf fliegt, und: »mit seinem Schnabel traf er ihn so genau in seine Augen, daß sie ausliefen und das Blut über sein Gesicht rann [...]«.
Lit.: BP 1 (1982), S. 346–349 (europäische Nachweise zum einzelnen Vorkommen des *Tischleindeckdich*-Rahmens bei KHM 36); E. Lemirre: Le Cabinet des fées, 1, 1994, 287–301; Zitat: 296.

49. *Die hundert Hasen*. F. Mugnaini: Mazzasprunìgliola, 1995, Ms. S. 119–122, Nr. 74: *Le cento lepri*. Erzählt von der 1905 geborenen und in Quercegrossa lebenden Bäurin und Hausfrau Maria, die zwar keine Schule besucht hatte, aber lesen und schreiben konnte, mit Gesprächsbeteiligung ihres Gatten Giovanni (1902–1987), genannt il Sordo (der Taube), der ein belesener Mann, ein begeisterter Jäger und, wenngleich schwerhörig, der bedeutendste Erzähler der Gegend war.
AaTh 851: *The Princess who cannot solve the Riddle* + 570: *The Rabbit Herd*. – D'Aronco, S. 81 f., Nr. 554 a, c, d; S. 84, Nr. 563 i. – C/S, S. 203–204 (26 Nachweise zu Teil 1) und S. 136 (9 Varianten zu Teil 2). Vgl. KHM 22: *Das Rätsel* («Einer schlug keinen und schlug doch zwölfe«) und KHM 165: *Der Vogel Greif* (Hasenhüten als eine der Aufgaben des dummen Hans; Text von allen sexuellen Anspielungen gereinigt). G. Widter und A. Wolf bringen 1866 (S. 269–273, Nr. 15) eine venezianische Variante zum ersten Teil unseres Märchens unter dem Titel *Das Räthsel*; I. Calvino: Fiabe italiane (1956) 1971 bringt seine Fassung des Rätsel-Märchens (S. 248–257, Nr. 62: *Il figlio del mercante di Milano*) nach G. Nerucci: Sessanta novelle, 1880, S. 177–194, Nr. 19: *Il Figliuolo del Mercante di Milano*. Calvinos Variante des Märchens vom Hasenhüten (S. 171–173, Nr. 47: *La figlia del Re che non era mai stufa di fichi*) erzählt von nur drei Hasen, die gegen Geld abgegeben und durch Blasen einer Trompete zurückgewonnen werden; auch hier sind alle sexuellen Akte, die der Hasenhirt von seinen Opfern erpreßt, ausgemerzt worden. Abermals haben wir es mit der Kontamination von zwei Märchentypen zu tun. Die Erzählerin erinnert sich in der Tat nicht mehr an alle Einzelheiten dieser Geschichten, und es gelingt ihr

363

nicht, einen stringenten Ablauf der Geschehnisse genügend deutlich zu machen. Es ist jedoch nicht schwierig, zum Beispiel mit Hilfe von G. Pitrè: Novelle popolari toscane, S. 118–127, Nr. 16: *Soldatino* (vergifteter Fladen, Katze namens Paola [!], drei unlösbare Rätsel für die Prinzessin etc. [dann Kontamination mit einem anderen Märchen]) und S. 128–133, Nr. 17: *Della figlia del Rè* [...] (3. Aufgabe: 101 Hasen hüten; Hase wird abgegeben, wenn der König [die Prinzessin] sich den »Hintern schmieren« läßt), eine Idealfassung des Märchens zu rekonstruieren (was ja Pitrè mit großer Wahrscheinlichkeit schon seinerseits getan hatte). Wir müssen Fabio Mugnaini dankbar sein, daß er an seiner Tonbandaufnahme nichts geschönt hat; es fällt uns nach der Lektüre dieses Textes leichter, uns den wirklichen Ablauf eines Erzählvorgangs mit all seinen »Sprüngen« und »kühnen Würfen« (so charakterisierte Johann Gottfried Herder 1773 die Volkspoesie) vorzustellen. Wir erkennen gleichzeitig, daß Schwankmärchen dieser Art Vorstellungen und Handlungen beim Namen nannten, welche die Herausgeber des 19. und 20. Jahrhunderts selten nur auszuschreiben wagten. Selbst hier hält sich die Erzählerin in Gegenwart des Forschers mit der Darstellung des »Tausches« mit dem »Häschen« (das Wortspiel mit lat. ›cunnus‹, ›weibliche Scham‹ und ›cuniculus‹, ›Kaninchen‹ ist alt) zurück; der König selbst bleibt bei ihr scheinbar sexuell unbehelligt; doch dann sagt uns der schwerhörige Giovanni in aller Deutlichkeit, daß auch der Herr König (ganz wie der Herzog in dem altfranzösischen Fabliau von Trubert) nicht ohne tiefe Schmach davonkam.

Lit.: Max Lüthi: Die Rätselprinzessin. List, Scherz und Klugheit. In: Ders.: Es war einmal, 1983, S. 90–102; R. Schenda: Hase. In: EM 6 (1990), Sp. 542–555; Linda Dégh: Hasenhirt. Ebenda, Sp. 558–563; Luciano Rossi (Hg.): Fabliaux érotiques. Textes de jongleurs des XII^c et XIII^c siècles. Paris 1992, S. 345–529 (Douin de Lavesne: *Trubert*).

50. *Mazzasprunìgliola – Mäusedornzweiglein.* F. Mugnaini: Mazzasprunìgliola, 1995, Ms. S. 114–118, Nr. 73: *Mazzasprunìgliola.* Erzählt von Annina (1898–1987), einer nicht alphabetisierten Bäuerin aus Gaiole in Chianti.

AaTh 883B: *The Punished Seducer* + 879: *The Basil Maiden (IV: The Sugar Puppet).* – D'Aronco, S.165 f., Nr. [919 a–e]. – C/S, S. 218 (nur 2 Belege zum *Bestraften Verführer)* und 214–215 (35 *Nachweise).*

Das Märchen vom bestraften Verführer, hier in einem toskanischen Subdialekt erzählt, geht letztlich zurück auf G. B. Basiles Cunto von der *Sapia Liccarda* (III, 4): »Während sich der Vater auf einer Reise befindet, bewahrt Sapia, trotz des schlechten Beispiels ihrer Schwestern [die sich mit zwei von drei Prinzen einlassen], ihre Ehre [gegenüber dem dritten] im Hause. Sie narrt den Verliebten [läßt ihn z. B. in einem Birnbaum hängen, legt ihm, statt eines Babys, einen Stein ins Bett], und da sie dann die Gefahr voraussieht, in der sie schwebt, wendet sie den Schaden [mit Hilfe der Zuckerpuppe] ab, und schließlich nimmt sie der Königssohn zur Frau.« Die Episode von der Zuckerpuppe (Mot. K 525.1: *Substituted object left in bed while intended victim escapes*), das häufig mit dem Typus *Basilikummädchen* gekoppelt ist, findet sich in Italien, wie in unserem Beispiel, nicht selten auch an andere Märchentypen gehängt. Der Name unserer Heldin (wahrscheinlich von ›spruneggio, pungitopo‹ = Mäusedorn, Stachelmyrte, Ruscus abgeleitet) soll auf ihre abweisende Sprödigkeit hinweisen. Der »Apfelbaum« in des Prinzen Garten ist im Originaltext ein ›pomo‹ mit ›pomi‹, das heißt einer Art von wunderbaren Früchten, wie sie der Baum des Paradieses trug; doch läßt sich der Unterschied zwischen einem alltäglichen Eßapfel (›mela‹) und diesem Wunderapfel im Deutschen kaum wiedergeben. Die Erzählerin macht sich im Verlauf ihres Märchens Gedanken über den Verbleib von unehelichen (und ehelichen!) Kindern in den Findelhäusern, die (wie das Ospedale degli Innocenti an der Piazza SS. Annunziata in Florenz) mit einer Drehlade (›ruota‹) ausgestattet waren, so daß die Mütter dort unerkannt ihre Neugeborenen ablegen konnten.
Lit.: Zum zweiten Teil des Märchens vgl. Michael Meraklis: Basilikummädchen. In: EM 1 (1977), Sp. 1308–1311 und die Anm.en zu unserer Nr. 28; dazu auch die sizilianische Variante bei Pitrè (1875)/Schenda/Senn 1991, S. 48–55, Nr. 8: *Der Basilikumtopf* und die Anm. S. 329 f.; Volker Huneke: Die Findelkinder von Mailand. Kindsaussetzung und aussetzende Eltern vom 17. bis zum 19. Jahrhundert. Stuttgart 1987.

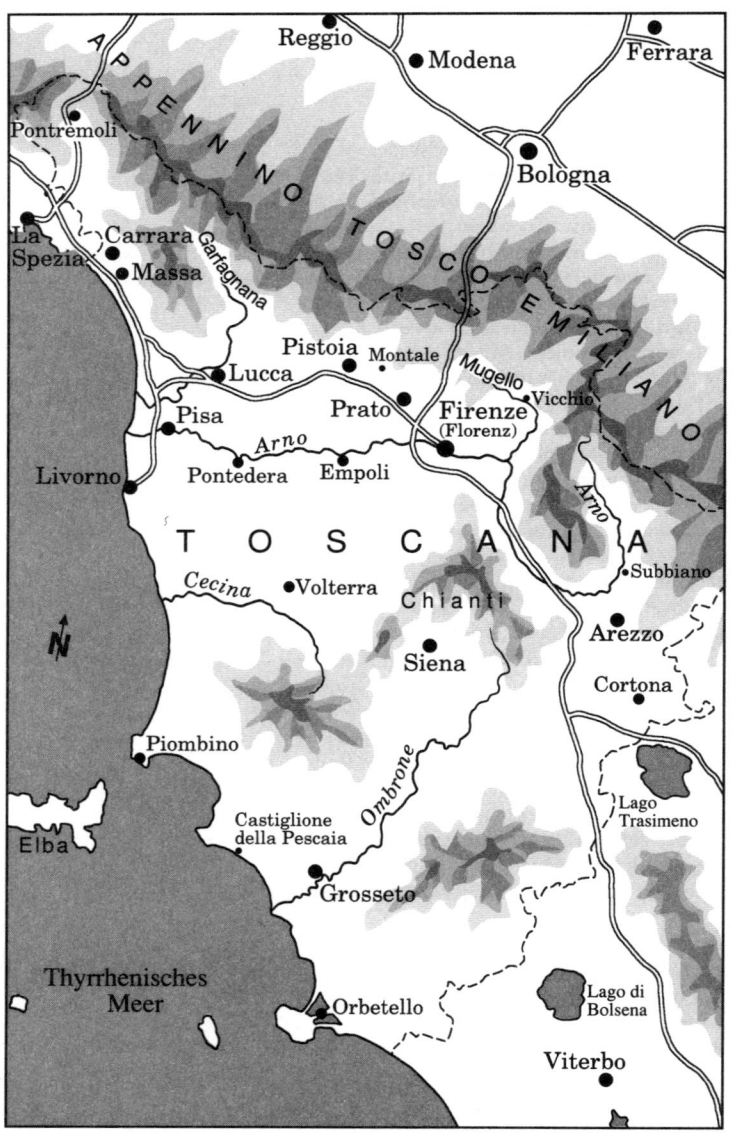

Reggio Modena Ferrara

Pontremoli

APPENNINO TOSCO EMILIANO

La Spezia Carrara Garfagnana Massa Bologna

Pistoia Montale Mugello
Lucca Prato Firenze (Florenz) Vicchio
Pisa Arno Arno
Pontedera Empoli

Livorno T O S C A N A Subbiano

Cecina Volterra Chianti Arezzo

N Siena Cortona

Piombino Ombrone Lago Trasimeno

Castiglione della Pescaia

Elba Grosseto

Thyrrhenisches Meer Orbetello Lago di Bolsena

Viterbo

Abkürzungen und Literaturverzeichnis

AaTh: Aarne, Antti/Thompson, Stith: The Types of the Folktale. A Classification and Bibliography. Second Revision. (FFC, 184). Helsinki 1961.

Arlotto: Die Schwänke und Schnurren des Pfarrers Arlotto. Gesammelt und herausgegeben von Albert Wesselski. 1–2. Berlin: A. Duncker 1910.

Arlotto: Motti e facezie del Piovano Arlotto [Mainardi]. A cura ci Gianfranco Folena. Milano/Napoli: R. Ricciardi 1953.

ASTP: Archivio per lo studio delle tradizioni popolari. Palermo, a3 Bd. 1 (1882) ff.

Basile, Giambattista: Lo cunto de li cunti [1634/36]. A cura di Michele Rak. Milano: Garzanti 1986.

Basile, Giambattista: Il racconto dei racconti ovvero Il trattenimento dei piccoli. Traduzione di Ruggero Guarini. A cura di Alessandra Burani e Ruggero Guarini. Milano: Adelphi Edizioni 1994.

Besthorn, Rudolf: Ursprung und Eigenart der älteren italienischen Novelle. Halle: M. Niemeyer 1935. (Romanistische Arbeiten, 24).

BP: Bolte, Johannes/Polívka, Georg: Anmerkungen zu den Kinder- und Hausmärchen der Brüder Grimm. 1–5. Leipzig 1913–1932 (und Nachdruck Hildesheim 1963, ¹1982).

Borghese, Lucia: Zur Geschichte der Rezeption und der frühsten Übersetzung Grimmscher Märchen in der Toskana. In: Ludwig Deneke (Hg.): Brüder Grimm Gedenken, 4. Marburg 1984, S. 134–147.

Branca, Vittore (Hg.): Esopo toscano dei frati e dei mercanti trecenteschi. Venezia: Marsilio Editore 1989.

Bronzini, Giovanni Battista: Imbriani, Vittorio. In: EM 7 (1994), Sp. 89–92.

Bronzini, G. B.: Italien. In: EM 7 (1994), Sp. 336–370.

Bronzini, G. B.: Märchen in Italien. In: Röth, Dieter/Kahn, Walter (Hg.): Märchen und Märchenforschung in Europa. Ein Handbuch. Frankfurt/M.: Haag + Herchen 1993, S. 130–146.

Busk, Rachel Harriette: The Folk-Lore of Rome. Collected by worc of mouth from the people. London: Longmans, Green, and Co. 1874.

Calvino, Italo: Fiabe italiane raccolte dalla tradizione popolare durante gli ultimi cento anni e trascritte in lingua dai vari dialetti. Torino: G. Einaudi 1956.

Calvino, I.: Die Braut, die von Luft lebte und andere italienische Märchen. Gesammelt und nacherzählt von Italo Calvino. Aus dem Italienischen von Burkhart Kroeber. Mit einer Einführung von Paul-Wolfgang Wührl. München: C. Hanser 1991.

Camarena, Julio/Chevalier, Maxime: Catálogo tipológico del cuento folklórico español. Cuentos maravillosos. Madrid: Editorial Gredos 1995. (Biblioteca Románica Hispánica, IV, 24.)

Cento Novelle Antiche – siehe Lo Nigro, S.: Novellino e Conti del Duecento; Ulrich, J. : Die hundert alten Erzählungen.

C/S: Cirese, Alberto M./Serafini, Liliana (Hg.): Tradizioni orali non cantate. Primo inventario nazionale per tipi, motivi o argomenti di fiabe, leggende, storie e aneddoti, indovinelli, proverbi [...]. Roma: Discoteca di Stato 1975.

Cocchiara, Giuseppe: Storia del folklore in Italia. (Torino: P. Boringhieri 1952). Palermo: Sellerio 1981.

Comparetti, Domenico: Novelline popolari italiane, pubblicate e illustrate. Torino: E. Loescher 1875. (Canti e racconti del popolo italiano, hg. von D. Comparetti/A. D'Ancona, 6.)

Corsini, Carlo A. (Hg.): Vita, morte e miracoli di gente comune. Appunti per una storia della popolazione della Toscana fra XIV e XX secolo. Firenze: Casa Usher 1988.

Crane, Thomas Frederick: Italian Popular Tales. Boston/New York: Houghton, Mifflin and Co./Cambridge: The Riverside Press 1885.

Cusatelli, Giorgio: Die Brüder Grimm und Italien. In: Ludwig Deneke (Hg.): Brüder Grimm Gedenken, 3. Marburg 1981, S. 343–373.

D'Aronco, Gianfranco: Indice delle fiabe toscane. Prefazione di Vittorio Santoli. Firenze: L. Olschki 1953. (Biblioteca dell' »Archivum Romanicum«, I, 36.)

De Gubernatis, A.: Le Novelline di Santo Stefano di Calcinaia. Raccolte da Angelo De Gubernatis, e precedute da una introduzione sulla parentela del mito con la novellina. Torino: A. F. Negro 1869.

Delitala, Enrica: Comparetti, Domenico Pietro Antonio. In: EM 3 (1981), Sp. 109–111.

De Simone, Roberto (Hg.): Fiabe campane. I novantanove raccorti delle dieci notti. Commento e note di Ugo Vuoso. 1–2. Torino: G. Einaudi 1994. (I millenni).

Dini, Vittorio/Sonni, Laura: Volksglaube in der Toskana. Vorstellungswelt und Realität in der agro-pastoralen Kultur. (La Madonna del parto. Immaginario e realtà nella cultura agropastorale. Roma 1985.) Pfaffenweiler: Centaurus 1988.

Doni, Antonfrancesco: Tutte le Novelle, Lo Stufaiuolo, commedia, e La mula e la chiave, dicerie. Nuova edizione. Milano: G. Daelli 1863. [Reprint] Sala Bolognese: A. Forni 1973. (Biblioteca Rara, 13.)

EM: Enzyklopädie des Märchens. Handwörterbuch zur historischen und vergleichenden Erzählforschung. Hg. von Kurt Ranke u. a. Berlin/New York: W. de Gruyter 1977 ff. (Bis heute sind erschienen Bd. 1–8, A–L; die EM enthält zahlreiche einzelne Artikel zur Geschichte der italienischen Folklore und ihrer Sammler.)

Falassi, Alessandro: Folklore by the Fireside. Text and context of the Tuscan veglia. Foreword by Roger D. Abrahams. London: Scolar Press 1980.

Ferretti, Roberto: Dalla fiaba alla leggenda di fondazione. Appunti, esperienze, esempi di ricerca sul patrimonio narrativo orale del Grossetano. In: La Ricerca Folklorica 12 (1985), S. 55–62.

Fiorelli, Piero (Hg.): Lingua degli uffici e lingua di popolo nella Toscana napoleonica. Firenze: Accademia della Crusca 1985.

Frenzel, Elisabeth: Motive der Weltliteratur. Ein Lexikon dichtungsgeschichtlicher Längsschnitte. (1976). 2. Aufl. Stuttgart: A. Kröner 1980. (Kröners Taschenausgabe, 301.)

Frenzel, Elisabeth: Stoffe der Weltliteratur. Ein Lexikon dichtungsgeschichtlicher Längsschnitte. 3. Aufl. Stuttgart: A. Kröner 1970. (Kröners Taschenausgabe, 300).

Gerola, Gino (Hg.): La narrativa nella Toscana del Novecento. Atti del convegno Firenze, 12–14 marzo 1982. Firenze: Vallecchi 1984.

Giannini, Giovanni: Leggende popolari lucchesi. In: ASTP 7 (1888), S. 491–502.

Ser Giovanni [Giovanni di Firenze]: Il Pecorone. A cura di Enzo Esposito. Ravenna: Longo Editore 1974. (Classici italiani minori, 1.)

Ser Giovanni Fiorentino: Die fünfzig Novellen des Pecorone. Übersetzt von M. Gagliardi. (Einleitung: Hanns Floerke.) 1–2.

München: G. Müller 1921. (Perlen älterer romanischer Prosa, 30/31.)

Gonzenbach, Laura: Sicilianische Märchen. Aus dem Volksmund gesammelt. Mit Anmerkungen Reinhold Köhler's und einer Einleitung herausgegeben von Otto Hartwig. 1–2. Leipzig: W. Engelmann 1870 (Nachdruck Hildesheim/New York 1970).

Gradi, Temistocle: Saggio di letture varie per i giovani. Torino: Tipografia scolastica di S. Franco e figli 1865.

Gradi, T.: La vigilia di Pasqua di Ceppo. Otto novelle di Temistocle Gradi coll'aggiunta di due racconti. Torino: T. Vaccarino [1870].

Grimm, Jacob und Wilhelm – siehe KHM.

Heyse, Paul: Italienische Volksmärchen. Übersetzt von P. H. Zeichnungen von Max Wechsler. München: J. F. Lehmann 1914.

Imbriani, Vittorio: La novellaja fiorentina cioè Fiabe e Novelline stenografate in Firenze dal dettato popolare e corredate di qualche noterella. Napoli: Tipografia napoletana 1871.

Imbriani, V.: La novellaja fiorentina. Fiabe e Novelline stenografate in Firenze dal dettato popolare. Ristampa accresciuta di molte novelle inedite, di numerosi riscontri e di note, nelle quali è accolta integralmente La Novellaja Milanese dello stesso raccoglitore. Livorno: F. Vigo 1877.

Incanti, Cinzia: Toscana. Brescia: Editrice la Scuola 1990. (Coll. Letteratura delle regioni d'Italia. Storia e testi).

Karlinger, Felix (Hg.): Das Mädchen mit dem Apfel. Italienische Volksmärchen. München: Deutscher Taschenbuch Verlag 1964. (dtv, 245.)

Karlinger, F. (Hg. u. Übers.): Italienische Volksmärchen. Düsseldorf–Köln: Diederichs 1973, 5. Aufl. 1993. (Die Märchen der Weltliteratur.)

Karlinger, F./Wolf, Regina (Hg. u. Übers.): Norditalienische Sagen. Berlin: E. Schmidt 1978.

Keller, Walter (Hg. u. Übers.): Die schönsten Novellen der italienischen Renaissance. Zürich: Orell Füssli 1918.

Keller, Walter/Rüdiger, Lisa (Hg. u. Übers.): Italienische Märchen. Düsseldorf–Köln: Diederichs 1959. (Die Märchen der Weltliteratur.)

KHM: Brüder Grimm: Kinder- und Hausmärchen, 1–3. Hg. Heinz Rölleke. Stuttgart: Ph. Reclam jun. 1980. (RUB 3191–93.)

Knust, Hermann: Italienische Märchen. In: Jahrbuch für Romanische und Englische Literatur 7 (1866), S. 381–401.

Köhler, Reinhold: Kleinere Schriften. Hg. von Johannes Bolte.

Bd. 1: Zur Märchenforschung; Bd. 2: Zur erzählenden Dichtung des Mittelalters; Bd. 3: Zur neueren Litteraturgeschichte, Volkskunde und Wortforschung. Weimar/Berlin: E. Felber 1898 (1) 1900 (2–3).

Lapucci, Carlo: Fiabe toscane scelte e trascritte da Carlo Lapucci, presentate da Mario Luzi. Milano: A. Mondadori 1984. (Oscar narrativa, 1806.)

Lemirre, Elisabeth (Hg.): Le Cabinet des Fées. 1–3. Arles: P. Picquier 1994. (Picquier Poche, 7–9.)

Lo Nigro, Sebastiano (Hg.): Novellino e Conti del Duecento. [Torino: UTET 1981]. Milano: Editori Associati 1989.

Lüthi, Max: Es war einmal. Vom Wesen des Volksmärchens. Göttingen: Vandenheock & Ruprecht (1962) 6 1983. (Kleine Vandenhoeck-Reihe, 1136.)

Mainardi, Arlotto – siehe Arlotto.

Marzocchi, Ciro: Novelle popolari senesi raccolte da Ciro Marzocchi, 1879 (manoscritto n. 57). Volume primo/secondo. A cura di Aurora Milillo/Gabriella Aiello/Florio Carnesecchi. Roma: Bulzoni Editore 1992.

Milillo, Aurora: Narrativa di tradizione orale. Studi e ricerche. Roma: Museo Nazionale Arti e Tradizioni Popolari 1977.

Milillo, A: La vita e il suo racconto. Tra favola e memoria storica. Roma: Casa del libro 1983.

Mot.: Thompson, Stith: Motif-Index of Folk-Literature. 1–6. Copenhagen 1955–58.

Mugnaini, Fabio: »... Da rraccontassi a vveglia«. Contesti e narratori nella tradizione orale. In: La Ricerca Folklorica 12 (1985), S. 63–67.

Mugnaini, F.: A veglia: monografia breve su un'abitudine. In: Annali dell'Istituto »Alcide Cervi« 9 (1987), S. 119–144.

Mugnaini, F.: Rescrittura d'autore e tradizione ottocentesca. Le fiabe toscane di Calvino. In: Delia Frigessi (Hg.): Inchiesta sulla fate, Italo Calvino e la fiaba. Bergamo: P. Lubrina 1988, S. 121–146.

Mugnaini, F.: Mazzasprunìgliola ed altre novelle. La tradizione del racconto in una parocchia del Chianti senese. [Arbeitstitel.] Siena 1994. [Unveröffentlichtes Typoskript, im Druck.]

Nerucci, Gherardo: Cincelle da bambini, in nella stietta parlatura rùstica d'i' Montale Pistoiese, sentute arraccontare e po' distendute 'n su la carta. Pistoia: Rossetti 1881.

Nerucci, G.: Sessanta Novelle popolari montalesi (Circondaric di

Pistoia) raccolte da Gherardo Nerucci. Firenze: Successori Le Monnier 1880 [Nachdruck 1890].

Nerucci, G.: Storielle popolari. In: ASTP 9 (1890), S. 391–396.

Nieri, Idelfonso: Cento racconti popolari lucchesi. [Livorno: R. Giusti 1906, 4. Aufl. 1922.] Lucca: M. Pacini Fazzi 1977.

Il Novellino – siehe Lo Nigro, S.: Novellino e Conti del Duecento; Ulrich, J.: Die hundert alten Erzählungen.

Papanti, Giovanni: Novelline popolari livornesi, raccolte e annotate. (Nozze Pitrè-Vitrano.) Livorno: Vigo 1877.

Pitrè, Giuseppe: Bibliografia delle tradizioni popolari d'Italia. Torino/Palermo: C. Clausen 1894. (Nachdruck Bologna: A. Forni 1976.)

Pitrè, G.: Novelle popolari toscane. In: ASTP 1 (1882), S. 34–69; 182–205; 521–540; 2 (1883), S. 157–172. Nachdruck dieser Texte: G. Pitrè: Novelle popolari toscane. Sala Bolognese: A. Forni 1978 (mit der Paginierung des ASTP).

Pitrè, G.: Novelle popolari toscane. 1–2. [Firenze: G. Barbera 1885.] Roma: Società Editrice del Libro Italiano 1941. (Opere complete di Giuseppe Pitrè, 30.)

Pitrè, G. siehe Schenda, R./Senn, D., 1991.

Porciani, Ilaria (Hg.): Editori a Firenze nel secondo Ottocento. Atti del Convegno (13–15 novembre 1981), Gabinetto Scientifico Letterario G. P. Vieusseux. Firenze: Leo S. Olschki 1983. (Biblioteca Storica Toscana, Serie 2: Sezione di Storia del Risorgimento, 6.)

Prato, Stanislao: Quattro novelline popolari livornesi accompagnate da varianti umbre; raccolte, pubblicate e illustrate con note comparative. Spoleto: Bassoni 1880.

Richter, Dieter: La luce azzurra. Saggi sulla fiaba. Milano: A. Mondadori 1995.

Rigoli, Aurelio: Idelfonso Nieri novelliere. In: Annali del Museo Pitrè 57 (1954–1956), S. 84–91.

Rondoni, Giuseppe: Alcune fiabe dei contadini di S. Miniato al Tedesco in Toscana. In: ASTP 4 (1885), S. 367–372.

Rondoni, G.: Appunti sopra alcune leggende medioevali di Pisa, della Lunigiana e di S. Miniato al Tedesco. In: ASTP 6 (1887), S. 297–309.

Rossi, Maria Luigia: L'aneddoto di tradizione orale nel comune di Subbiano. Novelle, barzellette, bazzecole. Firenze: L. Olschki 1987. (Bibliotheca di »Lares«, 44.)

Rotunda, Dominic Peter: Motif-Index of the Italian Novella in

Prose. Bloomington: Indiana University 1942. (Indiana University Publications, Folklore Series, 2.)

Sacchetti, Franco: Il Trecentonovelle. Edizione a cura di Antonio Lanza. Firenze: Sansoni Editore 1984. (I Classici Italiani.)

Sacchetti, F.: Tales from Sacchetti, translated from the Italian by Mary G. Steegmann, with an introduction by Dr. Guido Biagi. London: J. M. Dent 1908. [Nachdruck] Westport/Conn.: Hyperion Press 1978.

Sacchetti, F.: Die wandernden Leuchtkäfer. Renaissancenovellen aus der Toskana. Mit einer Einleitung von Luigi Malerba und einem Nachwort von Alice Vollenweider. 1–2. Berlin: Klaus Wagenbach 1991. (Wagenbachs Taschenbuch, 197.)

Sarnelli, Pompeo: Posilecheata. Hg. Johann Pögl. Salzburg: Internationale Arbeitsgemeinschaft für Forschung zum romanischen Volksbuch 1982. (Texte romanischer Volksbücher, 8.)

Schenda, Rudolf: Folklore e letteratura popolare: Italia – Germania – Francia. Roma: Istituto della Enciclopedia Italiana 1986. (Bibliotheca Biographica.)

Schenda, R.: »Völlig naive Empfindung?« Die deutschen Reisenden und die italienische Volksliteratur. In: Fabula 32 (1991), S. 187–203.

Schenda, R./Senn, Doris (Hg.): Giuseppe Pitrè: Märchen aus Sizilien. München: Diederichs 1991. (Die Märchen der Weltliteratur.)

Schenda, R.: Von Mund zu Ohr. Bausteine zu einer Kulturgeschichte volkstümlichen Erzählens in Europa. Göttingen: Vandenhoeck & Ruprecht 1993.

Schenda, R.: Sizilianische Fiabe in Weimar – deutsche Märchen in Palermo. Anmerkungen zu sechs Briefen von Giuseppe Pitrè an Reinhold Köhler. In: Lares 59 (1993), S. 679–698.

Schenda, R./Tomkowiak, Ingrid: Istorie bellissime. Italienische Volksdrucke des 19. Jahrhunderts aus der Sammlung Reinhold Köhlers in Weimar. Wiesbaden: Harrassowitz 1993. (Veröffentlichungen des Leipziger Arbeitskreises zur Geschichte des Buchwesens, Schriften und Zeugnisse zur Buchgeschichte, 5.)

Ser Giovanni – siehe Giovanni di Firenze.

Sercambi, Giovanni: Novelle. A cura di Giovanni Sinicropi. 1–2. Bari: G. Laterza & Figli 1972. (Scrittori d'Italia, 250/251.)

Sercambi, G.: Il Novelliere. A cura di Luciano Rossi. Tomo 13. Roma: Salerno Editrice 1974. (I Novellieri Italiani, 9, I–III.)

Straparola, Giovan Francesco: Le Piacevoli Notti. A cura di Giuseppe Rua. 1–2. Bologna: Romagnoli-Dall'Acqua 1899–1908

(2. Auflage: Bari: Laterza 1927; Nachdruck a cura di Manlio Pastore Stocchi; ebenda 1975).

Strauß, Manfred (Hg.): Gärten der Lüste. Italienische Novellen der Renaissance. Stuttgart/Hamburg: Deutscher Bücherbund o. J.

Thompson, Stith siehe Mot.

Ulrich, Jakob (Hg. u. Übers.): Die hundert alten Erzählungen. [Le Cento Novelle Antiche.] Leipzig: Deutsche Verlagsactiengesellschaft 1905.

Ulrich, J. (Hg. u. Übers.): Volkstümliche Dichtungen der Italiener. Leipzig: Deutsche Verlags-Actiengesellschaft 1906. (Historische Quellenschriften zum Studium der Anthropophyteia, 1.)

Venturelli, Gastone: Leggende e racconti popolari della Toscana. Storie inedite, novelle e magie nella voce scanzonata e ironica del folclore di una terra di millenarie tradizioni. Roma: Newton Compton Editori 1983.

Weber, Carl: Italienische Märchen in Toscana aus Volksmund gesammelt. In: Forschungen zur romanischen Philologie. Festgabe für Hermann Suchier. Halle: M. Niemeyer 1900, S. 308–348.

Wesselski, A. – siehe Arlotto.

Widter, Georg/Wolf, Adam: Volksmärchen aus Venetien. Gesammelt und herausgegeben von G. W. und A. Wolf. In: Jahrbuch für Romanische und Englische Literatur 7 (1866), S. 1–36, 121–154 und 249–290.

Wienert, Walter: Die Typen der griechisch-römischen Fabel. Mit einer Einleitung über das Wesen der Fabel. Helsinki: Academia Scientiarum Fennica 1925. (FFC, 56.)

Dänische Volksmärchen

Herausgegeben von Laurits Bødker

342 Seiten, Halbleinen

Der Norden Europas hat eine eigene große Erzähltradition. Seit dem 12. Jahrhundert ist vor allem in Dänemark eine Sagen- und Märchentradition lebendig, die sich bis in die Neuzeit hinein erhalten hat. Laurits Bødker, der führende dänische Märchenforscher, hat in dem vorliegenden Band 54 Volksmärchen versammelt, die für die verschiedenen Teile Dänemarks typisch sind. Besonders reizvoll an dieser Ausgabe sind die sechs Texte, die dem berühmten Werk »Gesta Danorum« des Saxo Grammaticus entstammen, das um 1200 verfaßt wurde und somit sehr frühe Belege für märchenhafte Stoffe liefert.

»Das Buch . . . weist am Märchenschatz einer Nation die wunderbare Magie des ›Es war einmal . . .‹ auf. Seine Anlage und die ergänzenden knappen Verweise bezeugen, wie sehr die Reihe ›Märchen der Weltliteratur‹ des Verlages Diederichs ein Standardwerk dieser Erzählgattung geworden ist.«

Die Tat, Zürich

Eugen Diederichs Verlag